L'HOMNIVORE

CLAUDE FISCHLER

L'HOMNIVORE

Le goût, la cuisine et le corps

ÉDITIONS ODILE JACOB
15, rue Soufflot, 75005 Paris

ISBN 2-7381-0101-1

© ÉDITIONS ODILE JACOB, SEPTEMBRE 1990

La loi du 11 mars 1957 interdit les copies ou reproductions destinées à une utilisation collective. Toute représentation ou reproduction intégrale ou partielle faite par quelque procédé que ce soit, sans le consentement de l'auteur ou de ses ayants cause, est illicite et constitue une contrefaçon sanctionnée par les articles 425 et suivants du Code pénal.

A ma mère

REMERCIEMENTS

Il est d'usage, en particulier dans les ouvrages anglo-saxons, de remercier toutes les personnes et les institutions qui ont aidé l'auteur dans sa tâche. Sacrifier à cette coutume m'apparaît ici comme une nécessité impérieuse et non comme un rite purement formel. C'est que ce livre doit beaucoup aux rencontres. Il a été rédigé après de nombreuses années de recherche et se situe à la confluence de diverses disciplines, de perspectives initialement étrangères les unes aux autres. Nécessairement, dans le cours de ce travail, j'ai été amené à faire des rencontres multiples et variées qui ont nourri mes interrogations, enrichi et complexifié ma perspective.

Edgar Morin m'a attiré sur le terrain de la recherche et dans la recherche de terrain, m'a ouvert les perspectives de la « sociologie clinique » puis de la transdisciplinarité ou de l'indisciplinarité. C'est d'une discussion avec Bernard Paillard, au cours de nos longues campagnes d'enquête, qu'a émergé l'idée d'une recherche sur la cuisine et l'alimentation qui mettrait en relation les dimensions biologique et sociale. Massimo Piattelli-Palmarini a guidé, suscité, éclairé mes incursions de l'autre côté de la grande muraille qui sépare encore les sciences « dures », en particulier la biologie, des autres, les sciences humaines. Mon complice et ami Matty Chiva sait bien qu'une bonne partie des idées et des données qui forment la base de ce livre ont pris naissance dans certains des travaux que nous avons menés en collaboration et dans le séminaire que nous animons depuis plusieurs années à la Maison des Sciences de l'Homme.

Dans le cours de ma recherche, j'ai bénéficié d'échanges très fructueux avec certains collègues appartenant à des disciplines très diverses. Je dois beaucoup, en particulier, à mes amis historiens et spécialement à Jean-Louis Flandrin, avec qui j'entretiens depuis longtemps un dialogue particulièrement précieux pour moi. Philip et Mary Hyman m'ont été à plusieurs reprises d'un grand secours et mon incursion dans l'histoire des idées sur le sucre aurait été impossible sans l'aide d'Annie Duchesne. Steve

Kaplan m'a donné l'occasion de bénéficier des richesses humaines et documentaires de Cornell University. Ma collaboration amicale avec Igor de Garine au sein du groupe d'anthropologie de l'alimentation a été une expérience irremplaçable. Harvey Levenstein ne s'est pas contenté de m'influencer : il a bien voulu me lire.

Je dois beaucoup aux contacts et aux échanges avec de nombreux chercheurs français et étrangers de diverses disciplines et, notamment, à des degrés divers, avec Yves Hersant, Marcel Hladik, Paul Rozin, Patrick Mac Leod et Annick Faurion, France Bellisle, Irenäeus Eibl-Eibesfeldt, Adam Drewnowski, Pierre Aimez, David Booth, Mary Douglas, Gretel et Bert Pelto, Joseph Hossenlopp, Gary Beauchamp, Leann Birch, Joan Brumberg, et bien d'autres qui me pardonneront peut-être de ne pas les avoir mentionnés.

Les contacts et les échanges que j'ai mentionnés se sont le plus fréquemment établis dans le cadre de la Maison des Sciences de l'Homme : j'en témoigne ma gratitude à Clemens Heller et Maurice Aymard, ainsi qu'à Anne Rocha-Perazzo, irremplaçable cheville ouvrière du groupe d'anthropologie de l'alimentation.

Michelle Rigalleau et Pascale Pynson, outre leur collaboration dans le cadre de certaines des recherches empiriques qui ont servi de base à ce livre, m'ont apporté à la fois soutien et critiques. Alain Garnier et Nicole Phelouzat ont consacré un temps, une énergie et une compétence précieux à la lecture critique du manuscrit. Jean-Luc Fidel m'a soutenu dans la dernière ligne droite de ce marathon.

Certaines parties de ce livre ont déjà fait l'objet, dans des versions préliminaires ou partielles, de publications diverses. C'est le cas, notamment, des chapitres 8 et 9 (Autrement, septembre 1989). Une version antérieure du chapitre 10 est parue dans JATBA, XXXV, 1988 et certains éléments des chapitres 11 et 12 dans un article de Communications, 46, 1987.

Mangeur éternel
et mangeur moderne

Manger : rien de plus vital, rien d'aussi intime. « Intime » est bien l'adjectif qui s'impose : en latin, *intimus* est le superlatif de *interior*. En incorporant les aliments, nous les faisons donc accéder au comble de l'intériorité. C'est bien ce qu'entend la sagesse des nations lorsqu'elle dit que « nous sommes ce que nous mangeons »; à tout le moins, ce que nous mangeons devient nous-mêmes. Le vêtement, les cosmétiques ne sont qu'au contact de notre corps; les aliments, eux, doivent franchir la barrière orale, s'introduire en nous et devenir notre substance intime. Il y a donc par essence quelque gravité attachée à l'acte d'incorporation; l'alimentation est le domaine de l'appétit et du désir gratifiés, du plaisir, mais aussi de la méfiance, de l'incertitude, de l'anxiété.

Dans le cours de l'histoire humaine, c'est surtout l'aspect vital qui a retenu l'attention. Depuis les origines, la nourriture a sans doute été la préoccupation la plus envahissante de l'existence humaine : exister, c'était réussir à subsister. La subsistance était la substance même de la vie. Dans la quasi-totalité des sociétés traditionnelles, la vie était, est encore, scandée par des périodes d'incertitude, de pénurie : chez les chasseurs-cueilleurs c'est le gibier qui vient à manquer; chez les agriculteurs, c'est la « soudure » saisonnière qui se fait mal. Il s'agissait par tous les moyens de réduire autant que possible cette marge d'incertitude.

Pour un Occidental du XXe siècle, l'alimentation ne devrait plus guère poser de questions. A vivre dans les sociétés les plus développées, nous ne courons plus guère le risque de « manquer ». La dernière disette, en France, a eu lieu en 1741-1742. La grande famine irlandaise de la pomme de terre date de 1846-1848. Depuis, seule la guerre a ramené la pénurie et, provisoirement ou localement, la famine. « Joindre les deux bouts », depuis belle lurette, n'est plus un problème de nourriture mais d'argent. Aujourd'hui, les incertitudes saisonnières sont oubliées. La distribution moderne a même gommé les derniers restes de saisonnalité : il nous paraît presque scandaleux d'être privés de fraises en hiver ou de raisin au printemps. Dans nos contrées, ce sont les plus âgés, marqués par les souvenirs de guerre mondiale, qui se refusent à jeter du pain, qui stockent le sucre ou l'huile en cas de tension politique internationale; ce sont les plus mobilisés qui frémissent à la pensée de « gaspiller » la nourriture. Nous savons bien que la faim sévit, mais loin, dans le Tiers-Monde...

Et pourtant, en dépit de cette sécurité et de cette abondance, l'alimentation semble plus que jamais nous préoccuper, voire nous inquiéter. L'enjeu vital est désamorcé, mais l'enjeu intime nous tenaille plus que jamais. Nos sociétés sécrètent probablement plus de discours sur la nourriture qu'aucune autre n'en a jamais produit. L'alimentation est l'un des grands thèmes-problèmes du temps. La médecine, officielle et parallèle, le consumérisme, la presse, l'édition, les mass media, la littérature même, en traitent constamment. Depuis la fin du XIXe siècle, l'Occident bien nourri s'est donné une discipline médicale spécialisée, la nutrition : voici qu'elle est chaque jour davantage mise en demeure de situer les périls, de prescrire les bons choix, de dire où sont le bien et le mal alimentaires. La presse, l'édition contemporaines produisent continuellement du discours sur l'alimentation, qu'il s'agisse de régimes et de santé ou de recettes et de plaisir. La nourriture est partout dans les conversations, dans les opinions, dans les enseignements : la diète et la gastronomie sont également à l'ordre du jour. Au dernier quart du XXe siècle, l'esprit du temps est à la fois à la restriction et au plaisir, au régime et à l'art culinaire. « Que manger, comment manger ? » sont des questions qui reviennent sans cesse. Tout se passe comme si l'acte alimentaire, par essence, posait un problème délicat, difficile, peut-être insoluble, à l'individu. La nourriture quotidienne est en fait devenue si problématique, elle va si peu de soi, que l'on se préoccupe aujourd'hui d'apprendre aux enfants à manger et que l'on a inventé pour cela « l'éducation nutritionnelle ».

Bien entendu, ce ne sont plus ni la peur de manquer ni l'obsession de l'approvisionnement qui occupent les esprits. L'inquiétude contemporaine est double : c'est d'abord celle des excès et des poisons de la modernité; et devant ce danger, celle du choix et de ses critères. L'abondance, la pléthore : voilà le péril inédit qu'il nous faut affronter. Le mangeur moderne doit gérer non plus la pénurie mais la profusion. Il doit trancher entre des sollicitations multiples, agressives, alléchantes, contradictoires. Il doit opérer des sélections, faire des comparaisons, établir des priorités, combattre des pulsions, résister à des impulsions, bref : déployer tous ses efforts, non pour se procurer l'indispensable, mais pour rejeter le superflu avec discernement.

Il se sent par ailleurs menacé sur un front voisin, celui des toxicités. L'aliment moderne nous semble parfois se réduire à ses apparences, de sorte que le soupçon se porte sur ce qu'il contient réellement. Dans les périodes de troubles et de guerres, la rumeur court que l'ennemi a empoisonné les puits; dans notre sécurité alimentaire moderne, paradoxalement, le soupçon surgit à nouveau. Il se porte sur les produits que concocte l'industrie hors de nos regards, dans de louches chaudrons. Additifs, colorants, pollutions diverses ressuscitent ou perpétuent des inquiétudes immémoriales. Ces inquiétudes, il faut admettre qu'elles ne tiennent pas seulement à la réalité des périls que portent en eux nos aliments, mais aussi à l'imaginaire du mangeur.

La situation, en effet, est nouvelle, mais le mangeur, lui, ne l'est pas. Il appartient toujours à l'espèce *Homo sapiens*, un omnivore dont les caractéristiques biologiques, forgées au fil de l'évolution par la pénurie ou l'incertitude, n'ont pas encore pu être modifiées par les quelques décennies d'abondance qu'il a vécues. Le mangeur du XXe siècle doit donc faire face à la constante et régulière abondance actuelle avec un organisme plus adapté à l'irrégularité des ressources, à l'incertitude.

Les réponses que déclenche en nous cette situation pratiquement sans précédent dans l'histoire de notre espèce ne sont en fait pas toujours, pas totalement, différentes de celles qu'auraient suscitées les incertitudes d'un environnement plus primitif chez un omnivore sauvage. La grande angoisse du mangeur moderne, comme peut-être celle du « primate ancestral », résulte en fait d'une incertitude liée au choix des aliments. Et cette angoisse, on le verra, est consubstantielle à l'état d'omnivore, une condition ancrée dans notre être biologique, dans notre métabolisme mais sans doute aussi dans nos têtes.

Pour comprendre le mangeur moderne, il faut donc d'abord s'interroger sur le mangeur immémorial : entre les deux, il y a en commun un mangeur éternel. Dans l'incertitude comme dans l'abondance, il y a une continuité, une universalité anthropologique du mangeur. C'est l'objet de la première partie de cet ouvrage. La seconde partie, elle, traite de l'autre dimension du lien de l'homme avec ses aliments, celle de la diversité, de la variabilité, de la fluctuation, du changement. Comment le fonds anthropologique interagit-il avec l'histoire, l'environnement, le changement social, économique, les idées ? Comment s'instaure, se répercute, évolue, se transforme la modernité alimentaire ? Quelles sécrétions, quelles concrétions sociales, culturelles, mythologiques, imaginaires s'accrochent-elles au manger contemporain, à la cuisine et à la gourmandise, à la restriction et au régime ? Nous verrons que derrière ces questions se profilent d'autres interrogations, parfois immenses et sans réponse dans l'état actuel des connaissances. Pour les aborder et, faute d'y répondre, dresser une ébauche de bilan du savoir et des ignorances, il faudra transgresser les barrières disciplinaires, faire des incursions dans l'histoire et l'anthropologie, la sociologie et la psychologie, l'économie et la nutrition, etc.

Mangeur biologique et mangeur social

L'alimentation est en effet une fonction biologique vitale et en même temps une fonction sociale essentielle. C'est un phénomène complexe, foisonnant ; c'est un objet à multiples entrées. Ses facettes innombrables s'ordonnent selon au moins deux dimensions. La première s'étend du biologique au culturel, de la fonction nutritive à la fonction symbolique. La seconde de l'individuel au collectif, du psychologique au social. L'homme biologique et l'homme social, la physiologie et l'imaginaire, sont étroitement, mystérieusement mêlés dans l'acte alimentaire. Or un examen rapide de l'abondante littérature sur l'alimentation humaine semble montrer que, parmi les travaux marquants sur la question, assez rares en fin de compte, ont été ceux qui se sont interrogés directement sur ce caractère multidimensionnel. De part et d'autre de la grande muraille qui sépare les sciences de la Nature des sciences de l'Homme, les sciences « dures » et les sciences « molles », on a surtout plaidé, semble-t-il, *pro domo*, on a cherché à imposer l'autorité disciplinaire. Or les objets complexes, multidimensionnels comme l'alimentation sont rétifs par nature à l'approche disciplinaire.

Réduction et mutilation

Les sciences dites exactes, en l'occurrence la physiologie, la psychologie expérimentale, l'anthropologie biologique, la nutrition, ont appliqué leurs méthodes et leurs conceptions de manière souvent rigoureuse, parfois réductrice, voire mutilante.

Deux illusions ont dominé le champ : d'une part, que les pratiques alimentaires ne sont que des *habitudes* ou du *comportement;* d'autre part, un positivisme naïf (ou pervers) qui tient implicitement que science et vérité se confondent.

Trop souvent, en effet, ces disciplines n'ont voulu voir que du « comportement alimentaire » là où il y avait en fait des pratiques sociales; des « superstitions » et de l'ignorance là où il y avait des croyances et des représentations. La notion d'habitude alimentaire semble en effet souvent recouvrir un mixte assez nébuleux, incorporant à la fois quelque chose qui ressemblerait à du comportement « pur », appris mécaniquement, inconsciemment, parfaitement plastique et labile, et de la « superstition », c'est-à-dire un tissu de croyances primitives qui devraient reculer devant l'*Aufklärung*, la clarification aveuglante de la science nutrition. Pour expliquer ce « comportement alimentaire », on a volontiers recouru à une combinaison de réductionnisme et de finalisme : il fallait à tout prix invoquer des déterminismes et des fonctionnalités biologiques, génétiques ou physiologiques. A chaque pratique, à chaque trait culturel, on voulait trouver une fonction épistémologiquement « solide », c'est-à-dire en fait « dure », au sens où l'on parle de « sciences dures » par opposition aux autres, les sciences humaines. Lorsque, par extraordinaire, on n'y parvenait pas, on en concluait que l'on se trouvait en présence d'un comportement « contre-productif », d'une aberration évolutive, qu'on s'empressait de chercher à corriger sans plus s'interroger davantage.

Pour la médecine et la nutrition, l'homme ne s'est longtemps nourri que de glucides, de lipides et de protides; il n'avait guère besoin que de vitamines, de sels minéraux et d'acides aminés essentiels. Bref : il mangeait des nutriments, non des aliments. Qu'il *pense* sa nourriture autrement a longtemps été nié ou négligé.

C'est ainsi, par exemple, que les *food reformers* américains de la fin du XIXe siècle, à la lueur des connaissances alors toutes fraîches de la nutrition débutante, ont jugé irrationnelles et nuisibles les conceptions et les pratiques alimentaires de la classe ouvrière et décidé de les réformer : l'échec fut total, non pas à cause de l'état balbutiant des connaissances nutritionnelles de l'époque (à la lueur de ce que nous savons aujourd'hui, il faut plutôt se féliciter de leur échec), mais parce que nos missionnaires de la diététique n'avaient pas soupçonné la diversité et la vigueur des cultures culinaires de la mosaïque ethnique à laquelle ils s'adressaient et qu'ils heurtaient de front (Levenstein, 1980). D'innombrables tentatives plus récentes, dans le Tiers-Monde, n'ont guère été plus fructueuses.

L'autonomie du social et l'autarcie des sciences humaines

Les sciences humaines, depuis longtemps, ont insisté sur le fait que l'alimentation humaine comporte une dimension imaginaire, symbolique et sociale. C'est un lieu commun : nous nous nourrissons de nutriments, mais aussi d'imaginaire. Absorber du caviar ou une simple tomate, c'est s'incorporer non seulement de la substance nutritive mais aussi de la substance imaginaire, un tissu d'évocations, de connotations et de significations qui vont de la diététique à la poétique en passant par le « standing » et la festivité.

Lorsque les sciences humaines rencontrent l'alimentation, à la fin du XIXᵉ siècle, c'est sur des thèmes différents qu'elles s'interrogent. Les pères fondateurs de l'anthropologie, en soulevant les questions (qui n'ont cessé d'agiter la discipline depuis) du totémisme, du sacrifice, de la magie et des formes de la religion, attirent en effet l'attention sur les prohibitions et les prescriptions, sur toutes les coutumes étranges, souvent inexplicables, qui s'attachent à l'alimentation. Mais leur intérêt central porte en fait surtout sur la religion : le sacrifice les intrigue et les mobilise davantage que la cuisine (Frazer, 1911; Smith, 1889). Ces précurseurs s'intéressent surtout aux *« aspects rituels et surnaturels de la consommation »* (Goody, 1982), sans doute parce qu'ils cherchent dans l'évolution de ces institutions sociales une manière d'expliquer rationnellement les survivances qu'ils trouvent dans la culture de leur époque.

Durkheim, dans *Les règles de la méthode sociologique*, affirme qu'un *« fait social ne peut être expliqué que par un autre fait social »*. Il refuse l'utilisation de la psychologie dans l'explication des phénomènes sociaux ainsi que, d'une manière générale, toute réduction du social aux *« propriétés générales de la matière organisée »* (Durkheim, 1981 [1895]). Une telle position, à l'époque, s'expliquait sans doute par la nécessité de répliquer à des tentatives proprement réductionnistes; mais elle a servi par la suite de justification à des thèses qui, dans l'état actuel des connaissances, semblent difficilement tenables. En fait la thèse durkheimienne de l'autonomie du social a parfois fonctionné comme un dogme et elle a nourri un relativisme culturel qui semble aujourd'hui entré en crise.

Le développement de la méthode ethnographique et la pratique du terrain permirent le passage à une nouvelle étape : le fonctionnalisme britannique mit l'accent, plutôt que sur les aspects religieux, sur les fonctions sociales de l'alimentation, sur son rôle dans la socialisation des individus à l'intérieur d'un groupe. C'est Radcliffe-Brown, rappelle Goody, qui observe que, chez les habitants des îles Andaman, *« l'activité sociale la plus importante est de loin la recherche de nourriture »* et que c'est autour et à propos de la nourriture que le lien social, les « sentiments sociaux », sont le plus souvent invoqués et mis en œuvre.

C'est dans cette mouvance fonctionnaliste, mais de manière

très originale, que se situe Audrey Richards, une élève de Malinowski. Jamais jusque-là, rarement après, les sciences humaines n'ont produit une vision de l'alimentation aussi soucieuse d'intégrer dans l'analyse toutes les dimensions de l'objet. Dans *Hunger and Work in a Savage Tribe*, publié en 1932 à Londres, Richards rappelle d'abord que, « *en tant que processus biologique, la nutrition est plus fondamentale que la sexualité* ». Elle ajoute que, dans la sphère de la société humaine, l'alimentation « *détermine, plus généralement que toute autre fonction physiologique, la nature des regroupements sociaux et la forme que prennent leurs activités* » (Richards, 1948 [1932]). Elle reproche aux sciences humaines d'avoir jusque-là complètement négligé de prendre en compte les besoins nutritionnels de l'homme : « *alors qu'on brandit sans cesse devant nous des discussions sur la sexualité (...), la proportion d'attention véritablement consacrée à la nutrition est presque fantastiquement faible* ». Cette comparaison entre les fonctions sexuelle et alimentaire la conduit à les opposer : selon elle, dans n'importe quelle société, la première a des effets potentiellement perturbateurs et doit donc être encadrée et contrôlée; la recherche des aliments, au contraire, « *non seulement nécessite la coopération, mais encore la stimule* ». Toute société a donc intérêt, selon Richards, d'une part à réguler les pulsions sexuelles de ses membres, d'autre part à encourager au maximum la coopération en matière de recherche de nourriture : c'est ce qui explique, dit-elle, le fait que la sexualité soit réprimée et donc que les névroses d'origine sexuelle soient plus fréquentes que celles d'origine alimentaire [1]. C'est ce qui expliquerait aussi, par voie de conséquence, que la psychologie se soit beaucoup plus attachée aux premières qu'aux secondes.

Selon Richards, la « fonction alimentaire » doit être considérée comme un tout : à cet égard, l'anthropologue renvoie dos à dos le réductionnisme biologique et le réductionnisme social. Le premier, dit-elle, cherche à comprendre la nutrition en la dissociant du « *medium culturel qui en est le vecteur* ». Le second, symétriquement, considère la société humaine comme évoluant selon des lois propres, sans relations avec « *la structure physique et les besoins de l'homme* ».

---

1. L'actualité aiguë, de nos jours, des troubles du comportement alimentaire (cf. *infra*, chapitre 13), associée à la libéralisation du rapport à la sexualité, pourrait-elle suggérer que nos sociétés ont en partie renversé l'ordre de ces priorités?

Il faut donc intégrer ces dimensions au lieu de les dissocier. L'objectif d'Audrey Richards est explicitement de décrire et d'analyser *« le système nutritionnel d'un peuple primitif »*, *« [d']examiner les relations humaines (...) en tant qu'elles sont déterminées par les besoins nutritionnels, en montrant comment la faim forge les sentiments qui lient ensemble les membres de chaque groupe social »*.

Le point de vue d'Audrey Richards apparaîtra longtemps singulièrement isolé dans les sciences humaines, qui resteront dominées par des approches postulant explicitement ou implicitement l'autonomie du social par rapport aux contraintes biophysiques.

De l'alimentation à la cuisine

Dans l'œuvre de Claude Lévi-Strauss, on y reviendra (cf. *infra*, chapitre 2), la nourriture occupe une place considérable. Mais alors que les fonctionnalistes considèrent l'alimentation, c'est ici la *cuisine* qui est examinée. Pour Lévi-Strauss, en effet, les catégories du culinaire constituent doublement une sorte de « voie royale ». D'une part vers la compréhension des cultures et des sociétés : la cuisine d'une société est, selon lui, un langage dans lequel cette société *« traduit inconsciemment sa structure, à moins que, sans le savoir davantage, elle ne se résigne à y dévoiler ses contradictions »* (Lévi-Strauss, 1968). D'autre part et surtout sur la pensée humaine : la cuisine est selon Lévi-Strauss l'occasion d'isoler des catégories empiriques universelles, même si les contenus qui leur sont assignés sont propres à chaque société. Il semble que le structuralisme post-lévi-straussien s'attachera surtout à la variabilité et s'intéressera relativement peu à l'universalité, reculant sans doute devant la notion, suspecte à ses yeux, de « nature humaine ». C'est ainsi que le relativisme culturel confirmera son emprise sur l'analyse de l'alimentation humaine.

La question du changement

Les sciences humaines ont cherché, d'une manière qui semble *a posteriori* cohérente avec l'ambition « autonomiste » qui les travaillait, à mettre en valeur les caractéristiques de spécificité et de continuité d'un domaine qu'elles voulaient aussi solidement autonome que possible. C'est peut-être pourquoi, tant en ethnologie qu'en sociologie mais aussi, paradoxalement, en histoire, l'accent semble avoir été mis surtout, pour ce qui a trait à la culture alimentaire, sur la permanence au détriment du changement : pour le courant folkloriste d'avant-guerre, également pour Lucien Febvre, la caractéristique des pratiques alimentaires qui méritait surtout d'être mise en valeur, c'était avant tout leur pérennité (cf. *infra*, chapitre 6).

La sociologie de la culture, de son côté, pour ce qui concerne l'alimentation, s'est concentrée notamment sur l'analyse des consommations alimentaires et des « goûts », entendus comme systèmes normatifs socialement construits de pratiques et de représentations différenciées, comme systèmes de classement *« qui classent en fait les classeurs »* (goût « populaire », goût « bourgeois », etc.) (Grignon & Grignon, 1980; Bourdieu, 1979). Or ces « goûts » sont surtout vus sous l'angle de la transmission et de la reproduction : leur changement n'est guère pris en compte et, s'il l'est, il est renvoyé à la mobilité sociale des individus ou au changement de la composition sociale. Dans cette optique, les pratiques et les représentations, les *habitus*, ne changent point ou guère dans leur contenu : ce sont surtout les individus qui changent ou cherchent à changer de statut social, les effectifs des classes qui se gonflent ou se dégonflent au cours de l'histoire. Rappelons : Bourdieu oppose les goûts des classes populaires (paysans, ouvriers), qu'il définit comme goûts « de nécessité », et ceux des classes aisées, ou « goûts de luxe » (ou « de liberté »). Le goût de nécessité, celui des classes populaires, est « nécessité faite vertu » ou, selon une formule qui a souvent été reprise, *« ce qui fait que l'on a ce que l'on aime parce qu'on aime ce que l'on a »* : les goûts populaires favorisent les nourritures *« les plus nourrissantes »* et *« les plus économiques »* par suite de *« la nécessité de reproduire au moindre coût la force de travail qui s'impose, comme sa définition même, au prolétariat »*. A l'opposé, les goûts de luxe *« sont le propre des individus qui sont le produit de conditions matérielles d'existence définies par la distance à la nécessité, par les libertés ou, comme on dit parfois, les facilités qu'assure la possession d'un capital »*. L'idée même de goût, selon

Bourdieu, est en fait typiquement bourgeoise, puisqu'elle suppose une liberté absolue du choix et ne peut concevoir les paradoxes du goût de nécessité (Bourdieu, 1979, p. 198). D'un côté donc, dans le goût de nécessité, le contenu des préférences est non moins nécessairement ce qu'il est, c'est-à-dire en dernier ressort déterminé par les rapports de production : ouvriers et paysans préféreront toujours *nécessairement* les aliments réputés les plus économiques et les plus nourrissants, ceux qui présentent les caractéristiques objectives de procurer une sensation de réplétion maximale au coût minimal. Dans le goût de liberté, en revanche, les aliments considérés les plus légers, les plus raffinés, prévaudront, mais ce sera toujours nécessairement l'arbitraire le plus débridé qui présidera à leur choix, puisque les changements incessants du goût sont inscrits dans la dialectique non moins incessante de la « prétention » des fractions ascendantes et de la « distinction » des classes dominantes. En fait, ni le changement ni le discours sur le changement ne peuvent relever, dans cette logique, d'autre chose que du « bavardage bourgeois » et l'on comprend que, dans l'index de *La Distinction*, les mots « changement » ou « évolution » ne figurent pas.

L'histoire semblait être la discipline la plus naturellement susceptible de se colleter avec la question du changement. De fait, l'école des *Annales* a marqué une date : à l'appel de Fernand Braudel, un courant très riche d'études quantitatives, notamment de la ration alimentaire, s'est développé (Braudel, 1961). Mais ce n'est que récemment, notamment avec le développement d'une histoire de la « sensibilité alimentaire », du corps et d'une histoire du goût, que l'interrogation a commencé à se porter également sur l'évolution des représentations, de la perception et même de la sensualité (Aron, 1973; Vigarello, 1978; Vigarello, 1985; Flandrin, 1986).

La grande muraille

Ainsi, de part et d'autre, la « grande muraille » dressée entre sciences de l'Homme et de la Nature est longtemps restée le seul horizon du savoir et des interrogations (Morin, 1973). Biologistes et comportementalistes se sont peu inquiétés des particularités remarquables d'*Homo sapiens*, de ce que l'homme se nourrit aussi d'imaginaire, de ce que ses aliments non seulement nourrissent mais encore signifient. Ils ne se sont guère avisés de ce que les organismes humains sont conscients et qu'ils partagent des représentations collectives. De leur côté, sociologues et ethnologues s'efforçaient à juste titre de montrer qu'organismes biologiques et individus sont immergés dans, et (re)construits par, le social. Mais ils ont trop souvent omis de s'interroger sur le fait que, symétriquement, groupes et sociétés sont formés d'individus et que ces individus possèdent un organisme, lui-même soumis à certaines contraintes biologiques.

Comme souvent, les potentialités de renouvellement, de rupture et d'innovation sont apparues sur les marges, aux marches et confins des disciplines, dans des *no man's lands* plus indisciplinaires que pluridisciplinaires : lorsque l'histoire s'est nourrie et inspirée d'ethnologie ou de psychologie; lorsque l'anthropologie s'est aventurée dans les territoires de l'écologie et de la biologie comme ce fut le cas aux États-Unis avec l'école de l'anthropologie écologique; lorsque des anthropologues et des éthologistes ont fait terrain commun; lorsque d'autres anthropologues encore se sont faits aussi nutritionnistes; lorsque des naturalistes, s'interrogeant sur la culture et non plus seulement l'agriculture, ont fondé les bases d'une ethnobotanique; lorsque des psychologues se sont intéressés à la pensée magique.

Il faut donc élargir un peu la brèche entrouverte et tenter d'adopter une démarche transdisciplinaire et « intégrative », mieux : une démarche *indisciplinaire*. Il s'agit d'une part de contribuer à rassembler les images éclatées de l'homme biologique et de l'homme social. Il s'agit aussi, pour éclairer le contemporain, de remonter à l'archaïque, pour éclairer le phénoménal, de retourner au fondamental. Trois étapes, donc, dans ce parcours. La première traitera de quelques-unes des racines *anthropologiques* du rapport humain à l'alimentaire, en entendant « anthropologique » dans un sens quasi étymologique et, précisément, non disciplinaire : l'*anthropos*, ce n'est en effet rien d'autre que l'objet commun d'interrogations convergentes. Ici, c'est l'*anthropos*-mangeur, le *phaganthrope*, qui sera examiné. La seconde partie s'attachera au changement, à ses mécanismes et à l'évolution, en particulier à travers certains aspects de la modernisation et de la modernité. La troisième, enfin, se concentrera sur le corps du mangeur, sa perception et l'évolution de ses représentations.

Première partie

Le mangeur éternel

1

L'immangeable, le comestible et l'ordre culinaire

> SECOND WITCH :
> *Fillet of a fenny snake,*
> *In the cauldron boil and bake.*
> *Eye of newt and toe of frog,*
> *Wool of bat and tongue of dog,*
> *Adder's fork and blind-worm's sting,*
> *Lizard's leg and howlet's wing,*
> *For a charm of powerful trouble,*
> *Like a hell-broth boil and bubble.*
>
> ALL :
> *Double, double, toil and trouble,*
> *Fire burn and cauldron bubble.*
>
> William Shakespeare : *Macbeth*, IV, 1.

Pourquoi mangeons-nous? Entendons-nous : pourquoi mangeons-nous ce que nous mangeons? La question paraît absurde : nous mangeons ce qui est comestible, voilà tout. « Comestible » : la notion demanderait pourtant à être précisée; on pourrait s'interroger, par exemple, sur ce qui rend une espèce ou une substance immangeable : est-ce simple affaire de toxicité, ou peut-on déclarer non comestible une substance qui n'a pour seul défaut que son goût? L'immangeable répond-il toujours à une définition objective, ou s'agit-il d'autre chose, de l'ordre, par exemple, de l'imaginaire?

L'immangeable et le comestible

A s'en tenir au sens commun, les réponses sont au premier abord tout à fait aisées : si nous consommons certains aliments, c'est tout simplement parce qu'ils nous sont disponibles; parce que nous aimons leur goût; parce que notre corps les exige ou qu'ils présentent des avantages pour lui. La disponibilité et le coût sont à l'évidence des conditions nécessaires à la consommation : on imagine mal comment un aliment donné pourrait être consommé s'il n'était ni disponible ni accessible, que ce soit en raison de son coût en argent, en temps ou en énergie. Le goût paraît tout aussi important : le sens commun voit mal comment on pourrait nier que ce que l'on nomme couramment ainsi, c'est-à-dire l'ensemble des qualités organoleptiques (gustatives, olfactives, de couleur, de forme et de consistance, etc.), tient le premier rôle dans la consommation. « L'habitude », pour sa part, fruit de la nécessité, se créerait à force de consommer un aliment. La « sagesse du corps », enfin, permettrait à l'organisme de « reconnaître » ou d'apprendre à distinguer ce qui lui profite ou lui nuit.

Chacune des affirmations qui précèdent peut être au moins en partie appuyée par d'assez bons arguments ou même des éléments de preuve scientifique. Ainsi, il est en effet établi que certaines saveurs font l'objet d'une préférence innée (le sucré), d'autres d'une aversion non moins innée (l'amer). Les aliments porteurs de l'une ou l'autre saveur possèdent donc *a priori* un avantage ou un handicap devant nos papilles gustatives. En ce qui concerne l'habitude, il est exact que « la familiarité augmente l'acceptabilité » : un aliment déjà rencontré à plusieurs reprises a souvent plus de chances d'être apprécié qu'un aliment totalement inconnu. Enfin, il est établi expérimentalement que les aliments peuvent avoir des effets post-ingestifs qui tendent à modifier nos goûts et nos dégoûts, et donc par voie de conséquence nos habitudes alimentaires à plus long terme (cf. *infra*, chapitre 4).

Mais en dépit de la présence de tels éléments de vérité, il suffit d'examiner de plus près ces évidences apparemment limpides pour constater leur insuffisance et le fait qu'elles portent aussi avec elles bon nombre d'interrogations et d'obscurités. Chacune, en fait, pose au moins autant de problèmes qu'elle n'en règle.

S'il est vrai que certaines préférences ou aversions gustatives sont innées, il est vrai aussi qu'elles sont toujours réversibles et que, en définitive, le goût est, si l'on peut dire, avant tout affaire de goût : la variabilité l'emporte sur l'universalité et, pour sacrifier à une opposition aujourd'hui dépassée, l'acquis a le dessus sur l'inné. Une foule de questions se posent : pourquoi aimons-nous ou n'aimons-nous pas tel ou tel goût? Comment savons-nous, ou comment notre corps « sait »-il qu'un aliment donné est bénéfique pour lui, et d'ailleurs le sait-il vraiment? S'il est vrai que la disponibilité et l'accessibilité sont indispensables, que, par ailleurs, ce sont les aliments les plus familiers que nous apprécions le plus, comment expliquer alors ceci : certains aliments sont très rares, très chers et pourtant très appréciés; en fait, c'est même précisément leur rareté qui semble contribuer à les rendre désirables. D'autres produits encore, par exemple le piment, ne sont pas « naturellement » agréables au goût, ils sont même nociceptifs, douloureux; les jeunes enfants, les adultes qui n'ont pas subi un apprentissage culturel les rejettent. Et pourtant des populations entières les utilisent dans leur alimentation quotidienne au point de ne pouvoir s'en passer. Comment se peut-il que nous puissions nous « habituer » à consommer des aliments qui, initialement, nous déplaisent ou même nous causent une souffrance?

Tout ce qui est censé rendre compte de la complexité et de la variabilité des mœurs alimentaires bute en fait devant une accumulation de mystères. Et les évidences perdent encore de leur superbe lorsque l'on change la formulation du problème : nous sommes en fait très loin de consommer tout ce que notre organisme serait prêt à nous laisser absorber. Au lieu de se demander pourquoi nous mangeons certains aliments plutôt que d'autres, il faut donc poser la question de savoir pourquoi *nous ne mangeons pas* certaines substances, *pourquoi nous ne consommons pas tout ce qui est biologiquement comestible.*

Le tableau 1 montre une série d'exemples bien connus d'espèces qui sont couramment consommées par les groupes humains dans certaines régions du monde, alors que, dans d'autres, il n'est pas même concevable qu'on puisse les considérer comme comestibles.

En France, on ne consomme généralement ni les insectes, ni les rongeurs, ni les chats, ni les chiens, sans parler des renards, des blaireaux ou des furets. En revanche, les Français se régalent couramment de toutes sortes de nourritures qui soulèvent le dégoût dans d'autres cultures : de la viande de cheval (de moins en moins

	Comestible	Non comestible
INSECTES	Amérique latine, Asie, Afrique, etc.	Europe de l'O., Amérique du N., etc.
CHIEN	Corée, Chine, Océanie, etc.	Europe, Amérique du Nord, etc.
CHEVAL	France, Belgique, Japon, etc.	Grande-Bretagne Amérique du N., etc.
LAPIN	France, Italie, etc.	Grande-Bretagne, Amérique du N., etc.
ESCARGOTS	France, Italie, etc.	Grande-Bretagne, Amérique du N., etc.
GRENOUILLE	France, Asie, etc.	Europe, Amérique du Nord, etc.

Tableau 1. Classement selon les cultures (comestible/non comestible) de certaines espèces animales.

il est vrai), des escargots, des grenouilles, des huîtres toutes vivantes, les tripes d'animaux divers, de la tête de veau, des amourettes, des cervelles d'agneau, des rognons ou des ris de veau, du foie de porc ou de génisse, des pieds, des oreilles ou même des queues de cochon. Que les Français ou les Italiens puissent consommer du lapin donne la nausée aux Anglo-Saxons; que l'on mange des fromages puants « étonne » beaucoup d'Asiatiques, eux qui pourtant n'éprouvent aucune gêne à consommer le dourian, ce fruit qui, pour nos nez, répand une puissante odeur fécale. Le tableau 2 montre que les enquêtes ethnographiques ont permis de répertorier au moins quarante-deux cultures qui consomment du chien, quarante-deux également qui apprécient le rat.

Les cultures consommatrices d'insectes sont fort nombreuses, plus peut-être que celles qui, comme la nôtre, frémissent à l'idée de seulement toucher ces créatures. Les fourmis sont notamment consommées par divers groupes de population en Colombie, en

Espèce	Nombre de cultures
Poulet (chair et œufs)	363
Bovins (chair et lait)	196
Cochon (domestique)	180
Poisson	159
Mouton	108
Canard	67
Zébu (lait surtout)	49
Tortue (chair et œufs)	46
Zébu (chair et lait)	43
Chien	42
Rat	42

Tableau 2. Espèces et produits animaux communément consommés dans 383 cultures, Human Relations Area Files; *d'après* Abrams, *1987.*

Thaïlande, en Afrique du Sud, par les Aborigènes australiens et de nombreuses tribus amérindiennes ; les abeilles et les guêpes sont comestibles en Chine, en Birmanie, en Malaisie, au Sri Lanka, dans certaines parties du Japon ; diverses variétés de papillons et de mites ou leurs larves chez les Eskimos, en Indonésie, au Japon, en Chine, à Madagascar, au Zimbabwe ; les cafards en Chine, en Thaïlande, chez les Aborigènes australiens et les Bushmen du Kalahari ; les araignées en Nouvelle-Guinée-Papouasie, chez les Indiens Yanomami, en Thaïlande et en Birmanie, au Cambodge, à Madagascar, chez les Bushmen (Abrams, 1987). Les larves du papillon *Cossus Redtenbachi (Cossidae)* sont très recherchées au Mexique, comme d'ailleurs l'*ahuautle* ou « caviar mexicain », c'est-à-dire les œufs d'insectes aquatiques *(chinches acuaticas)*, consommés dans la région du lac de Texcoco (Ramos, 1982). Périodiquement, certains auteurs croient même trouver dans les insectes l'une des solutions possibles aux problèmes agro-alimentaires de l'humanité. Ils voient en fait d'abord dans leur consommation la meilleure manière de s'en débarrasser : en 1878, le sénateur de Fonvielle propose, dans le cadre d'un débat parlementaire sur l'éradication de la vermine, une recette de soupe aux hannetons ; en 1885, l'Anglais Holt publie un ouvrage intitulé *Why Not Eat Insects?* (Pourquoi ne pas manger des insectes?). On ferait ainsi, selon Holt, d'une pierre deux coups : non seulement les insectes ne détruiraient plus les récoltes, mais encore les pauvres n'auraient plus à se plaindre de manquer de nourritures carnées (Harris, 1985). Plus récemment, d'autres ouvrages ont tiré d'un raisonnement voisin des propositions concernant le problème de la carence en protéines dans le Tiers-Monde (Ramos, 1982).

Comment expliquer cette variabilité du comestible? Il semble impossible de la renvoyer simplement à une variation des qualités objectives ou sensorielles des aliments puisque souvent, d'une culture à l'autre, les mêmes espèces font l'objet de jugements opposés. Il paraît tout aussi difficile d'expliquer les rejets en termes toxicologiques ou nutritionnels : en fait, si les protéines d'insectes sont consommées très couramment, c'est qu'elles sont aussi bonnes que d'autres. Cent grammes de termites africains contiennent 610 calories, 38 grammes de protéines et 46 grammes de lipides, alors que le même poids de hamburger ne contient que 245 calories, 21 grammes de protéines et 17 de lipides (Harris, 1985). On pourrait objecter que la carapace de certains insectes est composée d'une substance, la chitine, qui est indigestible pour l'homme : mais la présence de la même substance ne nous empêche nullement de consommer des crustacés marins ou des écrevisses.

Si, en Occident, nous ne consommons pas d'insectes, ce n'est donc pas faute de disposer de ressources en la matière ni pour des raisons toxicologiques ou physiologiques. Si nous ne mangeons pas de chien ou de chat, ce n'est sans doute pas davantage pour ces raisons, ni d'ailleurs pour des raisons gustatives : lorsque le capitaine Cook aborda à Tahiti, ses hommes et lui furent d'abord horrifiés de constater que les indigènes du lieu n'avaient de mets plus recherché que le chien. Mais à la longue, l'équipage britannique fit preuve d'une grande capacité d'adaptation : Cook rapporte que ses marins et lui surmontèrent leur répugnance et apprirent même à apprécier cet aliment. Le navigateur va jusqu'à admettre que la chair du chien tahitien supporte la comparaison avec celle de l'agneau de sa native Angleterre (Cook, 1980 [1777-1784]).

Les récits de voyageurs choqués par les pratiques répugnantes des peuples qu'ils visitent tendent à suggérer que, si certaines espèces sont rejetées dans nos cultures alors qu'elles sont consommées dans d'autres, c'est parce que « rien ne nous oblige » (entendons aucune pénurie) à de telles extrémités. Si donc des Africains, des Asiatiques ou quelque peuple exotique consomment des insectes, ce serait en fait sous la pression de l'environnement, pour s'adapter à la pénurie ou à la famine, qui les pousserait à surmonter leur répugnance et à absorber des espèces qui ne sont pas « habituellement » considérées comme de la nourriture. On voit immédiatement sur quels jugements de valeur implicites repose une telle hypothèse, qui fait du régime occidental la référence unique de la normalité et de la qualité : en tout état de cause, on peut la soupçonner d'un certain ethnocentrisme.

Reste ce que le sens commun nomme « l'habitude » : nous consommons – ou ne consommons pas – telle ou telle espèce parce que c'est « l'habitude ». On a toujours fait ainsi. Mais si cette proposition est vraie, c'est parce qu'elle est tautologique. Ce que le sens commun utilise comme explication, c'est précisément ce qu'il s'agissait d'expliquer.

Avant d'aller plus loin, il faut mettre en avant un élément décisif : *Homo sapiens* est une espèce caractérisée par un néo-cortex hautement développé. Il n'est pas étonnant que les facteurs cognitifs ou idéels jouent un rôle extrêmement important dans la manière dont l'homme s'ajuste à son environnement, particulièrement en matière de choix alimentaires. La réponse à notre question initiale réside donc probablement en grande partie dans le mangeur et non pas seulement dans ses aliments; dans sa pensée, ses représentations, et non pas seulement dans son métabolisme. La variabilité des choix alimentaires humains procède sans doute pour une grande part de la variabilité des systèmes culturels : si nous ne consommons pas tout ce qui est biologiquement comestible, c'est que *tout ce qui est biologiquement mangeable n'est pas culturellement comestible*.

Il existe en effet toutes sortes d'indices qui montrent que les humains choisissent leurs aliments, pour une bonne part, en fonction de systèmes culturels alimentaires que l'on peut appeler des *cuisines*. L'analogie entre langage et cuisine, banale depuis Lévi-Strauss, s'impose ici : tous les humains parlent une langue, mais il existe un grand nombre de langues différentes; tous les humains mangent une nourriture cuisinée, mais il existe un grand nombre de cuisines différentes. La cuisine est universelle; les cuisines sont diverses. Avant d'examiner l'épineuse question de la nature et de la fonction de ces systèmes culinaires, il faut d'abord tenter de les décrire ou plutôt de les caractériser.

L'ordre culinaire

On définit habituellement la cuisine comme un ensemble d'ingrédients et de techniques utilisés dans la préparation de la nourriture. Mais on peut entendre « cuisine » dans un sens différent, plus large et plus spécifique à la fois : des représentations, des croyances et des pratiques qui leur sont associées et qui sont partagées par les individus faisant partie d'une culture ou d'un groupe à l'intérieur de cette culture. Chaque culture possède une cuisine spécifique qui implique des classifications, des taxonomies particulières et un ensemble complexe de règles portant non seulement sur la préparation et la combinaison des aliments mais aussi sur leur collecte et leur consommation. Elle possède également des significations, qui sont étroitement dépendantes de la manière dont les règles culinaires sont appliquées. Pour reprendre l'analogie avec le langage, on peut dire que, de même que les fautes de grammaire peuvent dégrader ou annuler le sens, les fautes de « grammaire culinaire » peuvent entraîner des impropriétés troublantes pour le mangeur.

Les classifications culinaires

Le fait que les cuisines spécifiques sont basées sur des classifications est déjà implicitement apparu à propos des tableaux 1 et 2. Chaque culture doit en effet procéder à un classement implicite élémentaire : il faut déterminer ce qui, dans l'environnement, est de la nourriture et ce qui n'en est pas. Ce que montre le tableau, c'est en somme que, d'une culture à l'autre, on assigne des espèces différentes aux catégories « comestible » et « non comestible ».

Dans le cadre ainsi défini par une culture donnée, intervient une autre série de distinctions et d'oppositions, et notamment celle qui distingue le pur et l'impur. Ceci nous renvoie aux tabous alimentaires. Notons toutefois que, paradoxalement, pour faire l'objet d'un tabou, les choses ou les êtres doivent *a priori* relever du comestible, sans quoi il n'y aurait aucune raison de les prohiber. Certains aliments ne sont tabou que dans certaines circonstances et/ou pour certains individus ou catégories d'individus.

Les aliments « agréés » sont eux-mêmes classés selon diverses catégories, que ce soit selon des critères de goût (sucré/salé), de forme ou de texture ou selon des critères culinaires. Ainsi nous verrons que les pâtes, séquence à part entière dans le menu italien, font partie fonctionnellement et conceptuellement de la catégorie « légumes » en France. De même, dans de nombreuses cultures, le poulet et les volailles constituent une classe distincte de la catégorie « viande ».

Les catégories alimentaires sont liées à d'autres catégories, comme par exemple celles du système médical traditionnel. Dans de nombreuses cultures, par exemple, les aliments sont classés selon leurs propriétés médicinales et selon l'effet qu'ils sont censés avoir sur le corps et sur la personne (« chaud » et « froid », « sec » et « humide », *yin* et *yang*, etc.).

Les règles culinaires

Dans toute culture, il existe des règles d'une grande complexité qui gouvernent la consommation des aliments et le comportement du mangeur en s'appuyant sur les classifications établies. Ces règles culinaires sont intériorisées par les individus de manière en grande partie inconsciente. C'est pour cette raison que leur existence nous apparaît plus clairement lorsqu'elles sont violées. Pour illustrer cet aspect et saisir l'étendue de leur emprise, on peut procéder à une expérience imaginaire. Soit un restaurant improbable (et, comble d'invraisemblance, étoilé!) qui proposerait le menu suivant :

> ## AU GOURMET SANS ENTRAVES
>
> ### Restaurant
> ***
>
> *MENU*
>
> | *Petit Déjeuner* | *Dîner* |
> |---|---|
> | *(10 h 30 - 13 h 30)* | *(15 h - 19 h 30)* |
> | *Salade de fruits exotiques* | *Salade de saison* |
> | *Spaghetti alla carbonara* | *Escalopes de saumon sauvage* |
> | *Soupe à l'oignon avec ses toasts* | *à la moelle de bœuf* |
> | *Thé glacé* | *Consommé Du Barry* |
> | | *Sorbets* |
> | | *Cappucino* |
> | | *Croissants au beurre* |
> | | *Liqueurs ou Kir Royal* |

Démonstration par l'absurde : tout, dans cette carte, est aberrant, au moins pour un individu de culture française. La composition des repas, leur horaire, leur dénomination, l'ordre interne et la nature des plats proposés : rien ne correspond à ce que nous attendons, tout ou presque nous paraît absurde. Détaillons cependant quelques-unes des aberrations.

Certaines sont d'ordre « intrinsèque », entendons qu'elles tiennent à des éléments de composition. Par exemple, le plat « Escalopes de saumon sauvage à la moelle de bœuf », qui correspond assez bien à ce qu'on peut trouver sur certaines cartes en 1990, comporte cependant une incompatibilité interne, choquante pour un Français, au moins jusqu'à une date récente [1] : la présence simultanée de la chair et du poisson ou du « gras » et du « maigre ».

---

1. La grande cuisine contemporaine, depuis la fin des années quatre-vingt, tend de plus en plus à transgresser ces incompatibilités. On trouve notamment de plus en plus fréquemment des poissons accommodés au « jus de viande » ou associés au lard ou au bacon.

La présence de croissants dans un dîner, celle de spaghetti et de soupe à l'oignon, successivement, dans un petit déjeuner sont des absurdités qui échapperaient sans doute à un Bushman du Kalahari. Celle du *cappucino* en fin de repas est à coup sûr plus choquante pour un Italien que pour un Américain. Un Français ne comprendrait pas comment le Kir Royal peut trouver place à côté des digestifs en fin de repas ou pourquoi le thé du petit déjeuner est glacé. Il s'interroge sans doute sur l'étrange présence de toasts aux côtés de la soupe à l'oignon, peut-être en place des croûtons qui devraient y nager.

D'autres aberrations sont, pourrait-on dire, d'ordre « extrinsèque » : l'horaire proposé pour les repas, par exemple, les rend mal compatibles avec leur dénomination de petit déjeuner ou de dîner.

En tout état de cause, cette expérience imaginaire nous permet de mettre en évidence par l'absurde l'existence de *règles d'ordonnancement, de composition et de compatibilité* à la fois complexes et spécifiques à une culture. On pourrait dire que, malgré le nom de ce restaurant imaginaire, il ne peut exister de gourmet sans entraves : le goût et les mœurs alimentaires sont contraints par la culture culinaire à laquelle nous appartenons. Et lorsque les règles ne sont pas appliquées, nous le voyons clairement, la nourriture proposée nous paraît entachée d'une impropriété fondamentale.

Les repas, les plats et les aliments sont préparés, choisis, servis selon un ordre contextuel complexe. Certaines des règles les plus communes portent sur *l'exclusion mutuelle* de classes d'aliments. Dans la cuisine française, par exemple, le salé et le sucré sont en général mutuellement exclusifs, au moins depuis le XVIIe siècle (Flandrin, 1988). De même, pour des raisons religieuses, le poisson et la viande dans certains pays catholiques ou la viande et les produits laitiers dans l'orthodoxie juive.

D'autres règles sont au contraire *d'inclusion*. Dans les cuisines chinoises, par exemple, un repas doit comporter à la fois *fan* (« graines » ou féculent, essentiellement le riz : la « nourriture nourrissante ») et *ts'ai* (les plats de légumes et de viandes : la part du plaisir) en quantité appropriée (Chang, 1977). Ces règles d'inclusion et d'exclusion ont une grande importance dans la vision globale qu'une culture a de son alimentation. C'est ainsi, par exemple, que, dans le sud de l'Inde, la différence entre un « snack » ou collation et un repas est fonction de la présence ou de l'absence de certains éléments, en particulier de l'aliment de base : « *Du pain non levé et un oignon cru constituent un repas, mais l'association d'une bouillie et de légumes est seulement un snack* » (Katona-Apte, 1975). De même, au Japon, sans le riz, un repas traditionnel ne mériterait pas son nom : c'est si vrai qu'ils portent tous deux le même nom *(gohan)* (Cobbi, 1978; Cobbi, 1984).

Par ailleurs, comme nous l'avons vu, des règles de propriété *extrinsèques* font intervenir des facteurs qui ne sont pas directement alimentaires. Sans les détailler ici, notons simplement que, parmi eux, figurent le temps, le lieu, le contexte interpersonnel et social, etc. (Douglas & Nicod, 1974; Douglas, 1979). Un aliment donné, par exemple, peut convenir aux hommes, un autre aux femmes (Dickens & Chappell, 1977). Certains plats sont réputés convenir mieux aux enfants qu'aux personnes âgées, aux circonstances festives plutôt qu'ordinaires, etc. Au Japon, où la tradition est très sensible aux cycles naturels et saisonniers, on ne sert pas en hiver la cuisine dans de la vaisselle d'été et vice versa (Cobbi, communication personnelle).

On l'a souvent noté depuis Lévi-Strauss : ces exigences formelles du culinaire rappellent les contraintes de syntaxe et de grammaire du langage. Dans certaines cultures, des impropriétés alimentaires ou un repas mal construit (au sens où une phrase est mal construite) pourraient sans doute être qualifiés d'absurdes, de « dénués de sens » : une formulation linguistique incorrecte serait reçue un peu de la même manière, comme une distorsion risible ou un charabia incompréhensible.

La transgression, le non-respect de la syntaxe, de la grammaire culinaires, peuvent emporter des conséquences remarquables et très concrètes. Dans la cuisine, il y a à la fois des exigences formelles, de la norme sociale et de la morale. La transgression des règles culinaires entraîne des conséquences sur ces trois plans. Si les lois de la forme ne sont pas respectées, le malaise naît. La nourriture peut devenir inconsommable, répugnante. Davantage : la non-conformité peut prendre un sens social. Les particularismes alimentaires peuvent apparaître comme des manifestations d'autonomie, sinon de révolte, en tout cas d'une volonté de se différencier, de se situer en marge. De nos jours par exemple, les tenants de la macrobiotique traduisent dans leurs pratiques alimentaires leur refus d'une certaine modernité en même temps que leur aspiration à une pureté qui passe par le corps. Pour finir, la transgression peut encourir un jugement moral : son auteur est coupable. Le Lévitique, qui établit les règles de l'alimentation judaïque, prévoit que qui transgressera la loi alimentaire *« sera retranché de son peuple »*. Partout, consommer des aliments classés non comestibles, impurs, est un acte ignoble qui contamine son auteur. Seules les puissances du mal font une anti-cuisine avec des ingrédients immondes : de leur chaudron diabolique, les sorcières tirent des brouets maléfiques.

Ces contraintes formelles débouchent sur des normes et des jugements moraux : il faut maintenant s'interroger sur le mystère de leur origine, de leur fonction, de leur nature.

2

Adaptation ou arbitraire?

Comment expliquer la variabilité des consommations alimentaires, des pratiques culinaires, la complexité, parfois la bizarrerie au moins apparente des systèmes culinaires tels que nous venons de les envisager, avec leur attirail de catégories, de règles, d'usages, de significations? Les normes culinaires, les prescriptions et les prohibitions, les tabous en particulier, sont-ils fondamentalement arbitraires, ou résultent-ils de déterminismes « naturels » et remplissent-ils des fonctions matérielles, bien identifiables? Ces questions, depuis plusieurs décennies, font l'objet de vifs débats dans les sciences humaines mais aussi dans les sciences dites « dures » et en particulier dans la sphère bio-médicale.

Simplifions : on peut situer les positions en présence le long d'un axe qui s'étendrait entre deux pôles. A l'un de ces pôles, les thèses de l'autonomie du social, pour qui « un fait social ne peut s'expliquer que par un autre fait social ». A l'opposé, les tenants d'une « sagesse » optimale des cultures culinaires. Pour eux, toute particularité alimentaire correspond à une fonction adaptative, présente un avantage pratique ou matériel. Au premier pôle, les règles culinaires relèvent d'une sorte d'arbitraire culturel et ne peuvent être comprises autrement que dans la logique intrinsèque de la culture de la société considérée. A l'autre, au contraire, elles sont asservies à la biologie et ne sont en général « rien d'autre » qu'une forme particulièrement efficace d'*adaptation* culturelle : la meilleure solution possible pour la survie et le succès du groupe ou de l'espèce, solution dictée en somme par la nécessité et quelque intérêt supérieur inaperçu.

Le pôle « fonctionnaliste »-adaptationniste

En un sens, on pourrait dire que les positions se situant à proximité de ce pôle ont en commun un paradigme que l'on pourrait dire « fonctionnaliste » et que l'on peut formuler ainsi : tout trait de la culture alimentaire remplit une fonction bien spécifique; le seul moyen de faire apparaître cette fonction est de lier le trait en question à un phénomène d'ordre extra-culturel ou matériel, par exemple biologique ou physique. En d'autres termes, pour comprendre, il faut recourir à des explications « naturelles », des explications empruntées au champ des sciences dites exactes ou « dures ».

Une illustration caractéristique, prise dans la sphère bio-médicale, nous est fournie par l'hypothèse qui fut longtemps la plus utilisée pour expliquer le tabou juif et musulman sur le porc. Dans la région du monde où ces religions ont pris naissance, faisait-on jadis valoir, la viande de porc insuffisamment cuite est souvent vecteur de trichinose (il s'agit d'une maladie parasitaire assez dangereuse). Cette thèse est aujourd'hui complètement abandonnée. On s'est en effet avisé que la trichinose peut être véhiculée par d'autres animaux que le porc, certains couramment consommés au Moyen-Orient, et que, en tout état de cause, pour se protéger contre le parasite, il suffit de cuire suffisamment la viande : pourquoi, dès lors, un tabou et pas simplement la prescription de ne consommer le porc que bien cuit?

A proximité immédiate de ces positions, on rencontre des thèses ou des hypothèses que l'on pourrait qualifier d'utilitaristes. Ainsi par exemple, à propos du problème du totémisme, classique en anthropologie et en partie lié à celui de la consommation des animaux, Radcliffe-Brown répond à la question de savoir pourquoi certaines espèces sont dotées d'une forte valeur symbolique dans certaines cultures en proposant l'hypothèse que cette valeur est liée à la valeur fonctionnelle ou anti-fonctionnelle de l'animal dans le contexte local. Tout animal qui a des effets importants sur le bien-être d'une société, qu'il soit particulièrement utile ou dangereux (fonctionnel ou anti-fonctionnel), tendrait à acquérir une forte valeur symbolique et à faire l'objet d'attitudes rituelles (Radcliffe-Brown, 1952). C'est cette thèse, entre autres, que Lévi-Strauss a réfutée dans *Le totémisme aujourd'hui* (Lévi-Strauss, 1962b).

Le « matérialisme culturel »

L'anthropologue américain Marvin Harris est le fondateur et le principal représentant d'une école ou d'un courant qu'il nomme lui-même « matérialisme culturel ». Le « paradigme » sur lequel il s'appuie est simple : on peut toujours expliquer les règles culinaires (en fait, il ne parle que de « préférences alimentaires » et de « rejets », *food preferences and avoidances*) par une simple analyse comptable en termes de coûts et de bénéfices. Si certains aliments sont particulièrement recherchés *(good to eat)*, c'est tout simplement qu'ils présentent un bilan concrètement favorable : le solde de leurs avantages pratiques et de leurs coûts est positif, ou tout au moins plus favorable que celui des aliments évités *(bad to eat)*. Ainsi pour Harris, l'origine du rejet du porc au Moyen-Orient serait la suivante : « *le cochon n'avait été domestiqué que pour produire de la viande. Lorsque les conditions écologiques sont devenues défavorables pour l'élevage du porc* [en raison de changements écologiques comme la déforestation], *il n'y a plus eu aucune raison justifiant de préserver son existence* » (Harris, 1985, p. 76). Avant la déforestation, en effet, le cochon était élevé en liberté et se nourrissait seul, notamment de glands. Sans l'abri forestier, l'animal doit être nourri par son propriétaire, ce qui est coûteux en temps, en énergie et en nourriture, car son alimentation omnivore en fait à cet égard un « concurrent » de l'homme. Par ailleurs, le porc souffre de ne plus vivre à l'ombre des arbres : son système de thermorégulation ne lui permet pas, en effet, de rester en plein soleil. Harris affirme que la prétendue « saleté » du porc est en fait le produit de sa domestication par l'homme et de l'élevage en enclos : c'est pour réguler sa température qu'il se « vautre dans la fange », ce qui implique pour l'éleveur un coût supplémentaire, particulièrement lourd dans une région devenue désertique.

Harris propose des explications de ce type pour un grand nombre de prohibitions et prétend même pouvoir rendre compte selon cette logique de la variabilité alimentaire humaine pratiquement dans son ensemble. La protection de la vache sacrée en Inde, la non-consommation des insectes en Europe occidentale, la valorisation du bœuf aux États-Unis, l'hippophagie et jusqu'au cannibalisme reçoivent des explications formulées en termes d'adaptation, d'ajustement optimal aux contraintes écologiques et économiques. Si la vache est sacrée en Inde, c'est, selon Harris, parce que, pour les paysans indiens, il était plus avantageux d'utiliser les bovins pour leur force motrice que pour leur viande. Si les insectes ne sont pas consommés en Europe, l'explication doit être recherchée dans la théorie, empruntée à l'écologie, du « rendement maximal de la quête alimentaire » *(optimal foraging theory),* selon laquelle les chasseurs ou les collecteurs ne s'intéressent qu'aux espèces qui leur permettent d'obtenir le rendement calorique maximum par rapport au temps passé à la quête alimentaire. Pour prédire quelles espèces un chasseur-cueilleur tendra à mettre à son répertoire alimentaire (et donc lesquelles il négligera), il suffirait donc, selon cette théorie, de calculer en calories par heure le rendement que cette espèce ajoutera (ou retranchera) au bilan total de chaque « sortie ». Les Indiens Aché du Paraguay, par exemple, lors de leurs expéditions, ne recueillent qu'un type d'insecte, une larve de palmier. Ces larves « rapportent » 2 367 calories par heure après repérage. Pour les Aché, les consommer porte le rendement total de la quête alimentaire de 782 à 799 calories par heure, tandis que les autres espèces donneraient des bilans moins avantageux. Harris conclut que si dans la forêt tropicale, où l'on rencontre relativement peu de gros animaux, l'insectivorisme est « rentable », il l'est nettement moins en Europe depuis qu'il y a abondance de porc, de mouton, de chèvre, de volaille, de poisson, ce qui expliquerait notre peu de goût pour les fourmis ou les araignées (Harris, 1985).

Le cannibalisme lui-même est justiciable d'analyses similaires.

Harris cite favorablement les thèses de Michael Harner, qui proposait en 1977 une analyse du cannibalisme rituel des Aztèques formulée en termes économico-nutritionnels (Harner, 1977). Les Aztèques, faisait valoir Harner, n'avaient pas domestiqué de grands animaux herbivores et leur système de production ne leur permettait d'avoir accès qu'à très peu d'aliments carnés, à l'exception du dindon et du chien, qui sont, paraît-il, peu « rentables » en termes de calories/heure. Les élites religieuses et militaires de la société aztèque auraient en fait tiré un grand profit nutritionnel de la pratique des sacrifices humains et de la consommation des victimes, qui leur était en effet réservée (cf. *infra*, chapitre 5).

Les thèses de Harris, on le verra, doivent beaucoup, en fait, à un courant antérieur, celui de l'anthropologie écologique, qui tentait déjà de replacer les traits et les systèmes culturels dans le cadre des écosystèmes.

Le pôle structuraliste-culturaliste

Les approches structuralistes s'opposent toutes radicalement à la précédente sur au moins un point fondamental : ce qui importe pour comprendre un système culinaire, ce n'est pas d'analyser les éléments isolément, mais les relations entre les éléments. Selon la formulation de l'anthropologue britannique Mary Douglas : « [*Les règles de comestibilité ne peuvent être comprises*] *que structuralement, et non pas en essayant de reconstituer les relations de cause à effet que l'une ou l'autre d'entre elles, prise isolément, peut impliquer. L'interprétation structurale révèle comment des règles de conduite s'assemblent pour constituer un* pattern *intelligible* » (Douglas, 1979). Cet énoncé constitue une réfutation directe des approches fonctionnalistes-adaptationnistes. On peut ajouter ceci : le point de vue fonctionnaliste-adaptationniste tient que, pour expliquer la culture, il faut recourir à des déterminismes naturels; le structuralisme, en tout cas celui de Mary Douglas, estime que la culture peut et doit être expliquée en termes culturels. L'interprétation (c'est le terme qu'elle emploie) proposée par Mary Douglas [1] pour le tabou du porc est en conséquence purement culturelle : les interdits alimentaires hébraïques s'expliquent par une anomalie taxonomique. Le porc, avance-t-elle, ne trouve nulle part sa place dans les catégories que les Hébreux utilisaient pour penser le monde physique. Le Lévitique, dans sa formulation des prohibitions alimentaires, reprend la distinction de la Genèse entre la terre, les eaux et les cieux. A chaque élément correspondent des espèces animales qui lui sont propres, cette correspondance résultant de certaines caractéristiques physiques des animaux : ce qui est propre au ciel, ce sont les volatiles pourvus d'ailes et de deux pattes; pour les eaux, les poissons dotés d'écailles et de nageoires; pour la terre, les animaux à quatre pattes qui sautent ou marchent : *« tout groupe de créatures non équipées pour le mode de locomotion qui lui est imparti dans son élément »* est impur : les créatures à quatre pattes et qui volent, celles qui vivent dans l'eau sans nageoires ou écailles, celles qui se traînent, rampent ou grouillent sur la terre. *« D'une manière générale*, écrit Mary Douglas à propos des prohibitions du Lévitique, *seuls sont purs les animaux qui sont entièrement conformes à leur classe. Les espèces impures sont celles qui sont des membres imparfaits de leur classe, ou dont la classe défie le schéma général de l'univers »* (Douglas, 1966, 1981, p. 74). En effet, en ce qui concerne le porc, son impureté résulte de ce qu'il n'est pas conforme au modèle de l'animal terrestre consommable tel qu'il est décrit dans le texte sacré (Lévitique XI) : *« Toute bête qui a le pied onglé, les ongles fendus, et qui rumine, vous en mangerez. »* Or le porc a le pied onglé et l'ongle fendu, mais ne rumine pas. Il constitue donc, selon Mary Douglas, une *anomalie taxonomique*, un accroc à l'ordre du monde qu'avait construit la pensée des Juifs anciens.

On pourrait s'étonner de ce que, alors qu'il est question de l'approche structuraliste, la contribution de Claude Lévi-Strauss n'ait pas encore été abordée. Sans doute l'anthropologue français a-t-il accordé une grande place dans son œuvre à la nourriture et plus particulièrement à la cuisine, au même titre qu'à la parenté ou au totémisme. Mais à la différence de celle de Mary Douglas, sa recherche ne porte ni exclusivement ni même principalement sur

---

1. Ainsi que celle, très proche, de Jean Soler (Soler, 1973).

la variabilité et la spécificité des faits culturels mais au contraire sur un certain nombre de caractéristiques universelles du fonctionnement de l'esprit humain que l'ethnologue croit pouvoir dégager de l'extraordinaire masse de données qu'il compile, en particulier dans les *Mythologiques*. Lévi-Strauss veut montrer qu'il existe des catégories empiriques qui sont pertinentes et opératoires dans toutes les cultures, même si le contenu qu'on leur assigne localement est variable. D'où le désormais légendaire « triangle culinaire » que, par acquit de conscience, il convient une fois de plus de reproduire et de commenter brièvement ici (Lévi-Strauss, 1968, p. 406).

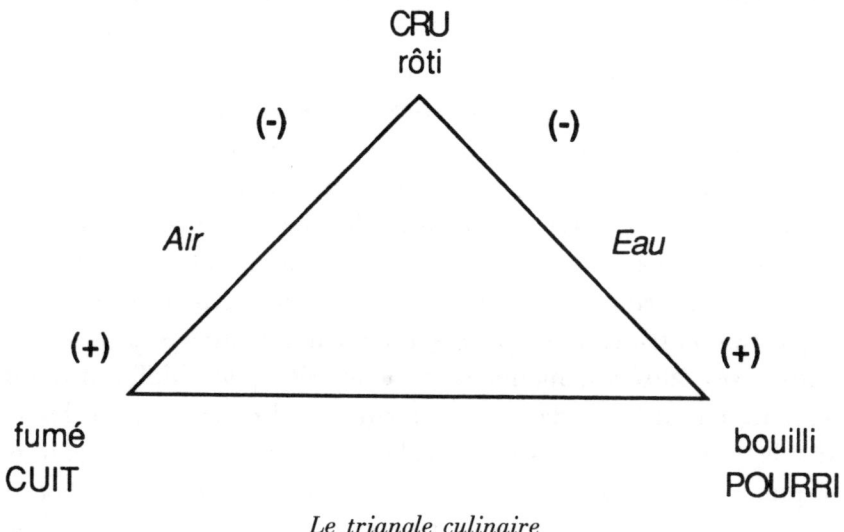

Le triangle culinaire

Les trois sommets du triangle sont occupés par les trois catégories fondamentales de cru, de cuit et de pourri. Le cru se situe à l'interface entre Nature et Culture. Il s'oppose aux deux autres catégories en ceci qu'il n'est pas élaboré, tandis que le cuit est le produit d'une élaboration *culturelle*, le pourri d'une élaboration *naturelle*. Les modes de cuisson peuvent s'inscrire sur ce triangle. Le rôti est du côté du cru : c'est une technique qui met la viande en contact pratiquement direct avec le feu, sans médiation aucune et la cuisson obtenue est rarement complète. Le bouilli est une technique qui consiste à conduire l'aliment à un état qui rappelle celui de la décomposition, mais par une double médiation, celle de l'eau et celle du récipient, qui est par excellence un objet culturel.

Quant au fumage, il se rapproche au maximum de la catégorie abstraite du cuit, dans la mesure où il s'agit d'une cuisson « lente et profonde » sans autre médiation entre le feu et la viande que l'air. En termes de moyens, selon Lévi-Strauss, le rôti et le fumé sont des processus naturels, tandis que le bouilli est un processus culturel. Mais en termes de résultats, le fumé appartient à la Culture, le rôti et le bouilli à la Nature...

Le triangle culinaire a déjà irrité (ou intimidé) une génération de lecteurs et de commentateurs, en particulier anglo-saxons (Leach, 1974; Goody, 1982; Mennell, 1985). Les uns ont tenté de le critiquer ou de le dépasser en le mettant à l'épreuve des faits (Lehrer, 1972), les autres ont cherché à le compléter, l'historiciser, l'adapter (Poulain, 1985). Ce que, semble-t-il, il convient d'en retenir, ce n'est pas seulement la pertinence universelle des catégories empiriques de cru, de cuit, de rôti, de fumé, de bouilli, de pourri (auxquelles, l'auteur y insiste, les diverses cultures assignent des contenus fort différents), mais surtout le fait que, selon Lévi-Strauss, les plats ou les aliments appartenant à ces différentes classes ont entre eux une relation qui est constante d'une société à l'autre. Ainsi par exemple, l'opposition entre rôti et bouilli semble « fonctionner » dans de très nombreuses cultures, même si c'est sur des plans différents, qui résultent eux-mêmes des particularités de la société considérée : dans la plupart des cuisines occidentales, le rôti est un plat de réception ou de cérémonie, celui qu'on offre à des étrangers (« exo-cuisine »); le bouilli, cuit dans une marmite, est un plat intime, familial, destiné à un groupe clos (« endo-cuisine »). En France, le pot-au-feu est un plat « de ménage », la viande rôtie un plat de banquet et au surplus le point culminant du menu (Lévi-Strauss, 1968; Leach, 1974).

Le structuralisme de Mary Douglas et celui de Lévi-Strauss se situent, sur notre axe, à des points différents. Celui de Mary Douglas se trouvera très près du pôle culturaliste relativiste, tandis que celui de Lévi-Strauss se placera plus loin de cette extrémité. Après avoir cherché à mettre en évidence le besoin apparemment universel de cohérence taxonomique, l'approche de Mary Douglas semble en effet essentiellement guidée par une interrogation relativiste qui, de son propre aveu, cherche à décoder, à « déchiffrer » ce qui est unique et exclusif à la vision du monde des cultures, des groupes ou des classes examinés, par exemple la classe ouvrière anglaise, et qui ressort de l'analyse structurale des mets, des repas, et de l'ensemble des pratiques alimentaires (Douglas, 1972; Douglas & Nicod, 1974; Douglas, 1979).

En revanche, c'est probablement à tort que l'on a souvent cherché dans le structuralisme lévi-straussien la justification du relativisme culturel le plus extrême. Dans la cuisine selon Lévi-Strauss, il y a en effet moins l'expression d'une variabilité culturelle quasi absolue et en partie arbitraire que le produit local, spécifique à la société observée, de certains modes de fonctionnement de l'esprit humain.

Le même souci devient tout à fait central dans un courant « cognitiviste », qui cherche à approfondir et dépasser le structuralisme en utilisant notamment les apports et les développements issus de la linguistique de Chomsky. Il s'attache délibérément à l'analyse approfondie de la cognition, définie comme « la psychologie moins l'affectivité ». Ainsi Sperber intègre, critique et dépasse la thèse de Mary Douglas sur l'anomalie taxonomique pour tenter de caractériser la pensée symbolique. Le mode de classification taxonomique, note-t-il, n'est en fait qu'une des modalités possibles de la pensée classificatoire : le propre d'une classification véritablement taxonomique, c'est que les catégories conceptuelles dans lesquelles les objets sont classés sont mutuellement exclusives, c'est-à-dire telles qu'aucun objet n'appartienne à deux catégories à la fois. Cela semble être le cas, dans toutes les cultures, lorsqu'il s'agit de classer les animaux, alors qu'aucune nécessité logique n'impose ce mode classificatoire. Mais ce qui paraît caractéristique de la manière de traiter *symboliquement* les animaux, leur caractère comestible ou leur pureté, c'est que, à l'intérieur et au-delà de cette classification taxonomique, les hommes créent une norme idéale, une représentation du type animal parfait, et que c'est à partir de cette norme que la pensée symbolique se donne pour ainsi dire le droit de revenir en arrière, de remettre en cause la taxonomie proprement dite, en utilisant d'autres critères que ceux qui avaient servi à l'établir (Sperber, 1975).

Nature/Culture : un faux dilemme

Depuis une trentaine d'années, les auteurs structuralistes ne se privent pas de critiquer les thèses fonctionnalistes. Ainsi, on l'a vu, Lévi-Strauss a critiqué le point de vue « utilitariste » de Radcliffe-Brown mentionné plus haut, en montrant qu'il n'y a en fait aucune corrélation réelle entre l'importance pratique et l'importance symbolique des espèces animales dans les diverses cultures (Lévi-Strauss, 1962b).

L'analyse coût/bénéfice de Harris n'est pas non plus sans poser de problèmes. Ainsi, elle ne semble pas permettre de répondre à la question suivante : à supposer qu'il soit vrai que le tabou du porc au Moyen-Orient correspond à une « rationalité » profonde en termes de rapport coût/bénéfice, on peut se demander pourquoi son abandon, s'il avait de bonnes raisons matérielles, a pris la forme d'un tabou religieux. Ne pouvait-il s'agir simplement d'une série de décisions individuelles prises par les paysans, et qui se seraient révélées positives pour les intéressés ? Pourquoi le tabou, si le porc a disparu ? En d'autres termes, le matérialisme culturel n'aboutit-il pas à nier la culture, qu'il prétendait expliquer ? Car en effet, si l'adaptation survient, comme le pense Harris, à l'échelon individuel, par une multiplication et une agrégation de « bonnes » décisions prises par les individus, comment expliquer des phénomènes comme la croyance, les mythes, les tabous, les règles de consommation et d'abstention et le dégoût que leur transgression suscite ? Si c'est par le « renforcement » pavlovien engendré par les bonnes décisions prises que s'explique l'ancrage de certaines pratiques, la culture cesse d'être nécessaire à l'explication des phénomènes observés, puisque c'est exclusivement au niveau de la psychologie individuelle que tout se joue. Une telle position, après tout, pourrait être défendue : mais elle n'est jamais évoquée par Harris, qui se contente d'isoler une fonctionnalité et ne cherche pas à identifier un processus morphogénétique.

Cet argument, bien entendu, n'est nullement suffisant pour

réfuter les hypothèses proposées. En revanche il suffit à montrer que « l'explication » laisse en fait une grande partie de la question, sinon l'essentiel, sans réponse. Le matérialisme culturel n'a en outre rien à dire, pour l'instant, des aspects les plus subtils et les plus complexes des systèmes culinaires, comme par exemple les règles de propriété ou de contextualité intrinsèques ou extrinsèques mentionnées plus haut.

Autre problème : les hypothèses émises par le matérialisme culturel sont souvent au moins aussi difficiles à tester que celles du structuralisme, dont les critiques dénoncent volontiers le caractère parfois péremptoire. Lorsque les pressions écologiques directes ne semblent pas suffire à l'explication matérialiste, rien n'empêche en effet d'invoquer des déterminismes de plus en plus indirects et lointains, par exemple d'ordre démographique.

Le problème essentiel réside, semble-t-il, dans la notion d'adaptation optimale, ou *optimisation*, sur laquelle se fonde implicitement le matérialisme culturel. En présumant *a priori* qu'un trait culinaire à première vue contre-productif *doit* présenter un quelconque bénéfice caché, qu'il doit en fait comporter un aspect d'adaptation, et qui plus est d'adaptation optimale, on se laisse de bonnes chances de toujours en trouver un.

Le point de vue structuraliste-relativiste, à la vérité, présente des difficultés non moins importantes. La principale objection que lui adresse notamment Harris, c'est, précisément, de ne jamais s'interroger sur la fonctionnalité ou la dysfonctionnalité des traits culinaires, de ne pas leur chercher « d'explications » déterministes. De fait, dans les termes mêmes employés par Mary Douglas, il n'est question que « d'interpréter », de « déchiffrer » des réseaux de significations. Or à l'évidence, le fait de déchiffrer ces réseaux occultes dans le tissu culturel, dit Harris, ne nous apprend guère sur leur origine, sur ce qui a présidé à leur genèse, sur leur devenir.

Arbitraire ou « sagesse » des cultures

A l'appui de leurs thèses, les tenants de l'autonomie du culturel mettent souvent en avant le caractère plus ou moins « arbitraire » de certaines pratiques alimentaires (de Garine, 1979). La littérature présente en effet nombre d'exemples dans lesquels l'homme, délibérément ou inconsciemment, semble s'imposer des contraintes alimentaires qui lui coûtent ou risquent de lui coûter, biologiquement ou économiquement. Ces faits de « maladaptation nutritionnelle » démontreraient la primauté du culturel, son autonomie par rapport aux impératifs du corps.

Un certain nombre d'exemples ont été classiquement présentés comme caractéristiques de l'autonomie du culturel. C'est le cas, par exemple, des manifestations de *« conspicuous consumption »* (consommation ostentatoire). Dans certaines sociétés de Mélanésie, le porc était utilisé davantage pour des raisons d'ostentation sociale et d'affirmation de pouvoir que de manière économiquement et nutritionnellement rationnelle. Au cours de grandes fêtes traditionnelles, on procédait en effet à des abattages massifs et le gaspillage était gigantesque : l'intérêt nutritionnel réel, sur le long terme, semblait très réduit (Lowie, 1942). Les grands troupeaux faméliques des pasteurs africains passaient aussi, aux yeux de certains auteurs, pour des aberrations à la fois économiques et nutritionnelles : à quoi pouvaient bien servir des bovins efflanqués que l'on n'abattait pratiquement jamais, au point qu'il fallait chasser pour se procurer de la viande? Igor de Garine rapporte le cas des Massa, des Moussey et des Toupouri du Nord-Cameroun et du Tchad, qui vivent *« dans un même milieu naturel, disposent de la même technologie, sont informés de leurs cultures respectives, s'intermarient fréquemment »* et qui, cependant, font un usage alimentaire différent des ressources qui leur sont disponibles, et cela souvent au détriment de l'efficacité nutritionnelle. Ainsi les Massa ont observé jusqu'à une date récente l'interdit de la culture du sorgho repiqué de saison sèche *(babouri)*. Il présente pourtant des avantages objectifs incontestables, puisqu'il permet de doubler la récolte. Mais il a également la caractéristique d'être utilisé par les dynamiques voisins des Massa, les Toupouri : refuser l'adoption du *babouri*, selon de Garine, c'était en fait s'affirmer comme Massa face à la pression toupouri, maintenir une identité culturelle (de Garine, 1978; de Garine, 1979).

L'anthropologie écologique a bien mis en évidence le fait que, si la culture alimentaire peut parfois paraître « irrationnelle » ou

« contre-productive », elle semble aussi parfois avoir des sagesses secrètes, ignorées même de ceux qui en sont les vecteurs et les bénéficiaires. En fait, elle a contribué à rectifier certaines erreurs et à montrer que certains phénomènes que l'on tenait jusque-là pour des manifestations d'arbitraire culturel présentaient en fait des aspects fonctionnels.

Ainsi de la façon de préparer la tortilla dans certaines populations du Mexique : on ajoute à l'eau dans laquelle on fait bouillir le maïs de la chaux ou de la cendre d'écorce de chêne. Ceux qui pratiquent cette technique déclarent le faire pour des raisons purement culinaires ou *« parce qu'on a toujours fait comme cela »*. Mais cette technique a pour effet de rendre assimilable un acide aminé essentiel, la lysine, évitant ainsi des carences sévères à des populations dont l'alimentation est fondée presque exclusivement sur le maïs [1] (Katz, 1982). Voilà donc un exemple parmi d'autres d'une sorte de sagesse occulte de la cuisine, où un trait culturel se serait stabilisé sans que l'avantage réel qu'il offre soit présent à la conscience des hommes.

Les exemples « d'arbitraire culturel » mentionnés plus haut et qu'invoquaient les tenants de l'autonomie du culturel ont pour beaucoup été réinterprétés à la lueur des travaux ultérieurs. Les recherches ont montré par exemple que, dans le cas de la *conspicuous consumption* mélanésienne du porc, l'apport nutritionnel en graisses et en protéines, au moins pour certains membres du groupe, n'était pas négligeable. Par ailleurs, l'institution des sacrifices massifs pouvait en fait remplir une double fonction : d'une part elle contribuait indirectement à réguler l'épuisement des ressources de l'environnement; de l'autre, elle jouait un rôle important dans la régulation des conflits guerriers (Rappaport, 1984). Dans cette approche pour ainsi dire bio-éco-anthropologique, loin de ramener le social au biologique, on éclairait en fait réciproquement le biologique et le social : si l'hypothèse de Rappaport est exacte, elle montre en effet que la fonction nutritionnelle des sacrifices et des festivités n'est décelable que pour un observateur qui a par ailleurs une connaissance approfondie

---

1. Le maïs contient bien de la lysine, mais celle-ci reste inassimilable sans une préparation spéciale, en l'occurrence la cuisson dans une solution alcaline.

de l'organisation sociale très particulière des sociétés dites de *big men*, dans lesquelles les « leaders » tirent toute leur autorité morale, à défaut de pouvoir réel, de la redistribution : ils passent en effet une partie de leur temps, entourés de leurs fidèles, à organiser des festivités considérables qui sont le cadre et l'occasion de festins de porcs démesurés. Le bénéfice nutritionnel éventuel mis au jour par Rappaport n'est possible que dans le cadre de cette organisation sociale spécifique : il n'en est donc aucunement présenté comme le substrat, à plus forte raison la cause. L'approche ne relève nullement du réductionnisme biologique. Elle s'attache à prendre en compte des relations complexes d'équilibre, de déséquilibre, de rétroaction entre la sphère sociale, la physiologie et les écosystèmes.

Un autre exemple analogue nous est fourni par les rapports entre génétique et culture dans le cas de la consommation de la fève (Katz, 1979). On a noté que, dans toutes les cultures consommatrices de fève, cette légumineuse est entourée de croyances, de rites, de mythologies marqués d'une ambivalence. profonde : la fève est décrite comme un aliment « fort », chargé de périls, responsable de maux multiples, associé à l'onirisme, parfois à la folie et en même temps nécessaire à la vie. Or la fève présente biologiquement une dimension très paradoxale. Certains individus, en effet, sont porteurs d'un gène (G6PD−) qui détermine une déficience enzymatique elle-même en cause dans le favisme, une forme d'anémie souvent mortelle. La fréquence du gène G6PD− est très élevée (de 5 à 30 %) dans les populations de l'aire méditerranéenne qui, précisément, consomment régulièrement des fèves. Ce fait semble à première vue paradoxal : comment se fait-il que cette consommation ait pu persister pratiquement inchangée malgré la forte mortalité qui lui était associée ? La réponse semble tenir à un effet positif symétrique que présenterait *Vicia faba*. Il existe en effet de sérieuses raisons de penser qu'elle constitue un facteur de protection contre la malaria : or les régions où l'on consomme traditionnellement de la fève dans la zone étudiée par Katz sont aussi des régions où la malaria persiste ou a longtemps persisté de manière saisonnière. Selon lui, il semble donc qu'un équilibre ait pu s'établir : dans les zones très contaminées par la malaria, le gène déficient (G6PD−) présente un avantage sélectif pour les sujets qui en sont porteurs; mais le gène normal (G6PD+) présente d'autres avantages, puisqu'il permet de consommer la fève, et de tirer ainsi parti d'un aliment nutritionnellement riche. Cette situation complexe explique peut-être, selon Katz, l'extrême richesse et la grande ambivalence des croyances et des pratiques qui sont liées à la consommation de la fève. Les consommateurs de fève lui font en effet subir des préparations qui tendent à atténuer légèrement ses effets toxiques (trempage, épluchage des vesces) et toutes les cultures qui la consomment lui attribuent, on l'a vu, des effets contradictoires et l'entourent de précautions symboliques ou rituelles.

Ce que semblent montrer l'exemple de la fève et les autres, c'est qu'il existe entre culture et génotype une relation bien différente de celle que, très longtemps et aujourd'hui encore, les sciences humaines comme les sciences biologiques ont tenue pour évidente : le biologique et le social s'opposaient comme la Nature et la Culture; le génotype et le sociotype offraient des ordres d'explication concurrents, jamais complémentaires. Or tout semble de plus en plus indiquer qu'il faut les considérer de manière conjointe et non les disjoindre artificiellement. Tout semble de plus en plus indiquer que les gènes et la culture sont pris ensemble dans un processus de *coévolution*, que ce qui évolue, c'est un ensemble bio-socio-culturel complexe.

Cette coévolution est si étroite et complexe que, dans certains cas, tout se passe comme si la culture « dictait sa loi » au biologique, comme si elle manifestait une plus grande rigidité que le génotype lui-même. Un exemple privilégié nous en est fourni par la génétique de la déficience en lactase.

Dans une grande partie de la population humaine, l'enzyme qui permet de métaboliser le lactose contenu dans le lait (et donc de bien digérer le lait) disparaît progressivement avec l'âge adulte. On a longtemps pensé que, initialement, l'ensemble des humains disposaient de cette aptitude génétique à digérer le lait à l'âge adulte et que, dans certaines populations, cette aptitude avait disparu. Or il semble au contraire que la persistance du lactase à l'âge adulte soit un gain adaptatif et non une perte : elle se serait généralisée dans les populations d'éleveurs comme adaptation biologique au mode de production pastoral. Ainsi, le génotype aurait été modifié indirectement par un mode d'organisation socio-économique (McCracken, 1971) [1].

Il y a donc bien en ce sens une certaine autonomie du social par rapport au biologique, sinon même parfois un « primat » du premier sur le second. Mais ce dernier cas est différent de celui des exemples, contestables ou non, d'« irrationalité » de la culture : s'il y a bien eu adaptation, cela signifie probablement que, dans le système socio-culturel et l'environnement qui ont modifié le génotype, le trait mutant (en l'occurrence la faculté de digérer le lait à l'âge adulte) présentait des avantages importants, mais aussi peut-être que son absence n'avait pas de conséquences trop dramatiques. Si en effet le handicap des individus non porteurs du trait mutant avait été grave et certain, on peut imaginer que le mode de production pastoral n'aurait pu même se développer, ou qu'il n'aurait pu se développer que chez des « mutants ». La déficience en lactase n'empêche pas en effet de tolérer le lait en petites quantités et, de toute façon, il reste toujours la possibilité de le consommer sous forme de fromage ou de caillé (le lactose est dégradé par ces transformations). On voit donc que, dans ce cas, l'adaptation résulte d'un ajustement entre des facteurs multiples (environnementaux, sociaux, etc.) et biologiques et donc, à nouveau, d'une coévolution bioculturelle. En ce sens, l'étendue et les limites de l'autonomie du culturel sont difficiles à préciser clairement. Or c'est ici que se situe le cœur du débat et que les positions les plus tranchées se sont affirmées.

Cuisine et « nature humaine »

Quelles sont la part et la nature de l'arbitraire dans la culture alimentaire, dans les traits culinaires ? Et ne faut-il pas s'interroger

---

1. F. Sabban, dans une étude sur le travail du lait en Chine ancienne, note très justement que le dégoût réputé et en partie réel des Chinois pour les produits laitiers ne peut être expliqué exclusivement par la fréquence de la déficience en lactase puisque, dans les dérivés du lait, la fermentation permet de transformer le lactose en acide lactique parfaitement digestible (Sabban, 1986).

sur le sens de ce terme (« arbitraire ») qui a fleuri dans les débats anthropologiques ? Ne s'agirait-il pas simplement du contingent ? Mais à supposer que cela soit le cas, quelles sont les limites de la contingence en matière alimentaire ? L'avocat relève en France exclusivement de la catégorie « salé » et ne peut guère être consommé qu'avec de la vinaigrette. Au Brésil, il se mange en dessert, avec du sucre. La transgression de ce classement et des règles de consommation qui s'y associent poserait sans doute aux sujets de la culture considérée de réels problèmes. Peut-être pourrait-on mettre en évidence les antécédents économico-historiques directs ou indirects qui éclaireraient la genèse de cette particularité au sein de chacune des deux cultures. A première vue, le retentissement nutritionnel, économique, physiologique d'un tel trait ne paraît guère considérable et ses origines semblent relever de l'anecdote, de l'aléa, de la contingence. On peut sans doute relever un très grand nombre d'observations de ce type, certaines portant même peut-être sur des pratiques autrement plus lourdes de retentissements nutritionnels ou économiques.

Mais en réalité, on ne peut nullement préjuger de l'effet et de l'importance de traits culinaires, de mutations même minimes du goût. La prédominance de tel ou tel goût peut entraîner des conséquences économiques gigantesques, en ouvrant tel ou tel marché à tel ou tel produit (le destin en France de l'avocat sucré aurait-il pu être le même ?); elle peut entraîner des conséquences écologiques profondes. La meilleure illustration nous en est fournie par un exemple pris chez l'animal, et sur lequel on aura l'occasion de revenir plus loin : celui des macaques de l'îlot japonais de Koshima, où l'on a pu observer l'apparition d'une pratique pré-culinaire (le fait de tremper une patate douce dans l'eau avant de la manger), sa généralisation et les conséquences presque incalculables de cette nouveauté. Au terme du processus, en effet, les singes avaient changé d'habitat et d'alimentation : après avoir « lavé » en eau douce, ils s'étaient mis à « laver » en eau salée et étaient passés progressivement de l'abri végétal au bord de mer, consommant du même coup de nouvelles nourritures et modifiant même en partie leur organisation sociale (Itani, 1957 ; Kawai, 1965 ; Pallaud, 1982). La contingence initiale, en l'occurrence, a été très lourde de conséquences : son destin ultérieur a révélé qu'il s'agissait d'un événement déclencheur et non d'une anecdote.

Juger ou préjuger de la pertinence ou de la contingence d'une pratique, d'un trait culinaire ou culturel en général est donc une entreprise pour le moins risquée, aussi risquée, sans doute, que celle qui consisterait pour un biologiste à chercher à repérer une mutation parmi tant d'autres et à prédire si elle sera sélectionnée ou non.

Autre exemple quelquefois invoqué pour appuyer la thèse de « l'irrationalité » des pratiques alimentaires : lorsque des Japonais acceptent de courir un risque mortel en consommant un poisson, le *fugu*, qui, mal préparé, peut être fatal, ils semblent bien manifester du même coup que l'acte alimentaire est aussi un acte symbolique et social, qui se joue des exigences de la physiologie au point, éventuellement, d'ouvertement les braver. Ces pratiques ont certes une dimension collective et rituelle, mais on peut sans doute les comparer à nombre de pratiques non alimentaires, tels le jeu, les sports périlleux comme l'alpinisme, l'affrontement au risque en général, toutes circonstances où peuvent s'exprimer des attitudes vis-à-vis du danger et de la mort qui, à la fois, revêtent des significations sociales et répondent à des caractéristiques *individuelles* du sujet, de sa relation personnelle au risque.

En tout état de cause, la dimension « arbitraire » semble relative. Cette « liberté » de la culture est contradictoire. D'une part en effet, c'est une liberté « surveillée », celle du chien tenu par une laisse plus ou moins longue. Elle n'est possible en effet qu'à une condition, évidente : elle ne doit pas entraîner des conséquences négatives trop lourdes, à plus forte raison fatales. Un groupe humain qui s'obstinerait dans des pratiques alimentaires aussi néfastes ne prospérerait guère et risquerait même en fin de compte de disparaître. Il paraît donc difficile de soutenir que « l'arbitraire » culturel peut régner seul et sans partage sur les pratiques et les représentations : même si l'on voulait penser que la culture peut échapper aux lois de la physique et de la vie, il faudrait bien admettre que les êtres qui la portent, la font et la subissent sont des organismes vivants.

Et pourtant la fantaisie, l'arbitraire, peuvent comme on l'a vu déboucher sur la « mutation » culturelle, l'adaptation, se transformer en événement créateur, décisif. En ce sens, donc, ils sont en permanence producteurs d'adaptation potentielle.

La cuisine de Pangloss

La notion d'*optimisation*, ou d'adaptation optimale, centrale dans certaines des thèses que nous avons examinées, est étroitement liée à une certaine conception de l'évolution biologique. Dans un darwinisme quelque peu archaïque, on concevait en effet les adaptations en termes d'optimisation : tout trait d'une espèce (forme d'une aile, couleur du pelage, etc.), pensait-on, avait été sélectionné au cours de l'évolution et cette sélection devait donc pouvoir s'expliquer par un avantage conféré aux individus porteurs du trait. C'était là une conception proprement « panglossienne » : de même que le personnage de Voltaire considérait que *« tout est pour le mieux dans le meilleur des mondes possibles »*, de même il fallait considérer tout trait biologique observé comme la meilleure adaptation possible, sa présence même étant considérée comme la preuve de cette adaptation (Gould & Lewontin, 1979).

Cette conception est aujourd'hui complètement dépassée et la notion d'optimisation est fréquemment critiquée (Gould & Eldredge, 1977; Sober, 1984). François Jacob a introduit la métaphore du « bricolage » pour caractériser l'évolution (Jacob, 1977) et le néodarwinisme, dans sa version la plus récente, la décrit comme une suite *« de compromis sub-optimaux transitoires, quelquefois suivis de longues phases de stabilité, elles-mêmes quelquefois suivies de rares et soudaines réorganisations »* (Piattelli-Palmarini, 1987). En bref, certaines caractéristiques biologiques ne présentent pas d'avantage sélectif particulier, ou sont transitoires, ou encore ont perdu l'avantage qui leur était lié. Il y a en somme parfois du superflu ou de l'inutile dans la phylogenèse.

Ce modèle de l'optimisation, ainsi remis en cause dans le contexte de l'évolution biologique, a-t-il sa raison d'être dans celui de l'évolution culturelle? On peut soutenir, en effet, que l'évolution culturelle est un processus beaucoup plus souple, beaucoup plus labile que l'évolution biologique et donc qu'elle autorise des ajustements, des mises au point beaucoup plus fines, à court terme ou même immédiates. Ce pourrait au moins être le cas pour ce qui concerne les traits culturels présentant une importance critique pour les organismes ou les groupes en cause. Mais inversement, c'est cette même labilité de la culture qui pourrait permettre l'émergence d'une multitude de traits qui, eux, n'auraient pas nécessairement de portée quelconque sur l'équilibre biologique ou écologique et la manière dont les organismes et les populations s'y adaptent.

« Penser, ordonner, classer »

L'esprit humain présente la particularité de produire des catégories, des taxonomies, des normes, des règles. Tylor parle de *« la tendance de l'esprit humain à épuiser l'univers au moyen d'une classification »* (*« to classify out the universe »*) (cité dans Lévi-Strauss, 1962b). Il n'existe à ce jour aucune culture connue qui soit complètement dépourvue d'un appareil de catégories et de règles alimentaires, qui ne connaisse aucune prescription ou interdiction concernant ce qu'il faut manger, ce qu'il ne faut pas manger, et comment il faut manger. En d'autres termes, la variabilité observée à travers l'espèce humaine ne concerne pas la présence ou l'absence de catégories, mais leur contenu. Le processus mental qui consiste à créer des catégories constitue notre principal moyen de concevoir le monde, de donner un sens à ce que nous vivons, à notre expérience (Lakoff, 1987). Il semble bien constituer une particularité de l'espèce, relever donc de la « nature humaine ». Mais Lévi-Strauss, comme nous l'avons vu, va pour sa part plus loin encore : pour lui, si le contenu des catégories varie, les catégories elles-mêmes ou les relations entre elles sont au moins en partie universelles. C'est dans ce sens et ce contexte, précisément, qu'il réhabilitait la notion de nature humaine dès *Anthropologie structurale* : *« l'activité inconsciente de l'esprit consiste à imposer des formes à un contenu, et [...] ces formes sont fondamentalement les mêmes pour tous les esprits, anciens et modernes, primitifs et civilisés »* (Lévi-Strauss, 1958, p. 28). Depuis les années soixante-dix, avec les avancées de l'éthologie, de la psychologie et de la linguistique, de la démographie et de la génétique des populations, de l'écologie, avec le grand chambardement apporté par la biologie moléculaire, les neurosciences et les sciences cognitives; la notion d'une unité de l'homme a été extraite de l'oubli ou de la négation où elle était tenue (Morin, 1973; Morin & Piattelli-Palmarini, 1974).

S'il existe une unité dans le fonctionnement cognitif de l'homme, le processus complexe qui préside au choix des aliments semble y tenir une place tout à fait remarquable. D'une part, la propension à construire des catégories et à établir des règles de comportement fondées sur ces catégories semble s'exercer d'une manière particulièrement prolifique. Mais d'autre part cette activité cognitive apparaît étroitement liée à des mécanismes affectifs, comportementaux et même à des manifestations physiologiques : ainsi, on y reviendra, la simple transgression de règles culinaires, par exemple l'association incongrue de deux aliments considérés incompatibles (disons des huîtres et de la confiture) pourrait déclencher une aversion, le dégoût et même, éventuellement, nausée et régurgitation.

Il nous faut chercher à mieux comprendre pourquoi et comment, dans la pensée de l'homme, l'alimentation présente ces particularités; pourquoi aux processus mentaux caractéristiques de l'espèce, telle la pensée catégorique, semblent s'ajouter et s'attacher, en matière d'alimentation, une complexité, une rigidité normative et contraignante mais aussi des affects particulièrement puissants. Il faut pour cela dépasser la simpliste alternative adaptation optimale/arbitraire culturel. Il nous faut maintenant tenter de développer une approche « intégrative », au sens où elle doit prendre en compte à la fois les dimensions sociales et les dimensions biologiques du phénomène envisagé, à savoir les classifications, les règles, les normes qui fondent une cuisine.

3

Les fonctions du culinaire

> *L'homme déguste le monde, sent le goût du monde, l'introduit dans son corps, en fait une partie de soi.*
>
> Mikhaïl Bakhtine : *L'œuvre de François Rabelais et la culture populaire au Moyen Age et sous la Renaissance*, Paris, Gallimard, 1970.

> *Nous commençons ainsi à comprendre la place vraiment essentielle qui revient à la cuisine dans la philosophie indigène : elle ne marque pas seulement le passage de la nature à la culture; par elle et à travers elle, la condition humaine se définit avec tous ses attributs, même ceux qui – comme la mortalité – pourraient paraître les plus indiscutablement naturels.*
>
> Claude Lévi-Strauss : *Le Cru et le Cuit*, Paris, Plon, 1965.

Dans leur variété et leur diversité, les règles culinaires constituent autant de réponses au problème anthropologique un et fondamental que pose au mangeur sa nourriture. Derrière la variabilité, se dissimulent en effet une unité, des ressorts communs : ces particularités propres à l'espèce jouent un rôle essentiel dans le rapport que l'homme entretient avec son alimentation. Parmi d'autres, trois de ces particularités de la relation à la nourriture méritent spécialement d'être examinées de près, car elles éclairent d'une vive lumière les conduites alimentaires de l'homme ou leur encadrement culinaire. Appelons-les ainsi : le paradoxe de l'omnivore; le principe d'incorporation; la construction et la délimitation du *self*, du soi-même, avec sa sanction protectrice, le dégoût. En isolant et en analysant ces caractéristiques de l'omnivore humain, on peut espérer faire apparaître quelques-unes des fonctions profondes du culinaire.

Le paradoxe de l'omnivore

La première particularité résulte d'un caractère biologique tout à fait essentiel : l'homme est une créature *omnivore*. Or de cet état dérive un paradoxe fondateur, d'ordre physiologique, comportemental et cognitif, qui a été présenté de façon particulièrement stimulante par Paul Rozin (Rozin, 1976).

Le fait d'être omnivore, en premier lieu, est porteur d'autonomie, de liberté, d'adaptabilité : à la différence des mangeurs spécialisés, l'omnivore a la faculté inappréciable de pouvoir subsister à partir d'une multitude d'aliments et de régimes différents, c'est-à-dire de s'ajuster à des changements dans son environnement. Il suffit pour appuyer cette affirmation de considérer l'extraordinaire diversité des régimes humains, depuis celui des Eskimos (Inuit), presque exclusivement constitué de protéines animales (viande et poisson) et de graisses, jusqu'à celui des agriculteurs du Sud-Est asiatique, pratiquement dépourvu de protéines animales (Stini, 1981). Dans tous les cas, l'omnivore humain parvient à subsister à partir de cette alimentation. Il peut survivre à la disparition de certaines espèces dont il se nourrissait; il peut se déplacer, changer d'écosystème.

Mais à cette liberté, en même temps, s'associent de la dépendance et une contrainte : celle de la variété. Biologiquement, l'omnivore ne « sait » pas tirer tous les nutriments dont il a besoin d'une seule nourriture, comme le fait le mangeur spécialisé. Le koala subsiste à partir d'un seul aliment : la feuille d'une certaine variété d'eucalyptus australien. Privé de cette nourriture, il ne peut survivre. Mais sa compétence particulière, comme celle des autres herbivores ou des carnivores spécialisés, c'est de pouvoir tirer d'une seule nourriture tous les éléments nutritifs nécessaires à son organisme. L'homme, en revanche, a absolument besoin d'un minimum de variété. Il lui faut des sources de protéines, par exemple de la viande ou des légumineuses, mais aussi de glucides, de vitamines, de minéraux, etc. (figure 1).

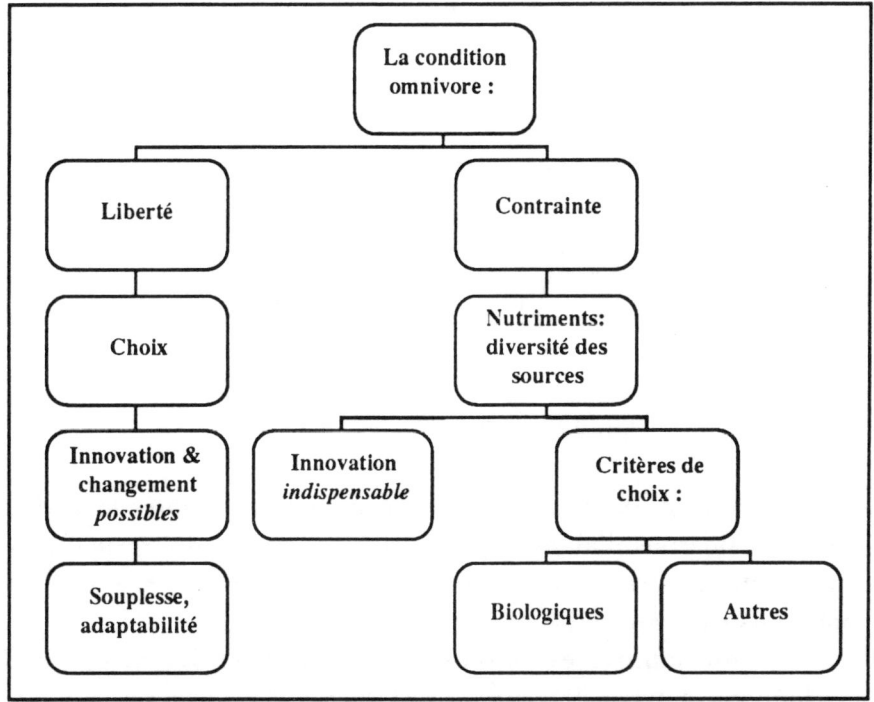

Figure 1. *La condition omnivore et ses implications*

De ces deux caractères contradictoires résultent des conséquences elles aussi contradictoires, qui nouent le paradoxe de l'omnivore. D'une part, parce qu'il est dépendant de la variété, l'omnivore est poussé à la diversification, à l'innovation, à l'exploration, au changement, qui peuvent être pour lui vitaux. Mais d'autre part et simultanément, il est contraint à la prudence, à la méfiance, au « conservatisme » alimentaire : tout aliment nouveau, inconnu, est en effet un danger potentiel. Le paradoxe de l'omnivore se situe dans le tiraillement, l'oscillation entre ces deux pôles, celui de la néophobie (prudence, crainte de l'inconnu, résistance à l'innovation) et celui de la néophilie (tendance à l'exploration, besoin du changement, de la nouveauté, de la variété). Tout omnivore, et l'homme en particulier, est soumis à une sorte de *double bind*, de double contrainte, entre le familier et l'inconnu, entre la monotonie et l'alternance, entre la sécurité et la variété. Il y a sans doute une anxiété fondamentale dans le rapport de l'homme à ses aliments, une anxiété qui résulte non seulement de la nécessité de se méfier des aliments nouveaux ou inconnus, mais aussi et surtout de la tension entre les deux impératifs contradictoires et également nécessaires du *double bind* omnivore (figure 2).

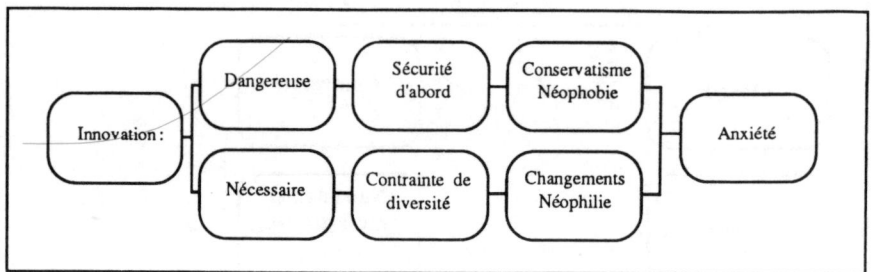

Figure 2. *Le paradoxe de l'omnivore*

Comment résoudre le paradoxe, comment surmonter le *double bind*? Considérons d'abord les données expérimentales disponibles concernant d'autres omnivores que l'homme, et voyons quelles « solutions » ces animaux mettent en œuvre.

Les vrais omnivores ne sont pas si nombreux. Le plus proche de l'homme, à plusieurs titres, c'est le rat. Or chez cet animal, en matière de choix des aliments, nous voyons que la caractéristique essentielle, c'est une impressionnante faculté d'apprentissage. C'est chez lui, tout d'abord, que l'on a mis en évidence l'aptitude à l'apprentissage aversif, une modalité tout à fait unique, semble-t-il, de l'apprentissage par conditionnement. Dans une expérience classique, on fait ingérer à l'animal un aliment et l'on provoque artificiellement un malaise digestif après l'ingestion. Une seule expérience suffit : le rat, de manière durable, évitera cet aliment et le plus remarquable est que l'aversion apparaîtra même si les troubles surviennent *plusieurs heures* après l'ingestion (Garcia, Ervin & Koelling, 1966).

Le rat est également caractérisé par un étonnant mélange de prudence et d'innovation. Ainsi, d'après certaines expériences, l'animal, mis en présence de plusieurs aliments nouveaux, tend à se comporter comme un expérimentateur scientifique des plus avertis, qui aurait appris que, dans la méthode expérimentale, il ne faut faire varier qu'un seul paramètre à la fois. Il ne s'aventure en effet à goûter qu'un seul aliment inconnu à la fois, et en petite quantité (Rozin, 1976).

Mais, comme nous le verrons au chapitre suivant, la capacité d'apprentissage *social* du rat est bien supérieure encore à ses aptitudes individuelles : il tire une grande quantité d'informations de l'interaction avec ses congénères. On pourrait donc dire que le rat résout le paradoxe de l'omnivore par des capacités d'apprentissage remarquables et, plus particulièrement, des aptitudes d'apprentissage social très perfectionnées. Il est capable de réduire au minimum, par l'acquisition de préférences et surtout d'aversions fondées à la fois sur son expérience et celle de ses congénères, les risques liés au choix des aliments et de concilier autant que possible l'aptitude à l'innovation nécessaire pour satisfaire la contrainte de variété et un « conservatisme » prudent.

Chez l'homme, à l'évidence, la situation est plus complexe encore. Certes, certaines données semblent indiquer que l'apprentissage aversif peut également fonctionner chez lui, par exemple celles qui suggèrent que l'origine des aversions alimentaires est fréquemment liée à des troubles digestifs (Garb & Stunkard, 1974). D'autres, nous le verrons au chapitre suivant, prouvent que l'apprentissage social est tout à fait décisif. Mais en tout état de cause, le cortex cérébral développé, le langage, la culture contribuent puissamment à modifier le problème. Au paradoxe de l'omnivore s'attache une angoisse ou une anxiété. Pour surmonter cette angoisse ou la mettre à profit, comme une sorte de pulsion motrice, l'homme dispose non seulement de programmations ou de mécanismes de régulation biologiques, non seulement de la faculté de modeler ses choix en fonction de ceux de ses congénères, mais aussi de compétences mentales perfectionnées, qu'il utilise pour mettre en place des pratiques et des représentations culturellement construites. La cuisine d'un groupe humain peut être conçue, on l'a vu, comme un corps de pratiques, de représentations, de règles et de normes reposant sur des classifications : l'une des fonctions essentielles de cette construction, c'est précisément *la résolution du paradoxe de l'omnivore* (Fischler, 1980; Fischler, 1983).

Le principe d'incorporation

L'acte fondamental sur lequel se cristallise « l'angoisse de l'omnivore », telle que nous venons de la définir, c'est *l'incorporation*, c'est-à-dire le mouvement par lequel nous faisons franchir à l'aliment la frontière entre le monde et notre corps, le dehors et le dedans. Ce geste est à la fois banal et porteur de conséquences potentiellement irréversibles.

Incorporer un aliment, c'est, sur un plan réel comme sur un plan imaginaire, incorporer tout ou partie de ses propriétés : nous devenons ce que nous mangeons. L'incorporation fonde l'identité. La formule allemande, *« Man ist, was man isst »* (on est ce que l'on mange) est vraie au sens littéral, biologique : les aliments que nous absorbons fournissent non seulement l'énergie que consomme notre corps, mais encore la substance même de ce corps, au sens où ils contribuent à maintenir la composition biochimique de l'organisme.

Elle est vraie aussi pour notre imaginaire. L'aliment absorbé nous modifie de l'intérieur. C'est du moins la représentation que se construit l'esprit humain : ce qui est incorporé est réputé modifier l'état de l'organisme, sa nature, son identité. Cette « croyance » est communément observée chez les « primitifs ». Ainsi Frazer, à la fin du XIXe siècle, notait déjà ceci : *« le sauvage croit communément que, en mangeant la chair d'un animal ou d'un homme, il acquiert les qualités non seulement physiques mais aussi morales et intellectuelles qui sont caractéristiques de cet animal ou de cet homme »* (Frazer, 1890 [1911]). Le même auteur signalait également que, dans certains groupes, les guerriers s'abstiennent de manger du lièvre ou du hérisson, de peur de perdre leur courage ou de se recroqueviller devant le danger; ou encore que les femmes enceintes évitent certaines espèces qui pourraient « contaminer » analogiquement leur progéniture. Les significations qui sont associées à la consommation de la chair humaine sont connues : s'approprier un ou des caractères de la victime (exo-cannibalisme); faire vivre à travers soi le corps dévoré (endo-cannibalisme)... (cf. notamment Sanday, 1986).

S'agit-il bien là d'un trait universel? N'est-ce pas une « croyance primitive », décelable uniquement dans des populations archaïques et lointaines? Sans doute pas : cette « croyance » est partout, et particulièrement dans le monde occidental développé. Dans notre propre culture, la sagesse populaire tient un propos qui n'est pas différent. L'aliment consommé tend à transférer analogiquement au mangeur certains de ses caractères : la viande rouge, le sang donnent de la vigueur; le navet donne du « sang de navet ». Le psychologue Paul Rozin a pu montrer que cette façon de voir inconsciente était bel et bien présente chez des étudiants américains. L'expérience est ingénieuse : les sujets, qui croient participer à une recherche concernant l'effet de l'information sur les préjugés interethniques, sont divisés en deux groupes, qui prennent chacun connaissance de l'un des deux textes proposés, décrivant les mœurs d'une culture « primitive ». En fait les deux versions ne diffèrent que sur un point : la tribu présentée au premier groupe chasse et consomme les tortues de mer; elle chasse également le sanglier, mais uniquement pour ses défenses. La seconde est censée chasser et consommer le sanglier, mais ne chasser la tortue que pour sa carapace. On demande ensuite aux sujets de donner des notes évaluant les traits de personnalité qu'ils attribuent aux membres de ces tribus. Les résultats sont statistiquement significatifs : les caractéristiques attribuées aux individus de chaque culture sont plus « tortue » pour les mangeurs de tortues (bons nageurs, paisibles, etc.), plus « sanglier » pour les mangeurs de sangliers (rapides à la course, belliqueux, etc.) (Rozin & Fallon, 1987).

Cette représentation de l'incorporation semble en fait traduire une caractéristique essentielle du rapport de l'homme à son corps. C'est elle qui semble fonder la tentative, constante dans la plupart des cultures, de maîtriser le corps et, à travers lui, l'esprit, la personne tout entière, donc l'*identité*.

On pourrait soutenir que tout aliment est réputé avoir un effet sur le corps, bon ou mauvais, et que, en ce sens, le principe d'incorporation est consubstantiellement lié à l'idée même de médecine : tout aliment est de bonne ou de mauvaise médecine, en soi ou au moment de son ingestion, en fonction des états internes et des autres aliments ingérés. L'aliment est le premier et sans doute le principal moyen d'intervention sur le corps, avant le médicament, comme le traduit la formule hippocratique : *« De tes aliments tu feras une médecine. »* C'est l'outil privilégié d'une maîtrise du corps, mais aussi du moi. C'est bien là, en tout cas, la conception grecque de la diététique (Foucault, 1984a).

L'incorporation est également fondatrice de l'identité collective et, du même coup, de l'altérité. L'alimentation et la cuisine sont un élément tout à fait capital du sentiment collectif d'appartenance. Dans certaines situations de migration ou de minorités culturelles, on a pu observer que certains traits culinaires persistent encore alors que la langue d'origine a été oubliée (Calvo, 1982). L'application des règles alimentaires de la *Kashrut* est sans doute, au fil des millénaires, un ciment du judaïsme et une protection contre l'acculturation ou même les contacts extérieurs.

Les hommes marquent leur appartenance à une culture ou un groupe quelconque par l'affirmation de leur spécificité alimentaire ou, ce qui revient au même, par la définition de l'altérité, de la différence des autres. On trouve une infinité d'exemples illustrant le fait que nous définissons un peuple ou un groupe humain par ce qu'il mange ou est censé manger (et qui, généralement, suscite notre répugnance ou notre ironie) : pour les Français, les Italiens sont des « macaronis », les Anglais des « rosbifs », les Belges des mangeurs de frites [1]; pour les Anglais, les Français sont des « frogs » (grenouilles); les Américains appellent « krauts » (de *Sauerkraut*, choucroute) les Allemands, et ainsi de suite. A l'intérieur d'une même culture un groupe définit très fréquemment le groupe voisin comme des « mangeurs de... » et, en Inde, la structure hiérarchique de la société transparaît clairement à travers les aliments que chaque caste peut ou non consommer.

Ainsi, ce n'est pas seulement que le mangeur incorpore les propriétés de la nourriture : symétriquement, on peut dire que l'absorption d'une nourriture incorpore le mangeur dans un système culinaire et donc dans le groupe qui le pratique, à moins qu'il ne l'en exclue irrémédiablement. Mais il y a davantage : à un système

---

1. Ce qui marque bien leur statut ambivalent : ce sont de proches cousins puisqu'ils mangent les mêmes frites que nous; mais ils prêtent le flanc à nos moqueries, car ils en mangent beaucoup trop...

culinaire s'attache ou correspond une vision du monde, une cosmologie. L'homme mange pour ainsi dire, nous l'avons vu, à l'intérieur d'une culture, et cette culture ordonne le monde d'une manière qui lui est propre (cf. *supra*, chapitre 1).

Les classifications, les pratiques et les représentations qui caractérisent une cuisine incorporent l'individu au groupe, situent l'ensemble par rapport à l'univers et l'y incorporent à son tour : elles possèdent donc une dimension fondamentalement et proprement religieuse au sens étymologique du terme, au sens de *re-ligare*, relier. Elles participent en effet, dans les représentations des hommes, du lien fondamental entre moi et monde, individu et société, microcosme et macrocosme. Les systèmes culinaires contribuent ainsi à donner un sens à l'homme et à l'univers, en situant l'un par rapport à l'autre dans une continuité et une contiguïté globales.

Parce que l'acte d'incorporation répond à des enjeux à la fois proprement vitaux et symboliques, il s'y associe une réelle et profonde anxiété, une gravité fondamentale. En détournant un terme de la psychanalyse kleinienne, on peut parler « d'incorporation du mauvais objet ». Ce fantasme implique en effet la crainte d'une série de risques essentiels. Ce sont certes la vie et la santé du sujet mangeur qui sont en jeu chaque fois que la décision d'incorporation est prise. Mais c'est aussi sa place dans l'univers, son essence et sa nature, en un mot son identité même : l'objet incorporé intempestivement peut le contaminer, le transformer subrepticement et de l'intérieur, le posséder, c'est-à-dire en fait le déposséder de lui-même. Ce fantasme de l'incorporation du mauvais objet se manifeste à travers certaines grandes peurs des consommateurs d'aujourd'hui. Que la viande de veau contienne des antibiotiques et surtout des hormones de synthèse déclenche une anxiété immédiatement mobilisatrice : c'est aussi avec des hormones (catégorie mal définie dans la perception collective, mais fortement connotée) que l'on fait les pilules contraceptives, que l'on peut modifier certains caractères sexuels, etc. Les hormones du veau vont-elles nous changer subrepticement, nous transformer sans que nous le sachions ?

Outre un risque, chaque incorporation implique aussi une chance et un espoir : devenir davantage ce que l'on est, ou ce que l'on souhaite être. L'aliment construit le mangeur : il est donc naturel que le mangeur cherche à se construire en mangeant.

De ce principe de la construction du mangeur par l'aliment se déduit la nécessité vitale d'identifier les aliments, là encore au propre et au figuré. Le principe d'incorporation entraîne en effet clairement cette conséquence, particulièrement importante dans la période contemporaine : *si nous ne savons pas ce que nous mangeons, ne devient-il pas difficile de savoir, non seulement ce que nous allons devenir, mais aussi ce que nous sommes ?*

Les frontières du *self* et la nature du dégoût

Ce sont en somme la vie et la santé du sujet mangeur mais aussi son équilibre symbolique qui sont en jeu chaque fois que la décision d'incorporation est prise et accomplie. Et lorsque quelque chose s'oppose à l'incorporation, c'est fréquemment par l'intermédiaire d'une manifestation de dégoût.

Le dégoût est un phénomène qui possède à la fois une dimension biologique et une dimension psychologique, sociale et culturelle. Lorsqu'on parle de dégoût, on fait référence à 1) des états du sujet ou des affects (émotions, sensations); 2) des comportements (grimace, recul, éventuellement régurgitation et vomissement); 3) des représentations.

Pour éclairer quelque peu les rapports entre ces trois éléments, considérons tout d'abord les aspects proprement biologiques du dégoût.

La dimension biologique du dégoût

On attribue au plaisir une « fonction physiologique » (Cabanac, 1971). On pourrait bien entendu tout aussi bien affirmer que le désagrément a, lui aussi, une fonction physiologique. Le dégoût qui peut être soulevé en nous résulte sans doute d'une « mécanique » biologique elle-même liée, de manière plus ou moins lointaine et exclusive, à la protection de l'organisme au cours de la situation alimentaire. L'incorporation nécessaire d'une substance étrangère dans l'organisme est, on l'a vu, fondamentalement périlleuse pour un animal omnivore.

S'interroger sur les significations du dégoût et de l'incorporation revient à s'interroger sur les limites de ce que l'on nomme en anglais le *self*, c'est-à-dire le soi (ou plutôt le soi-même) : sur la frontière entre le *self* et le monde, le dedans et le dehors, le même et l'autre. Si la peau est la frontière, il faut admettre que la bouche est le poste de douane, le *check point* de l'incorporation.

Les enjeux de l'incorporation sont objectivement vitaux. Rien d'étonnant donc si les « dispositifs » protecteurs de l'organisme sont d'une variété et d'une complexité considérables. Nous nous représentons en général la bouche comme la porte de l'organisme, un orifice qui s'ouvre sur les profondeurs du corps interne, sur les viscères. Elle fonctionne en fait bien davantage comme un sas et, selon la formule de Paul Rozin, comme « *le gardien de l'organisme* » (Rozin & Fallon, 1987). Les aliments y transitent, y sont transformés, mais aussi examinés et analysés sous tous les angles, avant que d'être admis à franchir le seuil critique de la déglutition. A la vérité, les aliments qui accèdent à ce sas ont déjà dû subir des épreuves préalables fort sévères.

La perception, en particulier olfacto-gustative, joue un rôle bien entendu très important. A l'intérieur de la cavité buccale, interviennent toutes sortes d'informations sensorielles, non seulement gustatives, mais aussi olfactives, thermiques, stéréognosiques (texture, forme), etc. Là encore, certains stimuli peuvent déclencher le rejet. C'est le cas notamment du goût amer, tandis que le goût sucré, au contraire, agit comme un signal positif. Il existe même, au-delà de la cavité buccale, d'autres mécanismes de sécurité post-ingestifs, notamment la régurgitation et le vomissement.

Cependant les procédures de contrôle, nombreuses et complexes, qui s'effectuent dans la bouche ou en amont, font intervenir bien davantage que les récepteurs sensoriels qui l'équipent. Liés à ces mécanismes sensoriels, on trouve en effet des comportements caractéristiques. Considérons de l'œil de l'éthologue le comportement du mangeur dans certaines situations alimentaires : il examine l'aliment candidat à l'incorporation sous toutes les coutures; il le flaire, le hume, avant même de le toucher. Après cet examen seulement, du bout de la fourchette ou du couteau, il peut le soulever, le retourner, trier entre les éléments qui le composent, éprouver la texture et la consistance. Si cet examen attentif se révèle satisfaisant, l'aliment est embouché et soumis à une nouvelle analyse sensorielle. Si celle-ci, à son tour, est favorable, il est ingurgité.

Ces comportements d'examen attentif sont habituellement réprouvés, dans nos cultures, par les usages, car ils passent pour exprimer de la méfiance, c'est-à-dire, dans le contexte social, un antagonisme. On les observe pourtant assez couramment dans certaines situations. Ils sont particulièrement caractéristiques de la « néophobie » parfois observable chez l'enfant (cf. *infra*, chapitre 4) : celui-ci se conduit alors comme s'il éprouvait une sorte de méfiance à l'encontre de tous les aliments qui ne font pas partie d'un répertoire extrêmement restreint de nourritures familières, bien identifiées, repérées et consommées très régulièrement. L'enfant examine méticuleusement la nourriture : il soulève l'aliment, l'étudie sous toutes les coutures, trie dans l'assiette, sépare et met de côté, ce qui suscite souvent l'irritation des parents. Il manifeste très aisément un violent et apparemment insurmontable dégoût pour les aliments qui ne relèvent pas de ce répertoire familier : tout parent, sans doute, a éprouvé un jour la violence de cette répulsion lorsqu'il a tenté de faire simplement goûter l'aliment en cause à son rejeton.

On voit donc que les manifestations biologiques et comportementales du dégoût peuvent être comprises comme des « dispositifs de protection » de l'organisme. Mais venons-en à ce qui fait la dimension spécifiquement humaine de cette question : chez l'homme, les protections déjà mentionnées ont aussi une autre dimension, une dimension qui n'est pas biologique, physiologique, sensorielle, comportementale, mais qui procède de l'univers des concepts, des représentations, en un mot : une dimension *idéelle*.

La dimension idéelle-cognitive du dégoût

L'homme, avons-nous vu, avec son appareil cognitif, traite en particulier l'information concernant la nourriture. Il pense la nourriture, ce qui nous renvoie à la fameuse formule de Lévi-Strauss selon laquelle la nourriture ne doit pas seulement être *« bonne à manger »*, mais aussi *« bonne à penser »* (Lévi-Strauss, 1962b).

Penser les aliments, cela veut dire, avons-nous vu, les ordonner, les trier, les classer, les combiner mentalement selon des catégories culturellement définies. Le dégoût semble en général lié à un trouble dans ces processus de classification et d'organisation mentale, à une incompatibilité ou une dissonance entre catégories, ou à une difficulté d'identification.

Pour illustrer ce propos, une anecdote. Dans un restaurant d'aéroport parisien, à la table voisine de la mienne, un gentleman indien ou pakistanais, en tout cas musulman, avait commandé une entrecôte. On lui apporte cette entrecôte, garnie d'une rondelle de moelle. Notre homme commence à manifester tous les signes d'une néophobie caractérisée : il tourne d'abord son assiette méthodiquement pour mieux examiner la substance mystérieuse, s'abstenant de la toucher même de la pointe de son couvert. Il appelle le garçon et, en anglais, lui demande de quoi il s'agit. Son soupçon est clair : ne serait-ce pas là du saindoux, de la graisse de porc ? Le garçon explique – en français – qu'il s'agit de moelle de bœuf. J'interviens pour traduire, tenter de rassurer. Le mangeur musulman va-t-il se tranquilliser ? Nullement. Il renvoie le plat et commande autre chose.

Cette anecdote banale est pleine d'enseignements. Tout d'abord, une prohibition d'ordre religieux semblait chez cette personne provoquer un réel dégoût. Ensuite, l'homme aurait pu choisir entre deux partis. Il aurait pu simplement, d'un revers de couteau, balayer la tranche de moelle suspecte. Mais quelque chose concernant le contact entre la substance suspecte et l'aliment l'en a empêché. Il aurait pu commander une autre entrecôte, sans moelle. S'il ne l'a pas fait, n'est-ce pas parce qu'il soupçonnait qu'on lui resservirait la même, simplement débarrassée de sa moelle ? C'est donc que la présence de la moelle n'était pas seule en cause : son contact semble avoir opéré à ses yeux une sorte de *contamination*, dont l'effet subsistait après le retrait.

L'observation comporte plusieurs enseignements. En premier lieu, le comportement néophobique décrit plus haut chez l'enfant peut se manifester chez l'adulte, dans certaines situations. En second lieu, ce comportement semble associé à un fort affect négatif. Dans notre observation, le sujet, à n'en point douter, éprouvait une émotion. S'il avait eu à ingurgiter l'aliment suspect, il aurait très probablement subi en outre des manifestations physiologiques violentes, de nausée, peut-être de vomissements. Et pourtant la source de ce comportement, de cette émotion et éventuellement de ces manifestations physiologiques est uniquement, purement, de nature *idéelle*. Il s'agit simplement de la conscience *hypothétique* chez le sujet de ce que l'aliment en question *pourrait* éventuellement appartenir à une classe définie par sa religion comme impure.

Il y a plus : cette hypothèse provoque, avons-nous vu, une *contamination* entre l'objet hypothétiquement impur et les aliments avec lesquels il est ou a été en contact. Nous savons par ailleurs que cette contamination s'opère *même en l'absence d'un contact physique* entre l'objet et un autre objet, répugnant. Il suffit d'une association purement conceptuelle [1].

Une anecdote rapportée par Darwin illustre des phénomènes voisins. Le naturaliste rapporte qu'un indigène de la Terre de Feu, touchant un jour un morceau de viande froide que Darwin consommait au bivouac, manifesta un violent dégoût devant sa consistance molle tandis que Darwin lui-même éprouvait une répulsion non moins violente à voir un « sauvage nu » toucher sa viande, même s'il n'avait pas les mains sales. Darwin note aussi qu'une barbe souillée de soupe est répugnante, alors même que la soupe seule n'a rien de répugnant en elle-même. Darwin offre donc trois types de situations génératrices de dégoût. Dans le premier, ce sont les caractéristiques de la substance mystérieuse ingérée par un autre qui déclenchent la répulsion du sauvage. Dans le second, c'est la contamination par contact entre la nourriture et une tierce personne, étrange et étrangère. Dans le troisième, c'est le rapprochement entre un objet alimentaire banal et une partie du corps d'une tierce personne (Darwin, 1965 [1872]).

Ces phénomènes de dégoût peuvent être provoqués par des désordres classificatoires entre des objets et des catégories implicites propres à nos cultures, à nos religions, à nos systèmes de croyances. Mais comment apprenons-nous, comment intériorisons-nous, comment engrammons-nous ces catégories et les règles gouvernant les rapports entre elles?

---

1. Rozin met en évidence de façon pittoresque ce phénomène dans une expérience où il propose aux sujets de boire dans un pot de chambre parfaitement neuf et se heurte à de nombreux refus (Rozin & Fallon, 1987).

Le psychologue Paul Rozin, qui a étudié les manifestations de dégoût alimentaire sous cet angle, a proposé une classification très pertinente des différentes formes de rejets alimentaires (Rozin & Fallon, 1980; Rozin & Fallon, 1987). La première classe qu'il propose, c'est celle de *distaste*. Il s'agit d'un type de rejet purement sensoriel, provoqué par l'expérience d'une stimulation sensorielle, olfactive, gustative ou autre qui est perçue comme désagréable par le sujet. Faute d'une meilleure traduction de *distaste*, appelons cette manifestation « dégoût sensoriel ».

La seconde catégorie est celle qui résulte de la conscience d'un danger. C'est par exemple l'attitude d'un sujet par rapport à des champignons dont il sait ou soupçonne qu'ils sont toxiques.

Deux catégories de rejets, enfin, mettent en jeu une dimension que l'on peut qualifier d'idéelle. La première, c'est ce que recouvre en anglais le terme *disgust*, que l'on peut traduire par « dégoût » (le dégoût « cognitif ») et qui s'oppose au dégoût sensoriel *(distaste)*. C'est ce rejet qui est fondé sur *l'idée que le sujet se fait* de la nourriture, de ce qu'elle est, d'où elle vient. La caractéristique de cette forme de rejet, c'est qu'elle comporte une forte composante affective.

La seconde catégorie est constituée par les objets que l'on peut qualifier d'inappropriés, impropres *(inappropriate)*. Il s'agit là encore d'un trouble classificatoire : les objets en cause, tout simplement, ne sont pas classés comme de la nourriture (papier, cailloux, cendres, etc.). Mais à la différence de ce qui se passe dans le dégoût sensoriel *(distaste)*, il n'y a pas ici d'affect violent associé.

Après avoir établi cette classification, Rozin s'est attaché à chercher à quel âge les différents types de dégoût sont acquis par l'enfant. Il a travaillé notamment sur un échantillon d'enfants de trois ans et demi à douze ans. Chez les plus jeunes, le rejet des substances non alimentaires *(inappropriate)* ainsi que le dégoût sensoriel existent. Il y a donc conscience à un âge extrêmement précoce des catégories culturelles en jeu. Mais la différence entre le rejet sensoriel et le dégoût vrai n'est pas faite.

En revanche, la notion de contamination n'apparaît qu'assez tardivement. Plus on monte en âge et plus la crainte de la contamination est apparente. Dans une expérience de Rozin, on propose au sujet un scénario imaginaire : un insecte tombe dans le verre de lait qu'il s'apprête à boire. On lui demande quelle serait son attitude si on enlevait l'insecte : accepterait-il de boire? Et si on jetait le lait, puis si on le remplaçait? Si on lavait le verre trois fois avant de remettre du lait? Les enfants les plus jeunes se satisfont le plus souvent de ce que l'on retire l'insecte sans changer le lait. Les sujets plus âgés deviennent de plus en plus « difficiles » sur ce point (Fallon, Rozin & Pliner, 1984; Rozin & Fallon, 1987; Rozin, Millman & Nemeroff, 1986).

Ainsi, le dégoût est un phénomène qui survient notamment lorsque la nourriture n'est pas « bonne à penser ». Plus précisément : on peut mettre en évidence l'existence d'une opération cognitive qui consiste pour le mangeur à vérifier si l'aliment potentiel « colle » par rapport aux catégories culturelles et aux règles culinaires de référence. Lorsque survient un trouble dans ce processus de classification, une dissonance, il se déclenche un affect extrêmement violent, éventuellement associé à des manifestations telles que des nausées ou des vomissements, c'est-à-dire en somme des phénomènes similaires à ce qui se produit dans des situations purement physiologiques (empoisonnement par exemple). On pourrait donc dire, en fin de compte, que le dégoût consiste en *une protection biologique reconstruite culturellement*.

Les fonctions anthropologiques du culinaire

Ces ressorts anthropologiques du rapport de l'homme à ses aliments une fois analysés, on peut mieux saisir la fonction de la cuisine. La cuisine, en somme, est un dispositif tendant à résoudre le paradoxe de l'omnivore, tout au moins à le rendre vivable, et à réguler l'anxiété de l'incorporation.

La cuisine a une vertu fondamentalement « identificatrice » : une fois « cuisiné », c'est-à-dire plié aux règles conventionnelles, l'aliment est marqué d'un sceau, étiqueté, reconnu, en un mot : identifié. La nourriture « brute » est porteuse d'un danger, d'une sauvagerie que conjure l'accommodement : ainsi marquée, passant de la Nature à la Culture, elle sera réputée moins périlleuse. Elle prendra docilement sa place dans l'assiette, dans le corps du mangeur ; elle inscrira le tout dans l'ordre du monde et affirmera ainsi que celui-ci perdure.

Mais surtout, en second lieu, la cuisine permet d'atténuer le tiraillement du *double bind* qui pèse sur l'omnivore. Elle permet de concilier l'innovation « néophile » et le « conservatisme » (la méfiance) « néophobe ». Cuisiner, accommoder un aliment, c'est d'une part accommoder la nouveauté ou l'inconnu, littéralement, « à la sauce » ou « à la façon » de la tradition. Mais c'est aussi, d'autre part et simultanément, introduire du familier dans l'inédit, de la variation dans le monotone.

Cette fonction du culinaire apparaît dans ce que Paul et Elizabeth Rozin nomment *« flavor principles »* (« principes de flaveur » [1]) : chaque cuisine se caractériserait par un ou des complexes olfacto-gustatifs, comme par exemple le complexe ail-tomate-huile d'olive dans certaines cuisines méditerranéennes. Ces *« flavor principles »* agiraient comme des marqueurs, des « identifieurs » gustatifs qui rendraient reconnaissable et donc acceptable une préparation culinaire, même si, par ailleurs, les ingrédients comportent des éléments étrangers au système (Rozin, 1976 ; Rozin & Rozin, 1981).

L'hypothèse est sans doute simplificatrice ; mais on peut l'étendre, la préciser et l'enrichir.

Elle est simplificatrice d'abord parce que les *« flavor principles »* en question sont parfois si variables, à l'échelon national, régional, local et même familial et individuel, qu'il devient vite difficile sinon impossible de tracer la frontière entre unité et discontinuité, entre « dialectes » et « idiolectes » culinaires et de les isoler. Certes, le condiment à base de *nioc-mam*, jus de citron, piment et carottes râpées utilisé par les Vietnamiens apparaît, au moins de prime abord, comme un marqueur très uniforme et d'application universelle. Mais en revanche on voit que certains mélanges d'épices (par exemple en Inde) subissent des variations plus ou moins importantes d'un foyer à un autre en fonction du devoir et du désir de la

---

1. *Flavor* provient du vieux mot français flaveur. Tombé en désuétude, il nous revient aujourd'hui dans un sens technique qui dénote la combinaison de stimuli olfactifs et gustatifs que le langage courant nomme de manière impropre « goût » (cf. *infra*, chap. 4).

cuisinière d'introduire sa touche personnelle, de marquer l'aliment de son intervention singulière, maternelle, irréductible.

De même, dans nos traditions culinaires régionales européennes, l'intervention maternelle doit se traduire par une touche personnelle unique, qui sert précisément à identifier et du même coup à valoriser la préparatrice autant que la préparation. D'où l'importance des « tours de mains », des « secrets » de préparation ; d'où aussi la quasi-impossibilité de définir une recette « authentique » et une seule pour des plats comme le cassoulet ou la blanquette de veau.

Il y a sans doute alors variabilité de certains éléments à l'intérieur d'une continuité structurelle. Mais la seconde simplification est là : si c'est la structure qui marque la continuité, il faut admettre que ce ne sont pas seulement les éléments ou les complexes de base, les *« flavor principles »*, qui permettent de désamorcer ou de résoudre le paradoxe de l'omnivore : c'est *l'ensemble du système culinaire*, de ce « langage », de sa grammaire et de sa syntaxe, qui doit « faire sens » et du même coup contribuer à construire la familiarité, c'est-à-dire l'acceptabilité des mets (Fischler, 1980).

On a vu plus haut, à propos du phénomène du dégoût provoqué par la crainte de « l'incorporation du mauvais objet », que les freins comportementaux et biologiques qui peuvent s'opposer à l'incorporation peuvent être déclenchés par des facteurs idéels aussi bien que sensoriels. Ce que j'ai appelé un « problème de classement », et qui renvoie donc à un système culturel de classification, peut apparemment mettre en action des comportements de type néophobique. Cette constatation est capitale pour comprendre la nature et la fonction des normes et classifications culturelles qui encadrent l'alimentation humaine.

En raisonnant *a contrario*, on voit en effet l'hypothèse se dégager d'elle-même : si, sur la base d'une croyance ou de l'adhésion à un système religieux et culturel, peuvent se déclencher les manifestations physiologiques du dégoût, *a contrario* l'identification culturelle d'un aliment, c'est-à-dire le fait qu'il puisse être conçu comme s'intégrant harmonieusement dans les classifications, règles et normes culinaires, peut sans doute contribuer à résorber l'anxiété liée au paradoxe de l'omnivore et au fantasme de l'incorporation du mauvais objet. Les systèmes culinaires fourniraient donc bien des critères de référence dans l'exercice des choix alimentaires, critères de nature à résoudre ou résorber l'angoisse de la double contrainte et à autoriser l'incorporation en lui donnant un sens.

Les fonctions sociales de l'aliment et de la cuisine

L'alimentation possède également des fonctions proprement sociales. Entre les différentes zones de la structure sociale, il existe des voies de circulation et d'accès de divers ordres. Il y a tout d'abord des voies *institutionnelles* : l'enseignement, l'argent peuvent tendre, en théorie au moins, à intégrer certains individus davantage.

Il existe aussi des voies de circulation *symboliques* ou imaginaires. La consommation, notamment, peut exercer cette fonction : elle permet d'acquérir au moins symboliquement tel ou tel attribut d'une condition ou d'un état jugés désirables, ou d'en marquer la possession effective. Les objets consommables sont en effet porteurs de significations, chargés d'imaginaire et sont acquis en partie pour ces caractéristiques.

Parmi toutes les autres, on l'a vu, les consommations alimentaires présentent une particularité essentielle : elles sont physiquement et littéralement *incorporées*. C'est sans doute cette intimité ultime de l'incorporation qui donne aux consommations orales une prégnance symbolique tout à fait particulière et qui contribue à faire de l'aliment une sorte de machine à voyager dans l'espace social et dans l'imaginaire.

Alimentation et imaginaire

Considérons deux aliments de statut imaginaire très différent, sinon opposé : le caviar et la tomate. Le premier est réservé à un petit nombre de personnes et d'occasions gastronomiques et festives. Même dans les catégories sociales qui peuvent y avoir accès, on ne le consommera guère de manière solitaire, mais plutôt en groupe ou en couple, c'est-à-dire dans des situations de célébration ou de séduction. Cette consommation se devra d'être parcimonieuse, par nécessité mais aussi par bienséance : pour caractériser des débordements somptuaires et excessifs, ne parle-t-on pas de « flots de champagne » et de « caviar à la louche »? L'imaginaire du caviar évoquera la munificence et l'excès, les débordements affectifs et l'âme slave. Notons au passage que la succulence de ce mets semble être une découverte relativement récente : il s'agissait jadis, semble-t-il, d'un aliment de carême [1]. Certains lui attribuent en outre des vertus médicinales : en URSS, on l'a entendu recommandé, y compris par des médecins, comme fortifiant pour les enfants fragiles (une fonction qui rappelle celle de l'huile de foie de morue de jadis...).

La tomate, de son côté, est économiquement plus accessible et fait partie des aliments courants, sinon banals. Ses usages sont innombrables et quotidiens. Pour autant, sa charge imaginaire n'est pas moins riche : elle est évocatrice de fraîcheur, de légèreté, de soleil et d'été méditerranéen (même si elle provient probablement de serres bretonnes ou hollandaises). Idéalement, elle est à la fois humble et savoureuse et on peut prédire qu'elle figurera volontiers dans le frugal et solitaire repas d'une jeune citadine active, soucieuse de sa minceur et nostalgique de ses dernières vacances italiennes.

Ainsi, les aliments sont porteurs de sens, et ce sens leur permet d'exercer des effets symboliques et réels, individuels et sociaux. La tomate et le caviar, de manière très différente, nourrissent tous deux et l'imaginaire et le corps. Ils permettent de « construire » et de mettre en scène la réalité et les rapports sociaux. Ils s'utilisent conformément à des représentations et des usages qui sont partagés par les membres d'une classe, d'un groupe, d'une culture. La nature de l'occasion, la qualité et le nombre des convives, le type de rituel entourant la consommation constituent autant d'éléments à la fois nécessaires, signifiants et significatifs. Les aliments s'agrègent eux-mêmes en repas ou occasions de consommation qui, à leur tour, permettent de structurer les situations et le temps : ainsi par exemple, le déjeuner, un en-cas, une « pause café » (formule lancée jadis par une adroite campagne publicitaire) scandent le temps laborieux, contribuent à l'ordonner et à ritualiser nos rapports avec lui.

---

1. Au XVIIe siècle, pour les fidèles de l'Église grecque, d'après Jean-Louis Flandrin (communication personnelle).

L'exemple de l'alcool

Plutôt que d'essayer d'exposer exhaustivement les fonctions sociales de l'alimentation, il nous faut un exemple particulièrement caractéristique. Or l'efficacité symbolique des aliments, les boissons alcoolisées la possèdent et la mettent en œuvre superlativement. Peu de produits, en effet, exercent le rôle de médiateur avec l'imaginaire et le désir de manière aussi puissante que le whisky, le vin ou le cognac. Ainsi l'ascension du whisky dans la France de l'après-guerre est étroitement liée à celle du roman noir anglo-saxon et de ses adaptations cinématographiques, qui mettaient en scène sous les traits de Bogart ou d'Eddie Constantine des héros solitaires, séducteurs et forts consommateurs de scotch (cf. *infra*, chapitre 6).

Mais l'alcool présente une particularité tout à fait essentielle par rapport à l'aliment : outre ses vertus imaginaires, il a des effets physiologiques, comportementaux et psychologiques, temporaires mais bien réels et surtout quasi immédiats. C'est à ces effets que tient toute l'ambivalence de ses fonctions sociales, car ses effets sont eux-mêmes ambivalents.

Perspective macro-sociale : intégration, désintégration, catharsis

En premier lieu, donc, l'alcool a des fonctions d'intégration sociale. On l'a vu plus haut : comme toutes les consommations, mais plus que la plupart, il possède des attributs symboliques que le consommateur s'approprie en l'absorbant. L'adoption et la consommation d'une boisson permettent d'agir sur le « paraître », de s'attribuer les caractères de puissance ou de raffinement, de virilité ou de féminité, de modernité ou de tradition, de prestige ou de simplicité qu'elle véhicule et donc de s'intégrer symboliquement au groupe, à la catégorie sociale, à la culture de référence, de se rapprocher individuellement de la « périphérie » vers le « centre » ou du bas vers le haut de la hiérarchie sociale.

L'alcool a une autre vertu symbolique, tout à fait fondamentale : celle de *structurer socialement le temps et les relations interpersonnelles*. La consommation de boissons alcoolisées, comme celle d'autres produits alimentaires mais davantage que la plupart, permet de créer des temps de sociabilité, des occasions collectives. Offrir un verre est une manière rituelle de signifier qu'une circonstance chargée de signification sociale survient, qu'il va y avoir de l'échange, de la communication, de la conversation ou autre chose. La nature du produit consommé implique un certain type de structuration du temps, en fonction de représentations mentales bien établies et renforcées par l'usage et la culture locale. Ainsi, dans le feuilleton télévisé *Dallas*, transparaît de manière éclatante la fonction de l'alcool dans la culture américaine. Aucune situation de sociabilité n'est jamais présentée sans qu'intervienne la médiation ou la scansion de l'alcool. Lorsque les membres de la famille Ewing se retrouvent le soir, ils ne sont pas montrés à la table familiale, comme ce serait sans doute le cas dans un équivalent français, mais dans le *living-room* où, arrivant à tour de rôle, ils commencent inéluctablement par se servir un verre. Au bureau, un visiteur se voit toujours offrir un drink. Les négociations, les rencontres professionnelles s'effectuent toujours autour d'un verre, jamais d'un repas. Une grande émotion, une frayeur sont réparées ou régulées par un cordial *(« I need a drink »)*. Les seules situations alimentaires sont les grandioses *parties* données au ranch familial pour les grandes occasions (mariages, naissances, etc.). Encore s'agit-il de grands buffets, où le verre tient une aussi grande place que l'assiette. Ainsi l'alcool établit un espace d'intimité et de communication, de célébration dionysiaque ou de relation interpersonnelle. Il ordonne et maîtrise le temps : il le suspend pour introduire à la détente et à l'échange, le précipite ou le souligne pour susciter les réjouissances bachiques, bref : il lui donne une signification sociale en le ponctuant.

Ces fonctions ne sont intelligibles que si l'on met en relation les effets physiologiques de l'alcool et ses effets sociaux. L'alcool modifie la physiologie, la perception, la conscience, le comportement. Mais ses propriétés psychotropes sont étroitement liées aux doses absorbées. A faible dose, il agit comme un *« social lubricant »*, un lubrifiant social, c'est-à-dire un moyen de lever les inhibitions naturelles de l'individu, d'effacer provisoirement les barrières dressées par les usages, les réticences, les difficultés de communication. En ce sens, l'alcool, en levant de manière temporaire les obstacles formels, est intégrateur. Mais à plus forte dose, dans d'autres circonstances de consommation (elles-mêmes étroitement liées aux usages définis par la culture de référence), il devient *désintégrateur*.

L'alcool peut entraîner des modifications du comportement par nature a-sociales ou anti-sociales, même si elles ne sont pas violentes, dans la mesure où elles entraînent l'individu à s'écarter des types de comportement socialement attendus de lui.

La dimension désintégratrice de l'alcool apparaît clairement dans les circonstances et les cultures où il entraîne la mise entre parenthèses des usages et de l'ordre social. Il peut même participer symboliquement au renversement pur et simple de l'ordre quotidien, de manière certes provisoire mais radicale, comme dans le cas des grandes festivités dionysiaques et carnavalesques, dans les occasions de réjouissance collective qui s'associent à des beuveries, etc. L'accent est alors mis moins sur la facilitation des relations sociales ou interpersonnelles que, au contraire, sur la perte de contrôle des comportements, sur la transgression, sur l'inversion des normes et des règles. Il y a une forte ambiguïté dans ces situations, dans la mesure où, tolérées ou mises en scène cathartiquement par l'ordre social, elles en viennent parfois à le défier ou le menacer radicalement.

Dans certaines cultures, les manières de boire sont conçues comme rupture individuelle avec le réel et le quotidien. La consommation semble alors avoir pour principal ou même seul objectif la modification de l'état de conscience ou la perte de conscience pure et simple. Mais il serait erroné de croire que la dimension sociale est totalement absente de ces manières de boire. Les occasions du boire sont en effet définies socialement au moins en termes temporels : il y a encore un temps pour boire, même si ce temps propulse le buveur hors du temps. En Finlande, par exemple, près de 60 % de la consommation d'alcool s'effectue pendant le week-end et les habitudes alimentaires observées montrent que la boisson essentielle durant la semaine est le lait, dont les Finlandais sont parmi les premiers consommateurs *per capita* au monde (Sulkunen, communication personnelle).

Perspective micro-sociale : conformité/distinction

Si on l'examine au niveau du micro-groupe d'individus et non plus à celui, plus large, d'un ensemble social, il apparaît que la fonction intégratrice des boissons s'exerce d'une manière plus complexe qu'il n'y paraît de prime abord. L'intégration au « *in-group* » se fait à la fois par un processus de conformisation et un processus d'individualisation ou de distinction.

Au terme d'une enquête sur les goûts alimentaires des enfants et des adolescents en France, nous avons pu constater que les boissons ont un rôle important dans les groupes juvéniles. Elles concourent notamment à régler les rapports entre le groupe adolescent et les individus qui le composent (Fischler, 1985). On pourrait distinguer entre deux types de boissons, selon leur fonction de sociabilité.

Dans le premier type, on pourrait classer les boissons de « conformité », c'est-à-dire celles qui affirment la cohérence du groupe juvénile, son unité d'appartenance. Ce sont essentiellement les sodas (Coca-Cola, Orangina), éventuellement la bière et le café.

Le second type est formé par des mélanges spécifiques, marqueurs d'identité individuelle. Appelons-les boissons d'individualisation. Le premier type est consommé dans un contexte qui signifie la fusion de l'individu dans le collectif, l'appartenance, la connivence. Le second au contraire marque l'unicité, la différence, l'individualité au sein du groupe, mais également la compétition entre mâles. Un trait typique des jeunes garçons interviewés était de consommer régulièrement et ostensiblement un mélange particulier. Certaines « recettes » étaient très personnelles : le Picon-bière, le « Monaco » (bière et grenadine), le « diabolo-anis », ou le « Vittel-anis »... Ainsi, la boisson semble constituer pour les adolescents un moyen de se situer dans le *in-group* juvénile plus efficace et important que la nourriture. Celle-ci peut cependant également revêtir la même fonction, ou une fonction voisine, à travers la pratique des paris ou la recherche des « records » : record de tartines (« un mètre carré de tartine »); « record du lait »; « concours de sorbet » (le vainqueur en avait consommé deux litres). A travers aussi une forme de provocation ou de transgression :

« omelette au sucre », « croque-monsieur au petit déjeuner ». A travers enfin la transgression délibérée des rythmes sociaux de l'alimentation : tel interviewé rapporte qu'il aime, lorsqu'il est seul, « manger vers 11 heures-minuit »; tel autre qu'il cherche souvent à « se décaler complètement ».

La fonction de ces transgressions bénignes est en partie initiatique. L'épreuve initiatique semble résider dans deux affrontements possibles : le goût et l'ivresse. Le goût : l'alcool brûle; il faut apprendre à le tolérer avant de l'aimer. L'ivresse : selon une enquête du Comité national de défense contre l'alcoolisme de 1981, alors que 90 % des jeunes de quatorze ans n'ont jamais été ivres, ce chiffre tombe à 50 à seize ans, 20 à dix-huit ans. Pour affronter l'ivresse, il faut parfois contourner l'agression gustative de l'alcool : *« Ma première cuite, se rappelle Michel, je l'ai prise l'année de mon bac, dans une boom de lycéens. Il y avait du whisky. C'était manifestement trop fort pour nous, et personne n'aurait pu le boire pur. Mais il restait la solution de le mélanger à du Coca-Cola ou du jus d'orange. Naturellement, j'ai été malade, mais j'étais quand même persuadé d'avoir gagné un certain prestige. »* Éric, seize ans, est un adepte de ces soirées où les paris stupides vont bon train : *« Il y a toujours deux imbéciles pour organiser un concours de boisson. Dans l'ensemble, on ne boit pas beaucoup, mais on s'arrange pour avoir l'air bourré* [1]. *»*

Cette dimension initiatique bien connue de l'alcool confirme que, traditionnellement, l'une des fonctions premières de la boisson est de contribuer à régler les rapports de l'individu avec le groupe, plus précisément de régler à la fois certains aspects de la socialisation et de l'affirmation de l'individualité dans le contexte social. L'alcool, dans des modèles traditionnels du moins, règle l'accès à une collectivité *exclusive*, par exemple le groupe des hommes adultes, ceux qui « savent boire » (Gofton, 1986). L'évolution récente des consommations dans les pays les plus développés semble toutefois aller dans un sens différent, assez analogue à cette « stratégie du cocktail » (faire passer le whisky avec du jus d'orange) qui caractérisait le témoignage précédent. On note en effet que, depuis quelques années, dans les pays développés et plus particulièrement

---

[1]. « L'alcool initiatique », in *Le Monde Dimanche*, 6 septembre 1981.

aux États-Unis, la consommation *per capita* d'alcool pur tend à diminuer. Les boissons fortes traditionnelles tendent à être moins consommées. Dans les pays à tradition vinicole, la consommation globale diminue mais celle de vins de qualité augmente. Les nouvelles boissons, populaires chez les jeunes, sont moins alcoolisées, volontiers aromatisées ou mélangées à des sodas ou des jus de fruits. Aux États-Unis encore, les plus grands succès récents sur le marché sont les « wine coolers » (mélange de vin, d'eau gazeuse et de jus de fruit à faible titrage) ou des mixtures aromatisées à la pêche. Selon les spécialistes, l'évolution des marchés se caractérise notamment par une féminisation croissante [1].

Tout se passe donc comme si, dans ces nouvelles formes de consommation, on cherchait à atteindre les effets psychotropes de l'alcool sans payer le prix de son agressivité gustative. Peut-être la fonction initiatique à usage exclusivement masculin, liée au défi de l'ivresse, recule-t-elle, au moins dans certaines couches. Peut-être ce recul est-il lié à l'évolution des rôles sexuels (cf. *infra*, chapitre 7). Ces formes de consommation nouvelle semblent tendre à rechercher dans l'alcool les effets de facilitation sociale, une intégration plus large et non exclusive : une sorte de bachisme raisonné.

Dans le même temps, l'évolution des consommations permet d'illustrer la fonction socialement « distinctive » de l'alcool et de certaines consommations alimentaires. Ainsi le whisky s'étant considérablement démocratisé depuis les années soixante, on a assisté simultanément à une escalade du « haut de gamme », avec des variétés et des marques de plus en plus sophistiquées, à des prix de plus en plus sélectifs : des produits et des marques « d'élite », capables de distinguer symboliquement leur consommateur, d'enrichir et de nourrir, sinon leur portefeuille, du moins leur ambition et leur identité sociale.

*

Ainsi l'aliment (ou la boisson), le contexte de sa consommation, les rites qui l'entourent, exercent une série complexe de fonctions imaginaires, symboliques et sociales. La charge imaginaire des ali-

---

[1]. Cf. par exemple, « Blithe Spirits for the Sober Set », *Time*, 18 août 1986.

ments fait en quelque sorte voyager dans l'espace et dans le temps, propulse au moins fantasmatiquement les individus à travers l'espace social. Mais en même temps la connaissance des rites et de l'étiquette manifeste et préserve les limites du territoire social de ceux qui en bénéficient. L'incorporation est l'un des ressorts essentiels de ces projections imaginaires. La cuisine remplit une fonction complexe, pour ainsi dire bio-anthropologique, en aidant à résoudre le paradoxe de l'omnivore. C'est ce qui la situe au cœur de l'identité, sociale et individuelle : elle fournit une « grille » pour considérer le monde et s'y situer, pour s'y incorporer et se l'incorporer. Les individus appartenant à une culture ont en commun, entre autres caractéristiques, de s'y référer, de s'y repérer implicitement.

Il nous faut maintenant passer d'un point de vue collectif, social, culturel à un point de vue individuel, psychologique et tenter de répondre à ces questions : comment cette grille est-elle intériorisée par les individus ? Comment apprenons-nous à manger *à l'intérieur* d'une cuisine, à effectuer des choix dans un *certain* répertoire d'aliments ? Comment naissent, se développent, évoluent en nous les goûts et les dégoûts, les préférences et les aversions ?

4

La formation du goût

Ce que le sens commun nomme « goût », c'est en fait bien davantage que le goût lui-même. La sensation que nous appelons communément ainsi résulte en effet d'une combinaison d'informations qui procèdent de plusieurs sens autres que la gustation proprement dite : elles ont pour origine les bourgeons du goût, les récepteurs tactiles et thermiques de la langue, enfin et surtout la muqueuse olfactive qui est stimulée par les odeurs alimentaires lors de la déglutition. Techniquement, cette sensation complexe est appelée « flaveur ». On dit communément, en cas de rhume de cerveau, que l'on a perdu provisoirement le sens du goût : c'est en fait l'odorat qui manque, tandis que le goût subsiste. Une très grande part de nos sensations « gustatives », dans la perception de ce que nous appelons « le goût » d'un aliment, résulte donc en fait d'autres modalités sensorielles, jusqu'à l'ouïe, qui est en jeu dans la perception de la consistance (le croquant par exemple).

Le goût est donc un sens qui, pour ainsi dire, ne se suffit pas à lui-même; et pourtant l'acception du mot goût a connu une expansion considérable : de la simple perception des saveurs ou de la saveur des mets elle-même, puis de l'ensemble des préférences et des aversions alimentaires d'un individu, elle s'est étendue au désir en général (« avoir du goût pour »), aux inclinations, d'abord alimentaires mais aussi amoureuses, aux préférences et aux jugements esthétiques dans leur ensemble, c'est-à-dire la subjectivité tout entière. Elle s'est étendue d'autre part, peut-être à partir du XVIIe siècle (Flandrin, 1986) et à la faveur de la société de cour, à cet idéal normatif, indéfinissable mais aisément reconnaissable par tous ceux qui se targuent de le maîtriser et de le posséder : le *bon* goût, soit la capacité socialement reconnue de procéder à des choix conformes à une norme implicite elle-même socialement définie. Pourquoi cette modalité sensorielle, en fin de compte moins indispensable que d'autres dans la vie quotidienne (l'agueusie est probablement moins invalidante que la cécité ou la surdité), a-t-elle étendu de manière si conquérante son empire sémantique ?

Une première raison tient peut-être à ce que le goût est un sens fortement teinté d'affectivité, coloré d'émotion. Il existe en effet, dans le système nerveux central, des liens étroits entre la gustation et le système de régulation de l'humeur (par l'intermédiaire du système ventral hypothalamo-limbique).

Le goût est d'autre part un sens qui semble fonctionner selon une logique que l'on pourrait dire binaire. Il débouche en effet, outre une réponse affective, sur une réponse comportementale, en grande partie gérée par deux régions du cerveau, l'hypothalamus latéral et l'amygdale (cf. Uziel, Smadja & Faurion, 1987). Cette réponse se ramenant au choix entre l'ingestion ou le rejet, on peut considérer que le goût remplit une fonction qui s'assimile en un sens à un *jugement* d'acceptation ou de refus.

Ces caractéristiques du goût sont si importantes qu'elles conduisent Chiva à penser que, dans l'évolution, le jugement gustatif précède et annonce le jugement moral, qu'il lui fournit en tout cas son répertoire expressif : les expressions faciales qui accompagnent universellement les jugements moraux seraient les mêmes que les « grimaces » réflexes, innées et stéréotypées que déclenchent chez le nourrisson des stimulations amères ou sucrées (Chiva, 1985 ; Chiva, 1987).

Ainsi, d'une part le goût proprement dit, pour ainsi dire ès fonction, permet d'opérer des jugements tranchés; d'autre part, il est constamment associé à des émotions. On conçoit donc assez bien que ce sens ait été appelé, dans de nombreuses langues, à signifier au-delà de son champ propre, dans l'univers sémantique de la normativité et de la subjectivité. Ce sont probablement ces particularités de la sensation gustative, associées à des transformations historiques, qui ont nourri le sens du mot goût. Dans une telle polysémie, il faut bien se déterminer ; l'usage que je ferai de ce mot dans ce chapitre sera donc aussi clair que possible : lorsque « goût » ne dénotera pas « le sens du goût » ou la saveur des aliments, il désignera les choix alimentaires plus les affects et l'hédonique (plaisir/déplaisir) qui s'y associent.

Il existe de considérables différences entre les choix alimentaires des groupes culturels, entre ceux des classes ou des catégories qu'ils contiennent. Ces différences sont sans doute de nature et d'origine multiples – historiques, économiques, symboliques, sociales, religieuses, etc. Mais quels sont les mécanismes qui, à l'intérieur d'une culture donnée, déterminent la transmission, la reproduction et éventuellement l'évolution de ces choix alimentaires ? Comment les individus intériorisent-ils les règles culinaires au sens large, les taxonomies, le goût de leur temps, de leur société, de leur groupe ? Dans quelle mesure, avec quelle latitude, le goût collectif varie-t-il d'un individu à un autre ?

Formation et transmission des goûts alimentaires

Quatre types de facteurs au moins interviennent dans la genèse des goûts alimentaires d'un individu : biologiques, psychologiques (relevant de l'expérience individuelle), culturels et sociaux, ce dernier terme devant ici être compris dans un sens proche de celui de la psychologie expérimentale, c'est-à-dire essentiellement comme les interactions entre individus (Rozin & Vollmecke, 1986). On peut distinguer ici, au moins formellement, deux modes de transmission : *inter*-générationnel et *intra*-générationnel.

En premier lieu, en effet, la transmission peut s'opérer d'une génération à la suivante. Deux possibilités se présentent alors. La première est la transmission par voie *génétique* de certaines prédispositions ou compétences.

La seconde passe par la *culture*. Elle relève de la tradition, de la reproduction des conduites. D'une génération à la suivante, les jeunes sont mis dans les mêmes situations de choix et, les mêmes causes produisant les mêmes effets, l'expérience des aliments qu'ils vivront restera pour l'essentiel la même. Si en effet l'environnement reste stable, les individus de générations successives, toutes choses égales par ailleurs, tendront à opérer les mêmes choix, chacun tendant en somme à repasser par les mêmes apprentissages : c'est ce qui est observé chez l'animal en laboratoire (Galef, 1976). Chez l'homme, la culture tend à agir d'une part sur l'environnement, en le modifiant et en le contrôlant, d'autre part sur les individus, en leur imposant des normes et des limites dans leur comportement. La transmission se fait alors, pour ainsi dire, *par l'extérieur :* les contraintes physiques et sociales qui s'exercent sur les individus restant constantes, ceux-ci passeront par les mêmes expériences et opéreront pour l'essentiel les mêmes choix. Davantage que de transmission proprement dite, il s'agit donc d'un processus d'apprentissage ou de réapprentissage, où la continuité est assurée notamment par la continuité des contraintes ou des sollicitations.

En second lieu, la transmission peut s'opérer de manière intragénérationnelle, par interactions entre individus d'un même groupe social. Pour la commodité de l'exposé, examinons d'abord la question sous les trois angles successifs de la transmission génétique, inter-générationnelle et intra-générationnelle.

La transmission génétique

Les « biais » gustatifs

La principale des prédispositions d'origine génétique est constituée par des « biais » innés qui s'exercent en faveur ou à l'encontre de certaines saveurs. L'existence d'un goût inné pour la saveur sucrée est désormais bien établie expérimentalement, chez l'homme et chez de très nombreuses espèces animales. Dans la plupart des cultures, on observe une attirance pour le doux. Dans de nombreuses langues, le mot qui désigne la saveur sucrée sert aussi à dénoter le plaisir ou des qualités morales. Les Indiens Algonquin, rapporte

Chamberlain, n'ont qu'un mot pour désigner le bon et le doux (Chamberlain, 1903; cité dans Chiva, 1985).

Les biologistes s'accordent à considérer que cette appétence particulière pour la saveur douce s'explique en termes d'évolution par le fait que, dans la nature, la plupart des substances présentant un goût sucré constituent une bonne source de calories aisément mobilisables (Desor, Maller & Turner, 1973; Maller & Desor, 1974; Greene, Desor & Maller, 1975; Beauchamp & Maller, 1977; Le Magnen, 1977) (cf. *infra*, chapitre 10).

Inversement, on a toutes raisons de penser que le goût amer est aversif, de manière non moins innée, l'explication évolutionniste proposée étant que les substances amères sont fréquemment toxiques (Desor, Maller & Andrews, 1975). Parmi les autres saveurs, il semble que, à forte concentration, l'acide soit fréquemment rejeté ainsi que le piquant (qui n'est d'ailleurs pas à proprement parler une saveur). Mais ces « universaux » sont loin d'être totalement universels : on trouve de nombreuses populations qui apprécient vivement le piquant ou l'amer (par exemple, respectivement, dans le piment et le café), ayant en somme culturellement appris à surmonter et renverser le « biais » biologique. Par ailleurs, à l'intérieur de chaque culture, il existe de considérables différences d'appréciation entre les individus.

Le nouveau-né réagit aux goûts par des mimiques faciales, et ces mimiques peuvent subsister chez l'adulte. Steiner a montré que les stimuli gustatifs sucrés, salés, acides et amers [1] provoquent des réponses innées sous forme d'expressions faciales stéréotypées chez le nouveau-né, et que ces « grimaces » sont de nature réflexe (Stei-

---

1. Depuis le début du siècle, il était communément admis qu'il existe quatre saveurs fondamentales : le sucré, le salé, l'acide et l'amer. Cette conception est désormais débattue. Selon Faurion et d'autres chercheurs, en effet, « *l'espace gustatif est un continuum multidimensionnel et chaque fibre gustative réagit selon un degré variable à un certain nombre de stimuli chimiques, parmi lesquels beaucoup se rangent dans une ou plusieurs des quatre catégories fondamentales* » (Uziel, Smadja & Faurion, 1987). Les Japonais connaissent d'ailleurs une modalité supplémentaire (« umami », la saveur du glutamate, condiment fréquemment utilisé dans plusieurs cuisines asiatiques) qui n'appartient à aucune de nos quatre saveurs fondamentales et, à diverses époques ou dans diverses cultures, le nombre de saveurs reconnues a oscillé entre trois ou quatre et un nombre indéterminé (Faurion, 1988). Le nombre de ces catégories gustatives semble donc, si l'on suit ces auteurs, arbitraire et variable selon les cultures et « *la controverse sur l'existence ou non de quatre saveurs se heurte au fait que la majorité des auteurs a étudié les réponses électrophysiologiques à ces quatre saveurs* ».

ner, 1977). Or elles sont interprétées sans hésitation par les adultes comme manifestant du plaisir (sucré) ou de la répulsion (amer). Chiva a poursuivi l'étude de ce « réflexe gusto-facial » et observé notamment son évolution au cours du développement de l'enfant. Il a pu montrer que l'enfant utilise l'expression faciale correspondant à ce réflexe de manière de plus en plus consciente et délibérée dans sa communication avec sa mère et son environnement social. En d'autres termes, le réflexe gusto-facial fournit un répertoire expressif qui devient progressivement utilisable de manière consciente dans la communication.

Les goûts ou aversions innés peuvent être modelés, modulés ou même inversés par l'influence sociale et l'immersion dans une culture donnée. Un bon exemple est celui du piment rouge, qui provoque une sensation douloureuse, due à une substance qu'il contient, la capsicine. Or dans de nombreuses cultures, ce piment constitue un élément non seulement toléré mais indispensable de la cuisine. Rozin et ses collaborateurs ont attiré l'attention sur ce phénomène et montré que l'apprentissage du goût pour le piment semble être un phénomène spécifiquement humain puisque, chez le rat, on ne parvient pas à provoquer de préférence durable pour les aliments pimentés. On est bien ici en présence d'une situation dans laquelle un phénomène biologique est annihilé ou inversé par la culture (Rozin & Schiller, 1980).

Le goût inné pour la saveur sucrée peut lui aussi être modifié par la culture. Une expérience, notamment, le montre parfaitement : soit deux groupes d'enfants, dont l'un a reçu systématiquement, de manière très précoce, des biberons d'eau sucrée. A deux ans, les enfants de ce groupe apprécient l'eau sucrée significativement plus que ceux du groupe témoin. Mais cette préférence se manifeste exclusivement pour *l'eau sucrée*, et non pas pour tout aliment sucré (Beauchamp et Moran, 1982).

Si, en tant qu'espèce, nous présentons universellement certaines caractéristiques sensorielles, nous avons également sur ce plan des particularités individuelles non moins génétiques. Les différences de sensibilité gustative entre les individus sont en effet considérables mais, dans l'ensemble, il semble qu'elles ne contribuent que pour une très faible part à rendre compte des différences de goûts à l'intérieur d'une culture (Rozin & Vollmecke, 1986).

Sagesse du corps ?

Les omnivores, et l'homme parmi eux, possèdent-ils une « sagesse du corps » en matière de choix alimentaires ? Outre les prédispositions gustatives, on a en effet pu penser qu'il existait chez les omnivores, et en particulier chez l'homme, une aptitude biologique à exercer les meilleurs choix nutritionnels possibles. Certains travaux avaient semblé le confirmer. Ce fut le cas, par exemple, de ceux de la pédiatre américaine Clara Davis, qui semblaient mettre en évidence l'existence d'une aptitude physiologique de l'enfant à opérer des choix alimentaires conformes à ses besoins nutritionnels (Davis, 1928; Davis, 1939). Des enfants de six à onze mois, en milieu hospitalier, avaient été laissés en situation de choisir *ad libitum* leurs aliments parmi un assortiment présenté sur des plateaux. Les enfants manifestaient des préférences durables ou passagères pour tel ou tel aliment mais un bilan à plus long terme montrait que ce qu'ils avaient consommé correspondait globalement à leurs besoins.

A peu près à la même époque, les expériences de Richter sur le rat soumis à un régime dit de « *cafeteria* »[1], avaient donné des résultats analogues. Les rats se montraient apparemment capables de faire des choix particulièrement efficaces parmi les nutriments relativement purs qu'on leur offrait : en consommant moins de calories, ils se développaient pourtant plus vite que des rats témoins nourris avec un aliment équilibré composé par les nutritionnistes (Richter, Holt & Barelare, 1938). Richter en conclut que les rats possédaient une « capacité auto-régulatrice totale », qui leur permettait de « trouver » le régime optimal, en utilisant les ressources au maximum de leur efficacité. Pendant des décennies, on s'appuya sur ces travaux pour affirmer que les omnivores, aussi bien les animaux que les humains, étaient capables de réguler leur prise alimentaire d'une manière pratiquement parfaite.

Mais ces conclusions ont depuis été en grande partie remises

---

[1]. Dans son sens américain, le terme de « *cafeteria* » se traduit en français, si l'on peut dire, par self-service.

en question. Galef, qui a systématiquement étudié les capacités d'apprentissage alimentaire chez le rat, conclut que l'on avait sous-estimé l'importance déterminante du choix d'aliments composé par les expérimentateurs (soit, en somme, un biais culturel). En fait, les rats de Richter ne se voyaient offrir aucun aliment toxique ou même simplement dépourvu de valeur nutritive et il ne s'agissait pas d'aliments composés mais de nutriments relativement purifiés. Et lorsqu'on tenta de reproduire ces expériences ou de les affiner, les résultats furent décevants : Richter lui-même attribua alors l'échec des rats à la *« nature complexe des aliments naturels ou mélangés qu'on leur offrait »*. De même, à bien lire Davis elle-même, on voit qu'elle avait insisté dans ses conclusions sur le fait que le succès ou l'échec des sujets en « régime cafeteria » dépendait essentiellement du choix qu'on leur proposait. Dans celui qui était offert, il était en fin de compte difficile pour les enfants de mal choisir (Galef, 1988; Story & Brown, 1987).

Il semble aujourd'hui que cette aptitude individuelle à faire les bons choix soit en fin de compte relativement limitée. Ainsi chez le rat, les jeunes laissés à eux-mêmes dans leurs choix dépérissent et meurent fréquemment, dès que le nombre des aliments proposés dépasse deux ou trois. La raison essentielle du succès du rat et de sa capacité à surmonter les incertitudes alimentaires autant que les dangers de toxicité est *de nature sociale*. Elle réside dans son aptitude à recevoir et à utiliser, par interaction avec ses congénères, des informations sur ce qui peut et doit être mangé et sur ce qu'il faut éviter (Galef, 1988).

La transmission culturelle ou la cuisine des mères...

La transmission intergénérationnelle peut bien entendu s'effectuer autrement que par la génétique. Les jeunes rats, en effet, se conforment dans une large mesure aux choix alimentaires des adultes. Les petits, après le sevrage, choisissent préférentiellement les aliments dans lesquels ils reconnaissent certaines caractéristiques olfacto-gustatives qui avaient déjà été communiquées au lait de leur mère lorsqu'elle avait elle-même consommé ces aliments (Galef, 1988). La présence d'un rat adulte auprès d'un aliment, ou celle de marqueurs olfactifs, favorise la consommation de cet aliment par les jeunes. Ainsi les rats qui viennent de s'alimenter sont porteurs dans leur fourrure et leur haleine de signaux olfactifs; leurs congénères « naïfs » les utilisent pour choisir la nourriture qu'ils consommeront dès lors de préférence à toute autre.

Galef conclut que le rat, en matière de comportement alimentaire, est porteur d'un programme « ouvert » : il est en somme génétiquement programmé pour intégrer un maximum d'informations d'origine sociale, pour apprendre à tenir compte au premier chef du comportement de ses congénères dans ses propres choix et rejets alimentaires. Cette « programmation ouverte » présente une grande valeur de survie, car les individus sont capables d'apprendre aussi bien à rejeter certains aliments, savoureux mais toxiques, qu'à en apprécier d'autres, initialement peu alléchants pour eux, mais nutritifs. Une telle espèce a toutes les chances de mieux prospérer, dans des environnements très variés, que toute autre, dont le programme, moins souple, déterminerait une fois pour toutes ses goûts alimentaires.

L'effet-pochoir

L'homme étant, comme on l'a vu, tout aussi omnivore que le rat, il y a toutes raisons de penser qu'il présente, lui aussi, la caractéristique d'être, sur le plan des choix alimentaires, un système très ouvert. Chez lui, bien entendu, la culture joue un rôle tout à fait déterminant. Le contexte socio-culturel exerce en effet sur l'enfant une pression indirecte qui a des effets considérables sur la formation de ses goûts alimentaires. Cette pression s'exerce essentiellement à travers un système de règles et de représentations qui tendent à restreindre l'éventail des aliments dont l'enfant pourra faire l'expérience (Fischler, 1985). Ainsi, dans les expériences de Davis évoquées plus haut, la présélection effectuée par les expérimentateurs correspondait, consciemment ou non, à ce qui était considéré comme approprié pour des enfants de cet âge dans la culture américaine de l'époque. Or en restreignant le choix des enfants à un certain répertoire, on leur communiquait aussi, pour ainsi dire en creux, la conception culturelle *hic et nunc* de la division des aliments selon les âges. Le choix effectivement proposé délimitait du même coup, comme en négatif, un autre choix, un peu comme un pochoir, en protégeant certaines parties du papier, fait apparaître une forme sur celles qu'il laisse découvertes : en l'occurrence, le régime adulte, celui *qu'on ne proposait pas* aux enfants. Il apparaît donc que, dans l'expérience qu'un enfant se construit d'une culture alimentaire, ce qu'on ne lui donne pas compte au moins autant que ce qu'on lui donne (et dans quel contexte). Ainsi, les travaux de Clara Davis, s'ils ne prouvent pas l'existence d'une aptitude innée à exercer les « bons choix » alimentaires, illustrent un mécanisme de transmission culturelle, notamment par *restriction du champ de l'expérience*, un effet-pochoir, qui se manifeste quotidiennement, dans chaque famille, à l'égard des enfants.

L'intériorisation des règles et des normes

On s'est posé la question de savoir si les représentations et les règles d'attribution, de propriété *(appropriateness)* étaient déjà intériorisées par des enfants de trois à cinq ans (Birch, 1988). Les sujets devaient classer différents aliments dans une catégorie « pour le petit déjeuner » ou « pour le dîner » et s'en montraient généralement effectivement capables. En outre, mis en situation de choisir au petit déjeuner entre des aliments « pour le petit déjeuner » et des aliments « pour le dîner », ils manifestaient des préférences qui changeaient selon l'heure de la journée, c'est-à-dire selon l'adéquation du menu au repas, et cela de la même manière que les adultes.

En d'autres termes, ce qui est considéré comme approprié est aussi apprécié, ce qui illustre bien chez l'individu ce que nous avons trouvé au plan collectif dans les chapitres précédents et qui rappelle la formule de Claude Lévi-Strauss sur le « bon à manger » et le « bon à penser ». Le goût, y compris dans sa dimension hédonique, intériorise l'information culturelle, sanctionne la conformité aux règles culinaires.

Mais si l'on en croit les conclusions des psychologues, la transmission de ces structures culturelles de l'alimentation ne s'opère pas de manière explicite. Ce n'est pas l'enseignement direct des parents aux enfants qui la réalise, mais *l'expérience répétée* des enfants, expérience elle-même induite par le fait que les structures sont consciemment ou inconsciemment appliquées par les parents (Birch, 1988).

...et l'influence des pairs

Pour le sens commun, il va de soi que ce sont la famille et l'éducation qui constituent le facteur le plus important dans la transmission et la genèse des goûts alimentaires. Ce même point de vue est exprimé par Bourdieu, qui le prend ainsi à son compte : *« Et c'est sans doute dans les goûts alimentaires que l'on retrouverait la marque la plus forte et la plus inaltérable des apprentissages primitifs, ceux qui survivent le plus longtemps à l'éloignement ou à l'écroulement du monde natal et qui en soutiennent le plus durablement la nostalgie (...) »* (Bourdieu, 1979).

Certes, comme on vient de le voir, le contexte familial, et en particulier la culture alimentaire qu'il véhicule, agissent sur le répertoire alimentaire des individus, notamment en limitant le champ de leur expérience. Certes également, la nostalgie du « monde natal » est fort répandue, même si elle est construite tardivement. Mais lorsque l'on examine l'influence de l'environnement social sur les individus à la lumière des connaissances actuelles, force est de constater que la capacité que les parents ou les adultes ont d'orienter et de contrôler les goûts alimentaires des enfants, tout en étant considérable, est souvent plus faible qu'on ne pourrait le penser, ou soumise à des conditions précises. En tout état de cause, dans l'état actuel des connaissances, tout semble indiquer qu'il n'existe pas d'effet d'empreinte précoce en matière alimentaire. Rien ne permet de dire que l'expérience précoce joue un rôle particulièrement important, que les préférences acquises précocement resteront nécessairement durables (Beauchamp & Maller, 1977; Rozin & Vollmecke, 1986).

Des travaux sur les corrélations entre les goûts alimentaires des parents et ceux des enfants montrent que cette corrélation est faible et qu'elle n'est pas significativement différente de celle que l'on peut trouver entre les goûts alimentaires des enfants et ceux des parents d'autres enfants de la même école (Birch, 1988). En d'autres termes, la relation qui peut exister doit être rapportée à d'autres facteurs (socio-culturels ou autres) plutôt qu'à l'influence directe des parents sur les enfants. Quelques études indiquent que l'influence du père (au moins aux États-Unis, à l'époque des enquêtes en question) s'exerce en fait *indirectement* : la mère tend à tenir compte de ses goûts plus que de ceux des autres membres de la famille dans la planification des menus (Bryan & Lowenberg, 1958; Burt & Hertzler, 1978).

Birch a étudié l'effet que peuvent avoir sur les préférences alimentaires de jeunes enfants les conduites parentales consistant à assortir l'autorisation de se livrer à une activité agréable (jeu, télévision, etc.) d'une condition alimentaire, par exemple manger des légumes (« Si tu finis tes légumes, alors tu pourras... »). Chez 9 enfants sur 12, le résultat s'est révélé inverse de celui qui était recherché, à savoir que la préférence pour l'aliment qu'il fallait manger s'est trouvé réduite (elle restait inchangée chez les autres) (Birch et al., 1982).

Il n'est pas surprenant que certains adultes, en particulier la mère, aient plus d'influence que les autres sur le jeune enfant. Mais d'autres facteurs entrent également en jeu, et notamment la situation d'interaction. Dans une expérience portant sur un échantillon d'enfants âgés de 14 à 20 mois et de 42 à 48 mois, des adultes devaient présenter aux sujets des aliments qui ne leur étaient pas familiers. Les enfants acceptaient les aliments présentés par leur mère plus volontiers que lorsqu'ils étaient offerts par un autre adulte; ils acceptaient plus souvent lorsque l'adulte mangeait lui-même l'aliment en question. Mais lorsque le « visiteur » était seul avec l'enfant et mangeait lui-même, les enfants goûtaient plus souvent encore. Les auteurs interprètent ces résultats comme l'indice d'une forme d'apprentissage par observation (Harper & Sanders, 1975).

Ce type d'apprentissage, dit par observation ou imitation, a suscité et continue de susciter des débats sans fin chez les psychologues du comportement. Quelle que soit sa véritable nature, il semble jouer un rôle tout à fait décisif dans la formation et l'évolution des goûts alimentaires chez l'enfant; mais il semble dans une certaine mesure mieux fonctionner sur le plan *intra*-générationnel que sur le plan *inter*-générationnel : il est plus efficace entre sujets jeunes que lorsque les enfants imitent les adultes.

Des données de plus en plus concordantes montrent en effet que le facteur le plus important dans l'élargissement et la socialisation des goûts alimentaires de l'enfant est l'influence directe de ses pairs. Il avait déjà été montré que les préférences alimentaires des enfants pouvaient subir des modifications importantes sous l'effet de la « suggestion sociale », avec un effet plus marqué chez les sujets jeunes et une influence plus grande de la part d'individus « dominants » ou avec qui l'enfant entretient des rapports amicaux (Duncker, 1938). D'autres travaux avaient indiqué en outre que les héros de fiction pouvaient servir de modèle aux enfants, au moins sous certaines conditions : ainsi Popeye fut sollicité par l'industrie américaine pour leur faire manger des épinards. L'effet s'avérait réel, mais jamais durable (Marinho, 1942). Les mêmes recherches montraient en revanche que les changements de goûts induits par « suggestion sociale » des pairs sont, eux, durables. De fait, on a pu provoquer expérimentalement des changements dans les goûts alimentaires de certains enfants. Pour obtenir ce résultat, il suffit, dans une cantine scolaire, de mettre un « enfant-cible » pendant plusieurs jours à la même table qu'un groupe de pairs, légèrement plus âgés, et qui présentent tous une nette préférence pour un aliment peu apprécié par le sujet. Au terme de l'expérience, celui-ci « aime » l'aliment qu'il n'appréciait guère auparavant et cette préférence est durable (Birch, 1980).

On dispose depuis longtemps d'indications montrant que, chez l'animal, l'apprentissage par observation ou par imitation joue un rôle souvent décisif. Nous l'avons vu : les primatologues japonais ont pu suivre pas à pas l'apparition, la généralisation et la transmission d'une pratique alimentaire nouvelle chez les macaques d'un îlot du sud du Japon (cf. *supra,* chap. 2). C'est une jeune femelle qui, la première, avait trempé une patate douce dans un ruisseau.

A partir de cette innovation, les primatologues observèrent le cheminement de cette pratique. Ce sont les autres individus jeunes qui, dans un premier temps, reproduisirent seuls le « trempage ». Par la suite, plus lentement, la technique remonta vers des animaux d'un âge plus avancé auxquels les jeunes étaient liés (mères, frères et sœurs aînés). Ce n'est que dans un deuxième temps que la pratique se généralisa, lorsque ceux qui l'avaient adopté vieillirent, montèrent dans la hiérarchie sociale, eurent eux-mêmes de la descendance, laquelle apprit le « lavage » comme une pratique usuelle (Itani, 1957; Kawai, 1965). Par la suite, les modifications « culturelles » liées à l'alimentation ont entraîné à leur tour d'autres évolutions : les singes ont appris à tremper les patates douces dans l'eau de mer, à séparer le blé du sable en le jetant dans l'eau. Ces nouvelles pratiques ont eu des conséquences en chaîne, puisqu'elle ont entraîné le développement de la marche bipède, de la nage et même des plongeons... (Pallaud, 1982).

Un type de transmission analogue peut sans doute être observé dans les groupes humains. On observe fréquemment, par exemple, que la socialisation de l'enfant a des effets en retour sur les pratiques alimentaires de sa famille. Dans les groupes migrants ou les minorités culturelles, les enfants agissent souvent comme agents vecteurs du changement alimentaire, en important et imposant dans la famille des pratiques alimentaires appartenant à la culture d'accueil qu'ils ont eux-mêmes acquises au contact de leurs pairs (Bavly, 1966; Calvo, 1982). De la même manière, on peut observer aujourd'hui que la fréquentation des restaurants de fast food est en grande partie juvénile et que le succès d'une chaîne de restauration comme McDonald's aux États-Unis est fondé délibérément sur l'attraction qu'elle exerce sur les enfants, qui y entraînent leurs parents.

Toujours dans le contexte de l'imitation des pairs, et bien qu'aucune littérature, à ma connaissance, n'ait été consacrée à cet aspect dans l'optique qui nous occupe, on peut à titre spéculatif se demander si les rapports au sein de la fratrie ne sont pas modelés dans une certaine mesure par des phénomènes d'imitation. En fait, ce domaine ouvre des perspectives très riches et très complexes, au sens où il pourrait mettre en jeu à la fois des mécanismes d'imitation et des mécanismes de différenciation (un membre de la fratrie se distinguant par exemple des autres par des goûts particuliers). Dans cet ordre d'idées, il faut citer les travaux sur les jumeaux et notamment ceux qui montrent que, d'après les tests de personnalité, les jumeaux vrais ayant vécu séparés se « ressemblent » plus que ceux qui ont vécu ensemble, probablement parce que ces derniers ont été différenciés par « l'effet de couple » qu'entraîne l'ensemble des interactions qui s'établissent entre eux et avec l'environnement social (Zazzo, 1984).

Mécanismes d'acquisition des goûts

Comme on l'a déjà vu, les mécanismes du conditionnement pavlovien présentent en matière alimentaire certaines particularités remarquables. Les études menées sur le rat montrent que cet animal acquiert très facilement une aversion alimentaire. Rappelons : une seule expérience alimentaire malheureuse, même si les troubles digestifs se produisent plusieurs heures après l'ingestion, suffit à induire une aversion durable (Garcia, Ervin & Kœlling, 1966). Des phénomènes du même ordre pourraient être à l'œuvre chez l'homme : dans un échantillon de 696 sujets, 87 % des individus rapportent leurs aversions alimentaires à des troubles gastriques ou intestinaux. L'âge auquel s'est produit l'incident désagréable ne paraît pas indifférent : l'apparition des aversions remonte le plus fréquemment, d'après cette étude, à un âge situé entre six et douze ans (Garb et Stunkard, 1974). Toujours chez l'homme, il existe une forte association entre la nausée et l'acquisition d'aversions alimentaires (Pelchat & Rozin, 1982).

En revanche, l'acquisition de *préférences* durables paraît beaucoup moins rapide et aisée. L'existence d'un coup de foudre alimentaire reste à démontrer et, de surcroît, si on l'observait, elle serait difficile à expliquer. En effet, comme l'écrivent Beauchamp & Maller (1977), *« Il n'existe pas d'éléments de preuve indiquant que l'expérience précoce puisse produire un attachement durable et irréversible à une nourriture ou une saveur données. En fait l'existence de puissants effets « d'imprinting » de cet ordre n'a pas été démontrée chez les mammifères. Chez les omnivores, dont la carac-*

téristique essentielle est qu'ils ont besoin pour subsister d'une grande variété d'aliments, une telle " addiction " semblerait peu probable et inadaptée ». Il est vrai que l'acquisition rapide d'une préférence alimentaire marquée semble incompatible avec le paradoxe de l'omnivore, dont nous avons vu qu'il constitue une caractéristique fondamentale de tout « généraliste » alimentaire. Se pourrait-il que la sagesse populaire ait tort de penser que les aliments que l'on a goûtés dans son enfance, la cuisine maternelle, sont à l'origine des goûts les plus enracinés, les plus durables? Il n'est pas impossible, après tout, que la nostalgie nous pousse à exagérer notre prédilection ou à la construire *a posteriori*.

Expérience et familiarisation

En réalité, l'expérience induit bien une préférence. Mais il s'agit d'un processus lent et graduel et non d'une « empreinte » précoce et instantanée, et ce processus est encore mal connu. Le simple fait d'avoir déjà rencontré un aliment semble bien augmenter la probabilité qu'on l'appréciera, en tout cas qu'on l'acceptera. Chez l'enfant, la familiarité d'un aliment (le fait que l'enfant en ait déjà l'expérience) tend bien à augmenter son « acceptabilité ». Il s'agirait donc là d'un mécanisme d'apprentissage par *« mere exposure »* (simple exposition), ou conditionnement simple, par opposition au conditionnement associatif, dans lequel le sujet apprend à associer le stimulus à un effet de ce stimulus sur son organisme, comme dans le cas de l'aversion conditionnée (Zajonc, 1968; Pliner, 1982). L'explication pourrait être différente : si la préférence augmente avec la fréquence des expériences, c'est peut-être simplement que l'expérience répétée d'une substance nouvelle ne provoquant aucun effet négatif tend à réduire les affects négatifs associés. Peut-être est-ce de cette manière que la néophobie est progressivement atténuée ou contournée.

Les effets post-ingestifs

Satisfaire son appétit, lorsque l'on est affamé, semble avoir des conséquences sur nos goûts. En donnant à des sujets « affamés », de manière aléatoire selon les jours, soit un aliment très calorique, soit un aliment peu calorique, on voit que, en peu de temps, ils tendent à préférer le goût de l'aliment calorique. Le résultat s'inverse si les sujets, au moment où on leur présente les plats, sont rassasiés au lieu d'être affamés. Le remarquable est que ces préférences restent dépendantes de l'état de satiété du sujet : la préférence pour le goût associé à l'aliment calorique n'est observable que lorsque le sujet a faim (Booth, Mather & Fuller, 1982). Il semble donc bien que notre état de déplétion ou de réplétion intervienne de manière non négligeable dans la formation ou l'évolution de nos goûts alimentaires.

Les goûts alimentaires et leur évolution chez l'enfant et l'adolescent

Comment sont distribuées les préférences et les aversions ? La plupart des données statistiques recueillies sur les goûts alimentaires sont d'origine américaine et portent sur des étudiants ou de jeunes adultes. En 1966-1967 une étude fut entreprise aux États-Unis sur les goûts alimentaires de 50 000 étudiants de 200 universités. Elle portait sur 207 aliments (Einstein & Hornstein, 1970). Les résultats furent comparés à ceux des études menées par l'armée américaine en 1960 (Peryam et al; 1960; Pilgrim, 1961). Parmi les aliments les plus fréquemment appréciés par les militaires comme par les étudiants, on trouvait : les glaces, la dinde rôtie, les petits pains *(« soft rolls »)*, le poulet frit, le steak, une série de desserts, les pommes frites et le lait. Il n'y a donc dans cette liste pas de légumes (sinon les pommes frites) mais des viandes, des aliments sucrés. Parmi les aversions les plus fréquentes figuraient les navets, l'aubergine, le foie, le chou, les betteraves, les tomates cuites. L'étude de Pilgrim montrait que les goûts positifs ou négatifs tendent à porter sur des classes entières d'aliments (légumes par exemple) et que les appréciations des aliments variaient selon l'âge et la région d'origine.

Van Riter (1956) a étudié les goûts d'un échantillon d'étudiantes américaines en matière de légumes. L'auteur mettait en évidence le fait que la familiarité rendait les légumes plus acceptables, et que ceux qui étaient le plus appréciés présentaient par ailleurs certaines caractéristiques organoleptiques communes (saveur peu marquée ou légèrement sucrée).

En ce qui concerne les enfants, Vance (1932) a étudié les préférences (ordre dans lequel les enfants goûtaient les aliments dans leur assiette, ordre dans lequel ils finissaient) d'enfants d'une *« nursery school »* (c'est-à-dire, quoique l'âge ne soit pas précisé explicitement, de moins de 4 ans). Les résultats confirment le peu de succès des légumes et semblent indiquer une attirance vers certaines caractéristiques organoleptiques (bacon croustillant) ainsi que la tendance au refus des aliments mélangés. Wallen (1943), Lamb & Ling (1946), Leverton & Coggs (1951), Breckenridge (1959) notent tous le rejet des légumes, en particulier des légumes verts.

Il y a donc, en dehors des aliments sucrés, des concordances dans les goûts alimentaires étudiés par tous ces auteurs. Le fait que ces enquêtes portent toutes sur les États-Unis empêchait jusqu'ici de dire que le rejet des légumes est un universel, faute de comparaisons interculturelles. Mais les données que nous avons nous-mêmes recueillies en 1985 dans un échantillon d'enfants et d'adolescents français (Fischler, 1985; Fischler & Chiva, 1986) semblent conforter cette hypothèse.

Cette enquête portait sur un échantillon de 321 sujets des deux sexes, dans trois groupes d'âge (4-7 ans; 11-14 ans; 17-18 ans). Il tenait compte des facteurs régionaux et socio-économiques. Il était demandé aux enfants et à leur mère de donner une appréciation sur une échelle de préférence en cinq points pour une liste de 96 aliments. Les résultats font assez clairement émerger, dans leurs grandes lignes, les préférences et les aversions.

En dépit de différences tenant aux pratiques alimentaires nationales et à la méthode de recueil des données, on voit que les caractéristiques globales des goûts juvéniles français et américains (tels qu'ils ressortent notamment de l'étude de Einstein & Hornstein citée plus haut) ne sont pas radicalement différentes. On trouve dans les deux listes d'aliments préférés des aliments sucrés, notamment des fruits. On trouve également les pommes frites, le poulet

Aliments	Aiment (%) (+ +)	N'aiment pas (%) (- -)
Cerise (N = 242)	85,4	2
Fraise (N = 242)	85,4	1,2
Chocolat	84,7	0,8
Frites	84,2	1,2
Framboise (N = 242)	82,1	2,1
Glace	81,8	1,6
Poulet	78	1,6
Yaourt	77,2	2
Pâtes	76,8	0,8
Raisin	74,3	2
Biscuits salés	71,4	4,5
Beurre	70,6	3,3
Riz	69,8	2
Viande rouge	69,4	5,7
Purée de pommes de terre	68,5	4,1
Abricot	68,5	3,3
Petit-suisse	68,5	3,3
Banane	68,7	2,8
Pomme	67,3	2,8
Orange	66,5	3,3
Fromage (doux)	65,8	5,4
Poire	65,7	3,7
Pâté	64,8	3,7
Bonbons	64,4	2,8
Pain	64	1,6
Œuf sur le plat	62,8	3,7
Jambon	61,5	3,3
Tomate (crue)	58,9	11,2
Soupe	58,6	6,1
Carotte	56,4	11,2
Salade verte	56	9,5
Petits pois	54,9	7,8
Concombre	53,7	9,5
(...)		

Figure 1. *Aliments le plus fréquemment appréciés*

Aliments	N'aiment pas (%) (– –)	Aiment (%) (+ +)
Peau du lait	51	17,5
Cervelle	45,2	12,4
Olive (noire)	41,3	19
Poivre	36,4	25,9
Ail	35,8	16,2
Oignon (N = 242)	34,9	19,8
Fromage (fort)	30,7	32,3
Olive (verte)	30,5	31,8
Eau gazeuse	29	31,1
Céleri	27,8	18,6
Tomate (cuite)	25,7	39,4
Poivron vert	25,2	18,8
Épinard	24,7	41,7
Foie	24,4	31,1
Lait (chaud)	23,6	31,5
Lait (froid)	20,6	49,1
Moutarde	20,5	33,7
Courgette	18,8	26,3
Chou-fleur	17	41,4
Maïs	16,5	50
Pamplemousse	16,5	35,5
Aubergine	16,1	13,2
Chou rouge	15,7	27,2
Carotte (cuite)	14,9	42,3
Vinaigrette	14,8	44,9
Lentille	14,8	42,1
Betterave	14,5	29
Tomate (farcie)	14,4	50,4
Cornichon	14,4	49,1
Haricot blanc	14,4	33,8
Poisson	12,3	47,9
Tomate (crue)	11,2	58,9
(...)		

Figure 2. *Aliments le plus fréquemment rejetés*

et la viande. Il y a également des similitudes en matière d'aversions (des légumes, avec en particulier le chou-fleur, les épinards, la tomate cuite; des abats comme le foie, etc.). On trouve cependant des différences frappantes, tenant en général au statut culturel de l'aliment en cause : la plus notable concerne le lait, qui est apprécié par 92 % des étudiants américains tandis que, dans l'échantillon français, il ne recueille que 60 % de jugements favorables (55 % dans le groupe d'âge 17-18 ans) et plus de 31 % de jugements négatifs.

On ne peut guère tirer de conclusions supplémentaires de la comparaison de ces données, mais on peut imaginer qu'il pourrait exister des traits communs dans les goûts alimentaires d'enfants appartenant à des cultures différentes. Ces traits communs pourraient être liés pour une part à des caractéristiques biologiques de l'espèce humaine (comme on sait maintenant que c'est le cas en ce qui concerne l'attirance pour la saveur sucrée). Toutefois, il est clair que, en dépit de ces traits communs, la caractéristique essentielle des préférences alimentaires reste, chez l'homme, la plasticité et la variabilité.

Évolution avec l'âge

Dans notre étude sur les goûts alimentaires, la variable la plus importante apparaît être l'âge. On voit en effet se dégager un « goût enfantin », c'est-à-dire un ensemble d'aliments connus et appréciés de la plupart des enfants, dans tous les groupes d'âge, mais particulièrement les plus jeunes, et au-delà des distinctions de sexe, d'origine sociale ou géographique (figure 1). D'autres aliments, en revanche, en général forts en goût (vinaigrette, cornichons, poivre, ail, olive noire, oignon, moutarde, pamplemousse) ou culturellement reconnus comme des aliments « adultes » (poivre, moutarde, produits à fonction de condiment ou assaisonnement : ail, oignon), tendent à être de moins en moins « impopulaires » avec l'âge (figure 3).

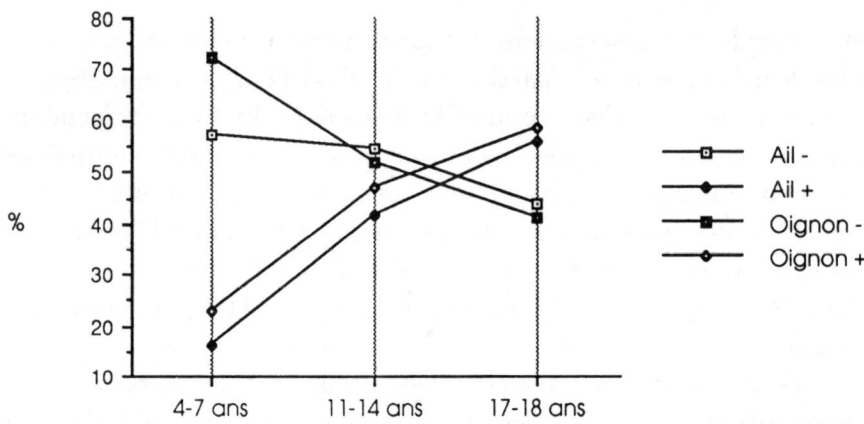

Figure 3. *Ail et oignon : Évolution des goûts par groupe d'âge*

Une troisième catégorie d'aliments sensibles à la variable âge comprend ceux qui suscitent fréquemment un violent dégoût (les interviews avec les mères ou certains sujets indiquent qu'il s'agit véritablement d'une révulsion surgissant à la seule vue ou même à l'idée de l'aliment en cause : il s'agit donc probablement, dans la typologie de Rozin, de *disgust*, de dégoût cognitif). Ce sont souvent des aliments d'origine animale, des abats comme la cervelle ou le foie; des « sous-produits » animaux comme le lait ou la « peau » du lait; des produits dégageant une odeur forte (fromages « forts »), etc. A l'opposé des précédents, ils deviennent de plus en plus aversifs avec l'âge. Cette croissance des aversions s'effectue de manière légèrement mais significativement différente selon les sexes (figure 4) [1].

La différenciation sexuelle des goûts

L'autre variable importante dans la distribution et l'évolution des goûts est en effet le sexe. Certaines études avant la nôtre avaient

---

[1]. Les figures 3 et 4, en toute rigueur, ne devraient pas être constituées par des courbes mais par des histogrammes, puisque ce sont certains groupes d'âge qui ont été étudiés et non tous les âges. J'ai cependant choisi cette représentation graphique pour des raisons de lisibilité.

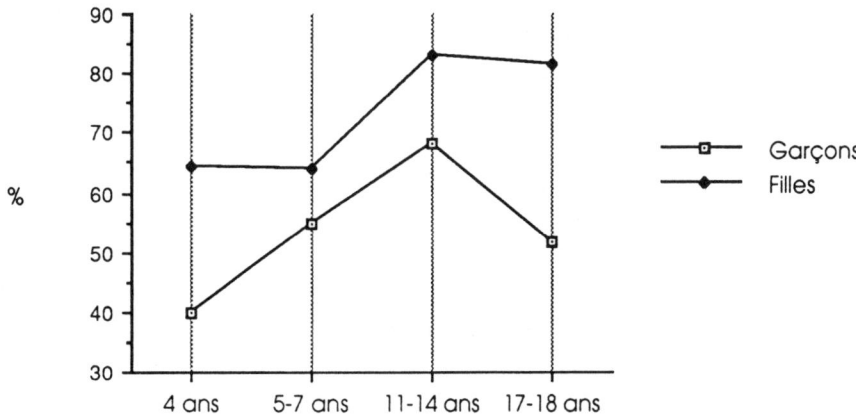

Figure 4. *« Peau du lait » : distribution des aversions par sexe et par âge*

déjà mis en évidence certaines différences, en général peu marquées, entre les sexes. Mais elles portaient toutes ou presque sur des jeunes adultes (Hall & Hall, 1939; Kennedy, 1952; Bender, 1976). D'une manière générale, il ressort de nos données que, lorsqu'il existe une différence entre garçons et filles, la fréquence des rejets est plus grande chez les filles que chez les garçons pour l'ensemble des aliments, à une exception près, celle des légumes, qui sont plus souvent appréciés par les filles. La différence augmente souvent avec l'âge.

L'hypothèse que l'on peut spontanément proposer pour expliquer cette différence semble être que la pression sociale de la part des adultes s'exerce de manière différente sur les filles et les garçons. Les stéréotypes sociaux exigent en général des garçons qu'ils manifestent plus de « courage », notamment vis-à-vis des aliments. Les interviews que nous avons menées montrent que le groupe des pairs renforce positivement cette pression et l'on voit fréquemment les adolescents mâles rivaliser de « hardiesse », tandis que les filles n'hésitent pas à clamer haut et fort leurs aversions et leurs dégoûts.

Une autre différence porte sur certains aliments, comme le beurre, qui sont fortement appréciés par les enfants des deux sexes dans les tranches d'âge les plus jeunes. Chez les garçons, les appréciations restent à peu près identiques dans toutes les tranches d'âge et les rejets pratiquement nuls. Chez les filles, le nombre des rejets augmente régulièrement jusqu'à dix-sept ou dix-huit ans. L'interprétation de cette tendance pourrait être que les filles deviennent de plus en plus sensibles aux préoccupations diététiques et que celles-ci modifient progressivement leurs goûts (ou la manière dont elles les rapportent aux enquêteurs).

La néophobie

La néophobie, comme on l'a vu, est une caractéristique importante du comportement alimentaire des omnivores. Chez l'homme, elle se manifeste d'abord chez l'enfant par une forte résistance opposée aux aliments nouveaux, inconnus de lui ou peu familiers. On voit l'enfant trier les aliments, les examiner attentivement, les flairer, ne les goûter qu'à contrecœur et en très petite quantité, parfois les recracher. Ces manifestations néophobiques sont à l'origine de conflits classiques entre parents et enfants. Or la littérature d'observation sur l'apparition et l'évolution de la néophobie est inexistante. Jusqu'ici, les comportements néophobiques étaient surtout considérés comme des perturbations ou même des manifestations pathologiques, parfois rapprochées, par exemple, des anorexies. La littérature et les données empiriques que nous avons recueillies suggèrent qu'il convient de revenir sur cette idée : le comportement néophobique, loin de constituer un trouble du développement, semble correspondre à une phase normale de ce développement (Fischler, 1987).

Certaines données convergentes tendent à indiquer que la néophobie n'est pas présente dès la naissance, mais qu'elle n'apparaît que relativement tardivement, après un âge qui se situe au-delà de celui du sevrage dans de nombreuses cultures. Les études de Clara Davis, mentionnées plus haut, ne font à aucun moment apparaître de tendance néophobique. Autre indice : c'est entre un et trois ans que se situe la fréquence la plus élevée d'accidents par ingestion de substances toxiques chez l'enfant, ce qui n'est d'ailleurs guère surprenant puisque l'on sait par ailleurs que, pendant un temps assez long, l'enfant utilise sa bouche comme instrument d'exploration et y porte volontiers la plupart des objets qu'il rencontre (Barois, 1981; Birch, 1988).

D'autres résultats incitent à penser que la néophobie, si elle n'apparaît que progressivement et/ou tardivement, pourrait également être atténuée ou annulée par des mécanismes de familiarisation et d'interaction sociale. On a montré que, chez le rat, l'expérience précoce d'un répertoire alimentaire étendu prédispose par la suite l'individu à goûter plus volontiers des nourritures nouvelles (Capretta, Petersik & Steward, 1975). Des données portant sur les goûts d'enfants de deux ans et demi à cinq ans ont montré que deux facteurs semblaient rendre compte au total de 55 à 60 % de la variance et l'auteur de l'étude a interprété ces facteurs comme, d'une part, la présence de la saveur sucrée et, d'autre part, la « familiarité » (Birch, 1979). La familiarité n'est nullement une qualité intrinsèque des aliments, mais une conséquence de l'expérience alimentaire individuelle et le degré de familiarité résulte sans doute en partie, comme on l'a vu, des contraintes sociales exercées sur le répertoire alimentaire proposé aux enfants. Ces résultats semblent donc suggérer que la néophobie pourrait être contournée ou atténuée graduellement, entre autres mécanismes, par le biais de la familiarisation, elle-même probablement liée à la socialisation progressive de l'enfant et, dans tous les cas, par le « marqueur » sécurisant et surtout gratifiant que représente la saveur sucrée.

Ces interrogations soulevées par la néophobie nous ont conduits à recueillir quelques données empiriques à ce sujet dans notre enquête déjà citée sur les goûts alimentaires des enfants et des adolescents (Fischler, 1985; Fischler & Chiva, 1986). Nous avons interrogé 161 mères de famille sur le comportement alimentaire de leur enfant. Il ressort de l'analyse des entretiens semi-directifs que, dans 63 cas (soit environ 40 % de l'ensemble des réponses), l'interviewée mentionne *spontanément* un changement marqué dans le comportement de son enfant, celui-ci devenant plus « difficile ». Si l'on avait tenu compte des mentions non spontanées, c'est-à-dire celles survenant après une sollicitation directe de la part de l'enquêteur, ce pourcentage aurait sans nul doute augmenté. Mais les témoignages des mères ne permettent pas de préciser l'âge précis de ce changement. Il s'agit probablement, si l'on en juge d'après le contexte des entretiens, de la période qui commence avec les progrès moteurs et l'apparition du langage ou, grosso modo, à partir de deux ans. Il semble d'autre part que les différences individuelles soient très importantes en matière de néophobie.

Quoi qu'il en soit, la néophobie recèle un paradoxe : à un âge où le jeune enfant semble par ailleurs avoir des capacités d'apprentissage considérables, comment s'expliquer ce refus d'apprendre à goûter des aliments nouveaux ? Le paradoxe peut se résoudre en considérant que ce que l'enfant apprend, ce n'est pas à diversifier son alimentation, mais *à la structurer*, à opérer lui-même des choix : il y a quelque avantage, sur le plan de l'évolution, pour un enfant parvenu à l'âge où il est de plus en plus autonome sur le plan psychomoteur, à « se méfier » des aliments auxquels il peut avoir accès, qui représentent toujours un risque toxique potentiel. Ainsi, en devenant autonome, le jeune humain découvre tout à la fois le paradoxe de l'omnivore et cette « invention » particulière à l'espèce humaine et qui, on l'a vu, permet de le résoudre : la culture.

5

La chair, le partage et l'ordre social

> *Quand je dis « j'aime la viande, j'aime le sang, j'aime la chair », c'est le verbe aimer qui importe seul.*
>
> Michel Tournier : *Le Roi des Aulnes*, Paris, Gallimard, 1970.

La plèbe romaine voulait du pain et des jeux. Les socialistes du XIX siècle réclamaient du pain et des roses. Les masses affamées, dans les stéréotypes révolutionnaires, semblent toujours exiger du pain ou, sur d'autres continents, un bol de riz. Mais comme le fait remarquer Marvin Harris, dans les pays d'Europe centrale et orientale qui ont connu la pénurie depuis la Seconde Guerre mondiale, c'est un autre aliment qui a joué le plus grand rôle symbolique, qui a fait l'objet des revendications les plus vives : la viande (Harris, 1985). C'est notamment à la pénurie ou à la disponibilité (en générale très relative) de viande que les Polonais, les Soviétiques ou les Roumains, pendant des décennies, ont jugé les échecs de l'économie planifiée. C'est parfois selon les fluctuations de leur régime carné qu'ils ont apprécié les fluctuations de leur régime politique. Pour obtenir de la viande, les citoyens de ces pays ont consenti à sacrifier une part considérable de leur temps, de leur énergie et de leur argent. La pénurie de viande, au mieux, a suscité des nuées de plaisanteries et d'histoires drôles. Au pire, elle a parfois déclenché des émeutes.

Certains aliments, dans toutes les cultures, ont une importance particulière, à la fois sociale et individuelle. Ils semblent comporter en même temps des enjeux collectifs et psychologiques. Ils semblent chargés d'implications sociales autant que d'émotions, d'affects puissants. C'est sans aucun doute le cas de la viande.

Notre relation à la chair animale comporte à la fois une dimension fondamentalement psychologique et fondamentalement sociale. Elle met en jeu tous les ressorts de la sensibilité individuelle et, en même temps, dans toutes les sociétés, elle se situe au cœur même du lien social. On va le voir : elle soulève à la fois deux ordres de questions qui se situent aux extrêmes de l'individualité et de la socialité. La chair, c'est d'abord ce dont nous sommes faits et la consommer implique de régler la question de la distinction entre le même et l'autre. La chair, en second lieu, implique le partage d'une dépouille : elle met en jeu la coopération, l'altruisme, et elle pose donc des questions fondamentales pour l'ordre social.

Mais on ne peut chercher à comprendre la relation complexe et, on le verra, contradictoire que nous entretenons avec la viande sans commencer par rappeler qu'elle présente des caractéristiques particulières sur le plan nutritionnel.

La viande présente *a priori* des avantages considérables sur ce plan. Les protéines qui forment le corps humain sont constituées à partir d'une vingtaine d'acides aminés. L'organisme est capable d'en synthétiser lui-même une douzaine. Il reste dix acides aminés (dits « essentiels ») que notre organisme ne peut synthétiser et qu'il doit donc trouver dans les aliments, en particulier dans les protéines. Or si un grand nombre d'aliments d'origine végétale contiennent des protéines, c'est dans la plupart des cas en moindre proportion que les produits animaux. Mais la différence est surtout qualitative : dans les végétaux, les acides aminés essentiels qui sont le plus précieux pour l'organisme humain sont en général peu abondants. A l'exception notable du soja, on estime que la qualité des protéines d'origine animale, sur ce plan, est de 25 à 50 % supérieure à celle des végétaux les plus riches en protéines. Par ailleurs, les produits animaux sont riches en vitamines (A, B et E notamment) et en minéraux indispensables. Les aliments d'origine animale, s'ils ne sont pas à proprement parler indispensables à la survie, constituent donc une source particulièrement précieuse de nutriments essentiels facilement assimilables.

Viande adorée, viande abhorrée

A ne prendre en compte que ces caractéristiques nutritionnelles, on comprendrait que les produits animaux et la viande en particulier soient appréciés. Mais en fait l'attitude de l'homme face à la chair animale est, on va le voir, contradictoire : tantôt il la recherche avec ardeur, tantôt il se l'interdit avec rigueur; tantôt elle éveille en lui un appétit irrépressible, tantôt elle suscite sa répugnance et son dégoût.

La viande est sans doute l'aliment le plus désiré, le plus activement recherché, au point que certains pensent que, comme c'est le cas pour le goût sucré, l'homme pourrait avoir une appétence innée pour les protéines animales (Rozin, 1988; Abrams, 1987). Les avantages nutritionnels qu'elle présente pourraient expliquer que, au fil de l'évolution, les organismes porteurs d'une telle préférence aient connu un meilleur succès reproductif. Cette hypothèse, dans l'état actuel des connaissances, se heurte cependant à un problème sérieux : les protéines n'ont ni un goût ni une odeur spécifiques, de sorte qu'on voit mal comment le mangeur pourrait bien les identifier. Une réponse à cette question pourrait être fournie par la graisse, qui est fréquemment sinon toujours associée aux protéines animales, et qui agirait comme signal ou marqueur. Cette hypothèse paraît d'autant plus vraisemblable que la graisse est le vecteur privilégié des saveurs (les molécules aromatiques les plus « goûteuses » sont lipo-solubles) et que, dans un très grand nombre de cultures, elle est très recherchée (cf. *infra*, chapitre 11).

L'adoption progressive des nourritures carnées a certainement joué un rôle déterminant dans le procès d'hominisation. Vers la fin de l'ère tertiaire, la sécheresse fait reculer la forêt et des primates africains investissent la savane. Les premiers hominiens, dans les terres herbeuses, commencent à traquer collectivement des petits mammifères ou, selon d'autres hypothèses, à rechercher des charognes. La chasse favorise et sollicite les aptitudes bipèdes, bimanes, visuelles et cérébrales, la communication et la coopération (Laughlin, 1968). Le petit chasseur est aussi lui-même menacé par des carnassiers, qu'il fuit ou qu'il combat. Comme l'écrit Edgar Morin, *« tous les traits anatomiques, et toutes les aptitudes correspondantes, qui permettent non seulement de courir vite et longtemps, mais de fuir en tenant une proie, de poursuivre en brandissant un bâton ou une pierre, vont se développer chez le petit chasseur-chassé »* (Morin, 1973).

Chez certains primates supérieurs d'aujourd'hui, apparentés à l'ancêtre africain, par exemple les chimpanzés, on observe de nombreuses manifestations d'un intérêt particulier pour les nourritures carnées. Les chimpanzés, loin de se tenir, comme les clichés le leur imposeraient, à une alimentation à base exclusive de bananes, sont nettement omnivores et manifestent clairement des tendances carnivores. Outre les fruits, légumes, insectes qui constituent leur ordinaire, ils sont volontiers attirés par la chair de petits animaux. La pionnière britannique de la primatologie des chimpanzés, Jane van Lawick-Goodall, dans ses observations sur les singes de Gombe en Tanzanie, constate que *« les chimpanzés mangeaient des jeunes de guibs, de potamochères et de babouins, ainsi que des colobes roux, des singes bleus ou à queue rouge jeunes et adultes. Et nous connaissons deux rapports horribles sur des chimpanzés qui enlevèrent des bébés africains – sans doute pour s'en repaître car un petit enfant, une fois arraché à un chimpanzé mâle adulte, avait les membres partiellement dévorés »* (Van Lawick-Goodall, 1971).

Le goût des chimpanzés pour la viande est si marqué, observe-t-elle, que, littéralement, ils la dégustent : *« Presque toujours, les chimpanzés mangent leur viande lentement; ils mastiquent en général des feuilles avec chaque bouchée comme s'ils cherchaient à la savourer le plus longtemps possible. »*

Chez l'homme, de très nombreux traits culturels manifestent cet appétit marqué. Ainsi, dans certaines langues bantoues, il existe un terme spécial pour désigner la « faim de viande » (Richards, 1948). On observe fréquemment, dans divers groupes humains, les manifestations d'un goût très spécifique pour la chair animale : chez les Lele du Kasai, étudiés par Mary Douglas, servir un repas uniquement végétal à un hôte est une insulte et l'on préfère parfois boire du vin de palme et se coucher sans manger plutôt que de prendre un repas sans viande ou sans poisson (Simoons, 1981). Les ethnologues observent très fréquemment que la viande est l'aliment le plus recherché. C'est le cas chez les Bushmen (Lee, 1968), chez de nombreux groupes d'Australie, du Pacifique Sud, de Nouvelle-Guinée. Chez les Semai de Malaisie, un homme qui n'a pas mangé de viande depuis longtemps utilisera une expression traduisible par « il y a des jours et des jours que je n'ai pas mangé » (Harris, 1985). Le terme français « viande » (du latin *vivanda*) a désigné l'aliment en général avant d'acquérir, au début du XVIIe siècle, son sens actuel : la chair se voyait ainsi en somme reconnaître un statut d'aliment absolu. La valorisation de la viande dans de nombreuses cultures et de nombreuses époques est une constante, au point que les historiens mesurent la prospérité d'une période et/ou d'une catégorie sociale à l'augmentation de la consommation *per capita* de viande (Aymard, 1975). Cet indicateur s'est le plus souvent révélé approprié (cf. *infra*, chapitre 7). Il y a plusieurs décennies, en France, que l'on ne parle plus de gagner son pain mais son bifteck. D'une manière générale, lorsque le revenu augmente, la part des protéines animales dans la consommation alimentaire augmente : entre 1961 et 1971, au Japon, la consommation de protéines animales a augmenté de 37 % tandis que celle de protéines végétales diminuait de 3 % (Harris, 1985) [1].

Si la viande est apparemment l'aliment le plus recherché par l'homme, elle est aussi, pourrait-on dire, l'aliment le plus abhorré. En dépit, ou en raison même, de ce statut d'aliment attirant, la viande et les produits d'origine animale sont en effet aussi fréquemment soumis à des règles restrictives ou même purement et simplement prohibitives, le plus souvent de nature religieuse. En Inde, les Brahmanes, la caste des prêtres hindouistes, s'abstiennent en général complètement de consommer viande ou poisson et d'autres castes suivent ce modèle. La secte hindouiste des Jaina va beaucoup plus loin dans son respect du vivant : les fidèles portent un voile pour éviter d'inhaler des insectes par mégarde (Simoons, 1981; Mahias, 1985). Dans certaines régions de l'Asie, le clergé bouddhiste et des laïcs pieux pratiquent le végétarisme (Simoons, 1981). Dans

---

1. Mais cette tendance semble se renverser dans la période la plus récente dans de nombreux pays développés (cf. *infra*, chapitre 7).

la Grèce antique, certaines sectes, notamment les pythagoriciens, étaient elles aussi végétariennes (Detienne & Vernant, 1979).

La prohibition du porc chez les musulmans et les juifs est bien connue; on sait moins qu'elle existe également en Éthiopie, chez les chrétiens comme chez certains animistes. On sait encore moins que le poulet et les œufs font l'objet de prohibitions ou d'abstentions dans une grande partie de l'Afrique et de l'Asie. Si le porc provoque mépris et dégoût chez les musulmans et les juifs, dans l'hindouisme la vache est révérée et protégée. Et pourtant des castes inférieures mangent du bœuf : elles n'abattent pas les animaux mais se contentent de consommer la viande des bêtes mortes et subissent d'ailleurs pour cela l'opprobre général (Simoons, 1981).

Dans la tradition judéo-chrétienne, la chair porte le poids d'un jugement *a priori* négatif. Dans l'Ancien Testament, en effet, le paradis terrestre est végétarien : « *Voici que je vous ai donné toute herbe émettant semence, qui se trouve sur la surface de toute la terre et tout arbre qui a en lui fruit d'arbre, qui émet semence : ce sera pour votre nourriture* » (*Genèse*, I, 29). Ce n'est qu'après le Déluge que Dieu donnera à l'homme le droit de manger de la viande, à la condition qu'il s'abstienne du sang, qui apparaît comme le souffle vital des êtres vivants et la part de Dieu (Soler, 1973). Au cours du Haut Moyen Age, l'Église fait porter ses interdits alimentaires exclusivement sur des espèces animales, tandis que, sauf exception, le végétal est pur. Les vies de saints rapportent constamment que les saints ermites ne se nourrissaient que d'herbes et de fruits (Bonnassie, 1989). Depuis le Moyen Age, les règles du carême, la répartition des jours « gras » et « maigres » ont pesé avec une particulière rigueur, au moins théorique, sur l'alimentation des catholiques (on compta par an, à certaines époques, entre cent vingt et cent quatre-vingts jours « maigres », c'est-à-dire sans viande).

La proportion de la population mondiale qui est effectivement végétarienne est infime et, même chez les végétariens, il est rare que l'on ne consomme pas de protéines animales sous une forme ou une autre, par exemple les produits laitiers. Pourtant dans la plupart des cultures, il existe des prohibitions ou des restrictions quelconques, temporaires ou permanentes, particulières ou générales, sur la consommation de chair animale.

Il y a davantage : au-delà des prohibitions instituées, notamment religieuses, au-delà des « tabous », il existe en outre des aversions, des dégoûts individuels. On ne peut pas les renvoyer entièrement à une culture donnée, puisqu'ils ne sont présents que chez certains membres du groupe considéré (ceux qui en sont porteurs les prennent d'ailleurs pour une particularité individuelle, une idiosyncrasie). Mais comme on l'a vu au chapitre précédent, à l'intérieur même des cultures et des religions qui consomment des aliments carnés, ce sont pratiquement toujours des substances d'origine animale qui suscitent le dégoût (Angyal, 1941; Rozin & Fallon, 1987; Fischler, 1989 [1]). Ainsi, dans la liste des dégoûts les plus fréquents en France, on trouve des abats (cervelle, foie), le « gras de la viande », des sous-produits du lait (« peau » du lait, fromages « forts »), etc. En outre, dans les troubles du comportement alimentaire, en particulier l'anorexie mentale, les cliniciens notent un fréquent dégoût pour la viande, en particulier au début de la maladie.

Ainsi la viande, plus largement la chair ou la substance animale, ne peut pas être caractérisée uniquement comme un type d'aliment recherché ou rejeté : elle est avant tout l'aliment le plus porteur d'*ambivalence;* elle concentre sur elle à la fois le désir et la répulsion, l'appétit et le dégoût (Claudian, 1968; Trémolières & Claudian, 1971).

On pourrait sans doute voir et l'attrait et la répugnance comme les deux faces d'une même fascination, subie dans un cas, niée dans l'autre. Mais en fait, tout se passe comme si *toute nourriture d'origine animale était virtuellement susceptible de susciter le dégoût* (Rozin & Fallon, 1987). A l'appui de cette hypothèse, on trouve de nombreux arguments : non seulement la plupart des cultures appliquent des interdits ou éprouvent de la répulsion à l'encontre de certaines espèces animales biologiquement comestibles, mais encore on compte souvent *davantage d'espèces rejetées* que d'espèces consommées. Les Bushmen du Kalahari, étudiés par l'anthropologue canadien Richard Lee, identifient 223 espèces animales dans leur environnement. Ils n'en considèrent comme comestibles que 54 et, sur ce nombre, 17

---

[1]. Rappelons que nous entendons ici « dégoût » dans une acception restrictive : celle, présentée dans le chapitre 3, de « dégoût vrai » (violente répulsion, fortement teintée d'affects négatifs, comportant une dimension idéelle) et qui s'oppose au « dégoût sensoriel », lequel résulte de l'aversion pour la saveur et/ou l'odeur d'un aliment.

seulement sont chassées régulièrement. Parmi les dizaines d'espèces de petits mammifères, d'oiseaux, de reptiles et d'insectes qui pullulent dans leur région, une poignée seulement est considérée comme des aliments (Lee, 1968). En Europe, les interdits énoncés par les pénitentiels du Haut Moyen Age [1] à l'encontre des *immunda*, des espèces « immondes », dressent de longues listes d'animaux et de circonstances impures. Les animaux dont la chair est « immonde » vont du chien au chat en passant par le rat mais comprennent également des reptiles et des petits mammifères, parfois des oiseaux, la viande « suffoquée » (non vidée de son sang), la chair insuffisamment cuite, les charognes, etc. (Bonnassie, 1989). Et les interdits alimentaires judaïques aboutissent en fin de compte à n'autoriser qu'un petit nombre d'animaux, qui doivent être consommés dans des conditions très restrictives.

Le mystère de l'animalité

Ainsi, la liste des interdits ou des espèces abominables est souvent si longue qu'on pourrait se demander si la prohibition n'est pas la règle plutôt que l'exception. Ce serait donc en somme l'animalité en elle-même qui serait le facteur virtuellement répulsif. Toutes les matières d'origine animale (tissu musculaire des mammifères, chairs des reptiles, des invertébrés, insectes et larves diverses, sécrétions et excrétions diverses, etc.) seraient potentiellement génératrices de dégoût. Peut-être ce phénomène doit-il être rapporté au fait que, phylogénétiquement, la lignée d'*Homo sapiens* n'est, après tout, carnivore que de fraîche date et frugivore d'origine.

En tout état de cause, le phénomène est d'autant plus étrange que, chez l'homme comme chez les autres mammifères, l'alimentation commence précisément par être *exclusivement* de nature « animale » : une sécrétion du corps de la mère. Peut-être d'ailleurs l'ambivalence doit-elle en partie être rapportée à ce fait : au cours

---

[1]. Il s'agit de « tarifs » de pénitence applicables à une liste de péchés, à l'usage des confesseurs. Ils furent rédigés entre les VIe et Xe siècles (Bonnassie, 1989).

du développement de l'enfant, celui-ci doit se détacher du corps et du lait maternels et accepter le sevrage. Ce sevrage accompli, il est irréversible : l'idée d'absorber du lait humain ne nous est en général pas particulièrement alléchante, quoique le lait de vache (ou d'autres animaux) soit très apprécié dans certaines cultures. La relation fusionnelle au corps de la mère, puis la coupure du sevrage ne laisseraient-elles pas en nous quelques traces contradictoires, ambiguës ?

Il faut observer d'autre part que, entre l'homme et l'animal, le mangeur et le mangé, il faut, semble-t-il, une *distance* optimale pour que l'acte phagique puisse s'accomplir. Une proximité trop grande rend impossible la consommation. Proximité affective, d'abord : un animal domestique, à plus forte raison un animal familier, nous devient du seul fait de son intimité avec nous, difficilement consommable. De nombreuses anecdotes attestent que la meilleure manière de protéger un animal qui risquerait de « passer à la casserole », c'est probablement de lui donner un nom propre. En l'identifiant, en le dotant ainsi d'une individualité, on le rend en somme beaucoup moins comestible. Proximité physique ou taxonomique, également : les animaux trop proches de l'homme, par exemple les singes, sont (relativement) peu consommés, peut-être parce que les manger renverrait au cannibalisme. Inversement, certains auteurs (Tambiah, 1969) font remarquer que les animaux trop éloignés de l'homme sont également souvent immangeables : araignées, crapauds ou insectes répugnants par exemple (encore que, on l'a vu, il soit impossible d'énoncer des généralités à cet égard, du fait de l'immense variabilité des cultures et des répertoires alimentaires). Le principe d'incorporation joue sans doute un rôle dans ce phénomène : incorporer un animal répugnant communiquerait ce caractère répugnant à qui l'aurait incorporé. En somme, de même que les partenaires sexuels acceptables ne peuvent être ni trop proches (parents) ni trop éloignés (inconnus, étrangers), les espèces comestibles se trouveraient « à distance intermédiaire » *(at intermediate distances from the self)* (Tambiah, 1969). En raisonnant en termes de distance, on est conduit à s'interroger sur les fondements de cette notion et, du même coup, sur la séparation du soi et du non-soi, question que nous avons déjà rencontrée (cf. *supra*, chapitre 3).

Le soi, l'autre et les frontières du *self*

L'une des questions centrales dans le rapport humain à la chair animale, celle qui est en jeu dès le moment de la séparation définitive, de la coupure entre les corps de la mère et de l'enfant, c'est en effet celle de la définition des limites du soi, de l'établissement d'une frontière entre le dedans et le dehors, le soi et l'autre.

La bouche, on l'a vu, fonctionne comme un sas entre l'intérieur du corps et le monde, un sas particulièrement sensible aux caractéristiques organoleptiques des objets qui s'approchent d'elles ou y sont introduits (texture, forme, température, goût), et qui peuvent éventuellement provoquer des réactions de dégoût violentes. Après le sevrage, la capacité de l'enfant à distinguer entre le *self* et le non-*self*[1], le soi et l'autre, le dedans et le dehors va s'installer progressivement et la bouche jouera un rôle important dans cette construction, d'abord comme moyen d'exploration, puis de sélection. Chez l'adulte, les mécanismes de la distinction entre le soi et le non-soi posent des questions qui, à y bien regarder, restent fort mystérieuses et sans doute non moins pertinentes pour nos interrogations sur la chair et l'animalité.

La perception des frontières du *self* ou, selon le terme proposé par Didier Anzieu dans une acception un peu différente, du moi-peau, semble jouer un rôle décisif dans le rapport que nous avons avec les productions du corps, celles des autres comme les nôtres (Anzieu, 1985). Notre propre substance corporelle, en effet, semble changer de statut à nos yeux lorsqu'elle franchit les limites du *self.* Ainsi, comme l'avait fait remarquer le psychologue social américain Allport, nous n'éprouvons aucune gêne à sucer notre propre sang à même une petite blessure ; mais dès qu'il a quitté notre corps,

---

1. Ce terme anglais me paraît particulièrement approprié ici, notamment dans l'acception qu'on lui donne en immunologie, par exemple dans l'expression « reconnaissance du *self* ». Il s'agit de la capacité de reconnaissance de soi du système immunologique, c'est-à-dire de son aptitude à « distinguer » anticorps et antigènes et à n'adresser ses attaques qu'aux seconds.

par exemple lorsqu'il imprègne une compresse, il nous devient impossible ou difficile d'accomplir le même geste. Notre salive ne nous gêne pas tant qu'elle n'a pas quitté notre bouche; mais que nous crachions dans un verre et cela suffira à rendre répugnante la boisson qui s'y trouve. La nourriture que nous avons mâchée puis crachée ne nous est plus acceptable à nous-mêmes, etc. (Allport, 1955; Rozin & Fallon, 1987).

Si nos sécrétions, en franchissant les limites de notre moi-peau, nous deviennent étrangères, symétriquement celles d'autrui provoquent d'autant plus notre répulsion qu'elles s'approchent davantage des limites de notre corps. Tout se passe comme si le *self* se défendait à l'approche des productions corporelles d'un autre *self*, comme s'il se protégeait contre une menace d'intrusion. La salive, là encore, est particulièrement en cause dans de nombreuses cultures. Le crachat est une forme d'agression qui suscite souvent chez celui qui en est la cible une violente révulsion. Le contact de la salive d'autrui, sauf, on va le voir, dans certaines circonstances, est répugnant, même de manière indirecte ou imaginaire, par exemple lorsque nous soupçonnons une tasse ou un couvert d'avoir été utilisés par un étranger.

Ce dégoût, en revanche, s'efface dans les relations d'intimité que l'on qualifie à juste titre de fusionnelles : la salive de l'enfant n'est pas répugnante pour la mère et, dans les rapports amoureux, toute répulsion à l'égard des sécrétions du partenaire peut s'atténuer, disparaître ou même se renverser en son contraire.

C'est toujours du vivant et du vivant animal, de la « substance corporelle », qui est en jeu dans ces mécanismes : chair, sécrétions, productions du corps. Mais la substance du *self* a aussi une « charge » contagieuse : au contact d'un *self* vivant, des objets inanimés peuvent subir une « contamination », positive ou négative. Le contact du corps d'une personne étrangère ou déplaisante, même indirect, peut être répugnant et « contaminera » un aliment pourtant en lui-même savoureux. L'exemple, déjà cité, de Darwin dégoûté par le contact du doigt du sauvage sur sa viande, l'illustre bien. Inversement, la tendresse « contamine » positivement les objets : l'amoureux serre sur son cœur une lettre écrite par l'être aimé.

Ainsi, la substance corporelle (sécrétions, fragments divers, sans compter bien entendu les excréments), y compris celle du sujet lui-même une fois qu'elle a franchi les limites de son moi-peau, est *a priori* susceptible de provoquer le dégoût. Inversement, tout se passe comme si, dans certaines circonstances, le moi-peau était élastique : l'établissement d'un lien d'intimité semble se manifester par une extension des limites du *self* ou une fusion partielle des *selfs*.

Les productions du corps, dans la plupart des cultures, portent toujours avec elles une partie ou l'essence même du *self* dont elles proviennent, même si elles sont devenues quelque peu étrangères à leur possesseur initial au moment où les frontières corporelles ont été franchies. C'est sans doute ce qui explique qu'elles soient particulièrement « chargées » magiquement. Elles peuvent notamment être utilisées dans des pratiques sorcières (rognures d'ongles, cheveux, fragments de peau) qui se retournent contre le sujet. Dans les textes sacrés de l'hindouisme, ces résidus corporels sont explicitement cités comme sources d'impureté. Ainsi, même physiquement détaché de nous et donc désormais psychologiquement étranger à notre *self*, un fragment de notre corps conserve magiquement, par exemple entre les mains d'une personne mal intentionnée, une trace de nous-mêmes, un lien pour ainsi dire métonymique avec le *self* d'origine. Cette conception n'est pas exclusive à la pensée « primitive » ou religieuse traditionnelle : une étude effectuée aux États-Unis montre que de nombreux sujets éprouvent un malaise à l'idée que des cheveux ou une brosse leur appartenant puisse tomber entre les mains d'un ennemi personnel (Rozin & Fallon, 1987). Et dans toutes les cultures, inversement, l'amoureux portera volontiers sur lui une mèche de cheveux, une photo ou tout objet imprégné magiquement du *self* de l'être aimé.

Les frontières de l'animalité et la désanimalisation de la viande

Ces caractéristiques psychologiques des frontières du *self* et de rapports d'interaction que l'on pourrait, littéralement, dire *épidermiques* éclairent en partie le mystère de notre rapport aux nourritures animales. Tout se passe en effet comme si, en certaines circonstances, la distinction animalité/humanité s'effaçait à nos yeux, laissant place à une sorte de continuum du vivant. Une irréductible continuité entre l'animal et nous semblerait ainsi s'imposer : nous n'aurions plus en face de nous un être identifié et classifié mais simplement un moi-peau étranger (ou ses émanations) face au nôtre. La relation se situerait bien sur un plan proprement épidermique : elle ne serait guidée que par les règles qui régissent l'interaction des *selfs*. L'acte alimentaire déclencherait des réactions – répulsion, dégoût – semblables ou analogues à celles mises en jeu dans le cadre de la défense du *self*.

Le fait que l'homme semble éprouver le besoin constant de construire son identité en définissant la ligne de partage entre l'animal et lui a souvent été noté. Un auteur a fait remarquer que, de toutes les sécrétions corporelles, il en est une qui ne fait l'objet d'aucun tabou, qui ne suscite guère le dégoût : les larmes. Or c'est sans doute aussi la seule qui soit exclusivement humaine, qui ne nous rappelle donc pas ce que nous avons en commun avec les animaux (Ortner, 1973). Manger de la viande, au contraire, peut renvoyer constamment à ce qui nous rapproche d'eux : la chair, le sang, les humeurs, les sécrétions et excrétions, le souffle vital, la promesse de la mort et de la putréfaction. En fait, la consommation de chair risque à chaque instant de remettre en cause cette frontière, d'imposer l'évidence de la continuité contre la discontinuité que nous cherchons désespérément à affirmer. De tous les animaux, les mammifères sont les plus proches de nous : leur anatomie rappelle en partie la nôtre; comme nous ils copulent, enfantent et allaitent; leurs petits savent nous attendrir presque comme les nôtres; nos mythes les anthropomorphisent, nos récits content leurs aventures, leur prêtent nos sentiments et nos désirs; et pour finir, si nous les anthropomorphisons, nous « zoomorphisons » aussi nos semblables pour mieux les décrire et les caractériser. Nous attribuons aux animaux, et aux mammifères en particulier, des vertus ou des caractères humains que nous utilisons ensuite, pour ainsi dire totémiquement, pour décrire des personnalités humaines : le courage ou la cruauté du tigre, la couardise du lièvre, l'agilité du chamois, la malice du singe, la douceur de l'agneau. C'est donc par rapport aux mammifères que nous avons le plus à faire pour régler notre relation éventuelle de mangeur à mangé, pour court-circuiter en somme les mécanismes de défense du *self* qui se mettent en marche lorsque la frontière homme-animal devient trop floue, lorsqu'une continuité s'établit.

La consommation de viande ne serait en somme possible qu'en rompant une telle continuité, qu'en imposant une discontinuité. Il faut peut-être que la chair à dévorer subisse dans notre entendement une transformation, qu'elle soit *pensée* autrement que comme émanation d'un *self* étranger. Deux stratégies sont en fait possibles pour régler ce problème. La première est de construire et d'intérioriser une distinction claire et infranchissable entre humanité et animalité, en affirmant sans détours une hiérarchie des êtres au sommet de laquelle figure l'homme. La seconde, on le verra, c'est de dissimuler toutes les caractéristiques apparentes de l'animalité, de penser la chair comme matière inanimée et non plus comme partie d'un corps, c'est-à-dire de réifier la viande.

L'anthropologue Noélie Vialles a proposé de distinguer deux logiques dans les attitudes à l'égard des nourritures carnées. La « zoophagie » est la logique des mangeurs d'animaux, c'est-à-dire ceux qui n'éprouvent pas de gêne apparente à reconnaître l'animalité dans ce qu'ils consomment, à y retrouver tout ou partie de l'animal tel qu'il se présente à l'état vivant. Les « zoophages » aiment les tripes et les abats, ils ne répugnent pas à voir, cuisiner et manger des parties entières et identifiables d'animaux. La « sarcophagie » (du grec *sarco*, « chair »), en revanche, est une logique de mangeur de viande, si l'on entend par « viande » une matière comestible distincte de l'animal duquel elle provient, pour ainsi dire désanimalisée, et dans laquelle rien ou le moins possible ne vient rappeler la bête vivante (Vialles, 1987). Or ces deux logiques, on va le voir, correspondent parfaitement aux deux stratégies énoncées plus haut.

La première stratégie, la « zoophagie », est sans doute plus aisée pour des mangeurs qui ont une conception claire et certaine de la supériorité humaine et voient une discontinuité, une rupture précise et identifiée entre l'homme et l'animal. La deuxième stratégie, celle de la « sarcophagie », revient en fait à nier ou occulter l'animalité de la viande.

On peut constater que, d'une culture à l'autre, il existe de profondes différences dans la manière dont on supporte la présence évidente de « l'animalité » dans la viande. Pour parler de la nôtre, on peut noter que, en quelques décennies, on a vu les signes de l'animalité se faire de plus en plus discrets. Les étals de boucherie ne présentent plus qu'exceptionnellement les têtes de veau parées de brins de persil ou les lapins entiers écorchés que l'on rencontrait souvent il y a encore quelques années. La consommation d'abats baisse constamment (encore une fois, rappelons que, parmi les aversions le plus fréquemment répertoriées en France figurent certains abats, en particulier la cervelle). La chair animale que nous consommons prend de plus en plus l'apparence d'une matière « travaillée », transformée, de plus en plus éloignée de l'animal vivant et de ses formes identifiables. Dans la cuisine moderne, la présentation des mets carnés est telle qu'elle s'éloigne au maximum de l'apparence originelle de l'animal : il semble bien que nous soyons de plus en plus « sarcophages ». Ainsi on nous présente de moins en moins des plats où figure un animal entier ou une partie reconnaissable de l'animal : aujourd'hui, on nous sert par exemple le poisson plus volontiers en filets qu'entier, la volaille prédécoupée ou désossée plutôt que reconstituée avec ses plumes comme dans les banquets du Moyen Age et, d'une manière générale, nous supportons mal la présence de signes ou de caractères qui nous rappellent l'animal vivant (yeux, abats reconnaissables, pattes, etc.). En fait, nous retrouvons de moins en moins l'animalité dans nos aliments. Elle est de plus en plus transformée, travaillée, découpée et parée, méconnaissable, bref : chosifiée.

Le déclin de la logique « zoophagique » avait été détecté par Norbert Elias dans *La civilisation des mœurs*, à propos de la disparition progressive, à partir du XVIIe siècle, de l'usage de découper les viandes à table. Il l'attribuait à l'évolution de la taille des ménages, à la division et à la spécialisation croissantes du travail, le ménage devenant une simple unité de consommation, mais surtout au processus même de « civilisation » croissante qui entraîne les hommes à refouler ce qu'ils ressentent en eux-mêmes comme leur « nature animale » (Elias, 1973). La logique « sarcophagique », symétriquement, paraît s'être imposée tout naturellement au fur et à mesure que s'industrialisait la production alimentaire, non plus seulement végétale mais aussi animale. Le taylorisme, au moment même où il est remis en cause et dépassé dans la production industrielle, s'est en effet répandu dans la production animale : les poulets, les veaux, les porcs de batterie ne sont pas traités comme des animaux individualisés ou identifiés mais comme une matière première industrielle vivante dont on peut « rationaliser » et intensifier la transformation à volonté; non comme du bétail ou de la volaille mais comme de la viande sur pieds. Il y a une désanimalisation industrielle de l'élevage. Dans l'agro-alimentaire, l'animal est devenu objet ou moins qu'objet : matière.

La désanimalisation « sarcophagique » de la viande résulte à la fois d'une logique techno-économique et de la crise de la division homme/animal. Nous pouvons de moins en moins nous appuyer sur une logique « zoophagique » parce que nous pouvons de moins en moins croire à la réalité d'une césure claire et irréductible entre humanité et animalité.

La science a joué un rôle important dans ce phénomène. Elle a réintégré *Homo sapiens* dans l'évolution des espèces, en même temps qu'elle faisait s'écrouler les uns après les autres les « propres de l'homme » que nous avions installés pour nous différencier des bêtes : l'intelligence et la sensibilité, l'organisation sociale, le langage même, ne suffisent plus à distinguer notre essence de la leur. L'éthologie, notamment, en étudiant le comportement animal, nous a révélé, entre l'animal et l'homme, au moins autant de continuité que de discontinuité.

Si le mouvement de la science réanimalise quelque peu l'homme, celui de la civilisation tend à humaniser l'animal. En effet, les sociétés où la transformation industrielle de l'agro-alimentaire est le plus avancée, outre qu'elles sont les plus riches et les mieux nourries, sont aussi celles où les valeurs individualistes et la sensibilité ont le plus progressé, où l'on accorde le plus d'importance à la subjectivité et aux affects, au désir et à la souffrance des individus. Or nous sommes de plus en plus sensibles au fait que les animaux sont eux-mêmes des êtres sensibles, capables de plaisir et de souffrance. La société urbaine industrielle moderne a installé l'animal dans les foyers, auprès de l'enfant (la relation qui s'instaure entre eux est réputée avoir des vertus éducatives) ou auprès des solitaires, de plus en plus nombreux dans les villes. La population d'animaux dits de compagnie a tant augmenté que le marché des *pet foods* est devenu un secteur important de l'agro-alimentaire : le marketing, pour affiner l'offre, étudie les « styles de vie » des chats et des chiens avec autant de soin qu'il en met à disséquer les besoins des humains. L'animal a de plus en plus une place et un rôle dans la famille et on lui accorde de plus en plus une individualité et une identité, sans doute même une personnalité : il est devenu sujet.

Il y a donc un paradoxe moderne du rapport à l'animal : il est devenu à la fois plus objet et plus sujet que jamais. La remise en cause de la frontière homme/animal a eu cette conséquence : l'animal ne peut plus être que sujet presque humain ou matière désanimalisée. Ainsi, au moment où, d'un côté, l'élevage industrialisé chosifie les animaux, la civilisation individualiste les humanise de l'autre, tandis enfin que la science « réanimalise » l'homme. On conçoit que le mangeur moderne soit parfois quelque peu désorienté et s'interroge de plus en plus sur la signification et la légitimité de la consommation de la viande.

Chair comestible et chair désirable

Notre relation à la chair animale renvoie constamment à celle que nous entretenons avec la sexualité. On l'a maintes fois noté : il y a des correspondances constantes, sinon une continuité profonde, entre la table et le lit, entre la chair comestible et la chair désirable. Lévi-Strauss note dans *La pensée sauvage* qu'il existe un lien dans les faits entre les règles du mariage et les prohibitions alimentaires et que ce rapprochement ne fait qu'illustrer *« l'analogie très profonde que, partout dans le monde, la pensée humaine semble concevoir entre l'acte de copuler et celui de manger »*. Un très grand nombre de langues, ajoute-t-il, les désignent par le même mot : *« En yoruba, "manger" et "épouser" se disent par un verbe unique, qui a le sens général de "gagner, acquérir" : usage symétrique au français qui applique le verbe "consommer" au mariage et au repas »* (Lévi-Strauss, 1962a). Au Sri Lanka, le fait qu'une femme « fasse la cuisine pour un homme » équivaut à affirmer qu'ils ont des relations sexuelles (Tambiah, 1969).

Cette contiguïté entre le sexuel et l'alimentaire n'est jamais aussi évidente que lorsqu'il s'agit de chair. Chez les Sharanahua, qui vivent dans la jungle à l'est du Pérou, les femmes poussent rituellement et de manière sexuellement provocante les hommes à partir à la chasse : s'il n'y a pas de viande au village, ils savent que les femmes ne coucheront pas avec eux (Harris, 1985). La contiguïté est encore plus troublante lorsqu'il s'agit de chair humaine : *« Dans la langue des koko yao de la péninsule du cap York, le mot Kuta Kuta a le double sens d'inceste et de cannibalisme, qui sont les formes hyperboliques de l'union sexuelle et de la consommation alimentaire »* (Lévi-Strauss, 1962a). Le langage courant utilise constamment des métaphores culinaires ou phagiques pour traduire la consommation de l'acte sexuel. Lévi-Strauss remarque que *« l'équivalence, pour nous la plus familière et sans doute aussi la plus répandue dans le monde, pose le mâle comme mangeur, la femelle comme mangée »* (Lévi-Strauss, 1962a). Argotiquement, on dit d'un homme à femmes qu'il aime « la chair fraîche »; on parle de « faire passer à la casserole » une « créature appétissante ». Dans les relations dites charnelles, les jeux amoureux sont fréquemment d'inspiration quelque peu cannibalesque : mordillements, morsures, succions, promesses ou menaces ludiques de dévoration (« tu es à croquer », « je te mangerai tout[e] cru[e] », etc.) (Pouillon, 1972). Ce « cannibalisme amoureux » s'éclaire sans doute en partie si on le rapproche du phénomène, décrit plus haut, d'extension des limites du *self* ou de fusion des *selfs*.

Cette relation étroite entre la *sexualité* et la consommation de chair, l'inceste et le cannibalisme, s'illustre aisément dans les pratiques de certains peuples qui, eux, pratiquent véritablement l'anthropophagie, en particulier l'endo-cannibalisme, c'est-à-dire la consommation rituelle des morts du groupe [1]. Les restrictions qui pèsent sur la consommation de chair humaine reproduisent les interdictions qui pèsent sur l'acte sexuel : chez les Indiens Guayaki du Paraguay, par exemple, *« un père et une mère ne mangent pas*

---

1. Cette consommation endo-cannibale rituelle des morts peut s'effectuer de diverses manières. Chez les Guayaki, le mort est véritablement « cuisiné » sur un gril. Dans d'autres groupes, ce sont les cendres que l'on mêle aux aliments. L'endo-cannibalisme s'oppose à l'exo-cannibalisme (cf. *infra*), qui porte sur les ennemis tués au combat ou les prisonniers.

leurs enfants, les enfants ne mangent pas leurs parents et ne se mangent pas entre eux ». La prohibition est particulièrement rigide lorsqu'elle porte sur les membres de la famille appartenant au sexe opposé : il y a correspondance parfaite entre prohibition de l'inceste et interdit alimentaire (Clastres, 1972).

Même lorsque le cannibalisme n'est que de survie, ce type de règles semble s'appliquer spontanément. Ainsi, en 1972, un avion transportant des rugbymen uruguayens s'écrasa dans les Andes. Plus de deux mois après l'accident, des survivants réapparurent. Ils n'avaient dû leur salut qu'à la consommation des corps des tués. Or les naufragés des Andes, issus de la haute bourgeoisie uruguayenne, s'étaient imposé spontanément les mêmes règles que les « primitifs » : une convention avait été établie entre eux, au terme de laquelle aucun naufragé ne devait avoir à absorber un membre de sa famille (bien plus : aucun cadavre féminin ne fut dévoré) (Read, 1974). Ainsi, chez les cannibales comme dans la bourgeoisie occidentale, on ne mange pas les personnes avec qui les relations sexuelles sont incestueuses...

Dans la mythologie grecque, en revanche, les transgressions incestueuses et cannibaliques se répondent constamment. Dans le mythe de Penthée, Agavé dévore à son insu son fils Penthée, sous l'effet d'un délire bachique, vengeance de Dionysos. Atrée, par vengeance, fait manger à son frère Thyeste ses propres enfants. Procné donne à manger, à son insu, son propre fils Itys à son mari Térée qui avait violé la sœur de Procné. On retrouve le même thème chez Shakespeare : *Titus Andronicus* raconte l'histoire d'un homme qui se venge du viol de sa fille par les fils de Tamora, reine des Goths, en lui faisant manger un pâté cuit avec la chair de ses enfants.

Si la continuité entre la consommation de chair et la consommation de l'acte sexuel est si claire, on peut soupçonner que le fait n'est pas sans rapport avec l'ambivalence humaine vis-à-vis de la viande. Comme souvent en matière de sexualité, la prohibition et la répulsion pourraient être à la mesure de l'attirance et de sa dénégation.

Dans notre culture, nous ne consommons guère que des animaux jeunes ou castrés, c'est-à-dire, comme le fait remarquer Noélie Vialles, exclus de l'activité génésique. Le gibier à poils, rappelle-t-elle également, est castré aussitôt qu'abattu, selon le principe que la chair d'un animal non castré serait immangeable, aurait mauvais goût. En somme, conclut-elle, les animaux domestiqués, mais aussi le gibier, sont *« alternativement voués à des fins génésiques ou alimentaires, mais non les deux à la fois »* (Vialles, 1987). Nous ne consommons donc que de la chair « désexualisée », de la chair dont l'usage et la nature sont exclusivement alimentaires.

De plus, dans les choix que nous opérons, il semble que ce qu'on pourrait appeler la chaîne phagique ne soit pas sans importance : il n'est pas indifférent au mangeur, apparemment, de savoir de quoi se nourrit le mangé. Le principe d'incorporation (cf. *supra*, chapitre 4) est en somme à double détente : la nourriture de notre nourriture est notre nourriture et nous communique donc sa nature. Consommer de la chair d'herbivores pose apparemment le moins de problèmes, considérablement moins, en tout cas, que de la chair de mangeurs de chair. Notre relation phagique avec les omnivores, comme le porc, est déjà plus délicate : ne le soupçonne-t-on pas, par exemple, de tendances cannibales ou même anthropophages ? Tout se passe en fait comme si nous trouvions plus sûr de nous en tenir à des animaux qui ne s'aventurent pas eux-mêmes dans cette activité si ambiguë qu'est la consommation de la chair, c'est-à-dire encore d'animaux ne tuant pas. Cette caractéristique est loin d'être propre à nos sociétés développées : il semble bien que, chez la plupart des chasseurs-collecteurs, on ne consomme guère les carnivores ou les prédateurs (Hayden, 1981).

La chair animale porte en elle une contradiction insoluble : manger, c'est à la fois tuer et aimer. Apparemment, les animaux que nous consommons ne doivent pas être, eux, porteurs de cette contradiction et notre choix semble orienté par cette stratégie inconsciente : manger des animaux désexualisés, c'est désexualiser l'acte phagique. Inversement, tout se passe comme si, derrière la zoophagie, risquait de se profiler le spectre de la zoophilie.

Partage et lien social

Si une réprobation fondamentale paraît peser dès l'origine sur la consommation de la chair, comme c'est clairement le cas, en particulier, dans l'Ancien Testament, c'est peut-être que la transformation de la créature animale en substance comestible est une procédure dont l'homme voudrait parfois occulter ou euphémiser un élément : la partie léthale, la mise à mort.

Il semble s'attacher à cet acte une gravité particulière qui apparaît indirectement de tout temps et à chaque instant dans les rituels qui l'entourent. Les représentations iconographiques grecques du sacrifice, par exemple, offrent une caractéristique frappante : le moment crucial, celui où le couteau du sacrificateur fait passer l'animal de vie à trépas, n'est jamais représenté. Bien plus : dans le rite sacrificiel, ce n'est pas le sacrificateur qui est réputé avoir tué, mais le couteau, que l'on jette d'ailleurs à la mer (Durand, in Detienne & Vernant, 1979). En revanche l'animal promis à l'immolation est paré, choyé et surtout il est censé accepter son sort. Le sacrificateur ne peut remplir son office que lorsque l'animal a manifesté son acquiescement par un mouvement de tête. La même autorisation rituelle est sollicitée de l'animal-totem par les chasseurs Ojibwa : on lui demande une permission préalable et on lui fait des excuses rétrospectives (Lévi-Strauss, 1962b). Dans de nombreux groupes de chasseurs-collecteurs, c'est également à l'arme qu'est attribuée la proie abattue et le propriétaire de l'arme ne peut manger lui-même de cette chair. De nos jours, la mort des animaux est, comme le note Noélie Vialles dans son enquête sur les abattoirs, considérablement « euphémisée ». On ne tue pas : on *abat*, terme qui, là encore, « désanimalise » la bête, qui l'assimile à l'arbre ou à la matière inanimée. Les abattoirs sont d'ailleurs installés à l'écart des villes, dans la périphérie. Dans l'organisation du travail, est maintenue une sorte de dilution de la responsabilité qui repose sur une double exigence réglementaire : tout animal doit obligatoirement être mis à mort par saignée; tout animal doit obligatoirement être insensibilisé avant d'être saigné. En France, actuellement, cette désensibilisation s'effectue par perforation de la boîte crânienne au pistolet d'abattage. On voit que, pour rationnelles, hygiéniques et humanitaires que soient les motivations de cette division du travail, celle-ci répond également à un sens profond : « *même si elle n'a pas pour but et n'a pas eu pour motif de la créer, l'obligation de l'insensibilisation préalable a produit effectivement cette dissociation entre l'effusion de sang et la mise à mort* » (Vialles, 1987). Tout se passe comme s'il fallait qu'un doute puisse s'instaurer sur le moment et donc le responsable véritable de la mise à mort : est-ce le coup ou la saignée ?

Manger de la viande implique donc un travail symbolique tout à fait considérable pour reconstruire l'acte léthal. Si la consommation de la chair est toujours réglée, encadrée, socialisée, ritualisée, rarement ou jamais libre et illimitée, c'est probablement qu'elle comporte des enjeux considérables, des enjeux, en fait, qui sont au cœur des interrogations fondamentales qui agitent l'anthropologie depuis ses origines, et qui portent sur la condition humaine et les fondements religieux de la socialité. Elle pose des questions débattues de Frazer à René Girard en passant par Freud, de Durkheim et Mauss à Lévi-Strauss : la nature et la fonction du sacrifice, le totémisme, l'éventualité d'une sorte de culpabilité originelle ou la catharsis de la violence fondatrice. Il n'est pas question de résoudre ni même de brasser ces questions ici ; contentons-nous d'examiner une facette, probablement essentielle, du problème : celle du partage.

Pour manger de la viande, à la différence de beaucoup d'autres types d'aliments, il faut *procéder à un partage*. Et le partage de la viande est un acte fondamental, sinon fondateur, de la vie sociale. Il revêt un caractère vital, pour des raisons biologiques et sociales à la fois ; mais il a une autre caractéristique : partager la viande, c'est aussi partager la responsabilité de la mise à mort et, en somme, la recycler symboliquement, la transformer en lien social.

Le partage : le point de vue éthologique

Revenons un instant aux primates. Leur goût pour la viande n'est pas le seul trait remarquable : dans leur rapport à la chair animale apparaît également de façon particulièrement aiguë la question du partage. Chez les primates supérieurs, la plus grande partie des comportements de partage survient dans le contexte parents/petits, les premiers tolérant notamment de petits « vols » de nourriture de la part des seconds. Blurton-Jones a d'ailleurs avancé la thèse selon laquelle le partage et la réciprocité résultent d'un « vol toléré » *(tolerated theft)* (Blurton-Jones, 1987). Dans le cas de la chair, les mâles qui ont coopéré à la capture, même s'ils sont de rang supérieur, quémandent leur part de la proie, avec plus ou moins de succès. Jane Goodall rapporte que le possesseur d'une proie, même s'il est d'ordinaire un individu de rang inférieur, protège sa viande avec beaucoup de décision et d'agressivité contre des chimpanzés habituellement dominants. Et ces mâles dominants, pourtant combatifs d'ordinaire, s'inclinent devant cette détermination. Tout se passe comme si les chimpanzés manifestaient une sorte de « respect » pour la possession et admettaient la prééminence du chasseur victorieux. Pour certains auteurs, il existe bien une sorte de respect pour la possession, confirmé par de nombreuses observations (Eibl-Eibesfeldt, 1984). Peut-être même pourrait-on en fait faire découler le partage de ce respect de la possession? En fait, il semble simplement que le possesseur est prêt à défendre son bien avec une vigueur qui le pousse au-delà de son autorité, de sa dominance habituelle (Van Lawick-Goodall, 1971).

Chez l'homme, on observe certaines constantes interculturelles remarquables dans les stratégies du don et de la requête. Polly Wiessner, comparant les comportements de partage selon une perspective éthologique dans cinq cultures (les San du Kalahari, les Yanomami du Haut-Orénoque, les Trobriandais, les Eipo et les Yalenang/In des hauts plateaux de la Nouvelle-Guinée) conclut que, dans tous les cas, il y a respect de la possession pendant le partage; dans tous les cas, les modes de communication non verbale liée à la requête et au don présentent de profondes similitudes; dans tous les cas surtout, le partage des aliments joue un rôle décisif dans la création et le renforcement des liens sociaux (Wiessner, 1984).

Le partage chez les chasseurs-collecteurs

Dans les groupes de chasseurs-collecteurs, le partage est organisé par des règles souvent complexes qui semblent aboutir à assurer une répartition assez large des protéines animales dans le groupe. Le gibier abattu a un « propriétaire », groupe ou individu, qui exerce une fonction redistributive : c'est souvent celui qui a porté le premier coup, ou le coup fatal, ou celui qui a repéré l'animal. C'est le cas chez les Inuit d'Amassalik, sur la côte Est du Groenland. Le propriétaire est responsable du partage de l'animal. Les règles du partage sont appliquées avec une rigueur toute particulière en période de pénurie et elles tendent dans l'ensemble à élargir quelque peu la distribution. Le système de partage peut faire appel à des dispositifs complexes et sophistiqués. Ainsi celui qui est en vigueur chez les Inuit d'Amassalik est en partie fondé sur les homonymies : tout individu portant le même nom qu'un ancêtre mort (le nom est réputé représenter la persistance de l'âme) recevra, au terme du partage intra-domestique, la part de l'animal que cet ancêtre aurait reçue (Robbe, 1984).

Chez les Pygmées Aka d'Afrique centrale étudiés par Serge Bahuchet, le « propriétaire » ou acquéreur de la proie est celui qui porte le premier coup ou le propriétaire de l'outil qui a immobilisé l'animal. Si le gibier a été chassé à la sagaie, la tête revient à celui qui frappe en premier et toutes les parties qui ne sont pas attribuées à un chasseur sont explicitement destinées à l'ensemble du campement, soit en général la plus grande partie. Si l'animal a été capturé au filet, il revient au propriétaire du filet, tandis que deux parts sont réservées à ceux qui ont saisi en premier et en second l'animal dans le filet. C'est en effet *à l'arme qui l'a tué* qu'est attribué l'animal, et non à l'homme qui la maniait : si l'outil est prêté, c'est le propriétaire absent qui est responsable du partage de l'animal. Ainsi, en prêtant simplement un filet, un villageois obtient la moitié de chaque antilope capturée. Mais il est strictement interdit au « propriétaire » de l'animal de manger de cette viande, sous peine de châtiment surnaturel. Et par la suite, chaque chasseur ayant reçu une part doit à son tour satisfaire à des règles de partage en fonction des liens de parenté et diviser sa viande crue entre ses parents présents en privilégiant ses ascendants. C'est l'épouse qui a la charge d'accommoder la viande distribuée sous forme d'un bouilli. Dans tous les cas où le plat est assez copieux, le pot-au-feu ainsi cuisiné est à son tour distribué à chacun des foyers du campement. Cette distribution s'applique toujours aux plats comportant de la viande, même si la portion finale ne représente que quelques grammes. Ainsi, en fin de compte, note Bahuchet, « *dans la plupart des cas, y compris ceux où la part de viande trop petite n'a pas été divisée dans le groupe producteur ou familial, les autres (c'est-à-dire ceux qui ne sont pas de la famille conjugale) obtiennent tout de même une portion cuite* » (Bahuchet, 1984). Le partage final des plats est en fait volontaire : les inimitiés se traduisent souvent par une exclusion de la distribution. La famille fait le choix de distribuer ou non son repas et à qui. Mais en fin de compte, enfants et vieillards sont pris en charge et les familles des chasseurs malchanceux ont des repas assurés.

Le partage sanctionne également la hiérarchie et l'organisation du groupe social : il procède d'elles et les signifie à la fois. Ainsi chez les Bushmen d'Afrique du Sud, « *tout gibier tué à l'arc est prohibé,* so$_x$a, *jusqu'à ce que le chef en ait consommé un morceau. L'interdiction ne s'applique pas au foie, que les chasseurs mangent sur place, mais qui demeure en toutes circonstances* so$_x$a *pour les femmes. En plus de ces règles générales, il existe des* so$_x$a *permanents pour certaines catégories fonctionnelles ou sociales. Ainsi, l'épouse du chasseur peut seulement manger la viande et la graisse superficielle du train arrière, les entrailles et les pattes. Ces morceaux constituent la portion réservée aux femmes et aux enfants. Les adolescents mâles ont droit à la paroi abdominale, aux rognons, aux organes génitaux et aux mamelles, le chasseur à l'épaule et aux côtes, prélevées sur une moitié de l'animal. La part du chef consiste en une tranche épaisse de chaque quartier de chaque filet, et une côtelette prélevée sur chaque côté* » (Fourie, cité dans Lévi-Strauss, 1962a).

Le partage sacrificiel

Avec le passage de la chasse à l'élevage et à l'agriculture, le partage de l'animal abattu s'impose plus que jamais. Mais le rapport à l'animal se modifie sans doute profondément et la signification du partage acquiert un sens nouveau, non plus seulement social mais politique.

La proie du chasseur était assimilable en somme à l'ennemi que l'on affronte au combat ou que l'on poursuit dans la victoire. C'est bien dans ces termes que se formulent les métaphores sur l'activité cynégétique. S'il n'est pas un ennemi, le gibier est au moins un adversaire. Sa ruse, sa résistance, éventuellement sa vaillance, sont mises en valeur dans les récits de chasse. Le chasseur déploie du courage, de la ruse, de la résistance pour chercher à triompher. Le rapport chasseur/gibier peut donc être analysé en termes antagoniques ou polémologiques, comme un affrontement entre deux adversaires. L'incorporation de la chair du gibier comporte les mêmes implications de contamination analogique (« on est ce que l'on mange ») que l'incorporation cannibalique de l'ennemi tué au combat. La relation chasseur/chassé se joue volontiers, dans l'imaginaire du chasseur, sur le mode de l'intimité conflictuelle : le gibier est un *adversaire intime*. Cette relation préserve ce qui, on l'a vu, semble nécessaire pour autoriser la consommation de viande, c'est-à-dire une distance suffisante mais non excessive : à la fois une altérité et une familiarité.

Entre le pasteur et son bétail, le rapport est bien entendu tout différent. La dimension conflictuelle a disparu de la relation, au profit d'une intimité beaucoup plus grande et d'une tout autre nature. Sur le plan économique, l'animal constitue désormais un outil de production (trait, bât, lait, etc.) et/ou un capital (viande « sur pied », valeur d'échange, etc.). Sur le plan imaginaire et affectif, le statut de l'animal est tel qu'on inclinerait désormais plutôt à l'individualiser, et même le cas échéant à lui assigner une place plus ou moins périphérique dans la communauté, éventuellement dans la famille : à l'extrême, l'animal domestique a un nom et un statut dans le cercle domestique ou à sa périphérie immédiate.

Ce changement entraîne sans doute des modifications dans la perception de la mort de l'animal. La mise à mort du gibier pouvait sans doute aisément passer pour une victoire. L'abattage de l'animal domestique, avec qui les rapports sont plus quotidiens, plus intimes, moins antagoniques, pose un problème tout différent. Tout se passe comme si cette mise à mort présentait une difficulté ou une gêne, peut-être même une culpabilité. C'est peut-être pourquoi, sous peine de constituer un meurtre, elle prend pratiquement toujours des formes rituelles, est dotée d'un sens religieux et se présente fréquemment comme un sacrifice. Sacrifice, elle l'est doublement : symboliquement parce qu'elle est une offrande religieuse; réellement aussi, puisque l'abattage de l'animal représente bien une perte économique (on « mange » à proprement parler un capital) et une perte affective (c'est un être un peu proche qui disparaît). Mais le sacrifice est rarement gaspillage : il est un partage avec Dieu et surtout entre les hommes. Dans la Grèce antique, toute alimentation carnée implique un sacrifice rituel : *« toute viande consommée est une victime animale égorgée rituellement, et le boucher qui fait couler le sang des bêtes porte le même nom fonctionnel que le sacrificateur posté près de l'autel ensanglanté »* (Detienne, in Detienne & Vernant, 1979). Hors la chasse, il faut donc souvent un sacrifice pour tuer. Ce sacrifice a été interprété de nombreuses manières. Les uns l'ont analysé en termes de culpabilité, les autres, critiquant les points de vue « psychologistes », en termes de catharsis de la violence humaine (Girard, 1972). Sans chercher à trancher un débat aussi ancien et indécis, on peut cependant s'appuyer sur un élément décisif : le sacrifice implique toujours le règlement du partage. Cette vérité s'applique aussi bien pour le bœuf en Grèce (le *màgeiros*, à la fois sacrificateur, boucher et chasseur), que pour la chair humaine chez les Aztèques. Or le partage apparaît comme fondateur de l'ordre social.

L'ordre social

L'animal sacrifié par le *màgeiros* grec était ensuite découpé et consommé au cours d'un banquet rituel où chacun recevait une part de viande conforme à son statut dans la Cité. L'analyse de Detienne sur le végétarisme orphique et pythagoricien l'illustre *a contrario* : le refus de manger de la viande revient à un refus de l'ordre social de la cité-état grecque, précisément parce que la citoyenneté implique de participer aux sacrifices publics (Detienne, in Detienne & Vernant, 1979). En fait, la part de viande que le citoyen reçoit lors du banquet sacrificiel est très littéralement l'*incarnation* de son statut politique et social.

L'évidence de cette relation symbolique devient plus éclatante encore dans le sacrifice romain, dont le vocabulaire, comme l'a montré Scheid, a fourni une quantité remarquable de termes politiques. Le partage de l'animal est la *participatio*, et le mot dérive de *parti-ceps*, littéralement « celui qui prend sa part » (de *pars* et *capere*). *Princeps* signifie « celui qui se sert le premier ». Seuls les hommes de mérite ont accès au repas public : *meritum* signifie « la part due ». L'expression *pro portione* dérive probablement de *pro partitione*. Le citoyen qui n'a pas de fonction publique est un *expers* (de *ex-pars*). Il est donc exclu du partage et devient du même coup un *privatus* : il est *privé* de sa part dans les banquets sacrificiels (Scheid, 1984).

Sacrifice, ritualisation, partage : on voit bien que la consommation de viande est indissociable, pour ainsi dire consubstantielle, à la fois du sacré et de la sociabilité, de la commensalité et de la festivité. Les participants au banquet sacrificiel sont, littéralement, les commensaux (les *assidui* : ceux qui ont un siège à la table du banquet sacrificiel romain) qui partagent, en même temps que la chair du sacrifice, l'appartenance à un ordre social différencié et hiérarchisé dans lequel ils acceptent rituellement la place qui leur est assignée.

Ainsi le partage, qu'il s'agisse de viande chassée ou immolée, symbolise et garantit l'ordre social : du même coup, comme le montre Vernant, il marque clairement la frontière entre l'homme et l'animal (Detienne & Vernant, 1979). Il affirme l'humanité de l'homme et ce qui distingue celui-ci du monde sauvage et de l'animalité, des êtres qui ne « cuisinent » pas, qui mangent la viande crue et, surtout, qui ne partagent pas. On retrouve la même idée dans des populations de chasseurs-collecteurs : pour les Yanomami, celui qui manquerait aux règles du partage perdrait immédiatement ses qualités de chasseur (Harris, 1985). Chez les Bushmen, il est inconcevable qu'une famille mange de la viande sans partager : cela existe chez les lions, disent-ils, mais pas chez les hommes (Marshall, 1961). Et comment ne pas rapprocher ce jugement de celui d'Épicure : *« Sine amico visceratio leonis et lupi vita est »* (« Manger sa viande sans un ami est une vie de lion ou de loup ») (Corbier,

1989) ? Se conduire comme des bêtes : c'est cela en revanche, précisément, que recherchaient délibérément les fidèles de Dionysos (une autre secte de la Grèce antique), qui pratiquaient l'omophagie, c'est-à-dire *« le déchirement d'un être vivant, chassé comme une bête sauvage et dévoré tout cru »*. Il s'agirait, précisément, de « s'ensauvager », de refuser la condition humaine définie par la « cuisine du sacrifice », d'échapper à l'ordre social (Detienne, in Detienne & Vernant, 1979).

Le sacrifice, outre qu'il distingue l'homme de l'animal, établit aussi la différence avec les dieux : ceux des Grecs se nourrissent de la fumée qui monte des sacrifices à leur intention. Le premier sacrifice *(thusiā)* a en effet, selon la mythologie, établi la répartition de la victime entre les hommes et les dieux : le Titan Prométhée, ayant abattu le bœuf, a trompé Zeus; il a réservé aux hommes la chair de l'animal tandis que, pour les dieux, il ne laissait que les os longs, camouflés sous une couche de graisse (ce sont ces os et cette graisse que l'on brûle dans le rite) (Detienne & Vernant, 1979). De même, dans l'Ancien Testament, le partage entre l'homme et Dieu est réglé par l'obligation de rejeter le sang de l'animal, principe vital et part divine.

Le cannibalisme ou la chair superlative

Le partage de la victime sacrificielle n'est pas exclusif aux civilisations gréco-romaines et la victime n'est pas nécessairement animale. Les sacrifices humains des Aztèques donnaient en effet également lieu à une distribution socialement hiérarchisée de la chair. Les victimes du couteau d'obsidienne, précipitées sur les marches des pyramides, étaient dépecées et une cuisse était envoyée à l'empereur. De même que, chez les chasseurs, le « propriétaire » de la proie exerce une forme de responsabilité redistributive, de même le guerrier aztèque qui avait capturé le prisonnier sacrifié recevait l'essentiel de la dépouille et devait la partager dans un festin avec les siens [1] (Soustelle, 1955; Sanday, 1986; Anawalt, 1986).

---

1. Mais il ne semble pas que le peuple ait été autorisé à participer aux festins rituels.

Dans l'échelonnement de la civilisation à la sauvagerie, le stade suprême est en général attribué au cannibalisme. Dans toutes les sociétés qui ne le pratiquent pas, il est considéré comme la transgression, la sauvagerie, l'altérité absolues : le cannibalisme, c'est l'accusation que l'on fait peser sur l'Autre. Mais les cannibales eux-mêmes parlent avec horreur de mythiques « cannibales sauvages » qui, comble du désordre et de la barbarie, consommeraient la chair humaine n'importe comment, sans règle aucune.

Or la réalité semble indiquer que, au contraire, la consommation de chair humaine présente sous bien des aspects les mêmes caractéristiques « réglementaires » et rituelles que la consommation de chair animale. Elle est tout aussi ordonnée et contrainte que celle de chair animale. Le cannibalisme est en somme une « cuisine » comme les autres et l'exo-cannibalisme lui-même est probablement un sacrifice qui doit s'analyser d'une manière assez proche de celle des autres formes de sacrifice. C'est sans doute l'émoi particulièrement violent que suscite en nous l'anthropophagie qui nous conduit spontanément à poser une question sans objet : plutôt que de se demander pourquoi et comment on peut être cannibale, il faudrait en effet peut-être se demander pourquoi on ne l'est pas davantage...

Deuxième partie

Le changement et le mangeur moderne

6

Les voies du changement

> *La science ne peut-elle appréhender* l'événement
> *autrement qu'en le réduisant en* élément?
>
> Edgar Morin : « L'événement », *Communications*,
> 18, 1972, p. 3.

L'immuable et le changeant

En 1938, à Tours, au cours d'un congrès des historiens et des folkloristes français, Lucien Febvre mit en évidence l'existence d'un certain nombre d'éléments fondamentaux dans les systèmes culinaires. Ces éléments lui semblaient figurer parmi les traits les plus solides, les plus permanents d'une culture, au sens où ils paraissaient pouvoir résister aux conquêtes, à la colonisation, au changement social, aux révolutions techniques et même, au moins pour un temps, aux effets de l'industrialisation et de l'urbanisation. Ils paraissaient en somme relever de cette dimension du temps social et historique que Braudel devait appeler la « longue durée ». Febvre et ses collaborateurs donnèrent à ces éléments le nom de « fonds de cuisine » et se proposèrent d'entreprendre d'en dresser la carte de France. Parmi ces « fonds de cuisine » figuraient au premier rang les différents corps gras utilisés pour la cuisson des aliments. On s'attacha à répertorier leur localisation géographique. On conclut à leur grande stabilité et, en tout cas, à leur rôle central dans leur contexte culinaire et culturel (Febvre, 1938). La carte des « fonds de cuisine » dressée par les historiens montrait l'existence et la permanence imperturbable d'une France du beurre, d'une France du saindoux, d'une France de l'huile d'olive, d'une France de la graisse d'oie, etc. Ainsi, la notion de « fonds de cuisine » n'est pas sans rappeler celle de « flavor principle » de E. Rozin, telle que nous l'avons déjà rencontrée dans un chapitre précédent (cf. *supra*, chapitre 3). Dans les deux cas, un ou des éléments du système alimentaire sont perçus comme jouant un rôle plus important que les autres dans la spécificité, la continuité et la stabilité du système.

Mais nous avons vu aussi que tout système culinaire, toute cuisine au sens large, se caractérisent par bien autre chose que les éléments qui les composent, et notamment les relations entre ces éléments, mais aussi les règles qui gouvernent le choix, la préparation, la consommation des aliments. En tout état de cause, tout se passe comme si, « fonds de cuisine » ou « flavor principles », certains éléments dans les systèmes culinaires avaient un rôle plus décisif que d'autres, comme s'ils avaient une importance particulière dans la stabilité de la structure, comme s'ils constituaient en fait des éléments « nodaux ».

Éléments ou structures : quelle que soit la prédominance, tout semble en place pour assurer la stabilité, la pérennité, peut-être l'immuabilité. Les sociétés humaines ne sont-elles pas, à première vue, des systèmes homéostatiques, fondés sur l'auto-perpétuation et la reproduction ? Les systèmes alimentaires, ancrés à la fois au biologique et au symbolique, ajustés aux impératifs de l'adaptation, ne semblent pouvoir se caractériser que par leur continuité ou leur lente évolution.

Or, on va le voir, ils changent, et de manière parfois imprévisible. L'improbable, l'aléatoire sont à la source de développements nouveaux, de cours inattendus, de formes sans précédents, bref : les systèmes alimentaires évoluent.

La stabilité de certaines caractéristiques des pratiques alimentaires est bien attestée de tous côtés. Ainsi, les études ethnologiques sur les populations migrantes concourent à montrer que, après l'arrivée dans une nouvelle société, les immigrants conservent dans une large mesure leur style alimentaire et culinaire. La persistance des traits culinaires semble plus forte et plus durable que celle d'autres caractéristiques culturelles pourtant capitales, comme l'habillement, la pratique religieuse ou même l'usage de la langue maternelle : les pratiques alimentaires seraient en fait les dernières à disparaître lors de l'assimilation totale (Calvo, 1982). Certaines de ces pratiques ne font pas que persister : elles acquièrent une place encore plus importante dans la société d'accueil. Elles se voient conférer par ceux qui les portent une signification considérable, qui dépasse celle qu'elles pouvaient avoir dans la culture et le pays d'origine. Certains plats, par exemple, deviennent des « plats-totem » (Calvo, 1982) : on leur attribue désormais un rôle symbolique tout à fait particulier, qui en fait en somme une clé de l'identité et non plus seulement les « marqueurs » de certaines occasions, festives, rituelles ou religieuses, comme dans la société d'origine. Les « plats-totem », qui sont l'occasion de la remémoration et de l'émotion, deviennent aussi des « marqueurs » de la spécificité et de la différence. Ils servent aussi à la transmission d'un même patrimoine d'appartenance qui servira plus tard à son tour à la remémoration émue pour la génération suivante.

On attribue, me dit-on, à Miguel de Unamuño une forte pensée qui, authentique ou apocryphe, traduit toute l'importance identitaire que peuvent revêtir ces « fonds », ici les corps gras, dans la cuisine et la culture : *« Le monde est divisé en deux parties dont la frontière passe aux environs de la Loire. Au Sud vivent de petits hommes bruns qui mangent de l'huile d'olive; ce sont des dieux. Au Nord de grands hommes blonds, qui mangent du beurre; ce sont des Esquimaux. »* Pour Alexandre le Grand, dit-on, le beurre était une nourriture de gardiens de troupeaux barbares. Les oppositions régionales ou nationales entre consommations types ont fréquemment été mises à contribution, y compris par les sciences humaines : n'oppose-t-on pas constamment les pays de bière et ceux de vin, les mangeurs de pain et les mangeurs de bouillie, le maïs et le froment, le bœuf et le porc ? Il n'y a donc rien d'étonnant, *a priori*, dans la stabilité de ces usages ou « fonds » culinaires : nous avons déjà vu que la cuisine est liée étroitement à l'identité, individuelle et collective. En toute logique, un trait culturel lié à l'identité ne saurait être trop fluctuant, sous peine de laisser l'identité se dissoudre.

Le système alimentaire d'un peuple semble souvent résister au changement, lui opposer de l'inertie ou du refus. De l'introduction parfois difficile de la pomme de terre aux tentatives infructueuses pour « rationaliser » les pratiques alimentaires de certaines populations, on pourrait occuper une bibliothèque entière à la compilation des exemples divers dans lesquels les mœurs alimentaires ont fait preuve d'une continuité ou d'une stabilité entêtée, contre les innovations et les tentatives volontaristes : introductions de variétés et de technologies nouvelles, influences culturelles et sociales à l'occasion de migrations ou de mutations politiques et historiques, programmes volontaristes de modification et d'éducation des mœurs alimentaires, etc. A la fin du XIXe siècle, par exemple, les réformateurs éclairés de la *New England Kitchen* voulurent rationaliser les pratiques alimentaires de la classe ouvrière américaine, qu'ils jugeaient, à la lumière de la science nutritionnelle naissante, diététiquement et économiquement inadéquates : ils se heurtèrent à des résistances inattendues de la part des groupes ethniques (Italiens, Irlandais, Allemands, etc.) qui la composaient, chacun opposant à l'alimentation « scientifique » proposée ses grammaires et ses préférences culinaires propres. Les Anglo-Saxons rejetaient avec mépris les ragoûts économiques proposés par les zélateurs de l'alimentation rationnelle : ils préféraient les steaks à ces plats, qu'ils qualifiaient de *pigwash* (« lavasse à cochon »). Les Italiens regardaient avec dégoût les *baked beans* bostoniens et autres préparations locales ethnocentriquement prônées par les réformateurs. En fin de compte, les pratiques alimentaires de « la » classe ouvrière américaine restèrent totalement inchangées. En revanche, l'entreprise eut des conséquences fondamentales à long terme sur l'alimentation des classes moyennes aux États-Unis : les réformateurs de la *New England Kitchen* essaimèrent en effet dans les universités américaines où ils furent à l'origine de la création de départements de *Home Economics*, dont l'influence reste considérable aujourd'hui encore, puisqu'ils forment notamment les professionnels de la diététique (Levenstein, 1980 ; Levenstein, 1988).

Dans le Tiers-Monde, d'innombrables programmes de réforme nutritionnelle (certains d'ailleurs menés par des *Home Economists*), destinés à améliorer la situation alimentaire de populations menacées, ont échoué totalement ou en partie parce qu'ils se heurtaient aux prescriptions/prohibitions religieuses ou qu'ils posaient des problèmes de compatibilité avec les catégories culinaires locales. Longtemps, les échecs de ces programmes ont été attribués aux « superstitions », aux « préjugés », à « l'ignorance » des populations locales : il s'agissait en fait davantage d'une ignorance des intervenants qui, méconnaissant le poids de la culture sur l'alimentation, privilégiaient de manière exclusive les aspects biochimiques et nutritionnels et pensaient naïvement pouvoir imposer de manière volontariste, comme par décret, une nouvelle façon de se nourrir.

Ainsi, le « conservatisme » ou la néophobie semble bien, de prime abord, constituer un trait fondamental des systèmes alimentaires, qui tendent apparemment à se reproduire et à se perpétuer en tenant à l'écart l'innovation ou l'étrangeté. Et pourtant, simultanément et symétriquement, il faut bien constater que les pratiques alimentaires, les systèmes culinaires et les éléments qu'ils contiennent, en particulier les aliments consommés, changent, dans des proportions considérables et parfois très vite.

Nous avons tendance à surestimer la pérennité de nos pratiques alimentaires. Il nous semble aujourd'hui que certains aliments ont toujours été au centre de notre régime. Mais une fraction importante de ceux que nous consommons couramment étaient parfaitement inconnus dans notre culture il y a cent ou deux cents ans. Il est par exemple difficile d'imaginer la cuisine du Bassin méditerranéen sans la tomate. Et pourtant, il s'agit d'une plante américaine, ramenée à la fin du XVIe siècle par les découvreurs du Nouveau Monde, et qui ne s'est guère imposée en Europe méridionale que vers la seconde moitié du XVIIIe siècle. Le haricot, pourtant apparemment présent dans les menus européens de toute éternité, est lui aussi une plante américaine : il a remplacé dans les assiettes européennes la dolique-mongette, *Vigna unguiculata*, vieille plante africaine (Barrau, 1983). Avant lui, les cassoulets « authentiques » ne pouvaient donc être que de fèves ou de mongettes. Le légume le plus utilisé dans la cuisine provençale au Moyen Age semble avoir été... le chou (Stouff, 1970). Quant à la pomme de terre, elle a certes mis trois cents ans à s'imposer, mais au XIXe siècle elle a fini par triompher (Salaman, 1985 [1949]).

En fait, rien dans l'alimentation humaine ne peut échapper en fin de compte à la logique du changement et de la vicariance : l'adoption des céréales est liée à la révolution néolithique il y a une dizaine de milliers d'années et à l'arrivée de variétés en provenance du Moyen-Orient. La poule est lointainement originaire d'Inde. Le maïs, la tomate, le poivron, la plupart des cucurbitacées, la dinde proviennent d'Amérique. La pomme de terre, originaire d'Amérique du Sud, a d'abord été acclimatée en Europe, avant d'être réintroduite en Amérique du Nord...

Historiquement, le temps social du changement s'est accéléré au XIXᵉ siècle, d'abord parce que, après 1850, la plupart des peuples d'Europe occidentale, grâce aux progrès de l'agriculture, se hissèrent au-dessus du seuil de famine [1] (Aymard, non daté), mais aussi parce que des changements qualitatifs sont intervenus, liés à l'urbanisation, à la technologie et au commerce, avec notamment la large diffusion de produits comme le sucre, le café, le chocolat.

Mais tout ceci n'est rien à côté de la vitesse à laquelle les consommations et les comportements alimentaires changent dans la période contemporaine la plus récente. C'est en décennies, en années, bientôt peut-être en mois, qu'il faut mesurer la durée des phénomènes en jeu. Des produits comme le maïs en grains ou l'avocat étaient littéralement inconnus en France il y a trois décennies, alors qu'ils sont aujourd'hui banals sur les linéaires des grandes surfaces. Le yoghourt, vendu en pharmacie avant-guerre, est devenu un produit de base avec l'avènement des grandes surfaces dans les années soixante (cf. *infra*, chapitre 7). Le kiwi, en quelques années seulement, s'est imposé au consommateur français, au point qu'il est aujourd'hui cultivé dans l'hexagone même. La consommation des céréales de petit déjeuner, mets typiquement anglo-saxon, était minuscule en France jusqu'aux années quatre-vingt. Les études de marketing montrent qu'une grande partie des consommateurs de ce produit (la marque Kellogg est pourtant en vente en France depuis 1935) en ignorent en fait le mode d'emploi : 40 % s'obstinent à le servir avec du lait chaud, ce qui paraît une aberration intolérable aux yeux des Anglo-Saxons [2]. Pourtant, dans les années quatre-vingt, la consommation de céréales de petit déjeuner s'est mise soudain à croître en France de 25 % par an. Le Coca-Cola dans les années cinquante, le ketchup beaucoup plus tard (en 1989, une publicité pour une marque française cherchait à le présenter comme indispensable sur toute table au même titre que le sel, le

---

1. Rappelons que, en France, la ration calorique quotidienne *per capita* est passée d'environ 2 000 Kcal en 1800 à 3 200 à la fin du siècle (Toutain, 1971).
2. Les publicités présentent un pot à lait transparent. Selon les études, en effet, le consommateur français comprend ainsi que le lait est froid, alors qu'un pot opaque lui suggère qu'il est chaud.

poivre et la moutarde) s'étaient auparavant imposés en France malgré la rigidité et la complexité de la culture culinaire locale.

Il y a plus : on connaît nombre de cas dans lesquels des sociétés dites traditionnelles, mises au contact de la culture occidentale, adoptent très rapidement certains produits et certaines habitudes de consommation propres à cette culture. Les Eskimos d'Alaska ont modifié très rapidement leurs pratiques alimentaires. Les mœurs alimentaires japonaises changent beaucoup depuis quelques décennies (augmentation de la consommation de viande et de matières grasses, de café, des céréales autres que le riz, etc.), au point d'entraîner des effets divers sur la santé publique (Cobbi, 1989).

Qu'en est-il alors des « fonds de cuisine »? Des travaux récents conduisent à relativiser la notion, ou en tout cas à « l'historiciser » davantage. Considérons les corps gras, puisque c'était en 1938 le cheval de bataille de Lucien Febvre. Ainsi, une étude sur l'alimentation en Provence aux XIVe et XVe siècles remet sérieusement en question l'idée d'une pérennité absolue des choix alimentaires régionaux en ce domaine, puisque le lard semble beaucoup plus fréquent que l'huile d'olive (Stouff, 1970; Flandrin, 1983; Flandrin, 1986). On peut sans doute encore trouver trace aujourd'hui de la répartition géographique des « fonds de cuisine » gras de Febvre. Mais sur cette répartition sont passés l'urbanisation, l'augmentation du niveau de vie, le changement de la composition sociale du pays, l'industrialisation agro-alimentaire, la généralisation de la grande distribution (les self-services et les grandes surfaces), le changement des valeurs, des préoccupations, des goûts et des consommations. L'historien serait, on peut le penser, fort étonné de voir la précipitation extraordinaire des événements dans ce domaine. Au moment où j'écris ces lignes, la consommation de beurre [1], à l'échelon national, diminue d'environ 9 % par an. Le saindoux n'est plus guère qu'un résidu pittoresque ou un rite nostalgique. La margarine et l'huile, jadis confinées aux régions septentrionales, aux classes défavorisées et à des usages souvent dictés par la religion (« maigre » et carême) gagnent imperturbablement du terrain sur les rayon-

---

1. Source : Centre Interprofessionnel de Documentation des Industries Laitières (Cidil), panel consommateurs Secodip, 1989.

nages de tous les supermarchés. L'huile d'olive a quitté le ghetto méridional, gagné progressivement les tables citadines aisées de la nation tout entière. Les huiles dites de table, de leur côté, ont eu depuis les années trente une histoire complexe.

Ce fut d'abord l'emprise croissante de l'huile d'arachide qui, jusqu'à la fin des années soixante, conquit le terrain, établit son assise, puis recula devant d'autres oléagineux. L'hégémonie sur le marché de l'huile d'arachide appartient alors en France à Lesieur, qui l'a conquise de haute lutte, notamment en imposant la bouteille en matière plastique dans les années soixante, face à des concurrents puissants, tout particulièrement la multinationale anglo-hollandaise Unilever. A la fin de la décennie, l'arachide entre en crise : la décolonisation entraîne une instabilité chronique des cours. Pour atténuer les effets de ces tensions sur les prix, Lesieur change la composition de son « huile de table » en mélangeant à l'arachide d'autres graines, en particulier le colza. Cette décision, prise discrètement, est dénoncée comme une supercherie par le mouvement consumériste naissant, qui fera de l'affaire une de ses campagnes fondatrices. Des travaux de laboratoire récents font en effet peser sur le colza un soupçon : des rats dont l'alimentation quotidienne comporte 30 % de calories sous forme d'huile de colza présentent dans un nombre significatif de cas des lésions cardiaques. A la même époque, Unilever, par sa filiale Astra-Calvé, a fait un pari différent de celui de Lesieur, en jouant l'huile de tournesol, une graine oléagineuse jusque-là peu usitée en France [1]. L'occasion de la crise du colza sera habilement saisie pour imposer le tournesol, sous la marque *Fruit d'or*, à l'aide d'un marketing et d'une publicité efficaces, fondés sur la « légèreté » et les vertus diététiques. En quelques années, l'arachide régresse, le tournesol s'impose, l'huile, puis la margarine, gagnent de plus en plus de terrain sur le beurre. Dans les années soixante-dix, l'INRA met au point une variété de colza pratiquement dépourvue d'acide érucique, dont on avait pu montrer qu'il était responsable de la pathologie observée sur les rats. Une tentative pour lancer la « nouvelle huile de colza » ne

---

1. Lesieur a également lancé une huile de tournesol, sous la marque Aurea, sans donc lui accorder la « garantie » associée au prestige de la marque Lesieur ni le poids cumulé des investissements publicitaires dont elle aurait pu bénéficier.

parvient pas à surmonter la méfiance des consommateurs [1]. Actuellement, le tournesol occupe la position dominante sur le marché. Mais nul ne peut dire qu'il s'agit d'un triomphe définitif.

Il semble donc bien que la notion de « fonds de cuisine » doive être sérieusement réinterrogée, tout au moins dans son caractère d'immuabilité quasi absolue, en particulier dans les marchés agro-alimentaires modernes. Il est acquis que les « fonds de cuisine », s'ils existent vraiment, peuvent changer, même s'ils présentent *a priori* une réelle stabilité. A quelles règles et conditions obéit ce changement? A travers cette question se pose certes avant tout celle de l'introduction dans un système alimentaire et une cuisine de produits nouveaux, inconnus ou inusités jusque-là. Mais on ne peut parler de changement dans ce domaine sans poser également la question de l'évolution des grammaires culinaires. En d'autres termes, qu'est-ce qui change dans l'alimentation : ne sont-ce vraiment que *les éléments* du système ou bien est-ce aussi *la structure?*

Changements élémentaires

A première vue, les changements les plus simples à repérer et à comprendre sont bien les transformations portant sur les *éléments* d'un système culinaire. Dans ce type de situation, on voit que la structure reste inchangée, tandis que les composants qui en constituent le contenu se modifient. Ils peuvent évoluer par substitution pure et simple d'un élément nouveau à un élément ancien, par addition d'éléments complémentaires (tenant le même rôle dans la structure), par addition d'éléments supplémentaires (jouant des rôles différents ou nouveaux) et par diversification. Les enrichissements peuvent porter soit sur des denrées, soit sur des préparations, des plats composés.

---

1. Les consommateurs associent encore un risque sanitaire au colza. Ils lui attribuent un effet... cancérigène.

Substitution « descendante » et substitution « ascendante »

La première et la plus fréquente modalité du changement, c'est la substitution, le remplacement d'un produit par un autre dans la même structure culinaire. L'aliment nouveau prend littéralement la place du précédent dans le schéma alimentaire local. A la vérité, le cas « pur » est rare. C'est en général par substitution partielle et progressive, en complément du produit ancien, ou par diversification que le phénomène s'opère. Ainsi la pomme de terre, à quelques exceptions près, ne remplace pas les céréales dans le système alimentaire des peuples qui l'adoptent : elle s'impose d'abord à côté d'elles, comme recours de pénurie. Et elle s'installe dans la « niche » de l'aliment de base, du *core food*, ces produits, en général amylacés ou « féculents », qui fournissent dans l'alimentation la part proprement nutritive, ceux qui « tiennent au corps », par opposition à la viande, aux légumes, aux condiments (le *fan* de la cuisine chinoise, par opposition au *ts'ai*. Cf. *supra*, chapitre 2). Un phénomène voisin a eu lieu avec le maïs dans certaines régions de l'Europe. De son côté, le riz prend une place courante auprès des autres céréales dans l'alimentation de l'Europe occidentale à la fin du XIXe siècle.

Les facteurs économiques, la valeur d'usage, la commodité d'emploi, la valorisation symbolique ou gustative peuvent certes en général rendre compte de ces substitutions, de ces glissements d'usage. Mais souvent, ces déterminismes ou ces facteurs favorisants ne suffisent pas : il s'y ajoute un événement déclencheur, singulier et imprévu. Dans le cas de la pomme de terre, ce sont les dernières pénuries de céréales de l'Europe occidentale, à la fin du XVIIIe siècle, qui favorisent son adoption. En Angleterre, par exemple, c'est la pénurie de blé de 1795 qui a favorisé sa pénétration dans les foyers ruraux. Cette incursion-mutation a ensuite été pérennisée par une politique économique qui a maintenu des prix élevés pour les céréales, des bas salaires pour les journaliers agricoles : cette politique n'a pu réussir que parce que la pomme de terre constituait un aliment de substitution accessible et celle-ci n'a servi de substitut au pain que parce que, pendant une bonne partie du XIXe siècle, le prix d'une miche équivalait au salaire d'une journée de travail agricole (Salaman, 1985 [1949] p. 541).

La substitution procède donc souvent d'un manque, d'une pénurie qui contraint à se rabattre sur un autre aliment comme pis-aller. Ainsi le fait qu'un produit soit indisponible dans un groupe, soit pour des raisons d'environnement (pénurie, problèmes économiques, etc.), soit parce que ce groupe a migré, favorise les glissements substitutifs : il s'agit en somme d'un « bricolage » culinaire, destiné à reproduire au mieux la saveur et l'apparence des mets traditionnels malgré l'indisponibilité d'un ou plusieurs ingrédients. Les Africains en Europe remplacent en général la purée d'igname par la fécule de pomme de terre, les feuilles de manioc ou de baobab par de la laitue, du cresson ou des épinards, l'amarante par des épinards en branche (Calvo, 1982). La saveur aigre du bortsch russe, normalement communiquée par un ferment, est tant bien que mal reproduite par du jus de citron ou du vinaigre. Les *Ersätze* de la Seconde Guerre mondiale remplaçaient par des concoctions plus ou moins ingénieuses les produits manquants. La dinde en escalope ou en rôti remplace de manière économique le veau.

Mais la substitution ne concerne pas seulement des situations de manque ou de pénurie et ne procède pas seulement de la logique de l'*Ersatz* : on voit s'opérer des substitutions *ascendantes*, c'est-à-dire en faveur de produits présentant aux yeux des mangeurs des avantages d'une nature ou d'une autre, qu'ils soient pratiques, gustatifs ou même symboliques. Les Japonais installés avant-guerre à Hawaii adoptent les mœurs américaines et consomment d'abord du riz poli, considéré comme luxueux au Japon, puis de plus en plus de produits américains à base de céréales (flocons d'avoine, *crackers*, pain, etc.), de plus en plus de viande de bœuf et de porc. Les immigrants nouveaux consomment d'abord davantage les produits considérés luxueux dans la culture de départ. Puis, sous l'influence des enfants, ils consomment de moins en moins de produits japonais et de plus en plus de produits américains (Masuoka, 1945). Chez les « rapatriés » juifs d'Afrique du Nord, le veau, plus prestigieux et « intégrateur » remplace le mouton et le bœuf, la blanquette de veau prend la place de la soupe de mouton (Bahloul, 1979, cité dans Calvo, 1982). Dans les pays du Tiers-Monde, on voit de plus en plus fréquemment les aliments de base traditionnels être remplacés par le pain et les produits à base de céréales, en particulier de froment : c'est le cas par exemple au Mexique, où le blé importé et le pain progressent au détriment du maïs autochtone, grevant d'autant la balance des paiements nationale et les budgets de certains Mexicains (Pelto, 1987). Mais le recul du maïs devant le froment est déjà noté dans les années trente en Europe (Maurizio, 1932).

Addition et adoption

L'addition d'aliments ou l'adoption de plats initialement extérieurs au système culinaire d'un groupe survient en particulier dans les cas de contacts ou de brassages interethniques. Addition et adoption peuvent constituer une étape précoce d'un phénomène de substitution ou se stabiliser en l'état. On observe fréquemment ce type de phénomènes dans les sociétés développées où plusieurs communautés vivent en voisinage immédiat. L'ensemble de la société en vient à considérer la « spécialité » de l'un des groupes ethniques qui la composent comme sienne. Les États-Unis, pays d'immigration par excellence, fournissent une multitude d'exemples de ce type.

La pizza italienne, introduite par les Italo-Américains d'origine méridionale, se généralise aux États-Unis dans les années soixante et soixante-dix, notamment par l'intermédiaire de grandes chaînes de fast food comme *Pizza Hut, Domino*, puis *Godfather*, elles-mêmes contrôlées par de grands groupes agro-alimentaires (Belasco, 1987). Cette spécialité, pratiquement inconnue dans les années cinquante, est à la fin des années soixante-dix, d'après les enquêtes de préférences alimentaires, le plat favori des jeunes Américains. Elle est tellement entrée dans les mœurs, a si bien été intégrée, travaillée, modifiée par la culture américaine et le marketing, qu'elle est bientôt considérée comme intégralement américaine, non seulement par les Américains eux-mêmes, mais aussi à l'étranger : la preuve en est fournie par le fait que des restaurants se créent à Paris qui s'intitulent *American pizza...*

L'expression américaine *As American as apple pie*, « aussi américain que la tarte aux pommes », parle d'elle-même : elle s'applique aux États-Unis à des objets ou des traditions considérés américains par essence. Or la tarte aux pommes *(apple pie)* américaine est directement héritée des fondateurs britanniques. Le hamburger est devenu, au même titre que le Coca-Cola, l'aliment typique de l'Amérique moderne : il semble pourtant qu'il soit d'origine judéo-européenne, importé par les immigrants juifs, lesquels ont par ailleurs contribué, via les *Delicatessen* new-yorkais, à généraliser le sentiment de propriété culturelle intégrale que les habitants de la ville, juifs ou non, éprouvent à l'égard du *pastrami* (préparation cachère – poitrine de bœuf fumée – originaire de Roumanie) ou du bagel [1].

Il y a quelques années, des New-Yorkais juifs et non juifs « exilés » à Dallas ont fondé une association pour lutter contre les difficultés d'approvisionnement en produits « new-yorkais » au Texas : *pastrami, bagels, lox* [2] consommé avec du *cream cheese, cheesecake* (gâteau au fromage blanc), cornichons et tomates vertes en saumure malossol, etc. Pourtant, à l'aube des années quatre-vingt-dix, il reste relativement peu de villes des États-Unis qui ne connaissent le *bagel*. Bien plus : en se généralisant, le *bagel* a dû s'industrialiser et en s'industrialisant il s'est modifié. La recette traditionnelle exige que le *bagel* soit bouilli avant la cuisson au four. Bientôt, une nouvelle technique de fabrication industrielle est mise au point : un four spécial à vapeur supprime l'ébouillantage et toutes les opérations manuelles. Le *bagel* est transformé : le trou central rétréci et la texture du pain devient plus moelleuse, ce qui satisfait le consommateur américain, habitué aux pains de mie blancs et mous. Les restaurateurs sont satisfaits : avec un *bagel* sans trou, on peut préparer toutes sortes de sandwiches et même des *« pizza bagels »* où la sauce tomate ne coule pas par le trou. Les puristes, seuls, sont révoltés et considèrent qu'un bagel sans trou est aussi absurde qu'un couteau sans lame (Young, 1989).

Un phénomène analogue à celui de l'adoption des spécialités juives européennes par les New-Yorkais, quoique représentant un stade encore moins avancé d'assimilation, a été observé à Hawaii, où chacun des divers groupes ethniques (autochtones hawaiiens, Américains du continent, Japonais immigrés à partir du début du

---

1. Petits pains traditionnels de longue conservation en forme d'anneau, jadis vendus par les colporteurs dans les ghettos d'Europe orientale. Leur forme permettait de les enfiler sur un bâton.
2. En yiddish, saumon (de l'allemand *Lachs*). En « new-yorkais », saumon fumé.

siècle) consomme des aliments ou des plats considérés comme typiques des autres groupes : *sushi* japonais, cochon de lait hawaiien, *fried chicken* et salades américains. Le *sushi* et le *fried chicken* ne sont pas (encore?) considérés explicitement comme hawaiiens, mais ils font partie du répertoire alimentaire de toutes les communautés ethniques de Hawaii, un peu comme, en France, les menus, en particulier ceux des restaurants d'entreprise, ont intégré depuis une quinzaine d'années le couscous et la paëlla. Ces plats conservent encore un caractère festif (les gérants de cantines les savent populaires et les utilisent pour relever l'ordinaire); ils sont considérés comme « exotiques » ou étrangers; mais ils figurent dans le répertoire des plats familiers de la culture culinaire française contemporaine.

Changements structurels

Les éléments composant un système culinaire ne sont pas seuls à pouvoir subir des changements : il arrive que le contenu du système reste pour l'essentiel le même tandis que les structures se modifient. Les aliments, les plats consommés habituellement s'insèrent alors dans une grammaire ou une syntaxe culinaires sur lesquelles porte la véritable transformation.

Le transfert de structure

L'illustration la plus caractéristique de ce type de transformation structurelle nous est fournie par ce qui se produit fréquemment dans les restaurants de spécialités étrangères. Considérons l'exemple de la cuisine italienne telle qu'elle est présentée, adaptée, dans le contexte culturel de la France.

Dans les restaurants d'une grande partie de la péninsule transalpine, le menu type se compose aujourd'hui d'une séquence *antipasti/primi piatti/secondi piatti/dolce*, c'est-à-dire hors-d'œuvre/pâtes/viande avec légumes/dessert. Ce menu semble dériver du modèle de menu familial, courant dans le Nord, pâtes/viande et légumes/dessert, que l'on peut faire précéder, pour distinguer quelque peu un repas, d'un hors-d'œuvre *(antipasto)*. Les pâtes constituent donc un service en soi (qui peut être encore précédé ou remplacé par un bouillon, ou *brodo,* contenant lui-même des pâtes). La viande et les légumes ne sont jamais servis sur la même assiette : ces derniers sont présentés sur des assiettes entourant celle qui porte le plat de viande et sont nommés *contorni* (« entourages ») (Schnapper, 1971). Or dans les restaurants italiens de France, dans l'écrasante majorité des cas, cette syntaxe est remplacée par une syntaxe française : les pâtes constituent soit un plat de résistance, soit une *garniture* agrémentant le plat de viande, de même que les *contorni* qui, faute d'assiettes « périphériques », sont installés sur l'assiette de la viande. C'est que, dans les taxinomies culinaires françaises, les pâtes participent en fait de la catégorie « légumes », dont la fonction est de servir de « garniture ». Elles peuvent donc sans difficulté se substituer aux autres « féculents », pommes de terre ou riz par exemple. Ce glissement syntaxique rend la cuisine italienne de France quasi inacceptable pour beaucoup d'Italiens, qui ne peuvent envisager sans malaise une escalope milanaise « garnie » de spaghetti. Un sociologue suisse étudiant les difficultés alimentaires des immigrants dans son pays note que les Italiens se heurtent à un problème du même ordre lorsque, dans les cantines ou les hôpitaux, on leur sert la viande et les légumes sur la même assiette (Braun, 1970; cité dans Niederer, 1985).

Ainsi, le restaurant étranger ou exotique, lorsqu'il ne s'adresse pas exclusivement aux ressortissants de la culture d'origine, opère en somme une cuisine sur la cuisine; il met la cuisine d'origine pour ainsi dire « à la sauce » de la cuisine d'accueil. Cette adaptation ne porte pas seulement sur les produits ou les saveurs, comme on pourrait le croire, par exemple lorsque les épices de la cuisine thaïlandaise sont sérieusement émoussées, pour tenir compte du palais des Français, ou presque totalement supprimées pour éviter d'agresser celui des Américains. Elle porte en fait aussi sur les structures profondes de la cuisine, sur l'ordre et les catégories culinaires sous-jacentes, sur la grammaire et la syntaxe.

Concentration, condensation

Le restaurant semble décidément constituer un lieu privilégié pour les transformations-adaptations structurelles des systèmes culinaires. Il nous fournit l'illustration d'un autre cas de transformation structurelle, que l'on pourrait appeler *concentration* ou *condensation*. Ce phénomène s'est produit en France à partir de la fin des années soixante, avec l'apparition du « drugstore » à la française et des innovations culinaires qu'il apportait avec lui. La « drugstorisation » de la cuisine en France passe par une concentration du repas en un seul plat ou une condensation de tous les éléments du repas dans un plat-repas : c'est la gageure que réalisent tant la salade de drugstore que le sandwich à étages. La première concentre pêle-mêle des éléments relevant de séquences du repas chronologiquement et syntactiquement distinctes, en transgressant les incompatibilités éventuelles : salade verte et fromage, fruits et jambon, sucré et salé. Le second « spatialise » la séquence chronologique, en superposant en strates successives les différentes étapes du repas. Il s'agit donc là de véritables *digests* de repas : le fast-food prendra le relais de ce télescopage spatio-temporel, selon une logique de condensation, à la fois archaïque et innovatrice, dans laquelle un *core food* à base de céréales (la pâte à pizza, la crêpe bretonne, le taco mexicain ou... le bagel new-yorkais) est agrémenté d'une quantité d'éléments carnés ou végétaux.

Cet exemple renvoie à la distinction, jadis proposée par Lévi-Strauss, entre cuisines synchroniques et diachroniques. On passe en effet ici d'une structure diachronique à une structure synchronique, c'est-à-dire d'un déroulement séquentiel du repas dans le temps à un ordonnancement spatial. La distinction est à vrai dire quelquefois difficile à préciser : dans les cuisines synchroniques, comme par exemple la cuisine japonaise, on apporte tout le repas en même temps, en l'occurrence sur un plateau. Mais les plats sont consommés dans un ordre bien précis et selon des règles rigoureuses, de sorte que la séquence temporelle est recréée à l'intérieur de l'ordonnancement spatial (Cobbi, 1978).

L'oscillation entre synchronie et diachronie, entre le séquentiel et le simultané, n'est pas une nouveauté dans l'histoire de la cuisine et de l'alimentation. D'autres exemples, d'ailleurs souvent également liés au restaurant, nous sont fournis par la chronique. Ainsi dans la grande cuisine française, sous le Second Empire, on vit s'opérer le passage du service dit « à la française » au service « à la russe ». Dans le premier, un ensemble de plats étaient disposés sur la table selon des règles spatiales extrêmement précises. Cet ensemble constituait un service. Un repas d'apparat comprenait un certain nombre de services : après chaque service, la table était desservie puis recomposée pour le service suivant. Les convives choisissaient parmi les plats qui leur étaient accessibles en fonction de leur position : la place occupée à table avait donc une grande importance, à la fois réelle et symbolique. Dans le service « à la russe », les plats sont présentés successivement par les serveurs et chaque convive est servi. C'est donc surtout l'ordre de préséance du service qui traduit l'étiquette (Aron, 1973). Depuis l'introduction du service à la russe, on a assisté à une diversification des modes de service dans la restauration. Le service d'apparat exige toujours une succession diachronique mais dans certaines occasions festives, c'est le buffet qui est la règle. Or si le service à la française organisait une succession de « tableaux » eux-mêmes spatialement ordonnés, le buffet moderne intègre souvent synchroniquement, dans un cadre spatial unique, la succession diachronique des éléments du service « à la russe », du salé au sucré. Mais en général, dans l'apparat et la festivité, la concentration est limitée : les plats gardent leur individualité. En revanche, dans l'univers domestique, la logique de la concentration est fréquemment observable : elle se manifeste par exemple dans l'usage des salades composées ou des plats uniques (pâtes aux assaisonnements recherchés, fondues diverses, etc.).

Les « éléments structurants » et le changement

Nous avons vu que les « fonds de cuisine » ou les *flavor principles* posent un problème : d'un côté en effet, ils sont des *éléments* du système culinaire, et ils sont soumis au changement, sous certaines conditions et dans certains cas. Mais de l'autre, ils présentent aussi, dans une certaine mesure, une résistance particulière, ils peuvent conserver un statut et un sens particulier même quand le reste des pratiques culturelles d'origine est fortement entamé. Le même problème est posé par certains condiments jouant un rôle important dans une cuisine donnée et même par l'aliment de base : celui-ci fait souvent, sinon toujours, l'objet d'une sacralisation toute particulière. La disparition de ce caractère peut être extrêmement lente, même lorsque les conditions économiques rendent le produit surabondant. Le pain a joué ce rôle pendant des siècles en France; depuis la guerre sa consommation a baissé vertigineusement (cf. *infra*, chapitre 7). Pourtant, un fort pourcentage de la population reste réticent à l'idée de jeter du pain. Chez les Japonais de Hawaii qui avaient adopté le petit déjeuner à l'américaine, les travailleurs de force ont longtemps continué à manger un bol de riz. Ceux qui adoptaient le steak haché ou les travers de porc les accommodaient d'abord à la traditionnelle sauce au soja *shoyu*. On voit aussi que, à l'intérieur et/ou à l'extérieur du groupe, on considère souvent ces aliments clés comme essentiels à l'identité du groupe. On peut donc dire, en un sens, que ces éléments nodaux, critiques, jouent un rôle quasi structurel, en tout cas structurant, en particulier dans le rapport avec ce qui est hors du système, ce qui est nouveau, étrange, étranger.

Cette analyse nous renvoie à la fonction du culinaire telle que nous l'avons caractérisée plus haut (cf. *supra*, chapitre 3) : c'est l'une des fonctions essentielles de la cuisine tout entière que de gérer les relations entre la nouveauté et la familiarité, d'opérer la médiation entre la néophobie et la néophilie, la nécessité et le risque d'innover, le besoin et l'ennui de conserver, bref : de résoudre le paradoxe de l'omnivore. Mais la cuisine elle-même change aussi, tout comme les langues et les cultures. On pourrait donc dire que les éléments nodaux d'un système culinaire ne valent que pour autant qu'ils signifient; et que, lorsqu'ils cessent de signifier, ils cessent du même coup d'exercer leur rôle nodal et structurant. Il reste à s'interroger sur les processus au terme desquels un tel basculement peut survenir.

Tours et détours du changement

Du médical à l'alimentaire

L'histoire montre que, dans un grand nombre de cas, ce sont d'abord les vertus médicinales prêtées à un produit qui motivent son utilisation (Wiegelmann, 1967). Dans un second stade, cette médecine pénètre les menus, comme ce fut le cas du sucre : d'abord ceux des malades (Laurioux, 1985), puis ceux des bien portants. Le sucre avait ainsi accédé au statut d'épice, qu'il devait garder pendant plusieurs siècles (cf. *infra*, chapitre 10). Certains produits d'introduction beaucoup plus récente ont connu un itinéraire assez semblable : le Coca-Cola, mis au point à Atlanta par le pharmacien John Styth Pemberton en 1886, fut explicitement présenté, jusqu'en 1908, comme un stimulant, le « tonique cérébral idéal » *(the ideal brain tonic)* (Oliver, 1986).

Dans certains cas, ce sont les catégories sociales supérieures qui adoptent un aliment nouveau, avant que sa consommation ne se diffuse plus ou moins rapidement dans les autres strates de la société. C'est ce qui s'est produit pour le sucre, le café, le chocolat mais aussi les épices. Flandrin y ajoute le dindon, les oranges et les citrons, les artichauts et les cardons (Wiegelmann, 1967; Flandrin, 1985; Flandrin, 1989b).

Dans d'autres cas, c'est l'inverse qui semble se produire. Ainsi, on est tenté de voir la pomme de terre comme un aliment de pénurie qui semble se répandre d'abord dans les couches populaires en réponse à la famine ou à la disette avant d'être peu à peu adoptée par l'ensemble des catégories sociales. Il faut cependant relativiser cet énoncé : la pomme de terre a été imposée, notamment en France, au terme d'efforts et de campagnes volontaristes acharnés, qui utilisèrent même des stratagèmes particulièrement ingénieux [1]. Cas

---

[1]. Rappelons celui que la chronique attribue à Parmentier, précurseur des relations publiques modernes : il fit garder ostensiblement par la troupe son champ de pommes de terre expérimental des Sablons, le jour; la nuit, les soldats disparaissaient, laissant le champ libre à qui voulait voler des plants... Le champ en fleurs, Parmentier porta un bouquet à Versailles.

plus net : entre 1500 et 1750, selon Flandrin, certains aliments deviennent « caractéristiques de l'alimentation des élites sociales ». Ainsi de nombreux légumes (carottes, laitue, épinards, navets, etc.) qui, présentés comme communs dans le *« Ménagier de Paris »* au XIVe siècle, apparaissent dans les ouvrages des cuisiniers aristocratiques aux XVIIe et XVIIIe siècles (Flandrin, 1989b). On assistera à un phénomène similaire dans l'art culinaire du XXe siècle, lorsque les légumes referont leur apparition dans la Nouvelle Cuisine des années soixante-dix après un long purgatoire dans la cuisine « bourgeoise » ou populaire (cf. *infra*, chapitre 9).

Un autre exemple contemporain d'ascension sociale nous est fourni par le destin récent des pâtes en France. L'enquête de consommation alimentaire de l'INSEE a montré une baisse constante de la consommation de pâtes alimentaires depuis de nombreuses années. Or cet aliment populaire, de nécessité sinon de pénurie, qu'étaient les « nouilles », tant décriées par Céline, est en fait récemment redevenu un aliment « de pointe », au moins dans sa version pâtes à l'italienne. Si le poste « pâtes » de l'INSEE a globalement baissé, la partie « haut de gamme » de ce marché a connu une très forte croissance dans des couches sociales urbaines, modernes et de haut revenu. Au Japon, le *shochu*, un alcool distillé de riz, d'orge, de pomme de terre ou de châtaigne, était, jusqu'à une date récente, considéré comme une boisson de paysans ou de pêcheurs. Il rejoint de plus en plus les alcools « modernes » (vodka, gin, etc.) dans la consommation de gourmets traditionalistes ou de jeunes des classes moyennes (Haberman, 1985).

Dans la plupart des cas cités, le changement de statut de ces aliments et leur ascension (ou leur déclin), leur adoption ou leur répudiation, correspondent à un changement du goût et des valeurs, lequel à son tour correspond à des transformations sociales, économiques, civilisationnelles sur lesquelles nous reviendrons au chapitre suivant. Il faut maintenant insister sur deux aspects : l'événement-déclencheur et le rôle de la *mimesis* dans la diffusion.

Observation, imitation et diffusion

Nous avons déjà vu, au chapitre 4, que certains des mécanismes qui permettent de rendre compte de la transmission et de la généralisation de l'innovation alimentaire relèvent de l'apprentissage dit par imitation et qu'on a pu les observer à l'œuvre chez l'animal et, dans une certaine mesure, chez l'homme. Dans le cas déjà cité des macaques du Japon, la transmission s'opérait à deux niveaux : intragénérationnel (de la jeune femelle aux autres individus jeunes) et intergénérationnel (des « innovateurs » initiaux, devenus adultes et parents, à leur descendance).

On voit à la fois l'intérêt et les limites de ce modèle de transmission pour comprendre les mécanismes du changement des pratiques et des représentations alimentaires chez l'homme.

L'intérêt tout d'abord : un certain nombre d'indications montrent que des mécanismes similaires sont à l'œuvre dans les sociétés humaines. On l'a vu, l'influence des pairs est très puissante en ce qui concerne les goûts alimentaires, puisque l'on peut expérimentalement renverser certaines préférences et aversions alimentaires simplement en exposant le sujet à cette influence. En outre, toutes les études sur les populations migrantes montrent que c'est par les jeunes que transitent une bonne part des acquisitions contribuant à acculturer la famille, notamment sur le plan alimentaire. La socialisation des jeunes dans le contexte de l'école et leur contact permanent et étroit avec leurs pairs originaires de la société d'accueil les conduisent à adopter une grande partie des pratiques alimentaires locales et à les introduire dans leur famille.

Même en milieu culturellement et socialement homogène, les jeunes exercent une influence profonde. Cette influence a en fait été plus importante que jamais dans les dernières décennies, pour des raisons historiques et démographiques : le gonflement démographique de l'après-guerre et le changement social ont contribué à donner aux adolescents, dans les années soixante, un rôle social nouveau pour eux, peut-être sans précédent (cf. *infra*, chapitre 7). Traditionnellement, les jeunes aspiraient à accéder au statut d'adulte et satisfaisaient pour cela à divers rites de passage. A partir des années soixante, une « contre-culture » adolescente-juvénile se met en place qui devient pour une large part autonome de la société adulte, sinon hostile à ses valeurs et à ses règles. Les jeunes sont de moins en moins désireux d'accéder au statut d'adulte, tandis que le courant central de la société adulte intériorise de plus en plus certaines valeurs et certaines pratiques culturelles juvéniles.

La musique, l'habillement subissent les influences les plus considérables. L'alimentation, au plus fort du mouvement, n'a apparemment pas joué un rôle très important. Mais l'autonomisation adolescente-juvénile, le fait que les jeunes disposent de plus en plus des moyens économiques de consommer conformément aux codes et modèles de leur culture spécifique, tout cela favorise le développement, dans les années soixante-dix, de nouvelles formes de restauration et d'alimentation plus spécifiquement juvéniles, et notamment le fast-food de type McDonald's [1].

Mais il est clair qu'on ne peut simplement transposer le modèle de transmission observé chez les macaques de Koshima à l'homme. D'une part, la mécanique de la transmission ne suffit pas à expliquer le phénomène qui nous intéresse : il reste à comprendre le « moteur » qui fournit la dynamique ou, en termes psychologiques, la motivation. D'autre part, le modèle nous indique comment s'opère ou peut s'opérer l'acquisition individuelle des pratiques : mais nous savons que, même si elles sont acquises individuellement, les règles et les pratiques alimentaires sont structurées socialement, et que c'est socialement qu'elles prennent leur sens et leur fonction.

Mimesis et/ou distinction

Nous l'avons vu dans le chapitre portant sur la formation du goût : il existe chez l'animal des mécanismes par lesquels des individus transmettent à ceux de leurs congénères avec lesquels ils sont en interaction une propension à effectuer certains choix alimentaires plutôt que d'autres. Nous avons vu également que, chez l'homme, en particulier chez l'enfant, l'influence des pairs (en l'occurrence d'autres enfants légèrement plus âgés) était capable de modifier les goûts alimentaires proprement dits, de manière durable et prévisible (cf. *supra*, chapitre 4). N'entrons pas dans les chaudes querelles qui portent sur la terminologie à employer pour caractériser ces processus (*mimesis*, imitation, etc.). Toujours est-il que certaines observations rappellent singulièrement ces phénomènes,

---

1. Ainsi que de nombreux produits, plus récemment, spécifiquement destinés par le marketing et la publicité à la « cible » adolescente-juvénile, par exemple le « yoghourt à boire » (Yop de Yoplait).

et notamment le récit que le navigateur Cook nous fait du subterfuge particulier qu'il utilisa pour introduire la choucroute, qu'il pensait anti-scorbutique, chez ses marins :

(...) au début les hommes ne voulaient pas en manger, jusqu'à ce que j'en eusse introduit l'usage grâce à une méthode que je n'ai jamais vu échouer avec les marins, qui consiste à en faire apprêter tous les jours un peu pour la table de la cabine, en invitant tous les officiers sans exception à en faire usage et laissant les hommes libres de s'en abstenir ou d'en user à discrétion : avant une semaine il fallut en donner une ration à chaque homme du bord : car tels sont le tempérament et les dispositions des marins en général que, quoi que vous leur donniez qui sort de leurs habitudes, quand même ce serait pour leur plus grand bien, « ça ne descend pas »; et on n'entend que des récriminations contre l'homme « qui a inventé cela ». Mais, du moment où ils voient leurs supérieurs attacher de la valeur à cette nourriture, elle devient la meilleure du monde et l'inventeur digne d'estime (Cook, 1980 [1777]).

Historiens et sociologues rapportent des observations qui pourraient sembler indiquer que, dans le domaine social, certains comportements de consommation tendent à être adoptés par les classes en voie d'ascension, soucieuses d'accéder symboliquement au statut de la classe supérieure (Bourdieu, 1979; Flandrin, 1987).

Parmi toutes les consommations, certains aliments, certaines manières de consommer, semblent posséder un poids intégrateur et symbolique particulier. On a vu plus haut (cf. *supra*, chapitre 3) comment le principe d'incorporation permet, quasi magiquement, d'intérioriser les caractéristiques symboliques d'un aliment. Nous avons vu, avec notamment l'exemple du whisky en France depuis les années cinquante, que l'alcool, de toutes les consommations alimentaires, est sans doute l'une de celles qui remplissent cette fonction d'intériorisation symbolique et d'intégration sociale de la manière la plus remarquablement efficace : dans l'après-guerre, la consommation de whisky a augmenté en France dans des proportions considérables, au moment où le cinéma et la littérature policière mettaient en scène des héros anglo-saxons buveurs de Scotch. Depuis cette période, la diffusion sociale du Scotch s'est élargie d'abord en direction de couches en voie d'ascension sociale, puis de manière de plus en plus large.

L'évolution de la consommation de whisky reflète aussi une autre caractéristique de la dynamique sociale des consommations alimentaires. Au fur et à mesure que le Scotch se répand dans des couches sociales de plus en plus larges, on voit le sommet de la hiérarchie des consommateurs porter ses choix sur des variétés de plus en plus spécifiques, différenciées, des marques de plus en plus rares. Au début des années soixante-dix, le « haut de gamme » dans le marché du Scotch était constitué, en ce qui concerne les variétés, par les « douze ans d'âge » et, pour les marques, par le *Chivas Regal*, le *Johnny Walker Black Label*, etc. Dans la période récente, les choix des consommateurs à fort pouvoir d'achat se sont portés sur de nouvelles variétés, de plus en plus rares et chères, en particulier les whiskies *pur malt* [1]. On voit se dérouler sur ce marché une sorte de course sociale que l'on peut sans doute analyser dans les termes de la dialectique, exposée par Bourdieu, de la « prétention » et de la « distinction » : au fur et à mesure que les fractions sociales en ascension adoptent le whisky, leurs prédécesseurs poursuivent une fuite en avant, cette course à la différenciation et à la spécificité, au luxe, bref à la distinction, au sens double et bourdivin du mot. Dans la logique de Bourdieu, cependant, le changement ne se situe qu'à l'intérieur de cette dialectique et de la compétition des fractions ascendantes et dominantes et ne remet pas en cause la structure dans son ensemble. Le changement n'est en somme qu'un mouvement permanent qui caractérise de l'intérieur le haut de la hiérarchie sociale.

L'exemple du whisky ou cent autres empruntés à la chronique du marketing et de la consommation, ont de multiples précédents au fil des siècles. Ainsi des épices, consommation qui caractérise la cuisine de l'Europe occidentale au Moyen Age et à la Renaissance, et dont Flandrin attribue la montée, puis la disparition aux XVIe et XVIIe siècles, à des mécanismes analogues (Flandrin, 1987).

Le modèle adopté pour son prestige symbolique peut être

---

1. Les whiskies écossais des grandes marques sont *blended :* ce sont des alcools d'assemblage, c'est-à-dire élaborés par association d'alcools de divers grains et d'orge (malt). Les *Single Malt*, en revanche, sont obtenus dans une seule distillerie et uniquement avec du whisky de malt. Ils présentent donc une identité plus marquée.

emprunté à une culture étrangère, chargée de significations, comme par exemple le modèle américain, et les initiateurs peuvent être des catégories bio-sociales (en l'occurrence les jeunes) et non seulement des classes ou des fractions de classes. Lorsque McDonald's examina les potentialités que lui ouvrait le marché français, les dirigeants de la firme estimèrent que la France présentait en matière alimentaire des caractéristiques traditionnelles trop affirmées, trop exigeantes, bref des structures trop rigides et trop résistantes au changement pour que le fast-food américain puisse s'y intégrer et s'y développer rapidement. On fut donc trop heureux de trouver un partenaire français et on lui céda la franchise de McDonald's pour la France à des conditions tout à fait exceptionnelles. Les restaurants connurent en fait un succès non moins important que dans les autres pays et la firme américaine poursuivit bientôt ce partenaire français devant les tribunaux pour reprendre le contrôle des opérations, arguant que les restaurants transgressaient les règles sacro-saintes, notamment sanitaires, imposées à ses franchisés. Après une longue procédure, elle obtint gain de cause. McDonald's, au début des années quatre-vingt-dix, prospère en France et tente de rattraper le terrain perdu sur la concurrence. Argotiquement francisé en « Macdo » dans le langage des adolescents, le « roi du hamburger » n'éprouve pas de difficulté particulière à s'adapter au marché français : il lui suffit de tenir compte de certaines résistances locales spécifiques au goût américain : ainsi la sauce spéciale qui accompagne les *Big Macs* dans leur version française est moins sucrée et plus moutardée que celle qui est servie aux États-Unis.

Alors que, aux États-Unis, toute la stratégie de la chaîne est orientée vers les enfants et la famille (ils sont présentés comme les « restaurants de la famille »), en France, du moins dans un premier temps, les adolescents ont constitué une part importante de la clientèle. C'est l'attrait de la culture américaine qui a constitué le moteur symbolique de l'adoption. Les « Macdos » ont rapidement pris place dans la culture quotidienne adolescente-juvénile, au même titre que la musique, le cinéma et l'habillement d'origine américaine. Dans un deuxième temps, la proportion de jeunes dans les clients des restaurants de fast-food tend à baisser régulièrement, car des couches de plus en plus larges et variées les fréquentent (BDG, 1989).

L'attraction symbolique du modèle ne peut à elle seule rendre compte du changement : pour qu'il survienne, il faut sans doute qu'un certain nombre de conditions plus générales soient remplies. Nous verrons au chapitre suivant quelles ont été, globalement, ces conditions dans le cas de la France depuis la guerre. Pour l'instant, éloignons-nous de l'Europe et de l'Occident et considérons un exemple, quelque peu exotique mais proche du précédent, qui nous permettra d'illustrer le type de changements socio-économiques, sociétaux, culturels pouvant être à l'origine de changements dans les mœurs alimentaires.

A Bombay, depuis bien longtemps, les « cols blancs » qui travaillent dans les bureaux de la ville et résident en banlieue bénéficient d'un service tout particulier de portage de repas chauds complets. Les *dabbas* sont des gamelles perfectionnées, qui servent à transporter des repas comportant jusqu'à quatre plats. Ces *dabbas*, préparées à domicile, sont collectées chaque matin, après le départ du client, par des porteurs spécialisés, les *dabbawallas*, qui, au terme d'un circuit de distribution nécessitant une organisation très complexe, les livrent à l'heure du déjeuner au bureau du destinataire, avant de reprendre et de restituer les récipients vides dans l'après-midi. Ainsi, pour un abonnement mensuel modique, les employés de Bombay peuvent consommer un repas préparé par leur épouse sans avoir à s'en encombrer dans les transports en commun, avec toutes les garanties de pureté rituelle exigées par la culture culinaro-religieuse indienne. La pratique daterait du début du siècle : elle fut, dit-on, inaugurée par des hommes d'affaires anglais et se répandit rapidement parmi les employés indiens des bureaux de la ville.

Mais les deux mille *dabbawallas* de Bombay connaissent depuis quelques années des difficultés croissantes. Ils souffrent d'une concurrence de plus en plus vive : celle des restaurants de fast-food qui prolifèrent dans la grande métropole indienne et qui proposent toutes sortes de spécialités d'inspiration occidentale allant de la pizza au hamburger (de poulet, d'agneau ou végétarien). L'analyse montre que le succès du fast-food à Bombay repose sur un certain nombre de facteurs socio-économiques et démographiques : l'augmentation de l'âge moyen du mariage, qui explique le nombre croissant de jeunes célibataires vivant seuls (personne donc, à domicile, pour leur préparer leur *dabba*); la fréquence croissante du travail féminin; l'impossibilité financière, pour les catégories sociales concernées (employés de bureau, petits cadres administratifs), de recourir à des domestiques; l'augmentation de la distance entre le domicile et le lieu de travail, etc. De plus, les restaurants de fast-food présentent une supériorité symbolique sur les *dabbas*: ils incarnent la modernité aux yeux de catégories sociales attirées par un style de vie plus occidental, par le confort et le prestige qui s'y attachent. Cette vertu était précisément celle des *dabbas* lorsque, au début du siècle, les colonisateurs britanniques en adoptaient l'usage. Elle est aujourd'hui celle des *Big Bite*, *Wimpy* et *Pizza King* de Bombay (Davidson, 1985).

L'événement

Nous avons vu que les pratiques alimentaires se caractérisaient par une stabilité réelle, parfois supérieure à celle des autres traits culturels, mais qu'elles sont néanmoins tout à fait capables de labilité. A l'évidence, elles évoluent, s'adaptent à la nécessité, intègrent dans certaines conditions l'innovation, traduisent les dynamiques sociales. On voit mal, d'ailleurs, pourquoi et comment il pourrait en aller autrement : avec le paradoxe de l'omnivore, nous avons vu en effet que néophilie et néophobie sont également et contradictoirement inscrites dans l'omnivore humain et que la culture culinaire procède de cette contradiction même. Nous avons vu que la notion de « fonds de cuisine » paraît en fin de compte fragile, même si certaines particularités des systèmes culinaires, élémentaires ou structurelles, semblent plus pérennes que d'autres. Les éléments du système peuvent changer sans que la structure en soit significativement altérée. Mais la structure peut évoluer, se modifier sous l'effet de facteurs divers. Les modalités du changement et ses causes sont multiples et diverses.

Éléments ou structure : la question de savoir ce qui change dans un système culinaire ne peut donc recevoir une réponse unique et simple sans que l'on réintègre un facteur décisif, trop souvent oublié : l'événement.

L'événement type, quasi expérimental, c'est celui auquel ont assisté les primatologues japonais lorsque la jeune femelle macaque a, pour la première fois, lavé une patate douce dans l'eau du ruisseau. Cet acte proto-culinaire, reproduit d'abord de manière intragénérationnelle, est en somme devenu, en passant par l'intermédiaire des femelles, à la deuxième génération, une « coutume » et a entraîné une cascade de conséquences, lesquelles autorisaient à leur tour des événements secondaires; la tendance ainsi constituée est devenue structurante ou restructurante : l'événement, l'aléa, en l'occurrence la fantaisie atypique d'un individu, s'est révélé avoir lancé un processus de morphogenèse.

Dans les sociétés humaines complexes, de tels enchaînements, générateurs ou non de « mutations », se produisent à chaque instant; leur destin est imprévisible. Dans l'un des exemples que nous avons examinés dans ce chapitre, celui de l'huile, considérons l'enchaînement événementiel : une grande firme agro-alimentaire prend la décision d'introduire un nouvel oléagineux, le colza, dans son produit. A la même époque, dans un laboratoire, un chercheur a obtenu des résultats expérimentaux qui font peser un soupçon sur l'huile de colza. Le mouvement consumériste naissant se saisit de l'affaire, alerte l'opinion. L'événement initial déclenche un processus, cristallise la tendance, l'accélère. La stratégie du grand concurrent s'en trouve renforcée, son succès précipité : la France passe en quelques mois ou quelques années à l'huile de tournesol. Au-delà, à plus long terme, la structure même de l'industrie agro-alimentaire française s'en trouvera profondément modifiée (Lesieur est passé sous contrôle italien). Quant aux fonds de cuisine, ils en seront tout bouleversés.

Nous avons tenté d'envisager les modalités, les mécanismes et les voies du changement, de l'adoption de nouvelles pratiques ou consommations, constaté le rôle déclencheur de l'aléa, de l'événement inattendu. Dans le chapitre qui suit, nous allons maintenant considérer les tendances « lourdes », les facteurs extérieurs, économiques, sociétaux, civilisationnels, qui sous-tendent ce changement.

7

Le mangeur du XXᵉ siècle

Dans son enquête sur *La vie quotidienne dans les familles ouvrières*, publiée en 1956, P.H. Chombart de Lauwe montra que, pour les ouvriers français, une bonne alimentation était avant tout une alimentation « nourrissante », c'est-à-dire saine mais surtout abondante et rassasiante (Chombart de Lauwe, 1956). Trente ans plus tard, selon une enquête nationale du CREDOC, seuls 4 % des enquêtés pensent qu'une bonne alimentation doit être « abondante » (Haeusler, 1985). Bien plus : 63 % des interviewés d'une enquête SOFRES estiment que les Français *« d'une manière générale, mangent trop »*. Dans une enquête comparable menée en 1971, ils n'étaient encore que 50 % (SOFRES, 1972; SOFRES, 1989).

Les études sur les attitudes des Français en matière alimentaire concordent : le souci quantitatif, la « peur de manquer », reculent (Lambert, 1987). Le souci dominant devient de plus en plus d'ordre *qualitatif :* en 1985, le terme le plus souvent employé par un échantillon de mères de famille pour caractériser une bonne alimentation est *équilibre*, un mot dont les publicitaires ont d'ailleurs très tôt reconnu la vertu mobilisatrice (Fischler, 1986a; Fischler, 1986b [1]).

Le souci quantitatif subsiste dans certaines parties de la popu-

---

[1]. Dans la publicité de la marque Évian, le thème de « l'équilibre » a remplacé celui de « la pureté » dès 1982 *(« Le juste équilibre », « C'est bon l'équilibre », « La force de l'équilibre »)*. En 1990, le mot équilibre fonde plusieurs campagnes publicitaires, notamment celle de *Fruit d'Or*.

lation (salariés agricoles, ouvriers), mais il régresse. A la question
« *quelle est la qualité essentielle d'une bonne alimentation ?* », 40,6 %
d'un échantillon de femmes d'ouvriers de la région parisienne choisissent la réponse « nourrissante », contre 6,6 % d'un groupe composé
de femmes de cadres. A l'inverse, ces dernières répondent « équilibrée » à une grande majorité (62,3 %); mais près d'un tiers des
ouvrières (29,2 %) choisissent la même réponse [1].

Dans l'esprit des mangeurs contemporains, la question cruciale
est de plus en plus celle de savoir quoi manger et dans quelle
proportion : c'est en somme de *choisir*. Le souci quantitatif n'est
certes pas absent des préoccupations : mais c'est plus souvent en
termes de *restriction* que l'on se pose aujourd'hui la question. Les
enquêtes montrent en effet que, à chaque instant, entre un cinquième et un quart de la population suit une forme quelconque de
régime (Haeusler, 1985). 47 % des Français déclarent *« surveiller
leur alimentation »* (Irlinger et al., 1990). Dans le sondage SOFRES
de 1989, une forte proportion des interviewés déclarent *« éviter ou
limiter le plus possible »* les plats en sauce, le vin, le sucre. Parmi
les mères de famille interrogées plus particulièrement sur « la bonne
alimentation enfantine », on voit apparaître avec une grande insistance le souci de régulation, la volonté d'éviter les excès et les
déséquilibres (Fischler, 1986a; Fischler, 1986b).

Que s'est-il passé en trois décennies? Comment expliquer ce
changement profond dans les attitudes, cette apparente transformation de la relation aux aliments? Depuis la Seconde Guerre
mondiale, des mouvements de fond ont profondément changé la
France et la plupart des sociétés développées, modifiant les pratiques,
les mentalités et les mœurs, notamment alimentaires. En même
temps, la production et la distribution de l'alimentation ont, elles
aussi, subi de profondes modifications, s'industrialisant et se massifiant. C'est dans ce contexte que s'est formée entre le mangeur et
son alimentation une relation en grande partie inédite.

---

1. Enquête effectuée en 1989 en collaboration avec Ph. Chappot sur un échantillon comparatif composé de deux groupes de femmes salariées appartenant respectivement aux catégories (PCS) 5 et 3 dans la classification de l'INSEE (N = 247).

Les tendances « lourdes »

En trente ans, la France s'est transformée plus radicalement peut-être qu'au cours des cent ans qui ont précédé. Le pays s'est développé, industrialisé, urbanisé. Avec le changement économique, la composition sociale du pays s'est modifiée. En 1954, c'était encore un pays essentiellement rural, où un bon quart de la population active vivait de l'agriculture; aujourd'hui, la proportion est à peine supérieure à 5 % (INSEE, 1990). Dans les années cinquante, la reconstruction, puis l'industrialisation, ont accéléré l'exode rural et déclenché un processus de changement rapide qui durera au moins jusqu'aux années soixante-dix.

La civilisation du bureau

Tandis que la proportion de paysans diminuait considérablement, celle de cadres, de techniciens, de professions intellectuelles augmentait nettement. Mais à la fin des années soixante-dix, un processus nouveau et violent s'enclenche. La révolution industrielle triomphe à peine en France que, déjà, elle entre en crise. Au recensement de 1975, les ouvriers constituent 38 % de la population active : cette proportion ne sera jamais dépassée [1]. Après « la fin des paysans » (Mendras, 1984) commence un déclin de la classe ouvrière. En l'espace de quelques années, en effet, s'opère une « contre-révolution industrielle », dans laquelle les branches issues de la révolution industrielle du XIXe siècle, jadis dominantes, s'effondrent (Todd, 1988). La proportion de personnes employées par l'industrie tombe de 38,6 % à 34,2 % entre les recensements de 1975 et 1982. En 1989, les ouvriers représentent moins de 30 % de la population active (INSEE, 1990). L'exode rural fait place à « l'exode industriel »,

---

[1]. Il y a au même moment 9,3 % de paysans, 17,6 % d'employés, 12,7 % de cadres moyens (Todd, 1988).

la partie industrielle de la France, au Nord et à l'Est, se vidant lentement vers d'autres régions, en un phénomène analogue, quoique de moindre ampleur, à celui qu'ont connu la Grande-Bretagne et d'autres pays industrialisés. Entre 1975 et 1982, en revanche, le nombre de personnes employées dans le secteur tertiaire a augmenté de près de 15 % [1]. La grande majorité des Français (57,6 % en 1982) travaille désormais pour le secteur des services, un univers *« peuplé de diplômés, petits et grands, dont les titres vont du BEPC à l'agrégation »* (Todd, 1988 [2]).

Pendant les « trente glorieuses », le niveau de vie a augmenté et, avec lui, la consommation. Dans la période 1950-1980, la consommation a triplé dans l'Europe des Six (Malassis, 1986). Les Français se sont d'abord équipés en appareils électroménagers, en automobiles, en téléviseurs. En 1987, d'après l'INSEE [3], 71 % des ouvriers non qualifiés possédaient une voiture, 79 % un téléphone, 92 % une télévision, 82 % une machine à laver, 95 % un réfrigérateur. Après la vague de consommation des biens d'équipement, c'est une consommation plus « hédonique » qui s'est développée (voyages, vacances, sports, etc.) tandis que « l'industrie culturelle » connaissait une croissance sans précédent (Morin, 1975).

Le rapport au temps s'est modifié profondément. La durée de vie a augmenté et le temps de travail a diminué : moins d'un quart du temps total est désormais consacré au travail à proprement parler. Des contraintes nouvelles se sont mises à peser, par exemple celles liées aux transports. Malgré cela, il peut paraître paradoxal que 43 % des Français se plaignent du manque de temps (Lambert, 1987 ; Herpin, 1980 ; Mermet, 1985). C'est sans doute que l'organisation traditionnelle du temps, tout entière appuyée sur des rythmes collectifs de masse (vacances scolaires, heures de pointe, ouverture et fermeture des commerces et des bureaux, etc.), est vécue comme une contrainte par les individus, qui souhaitent de plus en plus planifier leur vie quotidienne selon des rythmes qui

---

1. Alors que les effectifs de l'agriculture diminuaient de 16,6 % et ceux de l'industrie de 9 % (Todd, 1988).
2. En 1982, le pourcentage d'individus titulaires d'un diplôme égal ou supérieur au baccalauréat, qui est de 6,6 % dans le groupe d'âge des 65 à 74 ans, est de 24,2 % dans le groupe d'âge des 25 à 34 ans (Todd, 1988).
3. INSEE : « Les principaux biens d'équipement du logement au milieu de 1987. » *Premiers résultats* (163), p. 2.

leur soient propres. L'aspiration à une souplesse plus grande, à une « personnalisation » des horaires, devient de plus en plus pressante : c'est pourquoi, paradoxalement, alors que le temps « libre » est aujourd'hui plus abondant que jamais, les individus, après avoir gagné du temps et de l'énergie sur les tâches domestiques grâce à l'électroménager, cherchent à réduire encore le temps consacré aux activités quotidiennes, notamment l'alimentation.

La civilisation du bureau est faible consommatrice d'effort physique. En France comme dans les autres pays développés, les individus ont eu tendance à dépenser de moins en moins d'énergie musculaire. Au fur et à mesure que l'empire du bureau s'étendait, l'usine et l'atelier traditionnels reculaient. Les emplois industriels eux-mêmes font aujourd'hui de moins en moins appel à la force physique et les tâches « manuelles » tendent de plus en plus à se réduire avec les processus de production modernes : il arrive que les manœuvres pilotent des engins électriques et les ouvriers qualifiés des consoles électroniques. Dans les villes – et même les campagnes – la généralisation du chauffage central a fait augmenter la température ambiante moyenne et baisser du même coup les dépenses en calories nécessaires à la thermorégulation des individus. De même, dans le mode de vie urbain, l'automobile et les transports diminuent le travail musculaire. Ainsi la *dépense* énergétique moyenne, qui était estimée à plus de 3 000 calories par jour chez l'homme et 2 400 chez la femme, serait tombée progressivement, depuis la fin des années cinquante environ, à 2 200 et 1 800 respectivement. Si nous dépensons moins de calories, nous en *absorbons* également moins. Toutefois, en termes de moyennes statistiques et dans la mesure (discutable) où les estimations sont fiables, la consommation semble avoir moins diminué que les besoins. Il y a donc, au moins statistiquement, un solde nettement positif au bilan énergétique. Les disparités sociales en la matière sont considérables : les couches moyennes et supérieures de la population française consommeraient environ 2 800 calories par jour, tandis que la ration moyenne des classes dites populaires dépasserait 3 000 (Lambert, 1987). Ces données, on le verra par la suite, concordent avec celles de la distribution sociale de l'embonpoint et de l'obésité : dans les pays développés, le *popolo minuto*, le peuple maigre, se recrute désormais dans les couches supérieures et le *popolo grasso* dans les classes populaires (Dupin, 1981; Lambert, 1987; François, 1990).

La « féminisation » de la société

Avec l'urbanisation, la structure familiale traditionnelle s'est transformée profondément. La famille dite étendue s'émiette ou ne subsiste que de façon résiduelle, laissant la plus grande place à la famille mononucléaire, qui devient de plus en plus *« la seule institution sociale de base »* (Scardigli, 1987). Dans le couple, la répartition des rôles a évolué. Les grandes décisions (achat d'un appartement, avenir des enfants) sont prises de façon de plus en plus égalitaire, de même que celles qui concernent les dépenses d'équipement les plus importantes. Dans les classes sociales moyennes et supérieures, le partage des tâches tend à être plus égalitaire qu'en milieu ouvrier, où la femme assume toujours toutes les tâches ménagères mais aussi administratives (Glaude & de Singly, 1987).

Dans les années quatre-vingt, une tendance s'affirme nettement : la « féminisation » du monde du travail, avec ses répercussions qui apparaissent de plus en plus considérables sur l'ensemble de la société.

Les changements dans la division des rôles entre les sexes, au premier abord, ont peu modifié la vie quotidienne. L'analyse des emplois du temps ne semble pas montrer de bouleversements réels dans la répartition des tâches domestiques : les femmes, en 1985, passaient certes un peu moins de temps à la cuisine, à la vaisselle et aux courses qu'en 1975, mais c'était toujours près de trois fois plus que les hommes (Lambert, 1987). La véritable nouveauté tient sans doute à la tension qui s'exerce, chez les femmes salariées, dans la perception qu'elles ont de leur rôle et de leur identité. L'accession à la vie professionnelle, lorsqu'elle n'est pas simplement dictée par la nécessité d'un deuxième salaire, a sans doute été vécue comme une libération, un arrachement à l'enfermement domestique. Mais les contraintes nouvelles que cette vie impose sont source de tiraillement. Continuer à assumer les rôles traditionnels de la femme devient une gageure (Scardigli, 1987). Certaines, outre les difficultés pratiques, en éprouvent un malaise, parfois une culpabilité. La

« crise de l'identité féminine » devient un thème de fond dans les media et notamment les magazines féminins, qui l'incarnent volontiers dans le nouveau stéréotype *upper middle class* de la « superwoman », déchirée entre carrière et famille.

Mais l'accouchement, aussi difficile soit-il, d'une nouvelle féminité ne doit pas cacher la crise profonde dans laquelle est entré l'univers masculin. Le monde en déclin est un monde à prédominance masculine. Sur le plan social comme sur le plan démographique, le féminin progresse, le masculin recule. Le monde des ouvriers – 80 % d'hommes – recule au profit de celui des employés – 75 % de femmes. A cela s'ajoute l'effet des tendances démographiques : l'écart entre l'espérance de vie des femmes et celle des hommes s'accroît dans le monde développé [1], en France davantage qu'ailleurs : soixante-douze ans pour les hommes, plus de quatre-vingts pour les femmes. Les hommes, en particulier dans les couches de « laissés-pour-compte » de la modernité, sont victimes, davantage que les femmes, à la fois des traditionnels fléaux masculins (alcoolisme) et des nouveaux (toxicomanie) ou de ceux qui connaissent une forte recrudescence, comme le suicide. Le suicide est en effet traditionnellement beaucoup plus masculin que féminin, mais sa progression est considérable depuis les années quatre-vingt [2], en particulier chez les jeunes. L'augmentation touche donc de plein fouet les hommes, surtout ceux qui appartiennent aux catégories sociales en recul, tout particulièrement les salariés agricoles (114 pour 100 000 dans la tranche d'âge 55-60 ans).

Ces tendances ne sont pas sans rapport avec le fait que des valeurs qui apparaissent en hausse dans le nouveau cours de la civilisation sont précisément des valeurs considérées comme plus féminines, du moins dans la logique traditionnelle, celle qui chancelle aujourd'hui : la sensibilité, la créativité, l'intuition, etc. Symétriquement, des valeurs traditionnellement masculines tendent à régresser, comme l'indique la réprobation croissante à l'encontre de la violence ou le fait que les hommes, dans les couches les plus jeunes et les plus « en pointe », acceptent graduellement leur part

---

1. Aux États-Unis, dans les tranches d'âge au-delà de soixante-quinze ans, 65 % de la population est féminine. *Statistical Abstracts of the United States*, 1989, p. 13.
2. Voisin de 15 pour 100 000 jusqu'en 1976, il dépasse, depuis 1982, 21 pour 100 000 (Baudelot, Establet & Lahlou, 1987).

de certaines tâches traditionnellement féminines (les soins des enfants davantage que le ménage ou la cuisine) et tolèrent mieux l'accession des femmes aux responsabilités [1]. Des pratiques relevant de la « culture » féminine ont tendance à être peu à peu adoptées par les hommes, en particulier dans le domaine du corps ou du vêtement : à partir des années soixante, les hommes ont commencé à « se parfumer », à consommer de plus en plus de cosmétiques (crème pour les mains, eau de toilette, pommade pour les lèvres). Aujourd'hui, selon un sondage, 82 % considèrent que *« c'est un progrès d'utiliser des produits jusqu'ici réservés aux femmes »* (Mermet, 1985) : il est de moins en moins suspect pour les hommes, et pas seulement dans les classes supérieures, de manifester le souci de leur apparence, même si la « coquetterie » ou le narcissisme ne s'affirment pas toujours directement. Les pratiques corporelles et sportives reflètent la montée des préoccupations esthétiques : le développement du sport ne se fait pas seulement dans un contexte compétitif, mais aussi dans un but d'hygiène corporelle et de maintien de « la forme », un terme qui recouvre aussi *les formes*, c'est-à-dire l'apparence (Irlinger et al., 1990). L'usage dans le costume de matières et de couleurs longtemps rejetées comme peu viriles n'est plus interdit aux hommes, même dans les sous-vêtements, et le soin apporté à l'apparence va, dans les classes supérieures, jusqu'à autoriser éventuellement le recours à la chirurgie esthétique. Nous verrons que, en matière alimentaire, les effets de cette nouvelle tendance sont également manifestes et considérables.

Individu et collectivité

La civilisation urbaine et technique qui s'est installée à partir des années soixante apporte avec elle des rapports nouveaux entre individualité et collectivité. L'individualisme et l'hédonisme gagnent. Mais avec l'individualisme on voit aussi progresser des problèmes

---

1. 70 % des hommes déclarent, en 1984, qu'ils accepteraient facilement de travailler sous les ordres d'une femme et 80 % que la situation de leur femme soit très supérieure à la leur (enquête Gallup pour *L'Express*, février 1984 ; cité dans Mermet, 1985).

qui lui sont liés, et notamment le relâchement de certains liens sociaux.

La crise de la religion est un phénomène d'ampleur occidentale, qui se manifeste à la fin des années soixante par l'affaiblissement croissant de la pratique religieuse catholique (les pays protestants avaient connu le même phénomène dès le début du siècle). Le clergé est pour ainsi dire en voie de disparition [1]. A cette époque, les modèles médiatiques de bonheur individualiste favorisent la diffusion des idéaux de gratification hédonique, la recherche des satisfactions personnelles, à travers les loisirs, les vacances, la consommation. Les critères d'accomplissement religieux, moraux, même politiques, tendent à reculer au profit de la recherche de satisfactions et de jouissances individuelles : selon l'heureuse formule d'Edgar Morin, « *de la vacance des grandes valeurs, naît la valeur des grandes vacances* » (Morin, 1962).

Mais la vie citadine, l'univers techno-bureaucratique du travail, tout cela va de pair aussi avec une certaine atomisation de l'individu et de nouvelles formes d'isolement ou de solitude urbaine, qui avaient été décrites dès les années cinquante, notamment par David Riesman dans « La foule solitaire » (Riesman, 1952). Avec l'exode rural, l'individu vit déjà un déracinement, coupé qu'il est de sa communauté d'origine, de la famille étendue, des réseaux d'amitié et de parenté traditionnels. Mais c'est pour ainsi dire par nature que le mode de vie citadin moderne impose souvent aussi un certain isolement social. L'univers du travail, fortement hiérarchisé, bureaucratisé, l'habitat collectif, le repli sur la vie domestique, tout cela contribue à restreindre la sphère des contacts interpersonnels. L'entreprise et l'habitat ne suffisent pas à remplacer dans la vie quotidienne les réseaux de relations et d'habitudes caractéristiques des modes de vie plus traditionnels. L'étude des rapports de voisinage confirme que l'habitat collectif est de tous les types d'habitat celui qui est le moins propice à l'établissement de rapports de voisinage (Héran, 1987).

L'isolement est aujourd'hui accentué par les tendances démo-

---

[1]. Selon les *Annuaires statistiques de l'Église catholique*, entre 1970 et 1981, le pourcentage de baptisés est passé de 84 à 66 %; le nombre de prêtres d'environ 45 000 à 38 500; le nombre annuel d'ordinations de 264 à 105 (cité dans Mermet, 1985).

graphiques. Outre le vieillissement de la population, commun à la plupart des pays développés, on constate un accroissement du nombre des solitaires. Le recensement de 1981 indique déjà que près d'un quart des ménages sont constitués de personnes seules, soit 4,8 millions d'individus vivant seuls (Weil, 1986).

Autonomie et anomie

Dans des domaines comme ceux de la vie sentimentale, des rapports de couple, des stratégies éducatives et de « l'élevage » des enfants, de la santé et de la relation au corps (donc de l'alimentation) de grandes béances se sont ouvertes. Traditionnellement, ces domaines de la vie étaient en très grande partie socialement prédéterminés ou surdéterminés. Le choix des époux, par exemple, était en fait étroitement contraint par les appartenances sociales, les intérêts familiaux, ou même, purement et simplement, la volonté parentale. Les rapports de couple obéissaient à des règles où la bienséance, la pression des apparences, les enjeux et alliances avaient une part importante, où les contraintes quotidiennes de la vie laborieuse imposaient une coopération de tous les instants, une stricte division des compétences. L'éducation des enfants était en grande partie gouvernée par la reproduction de modèles où la tradition, l'exemple parental, la religion étaient essentiels et guère susceptibles d'être remis en cause. Dans les couches sociales qui vivent au plus près l'évolution de la société urbaine et technique ces déterminismes s'estompent, s'atténuent ou même se désagrègent. Dans de nombreux domaines du quotidien et des destins personnels, les individus se retrouvent en effet de plus en plus confrontés à la nécessité impérieuse de faire eux-mêmes des choix là où le groupe, la famille, la tradition, la culture imposaient jadis leurs déterminismes. Le choix des amitiés, des amours, voire l'éducation des enfants ne sont plus implicitement pris en charge ou gouvernés par des règles tacitement et consensuellement reconnues par l'ensemble du groupe social d'appartenance : ils entrent dans la sphère de compétence des individus, dans l'exercice de leur autonomie. Il faut prendre des décisions individuelles, et ces décisions sont marquées par la liberté au moins apparente du choix.

Cette autonomie croissante est aussi porteuse d'anomie. Pour prendre ces décisions, pour faire ces choix, il faut en effet des critères, qu'ils soient moraux, économiques, médico-hygiéniques, etc. Or les idéologies et les croyances traditionnelles tendant de plus en plus à être remises en cause, les critères qui en découlent sont de plus en plus fragilisés, parfois introuvables. Il n'existe plus guère, par exemple, une façon « naturelle », c'est-à-dire socialement acceptée, d'élever les enfants, mais un éventail d'attitudes possibles (traditionaliste, conservatrice, autoritaire, libérale ou laxiste, etc.). Et si une « vulgate » dominante, influencée par la psychanalyse, moins rigoriste, semble se dégager et s'étendre, il reste que les attitudes individuelles font l'objet d'une décision des parents de plus en plus souvent explicitement formulée : tout se passe comme si chaque famille devait dégager sa propre politique en la matière.

On va le voir, cette situation de flottement anomique, de vacance des principes socialement acceptés, a aussi des conséquences importantes sur les représentations et les pratiques en matière d'alimentation. Dans ce domaine comme dans celui des amitiés, des amours, comme dans l'éducation des enfants, il faut désormais faire des choix, prendre des décisions bref, exercer une autonomie individuelle. Or en matière alimentaire, le choix est devenu, on va le voir, particulièrement délicat.

L'industrialisation de l'alimentation

De la ferme à l'usine, de la cuisine à l'usine

L'alimentation est devenue une industrie. Les produits que nous mangeons sont de plus en plus transformés : les trois quarts de nos aliments sont passés entre les mains de l'industrie, et ceux qui viennent encore directement de la ferme sont souvent eux-mêmes de plus en plus porteurs de valeur ajoutée : emballage, conditionnement, préparation, etc. Dans les années quatre-vingt, l'agro-alimentaire est devenu le premier secteur industriel français, avec un chiffre d'affaires de plus de 500 milliards de francs [1].

Depuis les années cinquante, la production et la distribution des denrées alimentaires se sont transformées radicalement. La production s'est « délocalisée » (Pelto & Pelto, 1983). Jusqu'à une date assez récente, dans beaucoup de pays occidentaux, le système agro-alimentaire était caractérisé par le fait qu'une partie importante des ressources alimentaires consommées était produite sur place, dans le cadre de ce que les écologistes appellent des « écosystèmes domestiques diversifiés » (Barrau, 1974; Barrau, 1983). Le « terroir » local fournissait une bonne part de l'alimentation quotidienne et le répertoire culinaire était construit autour de cet éventail de ressources. De l'extérieur provenaient un nombre relativement restreint de produits, souvent très valorisés, soit parce que consommés exceptionnellement, soit parce que permettant de relever le goût de l'ordinaire (sel, sucre, épices, etc.).

La révolution agro-alimentaire a instauré progressivement un système où la production des denrées s'organise à l'échelle régionale, nationale ou même mondiale. Dans ce système, que l'on nomme « écosystème domestique hyperspécialisé », celui des plaines à blé ou des *corn belts,* la production locale est moins variée et les apports extérieurs doivent être de plus en plus importants, puisque la division du travail de production et l'échange sont les clés de voûte de l'édifice (Barrau, 1974; Barrau, 1983). Le nombre des exploitations agricoles diminuant et la productivité augmentant, on est, dans les années quatre-vingt, arrivé à une situation où chaque agriculteur français « nourrit » statistiquement environ 30 personnes. L'alimentation est devenue, selon la terminologie techno-économique officiellement employée, une « filière » agro-industrielle (François, 1990).

Les individus, avons-nous vu, cherchent de plus en plus à compresser la part de leur temps quotidien qui relève de la contrainte. L'industrie agro-alimentaire cherche à répondre à cette demande. En transformant les produits agricoles, elle ne se substitue pas seulement aux métiers de production traditionnels, mais aussi et de plus en plus à l'utilisateur final, c'est-à-dire à la ménagère et

---

1. *Libre Service Actualités (LSA)* (1133), 14 octobre 1988, p. 19.

aux professionnels de la restauration. La préparation culinaire ou pré-culinaire se déplace de plus en plus de la cuisine à l'usine : les nouveaux « aliments-service » incorporent de plus en plus de travail et de temps, qu'il s'agisse de plats tout préparés ou de légumes pré-épluchés, de purées instantanées ou de café soluble, en déchargeant d'autant le consommateur (Sylvander, 1988). La cuisine s'industrialise autant que l'agriculture et que la transformation de ses produits.

Le supermarché planétaire

Dans les années soixante survient un événement considérable : la naissance des grandes surfaces, hyper- ou supermarchés. L'urbanisation et son double corollaire, la « banlieusardisation » et surtout le développement de l'automobile, sont les conditions essentielles de cette révolution du commerce de détail. La montée des grandes surfaces va révolutionner la consommation, les modes de vie, après avoir provoqué des remous sociaux et bouleversé la vie politique. En 1960, il existait sept supermarchés [1] sur l'ensemble du territoire français. Au début de 1989, le ministère du Commerce compte 6 493 supermarchés et 747 hypermarchés. Dans la même période, on estime à 100 000 le nombre de petits commerces qui ont fermé leurs portes. Les épiceries traditionnelles ont pratiquement disparu dans les villes. En dépit de la loi Royer de 1973, destinée à freiner et réguler leur extension, les grandes surfaces font aujourd'hui de plus en plus partie constitutive du tissu et du paysage de la périphérie urbaine. En 1969, 10,4 % des achats de produits alimentaires se faisaient dans les grandes surfaces. En 1988, pour la première fois, la moitié de ces achats ont été effectués dans les hypermarchés et supermarchés (INSEE, 1989). A partir de 1980, les dernières épiceries, celles qui subsistaient en milieu rural, ont commencé à disparaître (Courson, 1990).

Avec le supermarché, les stratégies d'achat sont transformées. Les « courses » quotidiennes tendent à disparaître au profit de l'ex-

---

1. Selon la définition en usage dans la profession, on appelle supermarché un magasin libre-service alimentaire qui dépasse les 400 m². Un hypermarché n'est pas exclusivement alimentaire et dépasse les 2 500 m².

pédition hebdomadaire (ou même moins fréquente). La planification des achats se fait donc à plus long terme, mais ceci est loin d'exclure l'achat impulsif, que tout, au contraire, dans la disposition des linéaires et des marchandises (cet art se nomme *merchandising* ou marchandisage), cherche à stimuler. Dans les allées des hypermarchés, les chalands pratiquent la cueillette et le stockage à grande échelle, retrouvant en quelque sorte des comportements archaïques de primates pré-hominiens sous l'abri de la forêt vierge.

Le développement de la grande distribution ouvre véritablement l'ère de la consommation de masse dans le domaine agroalimentaire en France. L'industrialisation de l'alimentation peut se poursuivre et s'accomplir. Ses corollaires – la publicité, le marketing de masse et les marques – se développent. Les aliments deviennent des produits industriels à part entière, de plus en plus transformés, incorporant une valeur ajoutée de plus en plus grande. Ils sont désormais vendus sous une marque, sont conçus, emballés et commercialisés avec l'appui de toutes les techniques du marketing, de la publicité et des autres techniques de promotion.

Les conséquences sur la consommation sont considérables et complexes. D'une part les nouveaux aliments industriels tendent à se standardiser, à s'homogénéiser. Les qualités principales que la nouvelle distribution attend d'eux sont la régularité, la durée de conservation et le *mass appeal*, c'est-à-dire l'attrait généralisé, au-delà des distinctions d'âge, de classe et de culture. Dans cette logique, les saveurs fortes, les particularités reposant sur des traditions locales, régionales, de terroir tendent à se diluer au profit d'un « plus petit dénominateur commun ». Les nouveaux produits de masse sont consommés aux quatre coins du pays et même, de plus en plus, de la planète. Sur tous les linéaires de supermarchés du monde, figurent le ketchup Heinz et le Nescafé, les yoghourts et les glaces, le whisky écossais et les sodas.

Mais en même temps que cette standardisation, progressant du même pas qu'elle, on note des tendances de sens contraire et d'abord une diversification des produits consommés. Super ou hyper, la grande surface est d'abord un marché, et les produits du monde entier y entrent de plus en plus. En vingt ans, mille nouveautés se sont imposées dans nos approvisionnements. Les supermarchés ont entraîné avec eux le perfectionnement et la généralisation de la chaîne du froid. C'est dans les linéaires des supermarchés, en particulier dans les présentoirs réfrigérés, qu'on a vu apparaître en rangs serrés des produits nouveaux appelés à devenir fondamentaux dans notre alimentation. C'est là qu'ont proliféré d'abord les yoghourts (encore vendus en pharmacie avant guerre), puis les fromages frais et les desserts laitiers, les glaces et les surgelés. C'est dans les mêmes « gondoles » de supermarchés que l'on a vu progressivement s'imposer le ketchup et les corn flakes, les conserves d'ananas et les jus d'orange en bocaux, le café instantané et les bouteilles plastique. Le maïs, l'avocat, le kiwi, les litchis, d'abord en conserve puis frais : toutes sortes de nourritures étranges ou exotiques se sont généralisées, sinon banalisées en vingt ans.

En outre, dans le supermarché planétaire qu'ils contribuent à installer, les colosses de l'agro-alimentaire eux-mêmes doivent tenir compte de certaines particularités locales lorsqu'ils cherchent à imposer leurs produits universels. Les Européens sont, semble-t-il, plus habiles à ce jeu que certains de leurs concurrents américains : Nestlé produit plus de deux cents mélanges de café différents pour satisfaire les goûts spécifiques des marchés nationaux qu'il couvre. Trop désireux d'imposer une offre uniforme, pas assez conscients des particularités culturelles locales, les géants américains trébuchent parfois : Campbell, qui voulait commercialiser ses soupes en boîtes au Brésil, a connu un échec cuisant. D'autres sociétés américaines, qui voulaient introduire leurs *cookies* en Grande-Bretagne, échouèrent également : le produit américain était tendre, et les Britanniques n'aiment les *cookies* que durs (Greenhouse, 1988).

Les apôtres de la gastronomie et de la bonne chère déplorent l'arasement des particularités, le déclin irrémédiable de la qualité, l'extinction des saveurs, le triomphe des succédanés. Ils décrivent avec une morbide délectation l'effondrement lamentable des fromages, la standardisation pitoyable des charcuteries, l'affadissement des fruits et des légumes, l'homogénéisation truqueuse des vins. Le développement de produits de haut de gamme, qu'ils voient comme des survivances luxueuses ou des gadgets trompeurs, ne les console pas.

Les prophètes du marketing semblent confirmer à leur manière les perspectives qui désespèrent les gourmets : ils pronostiquent une uniformisation presque totale des mœurs alimentaires, une « mondialisation » des goûts. Certains dirigeants de groupes agro-alimentaires, comme le président de Philip Morris, fondent même leur stratégie sur cette perspective et le font savoir (Greenhouse, 1988).

La planétarisation de l'agro-alimentaire et la grande distribution introduisent une sorte de syncrétisme culinaire généralisé, qui correspond tout à fait à ce qu'Edgar Morin avait décrit dans *l'Esprit du Temps* au sujet de l'industrie culturelle (Morin, 1975). Mais l'agro-business planétaire ne détruit pas purement et simplement les particularités culinaires locales : il désintègre et intègre à la fois, produit une sorte de mosaïque syncrétique universelle ou opère, selon la formule qu'Edgar Morin appliquait à la culture de masse, « *un véritable cracking analytique* [qui] *transforme les crus naturels en produits culturels homogénéisés pour la consommation massive* » (Morin, 1975, p. 85). En même temps, donc, qu'elle rabote les différences et les particularités locales, l'industrie agro-alimentaire expédie dans les cinq continents des spécialités régionales et exotiques, adaptées ou standardisées. Les fromages « traditionnels », devenus rarissimes et chers, sont remplacés par des succédanés pasteurisés, mais ces fromages français industriels sont consommés en Allemagne comme au fin fond du Midwest. Nestlé, par le biais de Findus, s'étonne de si bien vendre en France de la *moussaka* à la grecque surgelée. Le *müsli* suisse s'introduit de plus en plus dans les *breakfasts* britanniques et les petits déjeuners français. Ainsi, l'agro-business planétaire emprunte aux folklores culinaires qu'il a contribué à désintégrer pour en propulser des versions homogénéisées ou édulcorées aux quatre coins de l'univers.

Mais ce serait une erreur que de croire que l'industrialisation de l'alimentation, le progrès des transports, l'avènement de la distribution de masse ne peuvent que désagréger et araser les particularités locales et régionales. En réalité, dans certains cas, la modernité n'exclut pas, voire favorise, la formation de particularités locales. Pour appuyer cette affirmation, recourons une fois encore à un exemple américain. Il s'agit en l'occurrence d'une innovation culinaire récente, liée au monde urbain et à la restauration de masse. Et cependant, en quelques décennies, elle est devenue une spécialité locale à part entière, revendiquant une « authenticité » aussi sourcilleuse que celle du cassoulet ou de la bouillabaisse, en dépit du fait qu'elle repose initialement sur un invraisemblable

« mic-mac syncrétique » (Morin) transculturel. Cette spécialité néo-folklorique n'a pas encore franchi les limites de sa ville d'origine. Il s'agit du *Cincinnati chili*, du nom de la grande ville de l'Ohio qui s'en régale depuis les années vingt. L'ascension de cette spécialité néo-régionale du XXe siècle américain a été relatée en grand détail par un folkloriste américain (Lloyd, 1981).

Le *Cincinnati chili* est une préparation à base de bœuf haché, bouilli et auquel on ajoute un mélange de douze à dix-huit herbes et épices, dont de la cannelle. La mixture ainsi obtenue est ensuite encore réduite pendant trois à quatre heures. Le chili est servi selon un certain nombre de variantes *(« ways »)* comportant un nombre croissant d'éléments : dans la version « de base », le chili est posé sur un lit de spaghetti *(« chili spaghetti »)*; on peut surmonter cet ensemble d'une couche de fromage râpé *(« three-way »)*; ajouter une strate d'oignons blancs hachés *(« four-way »)*; couronner le tout d'une couche de haricots *(« five-way »)*. Ces variantes sont strictement répertoriées et la dénomination des *ways* correspond à des règles aussi prégnantes que celles de toute cuisine traditionnelle. Le *Cincinnati chili* est servi dans 65 *chili parlors* spécialisés appartenant à des chaînes comparables à celles qui, à travers tous les États-Unis, servent du fast-food, ainsi que dans la plupart des restaurants de la ville. Les habitants préparent aussi le chili chez eux et le considèrent véritablement comme une spécialité locale.

Le *Cincinnati chili* est l'invention d'un immigrant d'origine bulgare natif de Macédoine, Tom Kiradjieff. Dans les années vingt, il vendait des *coney islands* ou *chili dogs* (une forme de *hot dogs* new-yorkais) à la sortie d'un cinéma (qui donna son nom, *Empress*, à la chaîne de restaurants que Kiradjieff fonda plus tard). Plutôt que d'utiliser les restes de viande de la veille pour faire du *chili con carne* « mexicain », selon une pratique alors courante chez les restaurateurs du cru, Kiradjieff innova en utilisant du bœuf pur et en le servant avec des spaghetti, mais surtout en ajoutant une sauce « syncrétique » intégrant des éléments, particulièrement les épices, empruntés à la fois à celle qu'il servait sur ses *chili dogs* new-yorkais et aux cuisines balkaniques. Initialement, Kiradjieff mélangeait le tout comme dans un plat de pâtes italiennes. Ce n'est que vers 1930 qu'il eut l'idée de la version « stratifiée », non mélangée.

Conformément à la logique des chaînes de fast-food franchisées, les chaînes de Cincinnati chili tentent de se développer et de s'étendre. Jusqu'à présent, les grandes villes voisines sont restées rétives à ces entreprises, comme d'ailleurs le reste des États-Unis : la plupart des tentatives des chaînes spécialisées hors de la région ont échoué. Leurs dirigeants supputent que le nom de Cincinnati est peu valorisant et ont décidé, à l'extérieur de leur ville, de rebaptiser le *Cincinnati chili* « *gourmet chili* ».

Ce cas est quasi expérimental : à travers lui, on peut analyser les processus de formation, de diffusion, éventuellement d'abâtardissement, de folklores culinaires dans l'âge agro-alimentaire. En Europe, les modèles traditionnels ne sont réputés « authentiques » que lorsqu'ils remontent à la civilisation rurale et l'industrialisation de l'alimentation est censée ne pouvoir que les détruire par nivellement et acculturation. Et pourtant, dans ce cas, c'est en milieu urbain, industriel, en pleine modernité, que s'est formée une tradition culinaire locale.

Le choc des géants

La prise en main du comestible par l'industrie et la distribution de masse, la naissance en France et en Europe d'un *big business* agro-alimentaire, entraînent d'autres conséquences. Dès la fin des années soixante, les marchés deviennent si importants, les investissements industriels et publicitaires si massifs, les enjeux si colossaux que les processus de concentration nationale puis multinationale s'accélèrent. A côté des géants américains ou des puissances mondiales que sont, depuis longtemps déjà, des firmes comme Unilever ou surtout Nestlé, se forment ou se développent des groupes nationaux à ambition multinationale comme BSN en France. Les branches professionnelles (sucriers, céréaliers, viande, industrie laitière, huiliers, etc.) s'organisent de plus en plus activement et efficacement à l'échelon national ou international.

Or au cours des années soixante-dix et surtout quatre-vingt, la médecine affirme de plus en plus vigoureusement le souci que lui causent les « maladies de civilisation » liées à l'alimentation. Les questions de santé publique, le contrôle et la surveillance de l'agro-business deviennent une préoccupation de plus en plus pressante pour le mouvement consumériste et les pouvoirs publics. Les groupes agro-alimentaires développent, avec des moyens de plus en plus considérables, des stratégies destinées à répondre à ces préoccupations, à la réglementation qui se développe et prolifère, à l'inquiétude croissante des consommateurs. L'innocuité des aliments, leurs vertus nutritionnelles deviennent l'objet de débats planétaires. Les industriels déploient des efforts considérables pour affirmer la supériorité de leurs produits sur ce terrain. Ils subventionnent des recherches, mènent des campagnes de plus en plus intenses de relations publiques ou de *lobbying*.

Les débats médicaux semblent parfois refléter ces luttes plus que les arbitrer : les chercheurs sont de plus en plus souvent mis en position d'experts, c'est-à-dire appelés à légitimer ou cautionner des décisions politiques ou des allégations commerciales. Ainsi par exemple, dans les années soixante-dix, le nutritionniste britannique John Yudkin défend la thèse que la responsabilité du cholestérol sanguin dans l'étiologie des maladies coronariennes est en fait beaucoup moins grande que celle des triglycérides, ce qui implique, selon lui, que le sucre est beaucoup plus dangereux à cet égard que les œufs, riches en cholestérol et dénoncés comme tels par l'association des cardiologues américains. En 1974, rapporte le *New York Times*, il se rend aux États-Unis et expose ce point de vue au cours d'une conférence de presse. Or cette manifestation est patronnée par... l'association des producteurs d'œufs [1]. On a déjà exposé comment les huiliers et les margariniers ont accentué leur avantage sur le beurre d'une part, l'arachide et le colza d'autre part, grâce à des campagnes de longue haleine en faveur du tournesol, menées auprès des consommateurs et des professionnels pour montrer les avantages nutritionnels des acides gras polyinsaturés contenus dans leurs produits. Quant aux différents groupements d'intérêts céréaliers, ils ont fait effort pour freiner ou renverser le mouvement qui fait décliner la consommation de produits à base de céréales. Ils ont trouvé matière à satisfaction dans le fait que, dans les années soixante-dix, les hydrates de carbone dits d'absorption lente, dont le pain, ont été en grande partie réhabilités (sous le nom de « féculents », ils avaient été bannis pendant des décennies) ainsi que les fibres indi-

---

1. *The New York Times*, 21 décembre 1974. Communiqué par H. Levenstein.

gestibles. Les sucriers, après avoir, dès le début du siècle, obtenu que la législation protège à la fois le consommateur et leur production contre les substituts et la « sophistication », doivent transiger, dans l'Europe des Douze, avec les nouveaux édulcorants de synthèse, dont l'utilisation est maintenant autorisée dans les produits de grande consommation et la vente permise dans les grandes surfaces.

Les industries nationales, souvent avec l'appui des gouvernements, s'entendent pour défendre sur la scène internationale des modèles alimentaires et diététiques fondés sur leurs productions : l'agro-alimentaire italien, dans les années quatre-vingt, soutient une campagne qui prône les vertus à la fois frugales et gourmandes de la *dieta mediterranea* (« l'alimentation méditerranéenne ») contre les maladies cardio-vasculaires et les pathologies de civilisation. En France, des chercheurs se mettent en devoir de prouver que le mode d'alimentation national a de semblables propriétés (la mortalité cardio-vasculaire est environ deux fois et demie plus basse qu'aux États-Unis) et se mettent en quête de financement auprès de l'État et des industriels : des études épidémiologiques lancées avec un certain à-propos indiquent que la consommation (modérée) d'alcool et plus particulièrement de vin joue peut-être un rôle protecteur (Richard, 1987)... Aux États-Unis, Kellog's, qui s'est doté d'une fondation pour la santé et la nutrition, a introduit sur le marché une pléiade de produits qui patrouillent aux frontières entre l'aliment et le médicament, y compris des céréales de petit déjeuner au son d'avoine : cette substance, selon certaines études, semble avoir un effet bénéfique sur le taux de cholestérol sanguin, donc le cœur et les artères.

Brouhaha diététique et cacophonie alimentaire

Ainsi, avec l'industrialisation de l'alimentation, les choix et les préférences alimentaires sont devenus des enjeux économiques planétaires. De puissants acteurs tentent avec plus ou moins de succès, à plus ou moins long terme, de les infléchir ou de les orienter. Cet affrontement passe par un affrontement sur le terrain de la recherche, un choc d'experts et de scientifiques, chacun suscitant et invoquant des études à l'appui de ses thèses. Dans le monde développé, un brouhaha diététique s'est installé pratiquement en permanence : l'État, le mouvement consumériste, les médecins de diverses disciplines, les industriels, la publicité, les media y contribuent constamment, de façon plus ou moins confuse et contradictoire pour le mangeur. Ce brouhaha diététique se fond dans une véritable et planétaire cacophonie alimentaire : les discours diététiques se mêlent, s'affrontent ou se confondent aux discours culinaires et gastronomiques, les recueils de régimes aux recueils de recettes, les manuels de nutrition aux guides gastronomiques. Partout montent de la prescription et de la prohibition, des modèles de consommation et des mises en garde : dans cette cacophonie, le mangeur désorienté, à la recherche de critères de choix, trouve surtout à nourrir son incertitude. Ainsi, en 1990, une étude menée en Californie montre que deux habitants de l'État sur trois, submergés d'informations contradictoires, ne parviennent plus à se faire une idée claire de ce que doit être leur alimentation. L'État de Californie a donc décidé de publier un « *daily food guide* » distribué gratuitement et d'installer un centre d'information téléphonique gratuit [1].

La transmission du savoir culinaire

L'urbanisation, la modification de la structure familiale, le travail salarié des femmes, le nombre croissant de repas pris à l'extérieur, tout cela a contribué à modifier considérablement la transmission du savoir et des tours de main culinaires. Traditionnellement, c'est de mère en fille (il n'est pas question ici, bien entendu, de cuisine professionnelle), par participation des petites filles au travail domestique puis par initiation aux recettes, que s'opérait cette transmission. Dans une enquête récente, une question « à choix multiples » portait sur la manière dont les répondants avaient appris à faire la cuisine : 53 % retenaient la réponse « par ma mère », 53 % « par moi-même », 32 % « par les livres » [2]. Dans la division du travail entre les époux, avons-nous dit, on ne note encore qu'une faible évolution de la distribution des rôles domestiques. Mais en matière de cuisine, il est probable que les phéno-

---

1. *Los Angeles Times*, 19 avril 1990 : A3, A28.
2. Comité Génération Cuisine SEB, 1989. Enquête téléphonique sur un échantillon de 400 personnes. La question citée est à « choix multiples » : le total des réponses est supérieur à 100 %.

mènes s'accélèrent à chaque génération. Il semble que l'on assiste à un nivellement des différences de compétence culinaire entre les sexes. Tout se passe comme si, en quittant leur famille, les jeunes femmes et les jeunes gens étaient désormais à égalité de compétence (d'incompétence?) culinaire. C'est de moins en moins dans la famille d'origine, de manière de moins en moins différenciée selon les sexes, que s'opère désormais l'initiation ou la formation culinaire, de plus en plus, au contraire, au moment où l'on quitte cette famille pour s'installer seul ou en couple, ce qui explique qu'une forte proportion d'interviewés déclarent avoir appris à faire la cuisine par eux-mêmes et par les livres. Cette dernière réponse est confirmée par une question sur la manière dont sont conçus les repas exceptionnels, ceux où les enjeux sociaux sont importants : les répondants déclarent faire appel avant tout, dans ce cas, à un livre de cuisine (42 %).

Les interviews menées en 1985 auprès de mères de famille montraient que celles-ci sont nombreuses à collectionner les « fiches-cuisine » des magazines féminins, les recettes qui sont proposées avec les produits alimentaires industriels ou les ustensiles de cuisine (Fischler, 1986a). L'ensemble des données empiriques semble indiquer que l'on est en voie de passer, non pas d'une tradition orale à une tradition écrite et livresque, mais à une situation mixte, indéterminée, ouverte à toutes les transformations. Il s'agit d'un processus de ré-apprentissage individuel. Par essai-erreur, chacun doit refaire tout le chemin, en intégrant des informations multiples : souvenirs familiaux, sources écrites diverses, informations glanées auprès des proches. Dans cette nébuleuse d'informations hétéroclites et de tâtonnements personnels peuvent coexister des influences culinaires très diverses et syncrétiques, puisque les recettes mises en pratique ne sont plus formalisées ni surtout liées à des automatismes familiers, à une longue habitude de répétition de gestes et de tours de main. Les informations utilisées ne proviennent plus exclusivement de la tradition culinaire locale ou familiale; l'originalité, éventuellement l'exotisme, sont jugés positivement. Les influences ne relèvent même pas nécessairement du domaine proprement culinaire : les conseils diététiques (qui prennent d'ailleurs de plus en plus souvent la forme de recettes) peuvent être directement pris en compte. L'expérimentation aventureuse et joueuse est encore favorisée par le fait que la cuisine devient de plus en plus souvent une activité de loisir et non pas seulement une contrainte quotidienne. Ce réapprentissage individuel est donc l'occasion de l'intégration composite d'éléments culinaires extérieurs à la tradition locale, de la prise en compte de préoccupations diététiques, bref d'un brassage syncrétique : au grand *cracking* opéré par l'industrie répond un éclectisme croissant des individus.

L'évolution des consommations

Dans les pays développés, les consommations alimentaires sont parcourues de vastes ondes de changement. Ces évolutions sont liées aux bouleversements démographiques, sociaux, économiques, civilisationnels que nous avons passés en revue.

Certaines semblent se rattacher à des courants séculaires ou de long terme. En France, les grandes tendances de l'évolution de la consommation depuis le XIXᵉ siècle semblent avoir été d'une part la progression des produits d'origine animale (viande, produits laitiers), d'autre part le déclin des produits d'origine végétale, notamment à base de céréales.

A plus court terme, depuis la dernière guerre, on a assisté à un déclin de la consommation de certains produits jadis quotidiennement utilisés. Ces produits sont connotés « populaires », « traditionnels »; ou bien encore, selon la formule de Claudian (Claudian, 1972), ce sont des aliments « de pénurie », relevant du « goût de nécessité » : légumes secs, pâtes, pommes de terre, cidre, etc. Le déclin de ces aliments est clairement lié à l'évolution de la structure sociale du pays depuis trente ans : « *Les aliments en déclin sont pour la plupart surconsommés par des catégories sociales elles-mêmes en déclin, et dédaignés par les catégories montantes* » (Grignon, 1986). Ainsi, les produits croissent et déclinent avec les classes qui les consomment : le déclin des paysans, puis des ouvriers explique en partie le déclin de certains des aliments les plus caractéristiques du « goût de nécessité » populaire.

A long terme, l'augmentation de la consommation de viande, du moins jusqu'à une date récente, paraissait constituer le courant le plus fondamental et le plus irréversible. Au début du XIXᵉ siècle, on évaluait la consommation annuelle *per capita* en France à environ 20 kilos; en 1983, elle était passée à 93,5 kilos et la consommation de viande de boucherie, de porc, de volailles et de poulet continuait d'augmenter rapidement. Mais le bœuf et le veau ont commencé à stagner puis régresser au cours des années quatre-vingt (Beaufort et Poumeyrol, 1984). A partir de 1986, les professions de la viande s'alarment : la consommation de viande rouge (observée à partir de données qui ne prennent pas en compte la viande utilisée comme matière première pour la transformation : pizza, plats surgelés, aliments pour chiens, etc.) régresse, phénomène sans précédent en période de prospérité. En 1987, la consommation observée chez les ménages baissait de 2,3 % pour le bœuf, de 3,1 % pour le veau par rapport à l'année précédente. En fait, il semble que deux phénomènes coïncident. D'une part, la consommation de produits carnés se distribue différemment : le bœuf, notamment, a perdu du terrain par rapport à la volaille prédécoupée et la consommation directe a probablement régressé au profit des produits transformés. D'autre part, la « viande rouge » a perdu une bonne part de sa prééminence symbolique : en 1985, 23,3 % des interviewés sont « tout à fait d'accord » avec l'affirmation *« la viande rouge est indispensable à l'équilibre alimentaire »;* ils ne sont plus que 19,6 % en 1987 et 67,4 % des consommateurs estiment manger trop de viande de bœuf. En outre, c'est dans les catégories sociales à haut revenu que la consommation diminue le plus [1]. Ces modifications dans la relation à la viande reflètent donc probablement une évolution des conceptions diététiques par le haut de la hiérarchie sociale et cette évolution est en phase avec les tendances « lourdes » isolées plus haut : déplacement de la consommation alimentaire vers des produits de plus en plus transformés, de plus en plus économes en temps, déclin des modèles alimentaires traditionnellement masculins, évocateurs de virilité comme la viande rouge, etc.

La consommation globale de pain, de son côté, a subi une évolution de longue durée également remarquable et de sens inverse à celle de la viande avant sa récente stagnation. La ration *per capita* est estimée au début du XIXe siècle à 550 grammes par jour; elle culmine en 1885-1890 à 811 grammes (Toutain, 1971); elle est de

---

[1]. Panel Secodip (4 500 ménages représentatifs de la population française). Document Centre d'Information des Viandes, Paris.

170 grammes en 1980 d'après l'enquête permanente de l'INSEE. En d'autres termes, la structure même du système alimentaire des Français s'est profondément modifiée. Le pain constituait l'aliment de base et, en tant que tel, il était sacralisé : il a perdu ce rôle. Dès les années soixante, on commence à consommer plus de viande que de pain *per capita* (Lambert, 1987). Est-il besoin de rappeler à nouveau que, dans le langage courant, on ne gagne plus son pain mais son bifteck ?

Les changements s'accélèrent depuis les années soixante. Les aliments en forte ascension sont les yoghourts (étroitement liés, on l'a vu, au développement des « grandes surfaces »), le jambon, la viande de porc, le fromage, les volailles, les fruits frais. En déclin, on trouve d'abord les pommes de terre, puis le vin ordinaire, le pain ordinaire, le sucre, les pâtes alimentaires [1], la bière, le beurre, les légumes frais, le poisson frais et le café (Grignon, 1986). Pour comprendre ces phénomènes, il faut les analyser plus finement que ne peuvent le faire les outils statistiques lourds, qui se fondent sur des classifications en partie arbitraires. Ce que l'on consomme moins, en effet, c'est en l'occurrence moins le pain, le vin ou les pâtes que *l'ordinaire*.

L'effet haut de gamme

La plupart des auteurs le notent : l'évolution des consommations alimentaires vérifie la loi d'Engel, cet économiste du XIXe siècle, qui prédisait que, avec l'élévation du niveau de vie, la part des dépenses consacrées à la nourriture devait diminuer et que, aux produits bon marché, se substitueraient des produits plus chers et de meilleure qualité. La part de l'alimentation dans les dépenses des Français est en effet passée d'environ 30 % dans les années soixante à moins de 20 % à la fin des années quatre-vingt, alors que les dépenses de logement, de santé, de loisirs prennent une place de plus en plus importante dans le budget des ménages [2]. Et

---

1. Il s'agit surtout, comme on l'a vu, des pâtes ordinaires et non du haut de gamme et de l'importation italienne, qui se portent fort bien. En ce qui concerne les légumes et le poisson, leurs versions transformées, en particulier surgelées, sont probablement en hausse.
2. En valeur absolue, toutefois, la consommation alimentaire a continué d'augmenter.

tandis que les aliments de base, les anciens aliments de nécessité, voient leur consommation s'effriter ou s'écrouler, tout un marché de la qualité et de la spécialité se développe. Ainsi le pain ordinaire s'effondre, mais les boulangers multiplient les innovations et le marché des « pains spéciaux » se développe de plus en plus (pain au levain, pain de campagne, pain complet, baguette de campagne, pain de seigle ou d'autres céréales, pain aux noix, aux raisins, sans oublier le pain Poilâne). Le vin de table ordinaire est en déclin rapide et constant mais, en trente-cinq ans, la consommation de vin de qualité a doublé.

La montée du « haut de gamme » se manifeste également pour ce qui concerne les formes de distribution. Le petit commerce de détail spécialisé a périclité ou s'est transformé. Seuls les bouchers et les boulangers ont quelque peu résisté : les Français leur semblent particulièrement attachés (en 1989, 11 % du pain et 40 % de la viande seulement étaient achetés en grandes surfaces) (INSEE, 1989). La résistance de ces commerces est la meilleure lorsqu'ils s'adressent à des couches sociales aisées, offrent de la qualité supérieure et un supplément de tradition. Le ressourcement dans une tradition même mythique est en fait une source d'innovation importante, dans le commerce traditionnel comme dans les grandes surfaces. Ainsi, dans le cas des « pains spéciaux » développés de plus en plus par les boulangers de pointe, ce qui est présenté comme « traditionnel » relève souvent en fait d'une réelle nouveauté : la « baguette de campagne » ou « baguette au levain », apparue récemment, est une contradiction dans les termes, la baguette étant historiquement un produit spécifiquement citadin et même parisien, de courte conservation. De même, on a vu, dans les supermarchés, se développer des rayons de « fromage à la coupe » qui reproduisent à l'intérieur des grandes surfaces les crémeries d'antan. Ils présentent des fromages dont les noms, davantage que la pâte, guère odorante, fleurent bon le terroir et qui sont produits dans des usines ultra-modernes en utilisant toutes les ressources des biotechniques les plus avancées.

Ainsi, il s'opère une sorte de reclassement, de recodage des aliments à l'occasion de leur circulation entre les classes : les classes populaires abandonnent ce qui faisait leur ordinaire de nécessité; les classes supérieures s'en approprient des versions transfigurées à la fois matériellement et mythologiquement.

La compression du temps alimentaire

La part consacrée à l'alimentation diminue également dans les budgets-temps (Lambert, 1987). On l'a vu, les industries alimentaires offrent des produits qui nécessitent de moins en moins de travail de préparation ménagère, des « aliments-services » ou « *convenience foods* ». Parmi les aliments en ascension ou ceux qui échappent au déclin de leur catégorie, figurent souvent des produits qui présentent la caractéristique d'être pratiquement prêts à l'emploi. Ainsi, parmi les légumes frais, dont la consommation décline de 1970 à 1976 et stagne de 1976 à 1987 (Decoene, 1988), la tomate est une exception notable, en particulier dans les couches supérieures, peut-être, entre autres raisons, parce qu'elle peut se consommer presque sans préparation, en tout cas sans épluchage. Les légumes surgelés (épluchés, prêts à cuire) ont connu un grand développement. De même pour le poisson : si le poisson frais est en déclin, toutes les formes préparées ou cuisinées, notamment surgelées, connaissent un développement considérable et le poisson a connu une faveur croissante dans les restaurants gastronomiques (cf. *infra*, chapitre 9).

Un autre phénomène relève en partie de la relation au temps, qu'il s'agisse du temps « contraint » ou des loisirs : comme dans tous les pays développés, on constate en France une augmentation du nombre des repas pris à l'extérieur. Aujourd'hui, un repas sur cinq en moyenne est pris hors du domicile, à la « cantine » ou au restaurant, et la tendance est nettement à l'augmentation. Pour l'instant, le phénomène concerne encore essentiellement l'agglomération parisienne : les habitants de Paris *intra muros* prennent en moyenne 3,9 repas à l'extérieur par semaine, alors que cette moyenne n'est que de 2,7 pour l'ensemble des villes de plus de 200 000 habitants. Peut-être la France se rapprochera-t-elle progressivement, dans l'avenir, de la situation américaine, où plus de 40 % des repas sont pris hors domicile (Lambert, 1987; de la Godelinais & Lemel, 1990). La tendance semble pousser vers une situation où l'on consommera à l'extérieur, par exemple au restaurant, des repas préparés industriellement : le restaurant deviendrait ainsi un distributeur plutôt qu'un prestataire de service. De nouvelles technologies, par exemple la cuisson sous vide à basse température, permettent en effet de préparer en cuisine centrale des aliments ou des plats qu'il suffit ensuite d'assembler au restaurant.

La femme consommatrice

Parmi les tendances « lourdes » du changement social isolées plus haut, il en est une qui pèse d'un poids de plus en plus considérable sur l'évolution des consommations alimentaires : la « féminisation ». Les marchés de masse de l'agro-alimentaire reflètent en effet clairement cette tendance. Jusqu'à une date récente, le marketing et la publicité s'adressaient à la mère de famille chargée, dans la division des tâches traditionnelle, de faire des choix en fonction des goûts de la famille. Mais les produits « en pointe » sont aujourd'hui conçus très spécifiquement pour une femme qui est devenue une consommatrice directe et à part entière et dont on cherche à saisir les préoccupations, les représentations, bref la demande propre. Une bonne partie de l'innovation agro-alimentaire de la fin des années quatre-vingt en France s'adresse prioritairement aux femmes. C'est par exemple le cas des yoghourts au « bifidus actif », implicitement présentés comme capables de régler en douceur le problème de la constipation féminine tout en ayant des vertus cosmétiques *(« Ce qu'il vous fait à l'intérieur se voit à l'extérieur »)*. C'est aussi le cas de tous les produits allégés (beurres, fromages allégés en matière grasse; boissons sans sucre, etc.) dont la croissance a été considérable : en 1988, les produits allégés en matière grasse ont connu une croissance de 12 %, les produits édulcorés de 42 %[1]. C'est enfin le cas de toute une série de produits se situant dans le registre de la légèreté, de la fraîcheur et de la frugalité, par exemple les jus de fruits frais réfrigérés. Mais comme dans d'autres domaines, la consommation féminine préfigure désormais l'évolution de la consommation masculine : aux États-Unis, cette dernière est d'ores et déjà équivalente à celle des femmes en matière de produits allégés[2].

---

1. *Points de Vente* (375), 1989, p. 80.
2. *Food Chem. News*, 1989, 31 (37), p. 19.

Il faut sans doute considérer également l'évolution des valeurs culinaires et gastronomiques à la lumière de cette féminisation. Depuis les années soixante-dix, en effet, on a vu s'affirmer dans la grande cuisine des valeurs de nature, de « légèreté ». Il est tentant de les considérer comme l'expression d'une « féminisation » des valeurs culinaires, qui se confirme dans les quantités réduites, les saveurs délicates, les couleurs tendres et les tons pastel de la « Nouvelle Cuisine ». Comme nous le verrons dans un chapitre consacré à la grande cuisine, le déclin des sauces et des préparations traditionnelles, l'évolution des modes et des degrés de cuisson, la montée de certains aliments (poisson, légumes), la stagnation de certains autres (viande, charcuterie) annonçaient cette féminisation et préfiguraient la préoccupation diététo-cosmétique qui s'affirme aujourd'hui.

Gastro-anomie et « déstructuration »

Ainsi, la nature des aliments consommés a évolué, parfois considérablement. Les modalités de la consommation ont-elles autant évolué? La grammaire et la syntaxe de l'alimentation quotidienne ont-elles changé? Des changements sont-ils perceptibles aussi dans les structures mêmes de l'alimentation et notamment dans l'organisation des « prises » alimentaires : les repas ou le grignotage, leur nombre, leur rituel, leur contenu?

Dans une société rurale et villageoise, la latitude dont disposaient les individus en matière alimentaire était en fin de compte relativement restreinte. La saison, les contraintes économiques imposaient les ingrédients. Les usages dictaient les heures des repas. La religion scandait les menus. La vie sociale structurait les occasions commensales. Le calendrier, naturel ou religieux, ordonnait les consommations : une saison pour chaque fruit, un jour pour le poisson, une heure précise pour la soupe ou le casse-croûte, une place à table pour chacun. Le temps, les rites de la vie sociale et familiale, une complexe grammaire des convenances, des usages alimentaires, régissaient et structuraient les menus, comme le montrent par exemple les observations et les analyses de l'ethnologue Yvonne Verdier sur les repas bas-normands dans les années soixante (Verdier, 1966). Les effets attribués par la sagesse populaire aux aliments, couplés aux représentations du corps, justifiaient leur consommation par telle ou telle personne, en telle ou telle circonstance. La répartition du travail entre les sexes attribuait aux femmes les fonctions domestiques, notamment celle de préparer les repas, et donc de veiller à la conception des menus, en accord avec les règles traditionnelles et les contraintes de l'approvisionnement. Les gros travaux agricoles venaient à la fois perturber et scander cette organisation. Dans les villes, les mœurs alimentaires ont subi de plein fouet, au moins depuis la révolution industrielle du XIXe siècle, les contraintes de la vie laborieuse qui, surtout dans la classe ouvrière, dans les usines et les ateliers, limitent le temps et la nature même des prises alimentaires, la réduisant parfois à une simple recharge énergétique.

Dans les classes supérieures de la société, le formalisme des rituels alimentaires était d'autant plus rigide qu'il était l'objet d'une étiquette à travers laquelle était en jeu la reconnaissance sociale ou l'exclusion. Dans la bourgeoisie, ce formalisme portait sans doute davantage sur les manières de table que dans les autres classes. Mais les aliments eux-mêmes étaient loin d'y être sans importance : c'est la bourgeoisie qui, au XIXe siècle en France, a pris en charge et poussé à un degré de perfectionnement et de complexité extrêmes le rôle de l'alimentation dans l'établissement et le maintien du « pouvoir symbolique » (Aron, 1973).

Dans le cours le plus récent de la civilisation urbaine le mangeur est devenu un individu beaucoup plus autonome dans ses choix, de plus en plus affranchi de ces encadrements sociaux des conduites individuelles : temps, rites, partenaires commensaux s'imposent avec moins de rigueur et de formalisme. L'alimentation et la restauration modernes offrent toutes sortes de services et de produits permettant de consommer seul ou en compagnie, à toute heure, hors des contraintes du manger social et des manières de table, et pour tout dire souvent hors de la table.

Mais cette liberté porte avec elle de l'incertitude. En fait le mangeur moderne *doit* procéder à des choix : l'alimentation est devenue objet de décisions quotidiennes et ces décisions sont tombées dans la sphère de l'individu. Pour effectuer ces choix, il n'y a guère de critères univoques, cohérents. Il y a plutôt une mosaïque, une cacophonie de critères proposés, souvent contradictoires ou dissonants. L'autonomie progresse, mais avec elle progresse l'anomie. Si l'on tire le sens du mot gastronomie du côté de son étymologie (*nomos*, la loi, la règle), on peut dire que les sociétés traditionnelles et avec elles la France villageoise des années cinquante sont encore des sociétés « gastro-nomiques » au sens où l'alimentation y est encadrée par des règles, des grammaires et des syntaxes complexes et rigides. A l'inverse, on peut qualifier les tendances les plus modernes de l'alimentation de « gastro-anomiques », au sens où ces règles y sont en voie d'assouplissement ou de désagrégation, s'appliquent avec moins de rigueur, tolèrent une latitude individuelle plus grande : les évidences implicites qui constituaient le quotidien inconscient de la culture ne vont plus guère de soi (Fischler, 1979). En fait, chez certains individus « atomisés » vivant dans la grande ville, l'encadrement traditionnel des conduites n'a plus vraiment cours.

Les États-Unis, où l'urbanisation, l'industrialisation et la « tertiarisation » se sont manifestées plus puissamment et plus tôt qu'en France, ont vu ce phénomène apparaître plusieurs décennies avant l'Europe. Dans les années soixante-dix, les études de marketing montraient déjà que le repas familial était une institution qui subsistait davantage dans les têtes que dans la réalité : dans des familles de la *middle class* citadine, il arrivait que l'on ne se trouvât réunis autour de la table pour dîner en famille que deux ou trois fois par semaine, le repas ne durant guère plus de vingt minutes. Le nombre de prises alimentaires *(food contacts)* dans la journée était d'une vingtaine : les répondants déclaraient pourtant en majorité faire trois repas par jour (Fine, 1971; Hess & Hess, 1977). Ainsi, les mangeurs modernes pensent toujours prendre trois repas par jour, un peu comme les amputés sentent encore longtemps leur bras ou leur jambe perdu, comme un membre fantôme.

En Europe et en France, les mêmes tendances sont à l'œuvre depuis la fin des années soixante-dix (Fischler, 1979). Depuis plusieurs années une multitude d'études commanditées par les industriels de l'agro-alimentaire confirment l'existence de courants relevant de ce que les professionnels baptisent la « déstructuration » des habitudes alimentaires et des repas. La régularité, la composition et le déroulement des repas semblent évoluer dans le sens d'une souplesse accrue : le nombre hebdomadaire des repas « sautés », la fréquence de la suppression d'un plat dans un repas, la simplification du repas du soir, la régularité des horaires sont considérés comme autant d'indicateurs. Si environ un tiers de la population semble ancrée dans les grammaires traditionnelles du repas et de la consommation, un autre tiers « déstructurerait » très significativement ses repas. Le nombre de ceux qui déclarent prendre tous les soirs leur dîner à la même heure (à cinq minutes ou un quart d'heure près) est en baisse, tandis que le pourcentage déclarant dîner à des heures plus irrégulières ou très irrégulières est en hausse constante (Cofremca, 1983).

D'autres études nous informent sur la diffusion de ces caractéristiques des pratiques alimentaires. Le changement observé n'est ni cataclysmique ni général. Le schéma traditionnel, qu'il s'agisse du « système traditionnel des repas (petit déjeuner, déjeuner, dîner) », des « règles dans la composition des repas (entrées, plat principal, fromage et dessert) », ou des horaires réguliers pour la prise des repas principaux, reste très largement majoritaire (80 % de la population environ), et ne décline que lentement, « à un rythme inférieur à 1 % par an » (Boubel, 1988). Une étude de l'INRA sur les étudiants montre que *« les trois quarts (75,3 %) des journées pour lesquelles les étudiants ont indiqué la succession de leurs " prises " alimentaires comportent trois pauses principales auxquelles ils donnent des noms de repas conformes à l'usage actuel (petit déjeuner, déjeuner, dîner) »* (Grignon, 1987). L'auteur interprète à juste titre ces résultats comme la preuve d'une stabilité fondamentale de la grille des repas. Mais on ne peut s'empêcher de remarquer qu'un quart des journées sur lesquelles portaient les réponses ne correspondaient pas au modèle « normal », ce qui ne paraît pas contredire totalement les résultats des instituts privés de recherche marketing cités plus haut.

Mais si les conduites alimentaires sont de moins en moins contraintes socialement, elles subissent en même temps de plus en plus d'influences diverses et contradictoires, dans la cacophonie alimentaire ambiante. Les attitudes des mangeurs reflètent cette situation nouvelle, la faille ou même la crise qui s'est ouverte.

L'effet de l'encadrement social des conduites alimentaires, il faut le rappeler, n'est pas seulement de contrôler les comportements mais aussi de les protéger : le rite culinaire et commensal isole un temps spécifique du manger, écarte donc nécessairement les autres activités et les renvoie à leur part de temps propre. L'encadrement social désagrégé, les contraintes matérielles exercent pleinement leur effet socialement désintégrateur. L'alimentation quotidienne tend à subir de plus en plus l'emprise de l'univers du travail, ne serait-ce que parce que la cantine scolaire et le « restaurant d'entreprise » fournissent une part croissante des repas. Le repas socialisé, ritualisé ne trouve plus sa place que lorsqu'il s'inscrit dans le temps de loisirs : il est alors investi de significations nouvelles et devient véritablement une forme de consommation culturelle. L'alimentation se plaque totalement sur la division du temps : elle ne peut plus guère exister, à l'extrême, que comme nécessité physiologique, réglée commodément par la restauration et les produits industriels modernes, ou comme forme de loisir à part entière. L'alimentation ne structure plus le temps, c'est le temps qui structure l'alimentation.

Un autre effet important des encadrements sociaux est de régler, sinon de réguler, la prise alimentaire des individus : horaires, usages, convenances, habitudes, tout cela structure les comportements et les corps. La tendance gastro-anomique croissante laisse donc de plus en plus souvent les mangeurs seuls devant leurs pulsions, leurs appétits physiologiques. Cette situation peut être inconfortable : ils sont soumis à la fois aux sollicitations multiples de l'abondance moderne et aux prescriptions dissonantes de la cacophonie diététique.

Le consommateur pur

Dans les écosystèmes domestiques diversifiés de la société rurale villageoise, l'alimentation est produite pour ainsi dire sous les yeux d'une grande partie de la population, quand elle n'est pas autoproduite. Dans les villes elles-mêmes, les cultures viennent lécher les murailles de la cité, s'insinuer dans l'espace urbain, occuper même une partie du temps de certains citadins (voir par exemple les « paysans-ouvriers », cette catégorie sociale si caractéristique de la période de l'exode rural et de l'urbanisation; voir aussi la tradition urbaine des jardins ouvriers; Dubost, 1984). Dans le système de distribution qui prévaut jusqu'aux années soixante, les denrées apparaissent, circulent, sont préparées pour la vente au vu et au su de tous ou de beaucoup.

Bref : dans la situation « traditionnelle », les aliments sont familiers, ils ont une histoire dont chacun est, au moins à l'occasion, témoin ou acteur. La tendance moderne est à l'opposé : une partie de plus en plus importante de la population consomme des aliments produits entièrement hors de sa vue et de sa conscience immédiate. Avec le développement de l'industrie agro-alimentaire, c'est une denrée déjà transformée, pratiquement prête à la consommation, qui arrive au mangeur. Simultanément, à l'autre bout de la chaîne, la production agricole est elle-même déjà en partie taylorisée, rationalisée, massifiée. Comme nous l'avons vu, les élevages tendent à devenir des usines biologiques, les animaux d'élevage une matière première sur pied et la « ferme » déverse sa production vers l'usine.

Dans les années soixante-dix, ce processus d'industrialisation provoque un certain malaise. Une sorte de dépossession apparaît : le mangeur moderne est devenu dans une très large mesure un « consommateur pur », à qui le passé du comestible échappe tout autant que celui de tout produit manufacturé. Pour les consommateurs, ce n'est plus la Nature, comme jadis, qui est chargée de mystères et de périls, mais ce territoire étrange, qui n'est pas ou qui n'est plus la Culture, et que l'on nomme l'industrie. L'usine, en matière alimentaire, incarne désormais l'outrecuidance prométhéenne de l'homme, le lieu où celui-ci a décidé imprudemment et impudemment de contrecarrer, de concurrencer les desseins et les forces obscures de la Création, où il se voue désormais à des œuvres d'où risque à chaque instant d'émerger cette figure moderne de l'impur : l'artifice.

On a vu que le travail culinaire avait notamment pour fonction de « civiliser », d'apprivoiser l'aliment, chargé des périls de la Nature. En se déplaçant de la cuisine vers l'usine, la préparation des aliments cesse de remplir cette fonction. L'apprivoisement des aliments n'est guère efficace que lorsqu'il est opéré par une main familière et tendre dans des conditions insoupçonnables, purifiées par l'amour ou le rite. L'industrie fait certes la cuisine, mais c'est une louche cuisine : elle incarne une sorte de « mauvaise mère » dont le travail relève plus d'obscures manipulations (le chaudron des sorcières) que d'une alchimie des succulences. Et en aval de l'usine et du supermarché, il y a directement des bouches et des ventres, sans médiation culinaire ultime ou presque, alors que le péril industriel nécessiterait, comme jadis le péril naturel, une série d'opérations purificatrices, de rites « d'apprivoisement », bref : un accommodement.

Les Objets Comestibles Non Identifiés

Le statut imaginaire de l'aliment moderne est marqué par ce manque de la médiation culinaire. L'aliment est devenu un artefact mystérieux, un OCNI, un « objet comestible non identifié », sans passé ni origine connus. Enveloppé, conditionné, sous vide, sous cellophane, sous une peau ou une coquille de plastique, il flotte pour ainsi dire dans un *no man's land* extra-temporel : le froid, le vide ou la déshydratation le protègent contre la corruption, c'est-à-dire contre le temps ; mais du même coup, ils le coupent de la vie.

Dans ces conditions, un conflit presque insoluble se réveille chez le mangeur. Ces aliments neufs sont bien tentants ; ils réduisent à peu de chose la tyrannie quotidienne des tâches culinaires et domestiques. Mais en même temps, le caractère naturellement soupçonneux de l'omnivore se donne libre cours : quels traitements leur fait-on subir, comment les manipule-t-on, qu'y ajoute-t-on, que contiennent-ils vraiment ? Comment détecter les « vices cachés du prêt-à-manger » ? La méfiance de l'omnivore, la peur de « l'incorporation du mauvais objet » s'exacerbent au début des années soixante-dix. Au mieux, on accuse l'aliment moderne d'être vidé de sa substance nutritive, d'avoir laissé les succulences du manger à l'ancienne se dissoudre dans les splendeurs creuses de l'apparence (voyez ces viandes blanches mais chargées d'eau ; voyez ces fruits splendides mais insipides, des simulacres de fruits en vérité, des mirages ou des ombres...). Au pire, on lui reproche d'être chargé de poisons sournois, colorants et pesticides, additifs et résidus. Les rumeurs alimentaires traduisant cette inquiétude obscure se multiplient : la poudre Space-Dust (une friandise-gadget) ferait exploser les enfants et les additifs les plus inoffensifs sont déclarés cancérigènes par le « Tract de Villejuif », une sorte de rumeur écrite qui circule depuis les années soixante-dix. Par un de ces renversements du sens dont la culture a le secret, c'est désormais à la Nature que revient le soin d'incarner cette bonne mère dont l'intervention semble nécessaire pour autoriser l'incorporation de la nourriture, la mauvaise mère Industrie ayant cannibalisé la cuisinière.

Troubles de l'identité

L'alimentation est, comme on l'a vu, l'un des piliers de l'identité, dans tous les sens du terme. Or il devient extrêmement difficile d'identifier les aliments eux-mêmes : leur origine est extérieure, parfois lointaine, étrangère; leur histoire est désormais, on l'a vu, difficilement accessible; leur préparation échappe de plus en plus à la conscience du consommateur final. Mais ce n'est pas tout : la technologie faisant aujourd'hui des miracles, elle permet à l'industrie de tromper à volonté ou presque les sens, de faire passer des protéines de soja texturées pour du bœuf haché premier choix. Colorants, arômes artificiels, renforçateurs de saveur, agents de texture et de sapidité, tout un arsenal d'artifices et de fards se conjuguent pour brouiller la perception du mangeur.

A proprement parler, le mangeur-consommateur ne sait pas ce qu'il mange. Il ignore donc quels effets ces nourritures non identifiées vont avoir sur lui. Le pire – l'empoisonnement plus ou moins lent – n'est pas exclu. Mais ce qu'il redoute par-dessus tout, ce sont plutôt des transformations insidieuses, par exemple lorsqu'il apprend que le veau de boucherie est gavé de substances qui sont utilisées par ailleurs dans la fabrication de la pilule anticonceptionnelle.

Voici le premier et fondamental reproche fait à l'aliment industriel : c'est un succédané, un ersatz, un trompe-l'œil ou un trompe-papille. L'aliment moderne n'a plus d'identité, car il n'est plus identifiable. Nous pouvons ainsi repérer l'une des sources profondes du malaise de la modernité alimentaire : il s'agit en somme d'un trouble de l'identité. A absorber quotidiennement des nourritures qu'il identifie mal, le mangeur moderne en vient à craindre de perdre la maîtrise de son propre corps, mais aussi de sa personne, à s'interroger pour ainsi dire sur sa propre identité. Si la formule *« dis-moi ce que tu manges, je te dirai qui tu es »* reflète bien, comme on peut le penser, une vérité non seulement biologique, non seulement sociale, mais aussi symbolique et subjective, il faut admettre que le mangeur moderne, doutant de ce qu'il mange, peut bien se demander parfois qui il est.

Face à cette incertitude radicale, l'une des réponses caractéristiques consiste à « réidentifier » l'aliment par tous les moyens. D'où sans doute l'obsession du label, de l'étiquetage, de la garantie des origines et de la pureté originelle.

C'est bien entendu à une instance tutélaire, puissante et protectrice, que revient naturellement la tâche d'apposer sa garantie de pureté sur le comestible. Traditionnellement, une telle instance pouvait être religieuse, comme par exemple dans le judaïsme. C'est de plus en plus cette puissance à la fois totémique et tutélaire qu'est l'État, flanqué et assisté de toutes sortes d'institutions para-publiques ou semi-publiques, qui délivre garanties, labels et certificats aux aliments. Sous la pression des consommateurs et des militants du consumérisme, l'aliment moderne est passé au crible, sommé d'afficher sa vérité. On ne doit plus rien ignorer de la moindre molécule, du moindre atome entrant dans sa composition. Les fruits, les légumes ne doivent rien cacher de leur généalogie, des traitements qu'ils ont subis. De la sorte se crée ou se recrée plus ou moins magiquement un lien entre le produit et son origine : la barrière symbolique de la cellophane est, en quelque sorte, rompue et l'aliment retrouve, sinon des racines, du moins un semblant d'identité. C'est donc le cachet de la puissance publique qui fait de l'aliment un produit officiellement « cachère ».

L'industrie n'est cependant pas désarmée devant la méfiance du mangeur-consommateur. Elle peut disposer d'un atout presque aussi efficace que le label de la puissance publique : la marque. Sur la marque, se cristallisent des phénomènes non moins puissants et obscurs que ceux qui se fondent sur le nom des individus. La marque est un nom et, par voie de conséquence, une identité en puissance pour les produits. Elle se construit lentement, agrégeant autour d'elle des réseaux de significations tutélaires, totémiques, quasi claniques. Sa puissance est telle que, dans le duel entre Pepsi et Coca-Cola, celle de Coca-Cola, construite durant plus d'un siècle, assure au produit de la firme d'Atlanta un avantage décisif. Dans les dégustations « à l'aveugle », Pepsi était régulièrement préféré. Les produits identifiés, le résultat s'inversait. D'où la maxime forgée chez Pepsi-Cola : « *Si vous voulez perdre votre chemise, vendez du Coke dans une bouteille de Pepsi; si vous voulez faire fortune, mettez du Pepsi dans une bouteille de Coke* » (Oliver, 1986).

Dans la période la plus récente, une nouvelle phase du rapport du mangeur avec l'alimentation moderne semble s'être ouverte. Une réconciliation semble s'ébaucher entre le consommateur et l'industrie. Elle se manifeste par exemple par l'amélioration remarquable de l'image du surgelé qui, loin d'incarner encore le comble de l'artificiel semble désormais, toutes les enquêtes le montrent, être perçu comme un état plus frais que le frais. Le mangeur comme l'industrie ont changé. Le premier s'est de plus en plus familiarisé avec la production industrielle, a appris à en apprécier la régularité et la commodité d'usage. La seconde a de plus en plus développé, si l'on peut dire, sa propre cuisine. Les produits les plus récents sont de moins en moins des ersatz, de plus en plus des produits originaux, conçus selon des techniques et des recettes spécifiques et non plus simplement la reproduction approximative de recettes domestiques adaptées à la production industrielle. L'industrie a intégré les informations, les techniques et les tendances de la grande cuisine, le marketing s'est mis à l'écoute des courants socio-culturels. Pour autant la nostalgie des potagers et de la cuisine maternelle n'a pas reculé et n'est sans doute pas près de le faire.

McDonald's et Coca-Cola ou le mythe de l'américanisation

Sommes-nous « menacés d'américanisation »? Depuis l'après-guerre, c'est une opinion assez répandue, si l'on en juge par les débats actuels sur la culture et l'audiovisuel, le franglais, la musique rock et les feuilletons télévisés. Très tôt, l'inquiétude s'est étendue à l'alimentation, un domaine où, apparemment, la France se sentait peu menacée par de néfastes influences étrangères. Dès les années cinquante, en effet, la double question de la barbarie et de l'impérialisme s'est posée dans la conscience culturelle et surtout alimentaire des Français (ainsi, probablement, que de certains de leurs voisins, en particulier les Italiens). La menace, réelle ou imaginaire, incarnait sans doute, aux yeux de ceux qui la redoutaient, ce qui était perçu comme un péril plus vaste, plus insaisissable et irréversible encore : le changement et l'émergence de la modernité.

Depuis la Seconde Guerre mondiale, une boisson avait incarné à elle seule à la fois les deux faces, diabolique et angélique, de l'Amérique : Coca-Cola. Peu de produits ou de marques ont été investis d'une charge symbolique comparable à celle de la petite bouteille galbée [1]. Dans les pays de l'Est ou le Tiers-Monde, elle a signifié depuis des décennies, alternativement ou simultanément, l'attrait de la consommation occidentale et la culture juvénile, l'impérialisme yankee et l'aliénation consommationniste. Coca-Cola, c'est à la fois l'Oncle Sam et les républiques bananières. Dans le film *« Les dieux sont tombés sur la tête »*, c'est une bouteille de Coca-Cola tombée d'un avion qui symbolise la perturbation radicale introduite dans la vie sauvage des Bushmen par la soi-disant civilisation occidentale. Même dans les pays développés, Coca-Cola concentre apparemment des contenus et des enjeux idéologiques considérables. Dans le récit de son épreuve, le journaliste Jean-Paul Kauffmann, détenu comme otage au Liban pendant de longs mois, rapportant le plaisir indescriptible que lui procurait une rare bouteille de Coca-Cola ou de Pepsi offerte par ses geôliers, se souvient aussi que, à Paris, il *« interdisait cette boisson à ses enfants »*.

Pour les Américains eux-mêmes, la marque recouvre des contenus et des connotations non moins considérables : lorsque la compagnie d'Atlanta décida de changer la formule héritée de Pemberton et de lancer un *New Coke*, elle se heurta à une résistance telle qu'elle dut battre en retraite. Une partie des consommateurs s'insurgea contre la décision des dirigeants de Coca-Cola de supprimer l'ancien produit et le mouvement fut largement relayé par les media. Très vite, le siège social d'Atlanta fut submergé de protestations. Un psychologue, engagé pour analyser le contenu des appels téléphoniques, conclut que le problème résidait dans un « travail de deuil » qui se faisait mal : pour les consommateurs, la suppression du Coke était une perte irréparable, une mort et même, selon les

---

1. Qui a d'ailleurs disparu depuis longtemps aux États-Unis pour laisser place aux boîtes et bouteilles de plastique.

termes employés par certains, un meurtre pur et simple. Les significations symboliques associées à Coke dans le monde entier avaient donc leur pendant pour les Américains eux-mêmes, et pour ces derniers la relation ainsi prématurément interrompue était intime, familière, liée à l'enfance, mais aussi à l'identité culturelle et même nationale. Après des semaines de flottement, Atlanta prit la décision de ressusciter l'ancien Coke sous le nom de *Coca-Cola Classic*. Dès 1986, les ventes de *Coca-Cola Classic* dépassèrent nettement celles de *New Coke* sur le marché américain et, événement significatif, McDonald's décida de revenir à l'ancienne formule dans ses restaurants (Oliver, 1986).

Depuis les années soixante-dix, c'est le fast-food qui a pris le relais et incarné la « menace » américaine dans les consciences européennes. Depuis son apparition en France, il a suscité des diatribes d'une violence remarquable : le hamburger allait dévorer ou ronger l'art culinaire français. McDonald's et Burger King allaient peu à peu envahir les villes françaises comme de sinistres métastases. Le hamburger et le ketchup menaçaient cet art de vivre que, selon la formule consacrée, le monde nous envie. Ils constituaient un péril à la fois pour la gastronomie et pour la santé, incarnant à eux seuls à la fois le déclin de la grande cuisine française et l'adoption de pratiques que l'on tenait comme diététiquement dangereuses. En un mot, les jugements gastronomiques, nutritionnels et moraux convergeaient pour condamner impitoyablement le fast-food. L'anti-impérialisme culinaire, associé ou non au nationalisme gastronomique, n'est d'ailleurs pas un monopole français : à Rome, l'ouverture d'un restaurant McDonald's sur la Piazza di Spagna fut saluée par une importante manifestation de protestation.

En 1990, d'après la profession, le fast-food représente environ 5 % du marché de la restauration française. Mais dans ce chiffre, le hamburger d'inspiration américaine est loin d'occuper une place unique : les « sandwicheries », croissanteries et autres « viennoiseries » représentent une bonne part du marché. En outre, pendant que le hamburger poursuit son implantation dans les villes françaises, les croissanteries progressent rapidement aux États-Unis et la pizza est devenue, toutes les enquêtes le confirment, le plat préféré des jeunes Américains. En fait, la montée même du fast-food aux États-Unis, dans les années soixante-dix, est passée par le « grand cracking », le syncrétisme transculturel et l'émergence d'un cosmopolitisme alimentaire : les chaînes de fast-food proposent aussi bien des pizzas ou des tacos mexicains, des croissants que des hamburgers (Belasco, 1987). S'il était vrai que le monde s'américanise, il faudrait alors admettre que, en même temps, l'Amérique se désaméricanise, qu'elle devient de son côté un véritable *melting pot* culinaire.

Il paraît en fait plus près de la vérité de dire que l'Amérique, dans beaucoup de domaines du changement économique, social et civilisationnel, est passée par des expériences précoces, a déjà vécu depuis des décennies des phénomènes qui, avec des variations locales, se manifestent universellement ou largement. L'industrialisation de l'alimentation, la grande distribution sont des phénomènes récents de ce côté-ci de l'Atlantique; aux États-Unis, certains produits alimentaires industriels, dont Coca-Cola, sont sur le marché depuis cent ans ou plus. Heinz, Nabisco, Kellogg, étaient déjà parmi les plus grandes entreprises américaines dans les années 1880 ou 1890. En ce sens, l'Amérique préfigure des tendances apparues plus tardivement ailleurs. On peut, en considérant ce qui se passe ou s'est passé aux États-Unis, mieux comprendre certains phénomènes à l'œuvre de ce côté de l'Atlantique. Les tendances qui se dessinent en Europe depuis les années soixante sont manifestes là-bas depuis plusieurs décennies.

Dans la plupart des pays développés, le changement des habitudes alimentaires semble en partie orienté selon les mêmes tendances : c'est sans doute que ces tendances ont pris naissance et se sont développées plus tôt et davantage aux États-Unis que dans tout autre pays. Ainsi, comme on l'a vu, l'individualisation et la « déstructuration » des pratiques alimentaires, que l'on s'accorde aujourd'hui à considérer comme la tendance dominante en Europe occidentale, ont déjà été détectées outre-Atlantique au cours des années soixante. Certaines caractéristiques frappantes de l'alimentation aux États-Unis semblent devenir observables, à des degrés moindres, dans divers pays européens, en milieu urbain.

Ainsi en France, mais aussi dans une bonne partie de l'Europe et du monde, les usages interdisent en règle générale le mélange des activités. Même si ces usages tendent à changer, on ne peut toujours pas (ce qui signifie que, le plus souvent, on ne songerait pas à le faire) manger en travaillant, en écoutant un cours, en faisant ses courses ou en prenant le métro. Si on ne peut pas manger en faisant autre chose, à plus forte raison, on ne peut faire autre chose en mangeant : l'alimentation est une activité socialement protégée. Il est discourtois de déranger la paix d'un repas, par exemple en téléphonant. Dans l'éducation bourgeoise traditionnelle, on inculque aux enfants la liste de tout ce qu'il est interdit de faire à table : lire, chanter, se lever, etc. Les entorses se multiplient sans doute, mais le principe demeure.

Or aux États-Unis, l'alimentation semble beaucoup moins soumise à ce type de contraintes. Elle est « portabilisée » et « nomadisée » : on peut vaquer à toutes sortes d'occupations tout en sirotant une boisson dans un récipient étanche et isotherme, en dégustant distraitement une glace ou un snack. Dans une grande bibliothèque universitaire américaine, on trouve dès l'entrée ce panneau : *« Positively no food or drink allowed. »* « Il est strictement interdit de boire ou de manger. » En revanche, pas d'interdiction explicite de fumer, la seule, sans doute, qui figurerait dans une bibliothèque européenne. La même interdiction de manger ou de boire se retrouve parfois à l'entrée des magasins et des boutiques. Or s'il faut interdire, c'est sans doute que la pratique existe : on mange et boit en effet dans les bibliothèques et les magasins où l'interdiction n'est pas explicite. En fait, en Amérique du Nord, le manger apparaît dans une large mesure comme *une activité culturellement non spécifique,* une pratique qui n'aurait pas de statut particulier dans le contexte social, qui ne serait que très peu encadrée et structurée par des règles de temps, de lieu, d'ordre intrinsèque. Cette caractéristique repose sans doute sur un héritage historique et une tradition culturelle particuliers. Mais elle est sans conteste au moins favorisée et surdéterminée par l'évolution et le changement socio-économiques. Il est donc probable que, les mêmes causes produisant les mêmes effets, des tendances voisines se manifesteront de plus en plus, comme c'est déjà le cas, dans les autres pays développés.

Pour autant, il ne s'agit pas d'un processus « d'américanisation » au sens d'une acculturation pure et simple sous les bannières conjuguées, impérialistes et marchandes, de Coca-Cola, du hamburger et du chewing-gum-ballon. Même si l'Amérique présente certaines particularités culturelles et culinaires hautement spécifiques et les propage par son commerce et son industrie, le monde développé s'américanise moins qu'il ne se modernise, il se transforme plus qu'il ne s'acculture.

*

Sélection et restriction : ces deux notions sont au cœur du souci alimentaire contemporain. Elles se concentrent dans une troisième, qui les englobe : celle de *régulation*. Le problème essentiel, pour les consommateurs contemporains, c'est bien de régler, de réguler leur alimentation, de l'ajuster à leurs besoins et aux contraintes que la vie quotidienne leur impose. Tout se passe en effet comme si, dans la société moderne, les dispositifs de régulation physiologiques mais aussi sociaux étaient devenus de plus en plus impuissants ou inadaptés, inefficaces et comme si les individus devaient de plus en plus personnellement prendre en charge, consciemment et délibérément, leur propre comportement alimentaire, de manière volontariste.

Nous allons le voir : les tendances que l'on peut isoler dans le cours général du changement culinaire se manifestent non seulement dans la cuisine et l'alimentation quotidiennes mais aussi dans la *haute cuisine*, la gastronomie des chefs qui, en fait, les anticipait et les préfigurait tout en les cristallisant. Bien plus : il y a plus d'une homologie entre le discours de la grande cuisine, ceux de la médecine et des marchés de la santé. Enfin, nous allons le voir, ces homologies se manifestent également, de manière paradoxale, dans le discours et les pratiques de la restriction ou de la régulation et dans l'obsession de la minceur qui régit de plus en plus le rapport moderne au corps.

8

Cuisine et diététique ou le gouvernement du corps

Les sociétés d'abondance sont travaillées par le besoin de régler, de réguler leur alimentation. Ce sentiment d'urgence se manifeste de manière paradoxale : elles sont tout à la fois passionnées de cuisine et obsédées de régime.

La gastronomie et le culinaire sont à la hausse dans tous les pays riches. Le marché de la cuisine est de plus en plus important dans la presse, l'édition et les media. En France, nous y reviendrons au chapitre suivant, les grands cuisiniers sont devenus des célébrités, dont le nom fait vendre, tout comme les « griffes » des grands couturiers font vendre parfums et prêt-à-porter. Livres et revues de cuisine se multiplient. Quant au prestige culturel du culinaire, il n'est pas moins imposant que son marché. Ainsi les restaurants, les guides gastronomiques sont devenus dans certaines couches sociales un sujet de conversation presque aussi noble que le cinéma ou la littérature; l'art de voyager est devenu en grande partie l'art de manger ailleurs. Les enquêtes montrent que la « sortie au restaurant » est devenue une « pratique culturelle » au même titre que le théâtre ou le concert : une étude du ministère de la Culture nous apprend qu'elle *« concerne près des trois quarts des Français »* et *« arrive très nettement en tête, devant le cinéma et la fête foraine »* (Donnat & Cogneau, 1990). Bref, comme l'illustre cet ouvrage lui-même, la cuisine est un objet désormais légitime d'analyse, de réflexion scientifique et littéraire.

Or au même moment, un deuxième discours, apparemment contradictoire, triomphe avec autant d'éclat que le précédent : celui du régime.

L'empire du régime est devenu planétaire. Son peuple est innombrable : un quart des Français, un tiers des Américains, des proportions voisines dans tous les pays développés. Son territoire est immense : il envahit les mass media et l'édition, le marketing et la publicité, la médecine et les anti-médecines « parallèles » ou « douces ». Considérons les États-Unis, en pointe dans ce domaine comme dans d'autres : la liste hebdomadaire des dix premiers *best sellers* du *New York Times* comporte le plus souvent au moins un ouvrage de régime [1]. En 1984, dans ce pays, 300 livres de ce type étaient disponibles sur le marché. Dans les magazines féminins *(Ladies Home Journal, Good Housekeeping, Harper's Bazaar)* on trouvait, entre 1980 et 1984, une moyenne par numéro de 1,25 article sur les régimes. Entre 1964 et 1979, 6 397 publications scientifiques ou techniques sur l'obésité ont paru (Schwartz, 1986)...

Comment penser ce double mouvement? Comment, pourquoi se peut-il que la quête du plaisir culinaire et celle de la restriction diététique progressent en même temps? Le paradoxe, on le verra, se résout en fait assez aisément. D'une part, il ne faut pas prendre pour argent comptant l'opposition « naturelle » entre plaisir culinaire et restriction diététique; les frontières entre gastronomie et diététique sont beaucoup plus floues qu'il n'y paraît aujourd'hui. D'autre part, en analysant le rapport que le mangeur entretient avec la nourriture, il apparaît que cuisine et diététique ont en fait probablement une parenté profonde et plus d'une fonction en commun. L'une est évidente : elles contribuent toutes deux à structurer nos pratiques et nos comportements alimentaires. Mais elles gèrent aussi toutes deux, ensemble ou antagoniquement, notre rapport au plaisir, notre façon de penser la nourriture et, d'une certaine manière, le monde.

---

1. Le 30 mars 1988, par exemple, on trouvait sur la liste : *The 8-week Cholesterol Cure*, par Robert E. Kowalski (régime anti-cholestérol); *Elizabeth Takes Off*, par Elizabeth Taylor (le régime d'Elizabeth Taylor); *Weight Watchers Quick and Easy Menu Cookbook* (le livre de cuisine des Weight Watchers), etc.

Anciens régimes

Cuisine et régime, gastronomie et diététique, nous paraissent aujourd'hui s'opposer naturellement. Nous associons de manière indissoluble la cuisine, l'art culinaire (la « gastronomie ») au plaisir, tandis que le régime et la diététique nous semblent ressortir clairement et exclusivement au domaine de la santé. Or dans la vision longtemps dominante, plaisir et santé apparaissent eux-mêmes comme des pôles opposés et inconciliables. Le plaisir ne peut faire de bien, il ne peut même que faire du mal, comme l'illustre la plainte des patients soumis à des régimes : « *Tout ce qui est bon m'est interdit.* »

La question implicitement en jeu est celle-ci : la sensation peut-elle être un « guide de vie » (Wallon)? En d'autres termes, il y a au moins deux manières de voir le plaisir : est-il un indice fiable, produit par une sorte de sagesse du corps et à son service, ou n'est-il que leurre, flatterie illusoire et, en fin de compte, source de danger? Il semble que, à travers l'espace et le temps, les sociétés humaines hésitent, oscillent entre ces deux thèses. Dans la période récente, la croyance dominante semble avoir penché nettement vers la seconde : à suivre notre goût, à poursuivre le plaisir, nous sommes réputés risquer notre santé. Le sentiment dominant demeure que le plaisir alimentaire est le plus souvent trompeur sinon néfaste et, symétriquement, qu'une bonne santé exige la restriction, la maîtrise des pulsions et des désirs : il faut en somme, sinon souffrir, du moins prendre sur soi pour être sain. Ainsi la cuisine s'opposerait au régime comme la recette à l'ordonnance; l'esthétique s'opposerait à la diététique, au plaisir s'opposeraient la santé et la beauté, à la gastronomie la bonne nutrition.

Et cependant, la croyance inverse ne nous est pas totalement étrangère. Elle est présente au moins à l'état latent dans nos consciences, comme le montre le fait que nous invoquons volontiers le dicton « *Si c'est bon, ça ne peut pas faire de mal* », pour justifier – plaisamment et probablement sans conviction excessive – une transgression éventuelle. Il est des circonstances où l'on pense que le désir doit être obéi fidèlement : ainsi les « envies » des femmes enceintes sont traditionnellement traitées comme des besoins physiologiques qu'il faut absolument satisfaire. Récemment des écoles ou des obédiences diététiques marginales ont émergé, dont le credo est la redécouverte de l'instinct alimentaire dans sa pureté oubliée : il faudrait, selon le crudivorisme ou l'instinctothérapie, se mettre à l'écoute des sens et du désir, des « envies », pour mieux revenir à une sagesse naturelle du corps, qui aurait été oblitérée par les artifices de la culture et de la cuisine, et au premier chef la cuisson. Tout se passe en fait comme si nous étions partagés par une sorte d'ambivalence, comme si, tout en croyant plus ou moins obscurément à une aptitude profonde et naturelle de notre corps à reconnaître ses besoins, nous étions en même temps convaincus de sa tendance à se laisser tromper par des désirs excessifs ou néfastes.

L'opposition gastronomie/régime est sans doute indirectement liée à une conception peccamineuse du plaisir, antique et religieuse, selon laquelle la volupté, terrestre et charnelle, s'oppose au salut spirituel et éternel. La recherche de la jouissance est un débordement coupable, puisqu'elle revient à fuir le renoncement et le pari sur l'éternité qu'il implique. La souffrance, pour sa part, est soit la sanction terrestre du péché, soit au contraire l'épreuve sanctificatrice, la mise à l'épreuve de la foi, comme dans la parabole biblique de Job.

Mais cette opposition est sans doute également liée à une dimension beaucoup plus fondamentale encore, à la nature biologique même de l'homme, au paradoxe de l'omnivore et au principe d'incorporation (cf. *supra*, chapitre 2). Pour régler son comportement alimentaire, *Homo sapiens* peut ordonner, classer, bref penser le monde. S'appuyant sur cet ordre et ces catégories, il peut *créer de la règle* pour encadrer ses conduites.

Or notons ceci : cuisine et diététique sont toutes deux avant tout des systèmes de règles. Comme la cuisine, la diététique est affaire de classifications et de règles. L'étymologie elle-même nous montre qu'elle a une fonction normative : la diète, au sens grec, désigne un « genre de vie » et, par extension, le *« régime de nourriture, l'emploi raisonné de l'alimentation »* (Robert). Quant au *regimen* latin, indiquent les dictionnaires, c'est « l'action de diriger, de gouverner ». « *Une existence raisonnable,* écrit Foucault à propos de la médecine grecque à Rome, *ne peut pas se dérouler sans une "pratique de santé " (...) qui constitue en quelque sorte l'armature permanente de la vie quotidienne, permettant à chaque instant de savoir que faire et comment faire* » (Foucault, 1984b). « Régime » désigne donc un ensemble de conduites à suivre, une règle de vie, un gouvernement du quotidien : son champ d'application est ainsi au moins en partie le même que celui du système culinaire, au sens où il exerce son emprise sur le quotidien, sur le corps et les comportements, à partir d'un ensemble de règles tendant à « régimenter » (l'étymologie est la même que celle de « régime ») les conduites, notamment alimentaires. Ainsi, par exemple, de la conception grecque du régime : selon Foucault, il s'agit de la possibilité *« de se constituer comme sujet maître de sa conduite, c'est-à-dire de se faire – comme le médecin à l'égard de la maladie, le pilote entre les écueils, ou le politique à propos de la cité – l'habile et prudent guide de soi-même, apte à conjecturer comme il faut la mesure et le moment »* (Foucault, 1984a).

Le « traitement » symbolique que la cuisine et la diététique font subir au réel ne permet pas, dans les sociétés archaïques ou traditionnelles, de distinguer clairement entre ce que nous nommons aujourd'hui le culinaire et le diététique. *La cuisine des origines n'est probablement pas distincte de la diététique et toutes deux peuvent être considérées comme le processus cognitif et culturel par lequel l'homme parvient notamment à surmonter le paradoxe de l'omnivore et à régler ses comportements vitaux.* Pour que diététique et cuisine s'autonomisent, il faut sans doute que certaines conditions soient remplies. L'une me paraît essentielle : que la cuisine *se codifie,* c'est-à-dire que les règles qui la structurent, et qui sont pour l'essentiel implicites et inconscientes, soient formulées explicitement, par exemple dans le cadre d'une profession (celle de cuisinier) et d'un art (l'art culinaire). C'est ce qui s'est produit en France, plus clairement et vigoureusement qu'ailleurs, à partir du XVIIe siècle.

Le divorce de la cuisine et de la diététique

L'opposition plaisir/santé, qui nous paraît si évidente aujourd'hui, ne va donc nullement de soi dans toutes les cultures et à toutes les époques. La croyance en une incompatibilité radicale entre le bon et le sain n'est ni éternelle ni universelle, puisque le culinaire et le diététique ne se sont pas toujours distingués. Dans les sociétés traditionnelles, les aspects culinaires, médico-diététiques et sacrés de l'alimentation constituent un ensemble dans lequel il n'est pas toujours aisé ni légitime de faire le tri. On peut même soutenir que, dans certaines sociétés, jadis ou ailleurs, la croyance inverse est dominante et les représentations du bon et du sain, la diététique et le goût, se recouvrent presque parfaitement. Ce fut probablement le cas dans notre propre passé historique, avant que, progressivement, dans un contexte où les professions médicale et culinaire jouèrent un rôle central, une séparation et même une opposition ne s'opèrent.

Nous avons vu (cf. *supra*, chapitre 2) que l'alimentation et la médecine entretiennent un rapport tout à fait particulier et probablement indissociable. Le principe d'incorporation implique en effet que l'alimentation est le premier moyen d'accéder à la maîtrise du corps, c'est-à-dire un outil privilégié d'intervention médicale. C'est l'incorporation qui explique qu'il existe entre diététique et cuisine une sorte de continuité, d'ambiguïté, peut-être de rivalité fondamentale, plus ou moins claire à certaines époques, dans certains contextes.

Tout ceci explique que la médecine revendique depuis longtemps, probablement dès ses origines, un droit de regard sur l'alimentation. Mais quelles doivent être les limites de cette compétence ? L'enjeu est en effet de taille : la compétence du médecin s'arrêtera-t-elle à la maladie, ou pourra-t-elle s'étendre également à la santé ? Le médecin contrôlera-t-il l'alimentation des seuls malades, ou bien aussi celle des bien portants ? Sera-t-il seulement thérapeute ou aussi hygiéniste ? Veillera-t-il à la seule *diète* des malades ou également à la *diététique*, au régime de santé des bien-portants ? Militer pour cette dernière solution emporte des conséquences considérables : l'approche hygiéniste implique en effet d'intervenir au plus intime de la vie quotidienne, sur des comportements vitaux (alimentation, sexualité, etc.) qui sont chargés de significations dépassant de loin les enjeux purement médicaux. Prescrire une diététique, un régime quotidien, c'est en effet régir les mœurs, et cela entraîne aisément à prendre des positions proprement morales, comme nous le verrons par la suite à propos du sucre, des graisses, du corps.

Diafoirus contre Lustucru

Il paraît difficile, pour ne pas dire impossible, dans les ouvrages traitant d'alimentation au Moyen Age ou à la Renaissance, de distinguer entre le diététique et le culinaire, d'autant que la religion intervient également de manière fondamentale. Les médecins du Moyen Age affirment que l'alimentation est essentielle à la fois pour préserver la santé et pour soigner les malades. Les premiers textes de l'Occident chrétien traitant de nourriture, qui nous viennent, via les Arabes et les Juifs, de la tradition hellénistique, sont des recueils d'aphorismes diétético-médicaux, tels le *Regimen Sanitatis* (« Régime de santé ») de l'école de Salerne (XIIe siècle) ou, au XIIIe siècle, la partie consacrée à l'alimentation dans l'ouvrage du médecin Aldebrandin de Sienne (Redon, 1981).

Quant aux livres proprement culinaires, jusqu'à une date très avancée, la justification des recettes n'y est pratiquement jamais d'ordre gustatif. « *Ne croirait-on pas*, écrit Jean-Louis Flandrin à propos des ouvrages de la Renaissance, *que l'art culinaire avait moins pour fonction de rendre les aliments bons au goût que bons pour la santé ? Qu'il n'était qu'une application des principes de la diététique ?* » (Flandrin, 1982). A la même époque, on voit fleurir d'autres « Régimes de santé », des ouvrages d'hygiène alimentaire écrits en langue vernaculaire par des auteurs qui ne sont en général pas médecins. Or ils composent, eux, une véritable « cuisine diététique », parfois extraordinairement élaborée et complexe : les aliments, les temps et les modes de cuisson, les textures et les consistances, tout est réputé avoir des effets sur le corps par le biais des tempéraments et des humeurs, tout doit donc être balancé et calculé (Céard, 1982).

Ainsi les livres de cuisine parlent de santé, les livres de santé traitent d'une cuisine qui ne dit pas son nom. Le plaisir n'a guère la parole, sans doute essentiellement pour des raisons religieuses : la cuisine ne semble pouvoir se justifier que par le bien du corps et les vertus de l'aliment sont avant tout diététiques. Tout se passe comme si le discours sur l'aliment ne distinguait pas encore nettement entre nos catégories du diététique et du culinaire, comme si la frontière ne devait apparaître que plus tardivement.

Si, à notre époque, la croyance dominante est que ce qui est bon fait mal, l'inverse semble prévaloir au moins jusqu'au XVIIe siècle. C'est que la théorie médicale presque unanimement acceptée est la médecine des humeurs et des tempéraments d'Hippocrate et de Galien, qui dominera l'Occident jusqu'au XIXe siècle. La maladie, dans cette conception, est considérée comme le résultat d'un déséquilibre humoral et l'alimentation comme le moyen de rétablir ou de maintenir l'équilibre. La variété des goûts alimentaires est expliquée dans ce cadre. Jusqu'à la fin du XVIe siècle au moins, la thèse dominante semble être que, chez l'homme sain, le goût est l'expression du tempérament. C'est en somme la vérité du corps : il convient donc pour l'essentiel de le suivre, car il tend à maintenir l'équilibre (Flandrin, 1987). Chez le malade, en revanche, il faut contrebalancer, corriger les déséquilibres humoraux qui sont la cause des troubles, en prescrivant par exemple les aliments dont les propriétés humorales sont réputées contraires. Mais à partir du XVIIe siècle, si l'on en croit notamment Flandrin, la théorie humorale semble se modifier et l'on voit de plus en plus les médecins prescrire d'aller *contre* les tempéraments, y compris dans le régime des bien-portants.

L'alimentation raisonnée (et rationnée) est d'abord le moyen de lutter contre la maladie déclarée. Tout mets, déclarent volontiers les médecins anciens, est « à la fois aliment et remède » (Céard, 1982). Mais à partir de là, la médecine va constamment s'attacher, avec plus ou moins de succès, à établir son emprise sur l'alimentation dans son entier. Elle va chercher à contrôler non seulement la *diète*, c'est-à-dire l'alimentation restrictive des malades, mais aussi la *diététique* et l'hygiène, c'est-à-dire le régime quotidien des bien-portants. Progressant sur ce territoire, elle va parfois rencontrer sur son chemin les cuisiniers et notamment au XVIIe siècle, l'époque de l'avènement véritable de la grande cuisine française, conquérante, codifiée et ombrageuse. Le divorce entre le bon et le sain, entre cuisine et diététique, est probablement en grande partie le fruit de la naissance d'une grande cuisine, corps complexe et codifié de règles et de normes, qui crée les conditions d'un conflit de prescriptions et de compétence. On pourrait dire que s'annonce un divorce entre cuisinier et médecin, un affrontement sinon réel du moins symbolique et latent entre ces deux personnages emblématiques : Diafoirus et Lustucru.

Entre le médecin et le cuisinier, il existe en fait dès l'origine sinon une vague parenté, du moins une sorte de symétrie, et peut-être, au moins à certaines époques, une concurrence latente. Déjà Aristote, dans la *Rhétorique*, empruntant apparemment l'idée au Platon du *Gorgias*, fait de la cuisine le pendant empirique et « flatteur » de la médecine (la cosmétique étant celui de la gymnastique) (Aristote, 1967). En un sens, le cuisinier comme le médecin procèdent par prescription puisqu'il existe une parenté au moins étymologique entre la recette et l'ordonnance : *recepta*, c'est la « chose reçue », la formule donnée. En anglais, en allemand, en italien, en espagnol, dans d'autres langues sans doute, le terme dérivé de *recepta (recipe, Rezept, ricetta, receta)* reste indifféremment applicable à la recette culinaire et à l'ordonnance médicale.

Le cuisinier est un personnage souvent soupçonné d'utiliser son art à des fins coupables ou suspectes. Ceux qui formulent le soupçon sont souvent des médecins. Maino de Maineri, médecin italien du XIVe siècle auteur d'un *De Saporibus*, met déjà en garde contre l'usage intempestif des sauces, qui peuvent tromper la sagesse naturelle du corps (Thorndike, 1934). Mais le stéréotype du maître queux tyrannique, proférant des diktats sur le bon goût à l'usage de tous et notamment de ses maîtres, ne peut probablement faire son apparition avant le XVIIe siècle, époque à laquelle on s'accorde généralement à situer l'émergence triomphale de l'art culinaire français, à la faveur notamment de la société de cour (Mennell, 1985). Dans ce siècle, la cuisine évolue dans un sens plus normatif et socialement discriminatif ; elle se constitue comme corps de règles, construit une étiquette implacable, s'organise autour de la notion de « bon goût ». C'est au XVIIe siècle, nous dit Flandrin, que certaines règles culinaires parfois encore en usage aujourd'hui (par exemple l'incompatibilité entre le sucré et le salé) se précisent et s'imposent. Les cuisiniers, dans leurs ouvrages, parlent de manière de plus en plus impérieusement normative de ce que doivent être leur pratique professionnelle, la gastronomie et le bon goût en général (Flandrin, 1987).

Au XVIIIe siècle, *l'Encyclopédie* laisse paraître clairement non seulement qu'il existe maintenant une claire distinction entre cuisine et diététique, mais encore que le divorce entre le plaisir culinaire et la santé pourrait bien être en voie d'accomplissement. Jaucourt, auteur de plusieurs articles de *l'Encyclopédie* sur les questions alimentaires, laisse bien percer ses soupçons ou son ambivalence à l'égard du raffinement culinaire, donc du plaisir gustatif, donc des cuisiniers : « *La variété et les assaisonnements de différentes choses destinées à la nourriture comme les ragoûts* [1], *sont en général très pernicieux à la santé, par la disposition qu'ils donnent à manger avec excès, autant que par la corruption qu'ils portent dans les humeurs. Les aliments les plus simples sont les meilleurs pour toute sorte de tempéraments* » (Bonnet, 1976). Bien que la position de l'Encyclopédiste soit relativement nuancée, en tout cas ambivalente, le cuisinier apparaît comme un tentateur, un sophisticateur quelque peu suspect : « *L'art des cuisiniers n'est presque que celui d'assaisonner les mets; il est commun à toutes les nations policées... La plupart des assaisonnements sont nuisibles à la santé... Il faut pourtant convenir qu'il n'y a guère que les sauvages qui puissent se trouver bien des productions de la nature, prises sans assaisonnement et telles que la nature nous les offre. Mais il y a un milieu entre cette grossièreté et les raffinements de nos cuisiniers.* »

Les médecins vont désormais tendre de plus en plus à affirmer leur emprise sur le régime quotidien. Au début du XIXe siècle, dans une thèse de médecine, on trouve cette revendication de compétence caractéristique des hygiénistes : « *C'est à elle* [la médecine] *qu'il appartient de déterminer en général quels aliments conviennent à l'espèce humaine, quelles modifications apporte dans leur usage la différence des âges, des sexes, des tempéraments, quels sont ceux qu'on saura permettre à l'enfance, dont le système digestif n'a point encore acquis toutes ses forces, à la vieillesse qui les a perdues, à la femme, d'une constitution molle et lymphatique, à l'homme robuste et en santé* » (Burolleau, 1815).

Diafoirus et Lustucru seront en apparence réconciliés un peu plus tard, en 1855, dans un ouvrage éloquemment intitulé *Le cuisinier et le médecin*. Il s'agit d'une tentative pour fonder la cuisine

---

1. La définition de « ragoût » selon Jaucourt : « *Sauce ou assaisonnement pour chatouiller ou exciter l'appétit quand il est émoussé* » (Bonnet, 1976).

en science, ou plutôt pour reprendre en main l'art culinaire triomphant du XIXᵉ siècle sous l'égide de l'hygiène médicale : *« (...) si la science culinaire s'est développée, l'hygiène a souvent été méconnue dans ses évolutions, et, cependant, qu'est-ce qu'une bonne cuisine sans un régulateur et un guide? Le mets le plus exquis, le plus étudié, le mieux préparé, peut jeter des perturbations profondes dans l'économie, si l'on ne fait attention, dans son emploi, aux prédispositions de ceux qui doivent en faire usage »* (Lombard, 1855). Le présupposé implicite est clair : ne comptez pas sur le plaisir (ni sur le cuisinier) pour servir de régulateur. Il faut donc les remplacer par autre chose, c'est-à-dire la médecine.

Cette tentative ne doit pas faire illusion. Le cuisinier et le médecin campent sur leurs positions respectives, aussi inexpugnables l'une que l'autre. La grande cuisine du XIXᵉ siècle, art de l'accommodement et de la transformation extrêmes, a fait *grosso modo* son deuil de la santé et laisse les médecins tempêter contre ses excès. La médecine, de son côté, fera évoluer la notion d'hygiène vers celle de prévention. Et cette division du territoire alimentaire durera jusqu'au dernier tiers de notre siècle.

Crise de régime, nouveau régime

Prémices : le meurtre du Père Lustucru

Il y a près de vingt ans, au début des années soixante-dix, un processus devient apparent qui va de plus en plus tendre à remettre en cause l'opposition diététique/cuisine, plaisir/santé. Il commence avec la grande cuisine, qui opère soudain un *aggiornamento* et révolutionne ses valeurs cardinales [1]. Dans la cuisine héritée du XIXᵉ siècle, celle de Carême puis celle d'Escoffier, régnait une morale de l'accommodement (Aron, 1973). L'art du cuisinier consistait avant tout à accommoder, c'est-à-dire à transformer, à métamorphoser la matière première alimentaire, à la faire passer de la

---

1. Cette « réforme » culinaire est traitée plus en détail au chapitre suivant.

Nature à la Culture. Le maître queux était en ce sens une sorte de grand sophisticateur (au sens étymologique de « falsificateur ») : dans sa version noble, c'était le grand Carême, qui transformait les plats en chefs-d'œuvre d'architecture (« l'architecture est une branche de la pâtisserie »); dans son avatar ignoble, c'était Lustucru, capable et coupable de transformer les chats en civets ou de resservir les vieux poulets comme coqs au vin. Avec Bocuse, Troisgros, Guérard et consorts, l'objet de l'art culinaire devient non plus la métamorphose de l'objet alimentaire mais sa mise en valeur, la révélation de sa vérité essentielle. Le cuisinier choisit, élit les produits et les mets; la cuisine commence au marché. De même que, entre le peintre et le photographe, s'opère un passage du pinceau au regard, du dressage du réel à sa simple capture, de même entre l'ancien et le nouveau cuisinier il y a un passage de l'accommodement à la mise en scène. Le nouveau cuisinier est un maïeuticien qui fait accoucher les mets de leur vérité essentielle : c'est un Socrate culinaire qui liquide Lustucru le sophisticateur (Fischler, 1979b).

En dépouillant la cuisine des oripeaux de la sophistication, le nouveau cuisinier se débarrasse du même coup du fardeau accusateur qui lui pesait sur les épaules depuis les origines. Rien ou presque, de ce côté, ne s'oppose plus à la réconciliation de la diététique et du culinaire. Dès les années soixante-dix, Michel Guérard « invente » la « cuisine-minceur », où tous les principes de la nouvelle cuisine Gault-Millaldo-Bocusienne sont mis en œuvre et poussés jusqu'à leurs conséquences extrêmes, au service *à la fois* du goût et de la lutte contre les kilos : cuisine du langage, où l'appétit s'exerce sur les mots avant de s'exercer sur les mets; cuisine de la vue (à dévorer d'abord des yeux on compense peut-être en partie ce que l'on perd en satiété orale); cuisine laconique et frugale où les sauces perdent leur prépondérance et surtout, à partir de techniques de liaison nouvelles, leur charge calorique et lipidique.

L'industrie alimentaire, avons-nous vu, était depuis longtemps suspecte. Au cours des années soixante-dix, c'est elle qui, de plus en plus, va endosser l'accusation de sophistication qui pesait jadis sur les Lustucru de la cuisine. C'est désormais l'industrie qui est réputée transformer, falsifier, altérer les aliments au point de rendre soit méconnaissables les produits vrais, soit indécelables les falsifications. C'est sur ce terrain que le consumérisme naissant marque ses premiers points contre elle. Pendant ce temps, le cuisinier est devenu une sorte de garant sourcilleux de la qualité et de la pureté, veillant jalousement, à prix d'or, à ses approvisionnements et à ses cuissons minimales.

Nous avons vu que ces bouleversements s'expliquent par le besoin moderne de critères de choix univoques et clairs. La cacophonie de conseils ou de prescriptions contradictoires émis par la médecine et la sagesse des nations, par les sectarismes diététiques ou la publicité, par le consumérisme ou la gastronomie, surdétermine et révèle une crise profonde : une crise du mangeur, une crise du régime.

Cuisine et régime

A travers la recette comme le régime, la cuisine comme la diététique, il s'agit d'introduire ou de réintroduire dans l'alimentation quotidienne une logique normative, un système de référence cohérent, une règle, bref : un ordre. Il faut se (re)construire un régime, terme qui, dans son acception pleine, implique une maîtrise complète.

Le triomphe simultané et apparemment paradoxal de la cuisine et du régime n'est donc probablement rien d'autre que le produit d'un mécanisme de résolution de la crise de l'alimentation moderne, la réponse contemporaine au vide (ou au trop-plein) anomique du régime alimentaire. Le moindre régime amaigrissant, en un sens, contient cette ambition grandiose : « *(...) le capital physique que nous avons (ou ce qu'il en reste) est le résultat de notre alimentation passée. Notre santé et notre durée de vie sont la conséquence de notre alimentation passée. (...) Si vous parvenez à savoir gérer votre alimentation, c'est en fait "votre vie" que vous saurez gérer.*

L'homme moderne n'est malheureusement plus un être raisonnable. Car il a perdu toute sa sagesse. Il est aujourd'hui capable de marcher sur la lune, mais il ne sait plus s'alimenter » (Montignac, 1986).

Cuisine et diététique : vers les retrouvailles ?

Les nouveaux cuisiniers ont ouvert une voie : à la fin des années quatre-vingt, nous voyons les valeurs de la grande cuisine des années soixante-dix gagner progressivement l'alimentation tout entière, y compris l'industrie, sous l'égide, bien souvent, des cuisiniers eux-mêmes. Les chefs explorent les possibilités culinaires des techniques nouvelles, aident à la mise au point de recettes et de *processes* industriels, apposent leur griffe comme un label de qualité et de prestige. Les consommateurs, d'abord méfiants, s'accommodent de mieux en mieux des surgelés, de la cuisson sous vide, de toutes sortes de produits nouveaux dont la qualité s'améliore d'ailleurs parfois notablement.

Le marketing et la publicité agro-alimentaires abordent à leur tour le virage amorcé par la grande cuisine. Il s'agit là encore de réconcilier le bon et le sain. Ainsi de ces jolies femmes mises en scène par Lesieur : *« Elles veulent tout. »* Tout : entendez à la fois la jouissance (en particulier alimentaire), la beauté – c'est-à-dire la minceur – et la *forme*, cette entité de création récente qui recouvre santé, beauté et jeunesse et concentre les états internes dans l'apparence. La *Cuisine Légère* de Findus prescrit : *« Dévorez, c'est léger ! »* Promesse transparente : moins de 300 calories par portion individuelle garantissent qu'il n'y aura pas de prix pondéral à payer pour le plaisir gustatif éprouvé. Elle est encore plus claire dans ce film pour le fromage blanc sans matière grasse *Taillefine*, où l'héroïne affirme avec une franche lubricité que *« c'est complètement immoral »* : on peut se gaver de crème sans encourir une punition. Le divorce du plaisir et de la sanction semble consommé. Ses nouvelles épousailles avec le bien-être et la forme s'annoncent imminentes.

Pendant ce temps, la frontière entre la cuisine et la diététique commence à être à nouveau gagnée par le flou. Il suffit de parcourir les innombrables livres de régimes et de cuisine qui envahissent les rayons des librairies pour constater que les premiers sont aussi, de plus en plus souvent, des recueils de recettes, tandis que les seconds intègrent des préoccupations diététiques. Le *best-seller* de

Rika Zaraï *(Ma médecine naturelle)* [1] n'est pas très différent dans son esprit d'un *Régime de Santé* de la Renaissance. Il contient près de cinquante pages de menus et recettes (végétariennes), depuis les croquettes de flocons d'avoine et les pommes de terre farcies au millet jusqu'au pot-au-feu « fermier » (entendez de légumes, à l'exclusion de viande). Les ouvrages macrobiotiques ou végétariens de diverses obédiences sont eux aussi des Régimes de Santé comportant souvent une bonne part de recettes et de menus. Les *Weight Watchers* produisent livres de cuisine et recueils de recettes. L'animateur de télévision Jean-Pierre Foucault, passant en revue exhaustivement les régimes amaigrissants disponibles sur le marché, ne peut bien entendu faire l'économie, pour illustrer chacun, d'un menu type [2]. Symétriquement, les livres de cuisine parlent de plus en plus de minceur et de diététique, tandis que les journaux de cuisine contiennent de plus en plus fréquemment des « cahiers-minceur » ou des recettes allégées, et la même idée gagne la presse féminine. Ainsi *Guide Cuisine* propose : « minceur : 14 menus-plaisirs », tandis que *Marie France* propose un supplément contenant « plus de 20 recettes » intitulé « la minceur-plaisir ».

La superposition et la confusion au moins partielle de la cuisine et du régime apparaissent également désormais dans la distribution des compétences. Qui conçoit ou prescrit des régimes ? Qui prescrit et conçoit des recettes et des menus ? Jusqu'à une date récente, la préconisation des régimes proprement dits était surtout l'apanage des médecins. Mais ils doivent affronter diverses concurrences, ou composer avec elles. Ainsi, des médecins s'allient à des diététiciennes (les diététiciennes sont en France des auxiliaires médicales), qui introduisent la préoccupation domestico-culinaire. Des médecins et/ou des diététiciennes s'allient à des professionnels de la restauration pour produire des recueils de recettes à la fois « raisonnables » et gourmandes [3]. Ils sont eux-mêmes concurrencés d'une part par des « usagers » célèbres des régimes, qui fondent apparemment leur légitimité sur leur expérience et leur notoriété (Jean-Pierre Fou-

---

1. Paris, Michel Lafon-Carrère, 1985.
2. *Sacrés régimes*, Paris, Michel Lafon, 1988.
3. Dutot, Dr F. et Knych, S. : *Régimes de saveur*, Paris, MA éditions, 1987. Fourrier, Dr B. et Mignonac, A. : *Maigrir-Plaisir : plus de 200 recettes savoureuses de cuisine-minceur*, Paris, Grancher, 1986.

cault, Christian Millau, Rika Zaraï, Elizabeth Taylor, etc.), d'autre part et surtout par les cuisiniers eux-mêmes. Le chef-restaurateur Michel Oliver invoque à la fois son expérience personnelle et sa compétence culinaire pour proposer son régime (il a été son propre cobaye) [1]. Christian Millau [2], pour sa part, fait valoir la même expérience personnelle ajoutée à celle de gourmet professionnel. Le cuisinier réputé Bernard Loiseau propose un « régime gourmet » pour perdre « 3 kilos en 6 jours » *(« L'arme absolue : le régime-plaisir »)* [3]. En un mot, c'est de plus en plus conjointement, de plus en plus indistinctement, au nom du plaisir et de la santé réunis, que cuisine et diététique revendiquent le gouvernement du territoire global de l'alimentation quotidienne et du corps.

Pourquoi les médecins doivent-ils ainsi composer avec une diététique populaire qui leur échappe en grande partie? Sans doute pour plusieurs raisons. D'une part, depuis la fin du XIXe siècle, date de la naissance de la nutrition moderne, la médecine a quelque peu négligé ce champ, particulièrement en France. L'enseignement de la nutrition dans les facultés de médecine a été, est encore, très largement négligé. D'autre part, dans les dernières décennies, les prescriptions médicales ont allié paradoxalement la rigidité et l'inconstance, ce qui a peut-être nui à leur crédit. Ainsi, dans les années cinquante et soixante, on préconisait le régime steak-salade sans pain ni féculents aussi bien pour l'amaigrissement que dans la prévention ou le traitement des maladies cardio-vasculaires. On s'est avisé successivement depuis que l'absence totale de pain et de « sucres lents » présentait de graves inconvénients, que la viande contenait des graisses saturées responsables de l'athérosclérose, que le grillé pouvait être cancérigène et que les véritables ennemis étaient moins les sucres que les graisses et l'absence de fibres...

Vers un nouvel ordre alimentaire ?

Mais la cacophonie des prescriptions caractéristique de la crise des années soixante-dix s'atténue ou prend de nouvelles formes.

---

1. Oliver, Michel; Uemura, Shigueru : *La méthode de Michel Oliver*, Paris, Carrère-Lafon, 1988.
2. *Le régime Gault-Millau*, Paris, Solar, 1986.
3. Dans *Guide Cuisine* (supplément magazine, avril 1988).

Avec la grande cuisine moderne, les développements récents du marketing agro-alimentaire et de la diététique médicale, on assiste aux débuts d'une relative harmonisation des prescriptions alimentaires. Dans les années quatre-vingt, la cuisine s'est allégée, dégraissée, « frugalisée », japonisée; elle met de plus en plus en vedette le poisson et les légumes, la cuisson à la vapeur contre les sauces et les viandes. La médecine, malgré ses flottements autoritaires, n'a plus guère de conflit ouvert avec la cuisine : Lustucru enterré, Diafoirus se cherche d'autres ennemis, d'abord du côté de l'industrie, puis vers la diététique « sauvage », que certains des siens investissent d'ailleurs de plus en plus eux-mêmes. L'industrie suit la cuisine avec les plats « légers » et la médecine avec les produits « allégés », qui intègrent dans l'aliment le bénéfice du régime. Quant à la publicité, elle précède tout le monde en annonçant la fin du péché alimentaire et l'aube de la gourmandise saine. Nous entrerons peut-être un jour dans l'ère d'un nouvel ordre symbolique, d'un nouvel âge alimentaire, d'un nouveau régime : la gastronomie diététique, le régime du plaisir. Si tel est bien le cas, l'alimentation aura en somme rejoint la sexualité : depuis Freud, en effet, personne n'ose plus dire que le plaisir sexuel trouble la santé, bien au contraire. La psychanalyse a libéré la sexualité : peut-être la nouvelle cuisine parviendra-t-elle à déculpabiliser l'alimentation.

9

Haute Cuisine et prêt-à-manger

> *Rien n'est plus naturellement beau qu'un perdreau rôti, tout bête et tout exquis.*
>
> « Vive la nouvelle cuisine française », *Le nouveau Guide Gault-Millau,* octobre 1973.

La nouvelle cuisine : près de vingt ans après la proclamation de sa naissance par Gault-Millau, cette grande affaire fait encore bruisser la chronique gastronomique, les métiers du culinaire et même les débats journalistiques. Les professionnels (cuisiniers, restaurateurs, chroniqueurs et journalistes, industriels de l'agro-alimentaire) ont tous leur opinion. Chefs et critiques polémiquent dans la grande presse [1]. Selon les uns, le prétendu bouleversement culinaire – réforme, renaissance ou révolution – n'aurait jamais eu lieu : le label « nouvelle cuisine » n'aurait été que l'habile détournement d'une tradition relevant pour ainsi dire de la transcendance, celle de la « Grande Cuisine Française ». D'autres admettent la réalité du changement, mais contestent que Bocuse, Guérard ou les frères Troisgros en soient les héros et Gault-Millau les hérauts. Ils citent les grands cuisiniers Fernand Point ou Alexandre Dumaine comme les véritables pères de la réforme culinaire ou invoquent le fait que Curnonsky, « prince des gastronomes », aurait dès le premier tiers de ce siècle énoncé le paradigme de la nouvelle cuisine en affirmant que *« la cuisine, c'est quand les choses ont le goût de ce qu'elles sont »*. D'autres encore condamnent les effets de mode et les maniérismes qui constituent, selon eux, la seule nouveauté

---

1. Par exemple, dans *Le Figaro-Magazine :* « Paul Bocuse met les pieds dans le plat », *Le Figaro-Magazine,* 18 février 1989, 132-135; « Christian Millau et Marc Veyrat répondent à Paul Bocuse », *Le Figaro-Magazine,* 15 avril 1989, 202-205.

de la nouvelle cuisine [1]. D'autres enfin, s'appuyant sur l'histoire, laissent entendre que l'idée même de nouvelle cuisine n'est qu'une résurgence cyclique, dont l'un des derniers avatars remonte au XVIIIe siècle, l'existence de ce précédent semblant implicitement discréditer à leurs yeux le phénomène contemporain [2].

Des prémices de changement culinaire auraient en fait pu être détectés, bien avant la nouvelle cuisine, sur certains fourneaux. Ainsi Philip et Mary Hyman, examinant sur une longue période les livres de cuisine à succès (ceux de la ménagère, et non ceux des chefs), ont pu y déceler des courants profonds et de longue durée. Ils ont notamment montré que la diminution des temps de cuisson a commencé dès l'avant-guerre : en d'autres termes, la nouvelle cuisine des grands restaurants n'aurait pas émergé du vide mais aurait en quelque sorte cristallisé et accéléré des tendances jusquelà silencieuses et latentes, obscurément à l'œuvre dans le secret de la vie quotidienne (Hyman & Hyman, 1986).

D'autres indices semblent montrer que certains processus qui nous paraissent caractéristiques de la période récente étaient en fait probablement déjà en marche plusieurs décennies auparavant. Un journaliste américain, parcourant l'Europe en 1933 pour *« Town & Country »*, intitule son article *« La fin du bien-manger »*. Il note qu'il règne partout *« une nouvelle simplicité »*, que les restaurants français servent des repas de plus en plus légers, qu'ils sont de plus en plus nombreux à proposer des *« petits repas »* ou des *« repas sur le pouce »* et de moins en moins à servir les plats élaborés traditionnels. Les mangeurs seraient de plus en plus soucieux de leur santé et de leur forme, les mangeuses de leur ligne (Maris, 1933).

On peut même remonter plus loin dans le temps et plus haut dans la gloire gastronomique : beaucoup de grands cuisiniers, à diverses époques, se sont targués de simplifier et d'alléger la grande cuisine française. Dans ses souvenirs longtemps inédits, Escoffier

---

1. Paul Bocuse lui-même, pourtant considéré dès l'origine comme l'un des pères-fondateurs de la Nouvelle Cuisine par Gault-Millau, la récuse sur le tard, déclarant notamment *« La nouvelle cuisine, c'est de l'épate-bourgeois »* (*Le Figaro-Magazine*, 18 février 1989, 132-135).

2. Ph. et M. Hyman, qui se sont penchés sur la Nouvelle Cuisine des années 1730-1740, concluent qu'elle est bien « l'ancêtre de toutes les nouvelles cuisines », au sens notamment où, pour la première fois, la nouveauté est proclamée, valorisée et théorisée (Hyman & Hyman, 1989).

lui-même, pourtant considéré comme le parangon de « l'ancienne » cuisine par les promoteurs de la nouvelle, considère que ce fut là l'essentiel de son apport (Escoffier, 1985).

En fait, il apparaît à l'examen que la réforme culinaire annonçait et probablement surdéterminait des changements beaucoup plus profonds et plus larges dans la sensibilité et les mœurs alimentaires ; elle venait à la fois leur donner un sens et les accélérer. La grande cuisine, on va le voir, a bien connu, à la fin des années soixante et surtout au début des années soixante-dix, une sorte de révolution ou de révélation. Derrière cette vogue soudaine, il y avait une vague de fond, celle des amples mouvements sociaux et économiques qui avaient transformé la société française et continuaient de la travailler, et des vaguelettes, celles que le changement global entraînait indirectement dans les métiers et les marchés de la cuisine et de la restauration. Si la haute gastronomie cristallise et précipite des tendances latentes dans le cours central de la société, elle peut donc à son tour jouer le rôle de tête chercheuse du changement des mœurs alimentaires : en 1973, en analysant la nature et le contenu de la nouvelle cuisine, on pouvait apercevoir une grande partie de l'évolution ultérieure des attitudes et des comportements alimentaires, en France et même dans les autres pays développés.

Les apôtres de la nouvelle cuisine

C'est en 1973, dans un article du *Nouveau Guide Gault-Millau* intitulé « *Vive la nouvelle cuisine française* », que furent formulés les « dix commandements » de ce qui allait devenir « la nouvelle cuisine » (Gault, 1973). Dans ce texte, qui se voulait un manifeste, Henri Gault confirme que le mouvement existe déjà, qu'il s'agit seulement d'en synthétiser les principes et les valeurs : « *Ce n'est pas nous, piètres cuisiniers, qui inventons et décrétons ces dix nouveaux commandements. Nous ne faisons que préciser les contours d'une cuisine mise au point par la nouvelle école des chefs français.* » L'analyse des « dix commandements » montre que, pour ses apôtres, la nouvelle cuisine peut se ramener à trois ou quatre séries de principes.

En premier lieu, il s'agit de remettre en cause certaines pratiques, courantes paraît-il dans « l'ancienne cuisine », et qui violent à la fois les règles de la morale, de l'hygiène et du goût. Le chroniqueur s'indigne par exemple de ce que Mme Saint-Ange, auteur de *La bonne cuisine*, livre de recettes très répandu et constamment réédité, mentionne le court-bouillon comme le mode de cuisson le plus approprié *« pour tout poisson dont la fraîcheur est douteuse »*. Les temps de cuisson prescrits dans ces ouvrages sont d'ailleurs tels que *« frais ou non, le poisson était transformé en papier mâché »*. Dans le même ordre d'idée, il condamne l'usage des sauces riches, des sauces lourdes, dont la fonction réelle était en fait, dit-il, de camoufler, de masquer, la médiocre qualité des mets qu'elles couvraient. De même, les épices et les marinades *« qui cachent les fermentations honteuses »*, *« l'affreux faisandage »* doivent être bannis au profit de produits frais et de sauces légères qui les mettent en valeur. Les anciens cuisiniers, nous est-il encore révélé, faisaient du froid un usage ignominieux, servant *« un buisson d'écrevisses gelées et des soles Dugléré séchées sur leur pain de glace »* et abusant des *« présentations truqueuses »*, dont *« le redoutable Carême »* avait lancé la mode.

Le corollaire de ce refus de la sophistication (au sens de falsification), c'est une simplicité sophistiquée (raffinée) : il faut faire « la cuisine du marché », c'est-à-dire choisir les meilleurs produits, sans lésiner sur les efforts ni sur les prix, et être à leur service pour les mettre en valeur plutôt que les gâcher par un excès d'accommodement.

Une deuxième série de principes concerne le rapport à la modernité et à la technique. Si les nouveaux cuisiniers, nous dit-on, se méfient de l'usage immodéré du froid, ils ne répugnent pas pour autant à chercher dans la technologie contemporaine tout l'appui qu'elle peut fournir. Ils sont très attentifs à l'hygiène et *« ils utilisent des mixers, des sorbetières, des rôtissoires automatiques, des éplucheuses, des broyeurs de déchets »*. Ils savent faire taire les préjugés pour chercher dans les nouvelles techniques l'inspiration pour de nouvelles préparations. Ils vont jusqu'à utiliser le surgelé, dont ils savent que les échecs *« sont dus, plus à la mauvaise qualité du produit de base qu'au procédé lui-même »*, et même le four à micro-ondes, comme Bocuse pour le rouget en papillote.

Les nouveaux chefs, selon Gault-Millau, *« sans s'incliner devant l'inconstance du goût des hommes pressés et des femmes curistes »* découvrent « *les grâces des plats légers* » et « *n'ignorent pas la diététique* ». Les contours de cette diététique restent encore flous et incertains : l'entrecôte des Troisgros, nous est-il simplement précisé, « *fait moins grossir que le brouet des macrobiotiques* » et il faut accorder autant de place au « *plaisir de l'estomac* » qu'à celui « *du goût et des dents* ». Ainsi le corps, son apparence, son bien-être, sont présents dans la conscience et les préoccupations du nouveau cuisinier et le chroniqueur, pour sa part, rejette l'image désuète du « bon vivant » empâté, écarlate et apoplectique.

Enfin l'innovation, l'invention sont promues au premier rang des valeurs et des vertus culinaires : « *il reste des millions de plats à créer, et sûrement quelques centaines à retenir* ». Les nouveaux chefs sont des modèles en la matière : « *chaque jour, ils travaillent, ils inventent, ils créent, ils réussissent* ». L'invention, selon Gault-Millau, passe par des voies diverses. Tout d'abord, par la transgression ou la remise en cause des routines établies : il est permis et même recommandé, par exemple, de s'écarter des accompagnements trop stéréotypés, de ne pas unir mécaniquement le mouton aux haricots, le homard au riz, la sole aux pommes vapeur mais en revanche de tenter de marier l'andouillette avec les lentilles ou les brocolis. L'invention, en second lieu, consiste à tenter l'expérimentation d'ingrédients nouveaux (poivre vert, basilic, aneth, fruit de la passion, etc.); de nouveaux modes de cuisson ou de présentation (vapeur, daurade de Guérard cuite au four dans du goémon, profiteroles de Denis aux ris de veau, etc.). Elle peut conduire à rechercher l'inspiration, comme le cuisinier Alain Senderens, cité en exemple, dans des plats oubliés, aménagés, modernisés (quenelles de lièvre, jambon de mouton), mais aussi dans l'exotisme : lorsqu'il prône des cuissons réduites, Gault les appelle « *à la chinoise* »; Oliver laque le canard; Girard « *mélange le crabe au pamplemousse* » (une hardiesse qui nous paraît aujourd'hui assez relative) et Bocuse fait venir son safran d'Iran pour la soupe aux moules. La créativité peut également s'investir dans la réhabilitation « des choses simples » comme la morue, l'oie, le thon, les œufs à la coque [1], les légumes à la grecque, le pot-au-feu, l'oseille, les potages, etc.

---

1. Au caviar, il est vrai. Il s'agit de l'œuf Céline de Jacques Manière (Fischler, 1979b).

En 1974, *Le Nouveau Guide* repart à l'assaut, en formulant les règles du « *Savoir-manger en 1975* » [1]. La remise en cause des usages périmés s'y poursuit de manière militante, en particulier en ce qui concerne le vin. La sacro-sainte correspondance vin rouge/viande, vin blanc/poisson doit être complètement abandonnée. La question la plus débattue dans l'article, c'est celle de la température optimale des vins rouges : « *la stupide pratique du chambrage* » et le « *rituel souvent hors de propos* » sont condamnés sans détours. Mais on avertit également les lecteurs contre les effets de mode et le snobisme et les auteurs prennent une certaine distance devant ce qu'ils semblent considérer comme des excès néophytes, par exemple la pratique parfois irréfléchie du « vin unique » « *qui, gastronomiquement, n'est au fond qu'un pis-aller* ».

Gault-Millau sont en faveur de la cuisson « rose », qui laisse selon eux tout son goût, toute sa texture au poisson, au veau rôti, et même aux gibiers à plume, que l'on doit servir « à la goutte de sang »; en faveur également de la cuisson judicieusement raccourcie des légumes : les haricots verts « *al dente* » de Bocuse sont « *souples, légèrement croquants et infiniment plus savoureux que ces espèces de nouilles vertes ferrugineuses auxquelles étaient habitués nos grands-parents* ». Les nouveaux gastronomes sont même favorables à l'usage judicieux du cru, notamment pour certains poissons.

Le gastronome Gault-Millesque, à travers ce texte, se met en scène comme une sorte d'ascète sourcilleux de la gourmandise, engagé dans une quête inflexible des saveurs, des harmonies, de la qualité des mets, au mépris des faux-semblants, des conventions, des usages sociaux arbitraires : « *Nous avons scandalisé maints maîtres d'hôtel en demandant du saumon frais légèrement saignant; il est pourtant peu de chose meilleure au monde.* » Il est sans indulgence pour les résistances qu'il juge irrationnelles à la vérité du goût : « *Celui qui n'a pas goûté des filets de poule faisane "rosés", en fines tranches, est un misérable béotien.* » Il n'a pas davantage d'indulgence, d'ailleurs, pour les excès de la mode qu'il contribue à imposer et décoche volontiers l'ironie ou le sarcasme contre les extrémités où pourraient conduire la vogue du cru (« *pourquoi ne goûterait-on pas crus la langouste, le filet de mouton [...] et peut-être*

---

1. *Le Nouveau Guide Gault-Millau*, n° 67, novembre 1974, 59-65.

même, un jour, la tête de veau ? »), celle du croquant *(« on nous a servi jusqu'à des pommes de terre " al dente "»)*, ou *« les stupidités " rétro " des produits "fermiers " et ultra-naturels »*. Son credo réside dans la simplicité et la pureté : d'où la cuisson à la vapeur, d'où aussi cette suggestion audacieuse et dispendieuse : servir les truffes à la croque-au-sel, *« à l'état brut, juste brossées, avec du sel, du poivre, du pain de campagne frais et un bon beurre des Charentes »*.

En mars 1976, nouveau bilan : le guide de la France Gault-Millau dénombre cette année-là une centaine de restaurateurs qui se rattachent à la nouvelle cuisine. Les cuisiniers classiques, rapporte l'article, restent la majorité, mais ils sont en recul. Les clients des restaurateurs sont réticents et les exemples abondent où les chefs doivent se transformer en pédagogues ou en prosélytes pour faire comprendre, comme le rapporte Bernard Loiseau, successeur de Dumaine à Saulieu, *« qu'un perdreau [est] meilleur rosé, qu'un poisson peu cuit [a] plus de saveur »*. La conclusion des promoteurs de la nouvelle cuisine est cependant optimiste : *« En révélant au public une alimentation plus saine, plus équilibrée, plus intelligente, elle devrait logiquement influencer en profondeur ses habitudes de table quotidiennes, sa vie de tous les jours, non pas seulement au restaurant, mais aussi à la maison* [1]. *»* Cette prévision, on va le voir, se réalisera en partie au cours de la décennie suivante.

La galaxie Michelin

Trouve-t-on trace d'un nouveau cours de l'art culinaire ailleurs que dans la production de ceux qui s'en font les apôtres ? Les « commandements » de la nouvelle cuisine, dont Gault-Millau affirment qu'ils sont d'ores et déjà appliqués dans la pratique des nouveaux cuisiniers, transparaissent-ils ailleurs que dans *Le Nouveau Guide ?* Et notamment dans le guide Michelin, cette bible, rouge quoique conservatrice, de la gastronomie française ?

Depuis 1926, Michelin étoile les restaurants. Depuis 1931, a été introduite la hiérarchie suprême des deux et trois étoiles. Or

---

1. « La nouvelle cuisine française : une révolution de palais ». *Le Nouveau Guide Gault-Millau*, n° 83, mars 1976, 47-52.

chaque restaurant étoilé présente trois de ses spécialités : on dispose donc là d'une série pratiquement continue (elle s'interrompt toutefois entre 1940 et 1947) qui permet de suivre à la trace l'évolution de la cuisine, sinon à travers les mets eux-mêmes, du moins à travers les mots qui servent à la nommer. Il s'agit d'une vaste base de données : en 1990, il y a 19 restaurants à trois étoiles, 90 à deux étoiles, et 498 à une étoile. Dans un premier temps, je me suis donc borné à examiner les trois étoiles depuis 1935, à intervalles réguliers de cinq ans ou moins : 1935, 1951 (date de réapparition des trois étoiles après guerre), 1955, 1960, 1965, 1970, 1975, 1980, 1983, 1985, 1988. De cette série émerge l'image évolutive du grand rêve culinaire français. Certes, n'examiner que la grande aristocratie des triplement étoilés, c'est réduire le champ au point de le mutiler. Cette approche sommaire ne permet pas, par exemple, d'analyser la circulation des spécialités entre la petite noblesse à une ou deux étoiles et la grande : à travers le temps, qui innove, qui copie, qui conserve? Y a-t-il diffusion et si oui comment s'opère-t-elle? Mais d'un autre côté, la rigueur et le conservatisme du guide rouge, volontiers moqués aux débuts de la nouvelle cuisine par les iconoclastes Gault et Millau, garantissent aujourd'hui que nos conclusions en ce qui la concerne ne seront pas biaisées par un effet de mode.

De l'ancien au nouveau régime

Automobile et art culinaire

Il existe un lien historique indissoluble entre l'automobile, le guide Michelin et la grande cuisine. Les grands restaurants du guide rouge sont en général situés le long des grands axes routiers. Dès 1935, la répartition géographique des trois étoiles est remarquablement concentrée. Trois grandes régions, historiquement, se taillent la part du lion : Paris, la Bourgogne, mais surtout ce qu'on appelle aujourd'hui la région Rhône-Alpes. La galaxie des trois étoiles s'étend donc du Nord vers le Sud, le long d'un axe Paris-

Lyon-vallée du Rhône, le long surtout des Nationales 6 et 7. La densité est beaucoup moins forte à l'Ouest d'une ligne Paris-Toulouse. Après la guerre, la dissémination des trois étoiles se poursuit vers le Sud : à partir de 1955, la Provence, puis la Côte d'Azur s'étoilent de plus en plus, suivant ainsi les itinéraires de plus en plus fréquentés du soleil et des vacances automobiles. Ainsi, l'histoire des transports gastronomiques est indubitablement liée à celle des transports tout court, qui nous renvoie elle-même à celle des loisirs.

*

La première constatation qui s'impose à l'examen de ce trésor de gourmandise, c'est que, pendant quarante ans (et sans préjudice de ce qui se passait avant le début de notre enquête), la grande cuisine des trois étoiles Michelin a été hiératique, impavide, immuable. L'avant-guerre culinaire se poursuit dans l'après-guerre, à partir de 1951, pratiquement intact. Aucun doute : les années soixante-dix marquent une rupture. Le changement, précédé par un signe annonciateur en 1965, nettement perceptible dès 1970, devient éclatant et multiforme à partir de 1975.

L'innovation, à l'évidence, n'était pas la valeur cardinale de l'ancienne cuisine : certains restaurants, imperturbables, mentionnent les mêmes spécialités pendant de très longues périodes. Lapérouse, encore triplement étoilé en 1965, a présenté pendant plusieurs décennies les trois mêmes plats : le « gratin de langoustines Georgette », le « poulet poêlé du docteur » et les « crêpes Mona ». La Tour d'Argent (le plus ancien et le seul à avoir conservé toutes ses étoiles de 1935 à nos jours) a longtemps offert la « croustade de barbue Lagrenée » et le « caneton Tour d'Argent ».

Les trois étoiles se sont, semble-t-il, longtemps conçus plutôt comme les dépositaires et les garants d'une tradition à préserver que comme des lieux de création ou d'invention. Cette tradition, c'était soit une « haute cuisine française », héritée essentiellement du XIXe siècle mais surtout d'Escoffier, soit une cuisine plus marquée régionalement, soit un panachage des deux. Rien d'étonnant, dès lors, si les mêmes spécialités se retrouvaient souvent d'une carte à l'autre.

De 1935 à nos jours, il existe clairement un fonds de répertoire trois étoiles fortement stéréotypé. On y trouve des ingrédients, des plats (entendons des dénominations), des types de préparations. Certains ingrédients traditionnellement nobles ont gardé une place privilégiée aujourd'hui mais, le plus souvent, leur usage s'est profondément modifié. Les préparations et surtout les appellations ont moins bien survécu. Si elles subsistent, c'est le plus souvent au prix d'une sorte de détournement sémantique, d'une subversion interne.

La trilogie crustacés-volaille-canard

L'aliment-roi de la cuisine trois étoiles, ce sont les crustacés. Langoustes, langoustines, homards et écrevisses règnent sur les menus depuis cinq décennies et bien davantage. Durant plus de cinquante ans de grande cuisine Michelin, un plat apparaît comme celui qui incarne le plus massivement cette tradition. Ce champion incontesté, ce parangon des vertus gastronomiques, c'est le gratin de queues d'écrevisses, qui s'avance flanqué de ses cousins de langoustines ou de homard. De chez Bourgeois (un trois étoiles de 1935) à la Pyramide de Valence et de chez Pic à l'auberge du Père Bise de Talloires, pendant des lustres, on propose cette noble spécialité. Lucas Carton, dans les années cinquante, offre un gratin de homard et Lapérouse son « gratin de langoustines Georgette ». En 1955, l'Oustaù de Baumanière, aux Baux-de-Provence, entre dans la danse avec un redondant gratin de langouste aux écrevisses.

Les écrevisses, jusqu'aux années soixante-dix, sont omniprésentes. On les trouve dans les sauces, en vol-au-vent, seules ou associées à un poisson de rivière (« truite cardinalisée »), en pain ou en gratin. Après 1970, leur usage s'affranchit progressivement de ces codes. A Tours, en 1970, Barrier les présente modestement comme « écrevisses du pays au Vouvray ». On les voit ensuite apparaître « en cassolette marinière » (Bocuse, 1975) ou dans un « poussin aux écrevisses » d'inspiration régionale (Lasserre, 1975), un « ragoût d'écrevisses et de brochet » (Grand Vefour, 1980), ou encore « en terrine au beurre de ciboulette » (Bocuse, 1980), etc. En 1988, le règne des crustacés sur la cuisine noble est loin d'être achevé, mais le gratin de queues d'écrevisses est rayé des cartes.

Autre aliment de base de l'ancien régime gastronomique : la volaille. De Bourgogne en Lyonnais et de Valence à Talloires, ce ne sont que poulardes, poulets ou volailles, le plus souvent de Bresse. Ils sont « demi-deuil » ou en vessie, à l'estragon ou à la crème, en suprême ou « à l'ancienne », truffés ou aux morilles, en civet au vieux Bourgogne ou « Sainte-Alliance ». Après 1970, la poulaille conserve une place, même si elle est devenue plus modeste, dans les menus contemporains. Mais ses préparations ont le plus souvent évolué : chez Georges Blanc, à Vonnas, on la propose aux gousses d'ail et au foie gras (1985) ou sous forme de « marinade de blancs de poularde Alexandre ». Les dénominations tendent volontiers à changer : ainsi, significativement, la noble « poularde » laisse parfois la place à une modeste mais sensuelle « poulette » (Alain Chapel, Mionnay, 1988).

Un second volatile est tout aussi omniprésent dans la cuisine hyper-étoilée, et ceci des origines à nos jours : le canard. Notre palmipède poursuit en effet une longue carrière entamée, essentiellement sous sa forme juvénile (caneton), à la Tour d'Argent (« caneton Tour d'Argent », des origines à nos jours), chez Lapérouse (« caneton Colette »), poursuivie dans les années soixante à l'auberge de Noves (« caneton en papillote ») ou chez Lasserre à Paris (« canard à l'orange »). Mais à partir de 1975, une fois de plus, les préparations et les dénominations se diversifient considérablement : « caneton au citron » (Taillevent, Paris, 1975), « civet de cuisses de canard » (Bocuse, 1980), « tourte de canard » (Auberge du Père Bise, 1980), « filet de canard au cassis » (Boyer, Reims, 1983), « canard Apicius » (L'Archestrate, Paris, 1985), etc.

Les pivots de la paléo-cuisine : gratins et quenelles

L'ancienne cuisine, outre ses ingrédients privilégiés, a ses préparations fétiches. Ce sont avant tout, on l'a vu, les gratins qui, outre les crustacés, accommodent indifféremment le jambon du Morvan (la Côte d'Or, Saulieu, 1951) ou les quenelles (La Mère Brazier, Lyon, 1935). Les gratins sont partout; mais à la fin des années soixante et surtout en 1970, ils s'effondrent (figure 1).

Le gratin des restaurants abandonne la cuisine au gratin ou

la subvertit en la déspécialisant : on gratinera désormais aussi bien les huîtres (« huîtres gratinées au curry », Le Vivarois, Paris, 1975) que les fruits (« gratin de fruits frais », Oustaù de Baumanière, les Baux, 1985).

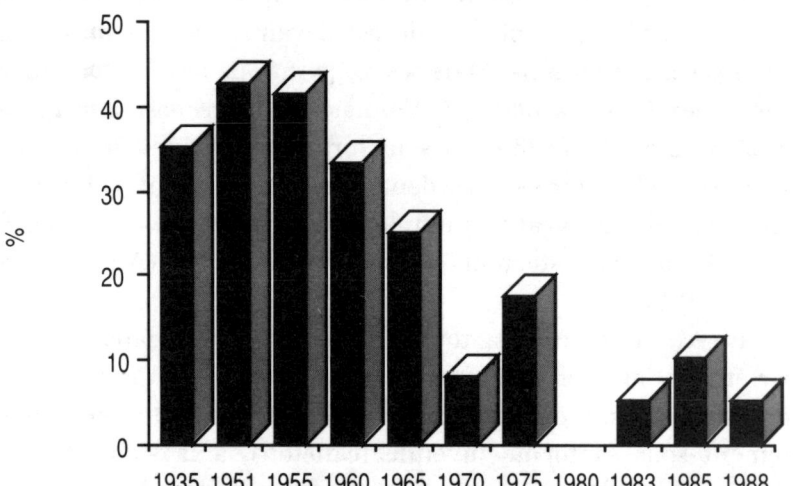

Figure 1. *Pourcentage de restaurants présentant au moins une spécialité de gratin*

Les quenelles sont un mets ou une préparation largement aussi caractéristique de l'ancienne cuisine que les gratins. On les trouve notamment, avant la guerre, chez la Mère Brazier à Lyon. A partir de 1951, elles sont de brochet et en timbale chez Dumaine à Saulieu, Belle Aurore chez la Mère Brazier. A « La Poste » d'Avallon, elles sont successivement de homard et à la crème (1955), à la Newburg (1960), à l'Armoricaine (1965). Mais après 1965, on n'en trouve plus trace, sinon à la Tour d'Argent, qui ressuscite les quenelles de brochet au gratin (1988) ou à l'Auberge de l'Ill, où les frères Haeberlin proposent une variation qui est en fait une réinvention très transgressive : le « sandre au pinot noir et quenelles à la moelle ».

La truffe et le foie gras

On s'attendrait, dans la cuisine de l'avant-guerre ou des années cinquante, à voir partout la truffe et le foie gras. Il n'en est rien.

En fait, la truffe n'est mentionnée ni en 1935 ni en 1951, une seule fois en 1955, 1965, 1970, beaucoup plus souvent après 1980. Encore n'apparaît-elle dans la première période que dans les poulardes ou volailles *truffées*. Le foie gras, de son côté, est présent quelquefois frais ou en brioche avant 1975, très fréquemment chaud et de canard après cette date. L'explication probable, c'est que, dans l'ancienne cuisine, truffe et foie gras sont des « ingrédients d'accommodement » qui agrémentent très fréquemment les préparations classiques (farces, sauces, etc.) mais n'apparaissent guère dans les appellations, alors que, dans la nouvelle cuisine, ils sont mis en valeur, deviennent un élément central autour duquel le plat est construit. Ainsi, après 1980, la truffe est présentée seule à l'Oasis (« truffe surprise »), en « soupe aux truffes noires » chez Bocuse, en « galettes de truffes » chez Robuchon.

L'ancien régime culinaire conserve la trace de l'héritage du XIXe siècle jusqu'aux années soixante et au-delà. Carême survit à travers l'enseignement d'Escoffier et de ses disciples : les trois étoiles auront aimé longtemps, en effet, ce que l'on pourrait appeler la « grande transformation », qui anoblit ou met en scène les mets, comme les préparations en brioche, en croûte, en vessie, les farces et les émincés, les croustades et les vol-au-vent, les sauces, les gratins et les flambages. Les hauts lieux du Michelin semblent confirmer la prédominance d'une logique dans laquelle ce qui importe le plus, c'est la transmutation de la matière première par l'art, le savoir-faire, les tours de main du cuisinier; c'est « l'esprit de l'accommodement » dont parlait Jean-Paul Aron dans *Le mangeur du XIXe siècle* (Aron, 1973).

La cuisine trois étoiles qui survit jusqu'aux années soixante-dix semble s'appuyer tout entière sur le respect de normes réputées traditionnelles. La conformité à un *modèle* est une valeur centrale : les ingrédients sont choisis et associés selon des règles apparemment immuables et qui semblent souvent trouver leur justification dans l'application et la reproduction de la tradition plutôt que dans la recherche ou l'amélioration des harmonies de saveurs, dans les associations innovatrices d'ingrédients, dans le travail des couleurs et des présentations, dans la poétique du menu. L'existence d'un modèle de référence se traduit notamment dans les appellations qui invoquent constamment l'apparat ou le prestige, des situations ou des personnages historiques, aristocratiques ou emblématiques (poularde Sainte-Alliance ou des Ducs de Bourgogne, boudin Richelieu, noisette d'agneau Édouard VII, filet de sole Sully, etc.). J.-P. Poulain, dans une étude systématique des appellations de la cuisine française, trouve dans Carême 218 appellations de personnages de la cuisine et de la gastronomie, des lettres et des arts, mais surtout de la politique et de la noblesse (Poulain, 1985). Avec Escoffier, le système des appellations devient une classification sophistiquée, normalisée. Ces appellations, à partir de 1914, sont consignées dans une bible de l'enseignement professionnel, le *Répertoire de la cuisine*, qui est encore utilisé de nos jours (Gringoire & Saulnier, 1914). Or le *Répertoire de la cuisine* y insiste : il s'agit de savoir de quoi l'on parle. Gringoire & Saulnier mettent en garde contre la tentation de s'écarter du lexique normalisé : « *Chaque jour, quelque chef bien intentionné baptise d'un nouveau nom un plat depuis longtemps connu sous un autre; chaque jour aussi, un cuisinier présente sous un nom déjà « enregistré » une préparation différente de celle que ce nom évoque; ce sont là de très graves erreurs contre lesquelles tous les chefs ayant conscience de leur mission ont le devoir de protester avec nous, car de telles erreurs conduiraient fatalement l'art culinaire vers la décadence, malgré toute la science, malgré tous les efforts de nos maîtres* » (Gringoire & Saulnier, 1914; cité dans Poulain, 1985).

A travers le Guide Michelin des années d'avant-guerre et de l'après-guerre jusqu'aux années soixante, nous voyons bien que la valeur suprême est la conformité sourcilleuse à un étalon, une norme idéale, et qu'elle s'incarne avant tout dans la notion cardinale de *spécialité*. La spécialité, c'est le standard établi, le modèle de référence dont le restaurant est le gardien reconnu et intransigeant. Tout établissement institué a ses spécialités et leur confère même volontiers son propre nom : filet de sole Chapon fin, poulet Foyot, volaille Mère Brazier, homard Lapérouse, caneton Tour d'Argent, etc. De nos jours, parmi les grands du Michelin, cette pratique ne subsiste plus guère que dans une minorité de restaurants revendiquant, précisément, un caractère « traditionnel », par exemple la Tour d'Argent.

Les mêmes valeurs trouvent à s'appliquer dans le registre du régionalisme. Dans « l'ancien régime » culinaire, on voit fréquemment apparaître des spécialités régionales plus ou moins normalisées, en tout cas se référant implicitement à une normativité, à un modèle fidèlement reproduit qui incarne *l'authenticité* : potée forézienne, lamproie bordelaise, croûte landaise, que l'on trouve dans les menus de l'avant-guerre et de l'immédiat après-guerre, ont sans doute vocation à incarner superlativement et essentiellement « la » véritable potée, « la » vraie lamproie bordelaise, l'archétype ou même l'essence de la croûte landaise. Dans le nouveau régime, l'authenticité reste sans doute une valeur reconnue, mais elle est entendue dans un registre plus souple, moins normatif ou moins normalisé : on sent une *inspiration* régionale diffuse dans la « salade de joue de porc aux lentilles et au foie d'oie » des frères Haeberlin, la « bourride de homard agathoise » de Vergé ou le fameux « gâteau de foies blonds » de Chapel. Le caractère régional résulte d'une coloration, d'un souffle léger, d'une interprétation davantage que du respect d'un modèle étalon. C'est bien *d'inspiration* qu'il s'agit : dans les années soixante-dix, les chefs sont ouvertement à sa recherche. C'est que le statut du cuisinier a changé : il était jusque-là modeste domestique, praticien obscur ou même grand-prêtre tonitruant; le voici promu, à part entière, *créateur*. Indice d'un changement décisif : alors que Gringoire & Saulnier exigeaient que les chefs ne s'écartent par des appellations normalisées, de grands cuisiniers d'aujourd'hui revendiquent une protection juridique des créations culinaires.

Le nouveau régime

En 1965, on décèle quelque mouvement dans la galaxie Michelin; à partir de 1975, c'est un franc remue-ménage; après 1980, un bouleversement complet. Les plats se diversifient. Il devient de plus en plus rare de trouver deux restaurants proposant la même spécialité sous le même nom. La fantaisie s'introduit dans les appellations (et donne bientôt naissance à de nouveaux clichés). Les ingrédients se multiplient. Les associations innovatrices pullulent.

Nouvelles tendances : légumes, poissons

Avant 1965, les légumes brillaient par leur absence. L'ancien régime culinaire les passait sous silence : pas une mention depuis

1935 dans les noms de plats énumérés. Il n'y avait place, à l'occasion, que pour les champignons (morilles, cèpes, champignons tout court) ou les aromates (estragon, fenouil). Un événement, isolé mais lourd de sens *a posteriori*, survient en 1965. Ce n'est ni chez Bocuse, ni chez Troisgros, mais bien chez Maxim's : on annonce une « poularde aux concombres », tandis que l'oseille (filet de bar à l'oseille) fait son apparition chez Lasserre. Une ou deux décennies plus tard, les poireaux, le cresson, le chou et le chou vert, les betteraves rouges, les olives noires, les lentilles, les tomates (confites), les « cucurbitacées » (Troisgros, 1985), les artichauts, les « champignons des bois », les mousserons ou les girolles se bousculent sur les menus.

Dans le chambardement culinaire, outre les légumes, le poisson apparaît également comme un grand triomphateur. Après 1970, il devient un élément dominant dans la cuisine trois étoiles. Mais c'est surtout la répartition entre poissons d'eau douce et de mer qui change. Les trois étoiles d'ancienne cuisine utilisaient le brochet et surtout la truite parmi les poissons de rivière. Le premier était souvent réduit à l'état de quenelles. La seconde était présente sous toutes ses formes : en 1935, on la trouve soit très apprêtée (« cardinalisée » avec des écrevisses chez Dumaine, farcie et braisée au porto chez Point), soit simplement « au bleu » ou meunière. Elle réapparaît après guerre, toujours et imperturbablement au porto chez Point, mais aussi « fourrée au fumet de Meursault » à la Poste d'Avallon, puis en « mousse à la Constant Guillot » chez Bocuse. Mais après 1975, date de sa dernière apparition chez Point, elle disparaît complètement, du moins dans notre échantillon.

Les poissons de mer, pour leur part, font jeu égal avec les poissons d'eau douce dès 1960. A partir de 1970, ils l'emportent sans conteste (figure 2). Ce sont surtout certaines espèces qui assurent la montée en prestige du poisson marin : en 1935 et dans les années cinquante, les plus employées sont la barbue et la sole; dès les années soixante, le rouget, le bar ou le loup deviennent des valeurs sûres. Mais les vrais bénéficiaires de la nouvelle tendance sont, à partir de 1970, le turbot (cousin proche de la barbue) et surtout le saumon [1].

---

[1]. Il est bien sûr un peu contestable de le classer parmi les poissons de mer. En fait, il représente une classe à lui seul.

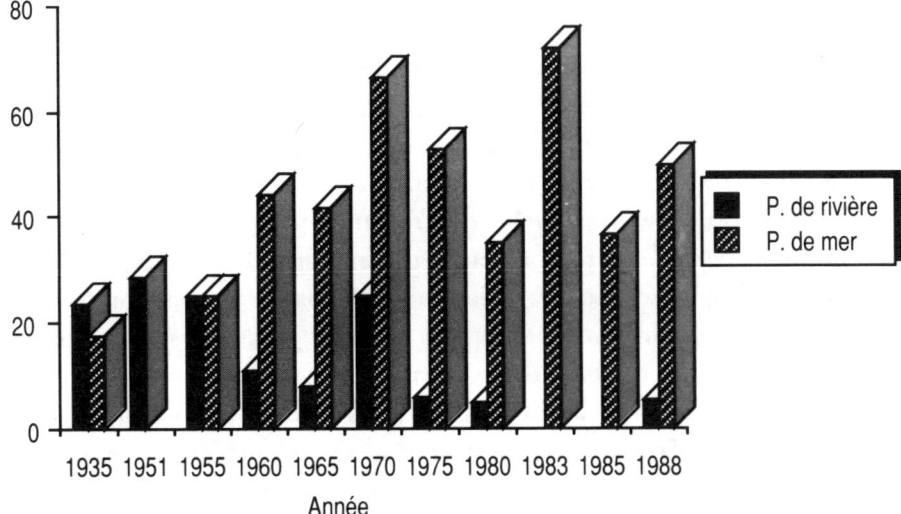

Figure 2. *Pourcentage de restaurants présentant au moins une spécialité de poisson*

Parmi les viandes, seul l'agneau connaît une réussite constante. Il devient même la chair dominante dès les années soixante. Le gibier à poils et à plumes n'a plus guère qu'une présence secondaire, à l'exception du pigeon, qui revient très en faveur après 1980, et du lapin, ou plus exactement, on va le voir, du lapereau.

Les fruits, surtout après 1980, occupent une place de plus en plus importante dans les spécialités présentées, et pas uniquement dans les desserts. Le citron (vert de préférence) et l'orange d'abord, mais surtout les fruits rouges (groseille, cassis, framboise) et même les fruits exotiques sont de plus en plus fréquemment mentionnés.

Ouvertures sur les ailleurs

La nouvelle cuisine procède volontiers par importation et réacclimatation. Ainsi les pâtes s'intègrent de plus en plus au répertoire étoilé. Ce sont d'abord les « pâtes fraîches » dans les années soixante-dix. Puis, surtout après 1980, des spécialités dont la sophistication s'affirme dans les dénominations autant que dans les préparations.

En 1980, Guérard propose des « ravioli de truffes au beurre de mousserons ». Senderens réplique avec des « ravioli de pétoncles » (1983), Lameloise à Chagny en 1985 avec des ravioli d'escargots, Robuchon à Paris avec des « ravioli de langoustines au chou ». Entretemps, en 1983, les « ravioli » de Guérard ont été francisés et du même coup quelque peu anoblis en « ravioles ». Et en 1988, Taillevent passe des ravioli aux « cannelloni de céleri au jus de truffe ». A ces influences italo-méditerranéennes peuvent s'ajouter, surtout dans la période la plus récente, des inspirations asiatiques (herbes Thaï, gingembre, curry, anis étoilé). Dans les années quatre-vingt, en effet, les aromates et épices se sont diversifiés et « exotisés » progressivement : ciboulette, citron, citron vert, herbes diverses, curry, poivre rose, basilic, safran, anis étoilé, gingembre, « herbes Thaï », etc. Tout récemment, on a vu proliférer les plats « aux épices », parfois « fines » ou « douces », comme dans le « blanc de turbot braisé aux épices » de l'Ambroisie ou la « canette rosée aux fines épices » de Robuchon.

La cuisine des mots : d'une rhétorique à une poétique

Rhétorique et poétique ne sont pas absentes du discours culinaire : le plus caractéristique de la nouvelle cuisine, c'est peut-être le jeu des mots sur les mets, les appellations, et bien sûr les rapports de transgression calculée qu'elle entretient avec les grammaires culinaires.

Considérons les salades : avant 1975, aucun restaurant n'en cite jamais dans ses spécialités. Mais cette année-là, Alain Chapel (Mionnay) mentionne une salade de homard, et Pic (Valence) une « salade de pêcheurs au xérès ». La salade va s'installer comme un territoire de liberté superlative, de folie plus ou moins raisonnée [1]. Elle est par définition le domaine du mélange et du désordre organisés. Elle échappe donc aux grammaires culinaires traditionnelles et, dès lors, transgresse et innove sans entraves : « salade de raie

---

[1]. On attribue généralement à Michel Guérard la paternité de ce type de salade et Jacques Manière avait baptisé la sienne (aux foie gras et haricots verts croquants) « salade folle ».

et langoustines au beurre de caviar », ou « de langouste au curry et à la mangue » (Auberge de l'Ill, 1983, 1985).

La transgression, à la vérité, est de plus en plus hardie, et pas seulement dans les salades. Dès ses origines, la réforme culinaire avait manifesté son goût pour le détournement d'appellations. Les terrines devenaient « de légumes », les ragoûts « de fruits de mer », les soupes « de fruits rouges ». Dans les années soixante-dix, on vit de plus en plus souvent des « cervelas de fruits de mer » et des « fricassées de homard », de moins en moins de cervelas tout court et de fricassées de poulet. Aux débuts de la nouvelle cuisine, le rafraîchissement de certains vins rouges et leur association avec des poissons, la réduction parfois drastique des cuissons, la création de *terrines* de poisson, ou même d'*escalopes* de saumon apparaissaient comme autant de hardiesses débridées. La nouveauté iconoclaste de ces effets s'est quelque peu désamorcée. Les nouvelles transgressions sont sans doute plus radicales, et pourtant le choc en est plus amorti. C'est ainsi que, à la fin des années quatre-vingt, et sans que la révolte gronde, une incompatibilité pourtant très ancrée dans la culture (et la religion) peut être franchement, délibérément et impunément transgressée : celle de la chair et du poisson, comme dans le « turbot rôti au jus de viande » de l'Espérance à Vézelay ou le sandre aux quenelles à la moelle des frères Haeberlin.

Dès ses débuts, la nouvelle cuisine recherchait volontiers la simplicité, même étudiée et non dénuée parfois d'une certaine ostentation. Une sorte d'humilité bonne femme perçait volontiers dans les menus : ainsi les légumes, nouveaux venus, comme on l'a vu, dans les cartes étoilées, n'étaient-ils pas présentés de manière diminutive (les fameux « petits légumes »)? Réhabiliter et anoblir les nourritures les plus modestes : c'est là une tâche à laquelle la cuisine contemporaine se consacre toujours volontiers. Alain Chapel (1985) a poursuivi et illustré cette tendance en proposant avec une feinte humilité « trois petites salades (en saison) ». Dans le même ordre d'idée, on a vu apparaître ici et là des espèces inédites dans les trois étoiles, comme le lapin. Soyons précis : la cuisine des mots ayant ses exigences, un animal aussi trivial ne pourra guère paraître sur les cartes que dans sa jeunesse la plus extrême, la plus précieuse, sous le nom, donc, de *lapereau*. Car, dans le nouvel ordre culinaire, c'est le diminutif qui est superlatif. L'emphase, l'apparat, les « Sainte Alliance » et autres « Édouard VII » ne sont plus de mise dans les appellations.

Le goût du contraste transgressif et celui de la simplicité ostentatoire se combinent volontiers dans des dissonances étudiées, entre le noble et l'humble, le précieux et le rustique. Jadis (et hors Michelin), ce fut dans « l'œuf Céline » de Manière (œuf à la coque, vodka, caviar) (Fischler, 1979); plus récemment, c'est dans la « salade de homard et morue douce » de Guérard ou, de manière plus significative encore, dans le regain d'intérêt des grands chefs pour le chou. « Bête comme chou », disait-on injustement : sans doute fallait-il réhabiliter ce légume méconnu. Senderens le premier l'associe au foie gras et on le voit paraître en noble compagnie, dans le cas, par exemple, des « ravioli aux langoustines » de Robuchon.

De plus en plus, on a vu également fleurir cette figure poétique qui consiste à remplacer, dans les appellations, *au* ou *à la* par *de*, comme dans « beurre *de* mousserons » ou « vinaigre *de* framboise ». La supériorité de cette dernière formulation sur « vinaigre *à la* framboise » est claire : par la vertu du *de*, la framboise devient bien davantage qu'un simple ingrédient condimentaire qui servirait à parfumer superficiellement le vinaigre; elle semble l'imprégner, en apparaît en somme comme le composant proprement *essentiel*. Cette construction en *de* (« crème *de* », « vinaigre *de* », « beurre *de* ») émerge en 1975 dans notre échantillon. Et dans les années quatre-vingt, on trouve des « crème *de* homard », « *de* chou-fleur » ou « *de* caviar », des « beurre *de* truffes » ou « *de* ciboulette », des « barigoules *de* rougets », des « ravioles *de* truffes à la crème *de* mousserons », des « cannelloni *de* céleri ».

Une logique voisine conduit à utiliser les noms de fleurs (fleur de thym, fleur de lavande, fleur de courgette) pour parfumer les noms des plats ou, aux mêmes fins, à ressusciter des appellations archaïques locales (« barigoule de rougets », « poupeton de fleur de courgette aux truffes »).

Ainsi, en quelques décennies, on a vu passer la cuisine des mots d'un registre à un autre, d'une rhétorique à une poétique, de la légitimation à l'évocation, de la mémoire à l'imagination. La cuisine d'avant et d'après-guerre jouait la précellence aristocratique, la référence aux modèles canoniques, le prestige et l'apparat, l'emphase et la solennité; celle des années soixante-dix travaille dans l'humilité (fausse ou non), dans le diminutif et le « petit » (tout ce qui est petit n'est-il pas joli?), dans la pureté d'abord, la transgression subtile ensuite; celle des années quatre-vingt table sur la puissance évocatrice des épices, des denrées exotiques ou rares trouvées dans les cuisines d'ailleurs ou de jadis, sur les contrastes et les dissonances. Là où l'ancienne cuisine trois étoiles jouait la remémoration canonique, la nouvelle table sur l'évocation nostalgique; là où la première cherchait des cautions légitimatrices, la seconde procède à des reconstructions imaginaires.

*

A ses débuts, la nouvelle cuisine apparaît d'abord comme un néo-classicisme. La transgression s'effectue toujours au nom de la vérité des saveurs et les changements concernant les cuissons et les sauces vont toujours dans le sens du raccourcissement, de la simplification, de l'allégement, de la pureté. A partir de 1975, la saisonnalité prend une place de choix dans les menus. Certains restaurateurs, par exemple les frères Troisgros, refusent de citer des plats dans le guide rouge, s'abritant derrière la mention « selon saison ». Une vogue semble ainsi se créer; elle prend des proportions considérables en 1980 où, sur 20 trois étoiles, 8 invoquent la saison. L'archi-conservatrice Tour d'Argent elle-même promet une « fricassée de homard aux girolles » et de la grouse, mais uniquement « en saison ».

C'est la culmination de la « cuisine du marché », selon la formule de Bocuse. Le respect des saisons, des cycles naturels, implique le respect des produits bruts. Le cuisinier se met à l'écoute de la nature, sinon à ses pieds, et ne cherche plus, comme le maître queux issu du XIXe siècle, à la dominer impitoyablement en transformant les produits pour les rendre méconnaissables. Les chefs, du même coup, revendiquent le droit à la fantaisie, à l'inspiration du moment, à la créativité et l'invention débridées, et donc à la transgression ou au dépassement des règles héritées de la grande tradition française. Ils affirment ainsi implicitement le nouveau « paradigme » culinaire : le cuisinier est l'homme du choix et non plus seulement du tour de main et de l'accommodement. Il appose sa marque sur les produits en les élisant et en les « respectant », et non plus seulement en les transformant radicalement. En se mettant à l'écoute des éléments, des saisons, des terroirs, il annonce la fin de la cuisine épique ou rhétorique et l'avènement de la cuisine poétique (Fischler, 1979b).

L'éloge de la simplicité (même ruineuse) n'est pas sans rappeler le classique discours de la distinction qui oppose au goût bourgeois, enflé et prétentieux, l'austère raffinement du goût aristocratique, ou aux suffisances supposées des nouveaux riches l'humilité affable du vieil argent, etc. En ce sens, on pourrait sans difficulté exercer sur le discours de la nouvelle cuisine une « critique sociale » qui a souvent été mise à contribution ailleurs. Contentons-nous pour l'instant de mettre ce discours en relation avec certains changements survenus dans le monde de la restauration et d'autres, plus larges, économiques et sociaux, qui concernent l'ensemble de la société.

« L'émancipation » du cuisinier

L'émergence de la nouvelle cuisine est liée en grande partie à l'ascension d'un petit nombre de chefs, descendants de lignées d'aubergistes, fils de « mères » lyonnaises ou, plus rarement, ex-arpètes (apprentis) qui se sont progressivement extraits du statut ancillaire en s'installant à leur compte : dans les années soixante, à l'exemple des grands prédécesseurs Point ou Dumaine, ces chefs sont devenus patrons.

Paul Bocuse, en 1981, déclarait dans une interview que sa plus grande fierté était *« d'avoir fait connaître la cuisine et sortir les chefs de leur cuisine. (...) Nous sommes encore des domestiques. (...) Les domestiques du public, mais jadis, les cuisiniers ne travaillaient pas pour eux. Ils vivaient dans des sous-sols dégueulasses (...). Ils picolaient du xérès, du madère, du vin blanc et, à soixante ans, ils étaient cuits. Ils se traînaient en espadrilles et, en ce temps-là, ils avaient à peu près tous les pieds plats et gonflés, à cause du sol brûlant et des fours à charbon. Aujourd'hui, quand j'engage un cuisinier, je lui dis tout de suite de mettre des souliers. »* On n'a jamais mangé aussi bien, ajoutait-il, parce que *« aujourd'hui la cuisine appartient aux cuisiniers et, qu'à part trois ou quatre, la trentaine de maisons qui comptent en France sont entre les mains de cuisiniers de métier* [1]. »

Les conséquences du changement de statut de ces quelques dizaines de chefs ont été considérables : c'est à leur « émancipation » que l'on doit en partie le renversement de la morale culinaire dont Gault-Millau se voulaient les fossoyeurs. La « mentalité de l'accommodement » de l'ancienne cuisine était aussi, on l'a vu, une logique du travestissement, de l'utilisation des restes. Les sauces, sans doute, anoblissaient les mets; mais elles en masquaient aussi les faiblesses suspectes. Elles enrobaient à la fois les plats et les pratiques culinaires dans une idéologie et une morale de l'économie, de la parcimonie, de la bonne gestion qui pouvaient accessoirement justifier des commerces et des trafics divers. Le meilleur chef, racontent les anciens apprentis des grandes maisons, était celui qui ne jetait rien. Un cuisinier contemporain en témoigne : « *On les accusait d'être avares et truqueurs. Peut-être, mais pour eux c'était une vertu, c'était dans leur nature et ils faisaient cela innocemment. Être économe, ne rien jeter cela faisait partie des mœurs. Il fallait travailler dur, ne pas faire le mariole et ne rien gâcher...* » (Gault & Millau, 1980). D'autres chefs rapportent la survivance de pratiques comme la revente ou la réutilisation des « arloques » [2].

« *Chez Maxim's en 1950*, dit Bocuse dans une autre interview, *on ne connaissait que le chasseur qui était une vedette. Le cuisinier, enfermé, reclus dans son sous-sol enfumé, était aux ordres, et sans réel pouvoir de création. C'était un exécutant.* » En accédant au rang de patron, le cuisinier doit affronter directement le jugement des clients et du monde, à plus forte raison lorsque s'amorce le processus de « médiatisation » de la cuisine des années soixante-dix. Il doit assumer la responsabilité de sa production, mais cela implique du même coup qu'il peut en revendiquer la paternité créatrice. Les chefs de la nouvelle cuisine, en particulier Alain Senderens, ne manquent pas de le faire, dénonçant la contrefaçon et le plagiat

---

1. Christian Millau : « Bocuse vide son sac », *Le Nouveau Guide Gault-Millau*, n° 141, janvier 1981, 30-33.
2. Les « arlequins » du XIX° siècle : la revente des retours d'assiettes à des colporteurs. Ces pratiques ont été décrites par Jean-Paul Aron dans *Le mangeur du XIX° siècle* (Aron, 1973).

dont ils sont victimes et allant jusqu'à demander que le bénéfice juridique de la protection industrielle et artistique soit étendu aux créations culinaires.

Parvenu au rang de patron, le nouveau chef affirme de plus en plus le pouvoir de la cuisine sur la salle. L'antagonisme ou la tension, traditionnellement fréquents entre le chef et le maître d'hôtel, les fourneaux et le service, a tourné à l'avantage du maître queux. Celui-ci, devenu patron et gestionnaire, confine désormais à son tour la salle à un rôle d'exécution, d'autant que les coûts salariaux et sociaux sont de plus en plus pesants. Bocuse attribue à Michel Guérard la paternité de cette innovation capitale : le service à l'assiette, caractéristique de la nouvelle cuisine. Quoi qu'il en soit, dans ce mode de service, c'est entièrement à la cuisine que revient la fonction de création. Les rituels spectaculaires, les démonstrations de virtuosité qu'autorisaient la découpe ou le flambage sont retirés aux chefs de rang. Du même coup, les métiers du service nécessitent une formation moins coûteuse mais se trouvent déqualifiés et relativement dévalorisés. Les serveurs, dit le chef suisse Girardet, sont devenus des « porte-assiettes » qui se bornent à soulever dans un bel ensemble les cloches d'argent recouvrant les mets.

La nouvelle esthétique culinaire est également liée à des facteurs techniques et économiques. L'ancienne cuisine subissait les contraintes du périssable, de la longueur et de la difficulté des transports. Ni la réfrigération, ni l'hygiène, ni la distribution n'avaient encore atteint le degré d'organisation et de perfectionnement qu'ils connaissent précisément à partir de la fin des années soixante, avec le développement des Marchés d'Intérêt National (MIN), l'amélioration du réseau routier, des moyens de communication et des transports frigorifiques rapides. La cuisine devait donc intégrer dans ses préparations une partie de la fonction de conservation, inclure des techniques destinées à améliorer l'apparence sinon la saveur des produits. Les nouveaux chefs, qui peuvent accéder à des produits frais, même d'origine lointaine voire exotique, sont de plus en plus libérés de ce souci. Les valeurs de la nouvelle cuisine leur permettent d'ailleurs, en réhabilitant des produits rustiques et humbles, de s'approvisionner localement, auprès d'un réseau de fournisseurs particuliers. Mais à ces mets locaux, ils peuvent associer des produits de luxe sans rapport avec leur terroir : la langouste et le homard figurent à tous les menus étoilés, même en Savoie ou en Bourgogne.

Haute Cuisine et prêt-à-manger

« *Aujourd'hui*, déclare Bocuse, *tous les bons cuisiniers s'intéressent à la technique moderne.* » De la congélation au four à micro-ondes en passant par le four à air pulsé, ils mettent de plus en plus en œuvre toutes les ressources de la technologie alimentaire. Ces développements techniques, les nécessités commerciales, entraînent des investissements de plus en plus lourds, qui viennent s'ajouter au poids des coûts d'exploitation (un restaurant trois étoiles emploie couramment cinquante ou soixante salariés). Les grands chefs sont de plus en plus désormais, davantage que des patrons, des chefs d'entreprise. La rentabilité des restaurants de très grand luxe tendrait à baisser, de sorte que la grande cuisine entre dans une logique qui la rapproche de plus en plus de celle de la Haute Couture. Les cuisiniers font de la Haute Cuisine dans leur restaurant et capitalisent sur leur griffe en la commercialisant dans le prêt-à-manger, tout comme les couturiers capitalisent sur la leur dans le parfum et le prêt-à-porter. Le rapprochement n'est pas gratuit : en 1981 déjà, Bocuse déclarait : « *Le compliment qui me ferait le plus de plaisir, c'est qu'on dise de moi que je suis le Saint-Laurent de la cuisine* [1]. » Et en 1986, lorsqu'ils créent une organisation professionnelle sous la direction de Michel Guérard, les grands chefs l'intitulent « Chambre syndicale de la *haute cuisine* française ».

Comme dans d'autres professions du luxe et particulièrement celles du vêtement, la logique de l'innovation et de la création entraîne un cycle d'imitations et de différenciations qui tend à s'accélérer. Les effets de mode ont fait leur apparition dans la cuisine française, jadis immuable et hiératique. Il y a désormais, dans la cuisine comme dans la mode, une *tendance*. Le phénomène est bien résumé, dès 1976, par Henri Faugeron, restaurateur parisien : « *Ce*

---

[1]. Christian Millau : « Bocuse vide son sac », *Le Nouveau Guide Gault-Millau*, nᵒ 141, janvier 1981, 30-33.

qui nous fait le plus de tort, c'est la copie ou plutôt la mauvaise copie. Prenez par exemple les terrines de poisson dont la vogue est devenue fantastique. C'est un plat qui peut être merveilleux ou exécrable, mais quand tout le monde fait la même chose plus ou moins bien, on finit soi-même par être terriblement gêné et les clients étant si souvent déçus ailleurs, on finit par l'enlever de sa carte [1]. »

Du néo-classique au néo-baroque culinaire

C'est ainsi que, progressivement, le néo-classicisme de la nouvelle cuisine a de plus en plus fait place à un néo-baroque, sinon un néo-rococo, pour ne pas dire à un postmodernisme culinaire [2]. La périodicité du cycle d'adoption/abandon de certaines préparations fétiches, d'ingrédients à la mode s'est accélérée (successivement, par exemple, depuis les années soixante-dix, le poivre vert et les terrines de poisson, les purées de légumes et le kiwi). Les ingrédients ont eu tendance à se multiplier, tout comme les sources d'inspiration. Après avoir remis en cause de plus en plus volontiers certains de ses principes apparemment les plus intangibles en s'autorisant à mêler sucré et salé, viande et fruits, chair et poisson, la cuisine française s'est trouvée plus ouverte à des inspirations de plus en plus syncrétiques, mêlant le terroir et l'exotisme, l'Italie et l'Asie, la Méditerranée et l'Orient. La cuisine française est sans doute encore loin de ce que, aux États-Unis, certains nomment *comma cuisine*, « la cuisine à virgules », entendez celles qui, sur les menus, scandent d'interminables et complexes énumérations d'ingrédients. Mais les noms des spécialités, à partir notamment de 1980, tendent à s'allonger, à comporter plus de ponctuation, plus de conjonctions de coordination, plus d'ingrédients et d'épithètes les qualifiant. Les aromates, les épices sont de plus en plus nombreux et de plus en plus fréquemment employés. Les appellations, à nouveau, s'éloignent du descriptif pour se métaphoriser et s'ampouler.

---

1. « La nouvelle cuisine française : une révolution de palais », *Le Nouveau Guide Gault-Millau*, n° 83, mars 1976, 47-52.
2. Cette tendance générale connaît des exceptions remarquables. L'une des plus notables semble être le jeune chef Bernard Loiseau, qui développe un style particulièrement épuré, presque dépouillé, très proche au fond des idéaux d'origine de la nouvelle cuisine des années soixante-dix.

Les chroniqueurs ont beau jeu d'épingler les préciosités et les maniérismes, comme dans ces appellations, relevées lors d'un concours gastronomique des chefs bretons : « *turbot mi-cuit en spirale aux oursins de mer et brick d'huîtres; mille-feuille de légumes aux herbes asiates; panaché de trois poissons à l'écume du rivage; ris de veau et son baluchon marin* [1] ».

La cuisine des années soixante-dix annonçait en fait au moins symboliquement une bonne partie des évolutions qui allaient caractériser l'ensemble des mœurs alimentaires dans la décennie suivante. Avec le « retour au produit » et la prééminence de la saveur sur la substance, s'affirmaient des valeurs de nature, de « légèreté », de plaisir et s'annonçait une « féminisation » des valeurs culinaires. La nouvelle cuisine se caractérise en effet, on vient de le voir, par des quantités réduites, un grand raffinement des présentations, des saveurs délicates plutôt que des nourritures roboratives, des couleurs tendres et des tons pastel plutôt que les bruns, les rouges, les teintes foncées et fondues de l'ancienne cuisine (Hyman, 1989). Le déclin des sauces et des préparations traditionnelles, l'évolution des cuissons (vapeur, papillotes), la montée triomphale du poisson, des légumes, des fruits, la stagnation des viandes et des charcuteries confirmaient cette féminisation et annonçaient la préoccupation diétético-cosmétique qui s'affirme aujourd'hui ouvertement.

Les impératifs économiques (poids des investissements, coûts d'exploitation, nécessité de capitaliser sur la « griffe » du chef, etc.) conduisent de plus en plus les grands cuisiniers à chercher des partenaires financiers dans l'industrie agro-alimentaire ou à mettre leur compétence à son service. C'est l'une des raisons pour lesquelles l'esthétique de la grande cuisine, si nouvelle et parfois scandaleuse dans les années soixante-dix, se diffuse aujourd'hui jusque dans les produits préparés par l'industrie. Les « petits légumes » ou leurs équivalents se sont faits plus rares sur les cartes de restaurants mais sont apparus dans les plats surgelés ou sous vide. Pendant ce temps, les grands cuisiniers ont commencé à exploiter et perfectionner des techniques industrielles qui promettent de révolutionner à la fois la cuisine, l'industrie et les mœurs alimentaires. Le surgelé,

---

[1]. La Reynière : « Qualité, simplicité, nouveauté », *Le Monde*, samedi 4 janvier 1986, p. 15.

après avoir incarné les abominations de la modernité, a conquis pour sa commodité mais aussi sa qualité accrue la quasi-totalité des consommateurs (d'après une étude de marché récente, 96 % des consommateurs français en ont déjà fait l'expérience). Le premier, Michel Guérard, l'un des pères fondateurs de la nouvelle cuisine, a donné le nom, il faudrait dire la griffe, d'un grand chef à une gamme de produits surgelés. La pratique s'est généralisée dans les années quatre-vingt. Aujourd'hui, ce sont les grands cuisiniers qui développent ou aident à développer les applications de la cuisson sous vide, qui promet de modifier radicalement l'alimentation en collectivité et la restauration, et du même coup la profession culinaire elle-même.

Ainsi, la nouvelle cuisine existait avant d'être baptisée. Les changements qu'elle introduisait dans l'esthétique culinaire traduisaient eux-mêmes des changements plus profonds dans les modes de vie, annonçaient et accéléraient l'émergence d'un nouveau rapport à l'alimentation, au corps, à la santé, au plaisir.

10

La morale des aliments : l'exemple du sucre

L'alimentation comporte presque toujours un enjeu moral. Le choix des aliments et le comportement du mangeur sont inévitablement soumis à des normes religieuses, médicales, sociales, et donc sanctionnés par des jugements. Dans le cours du changement social et civilisationnel, les critères qui président à ces jugements évoluent, quelquefois massivement. Le statut moral de certains aliments, leurs significations et leurs connotations subissent de plein fouet l'effet de ces évolutions. Certains aliments, en fonction de particularités qui leur sont propres, sont plus « chargés » symboliquement que d'autres. On a vu par exemple (cf. *supra*, chapitre 5) que la viande a presque toujours occupé une place à part dans l'alimentation humaine. C'est aussi le cas, typiquement, du sucre : depuis son apparition en Occident, il a été alternativement angélisé et diabolisé, en raison d'une caractéristique essentielle : son lien au plaisir.

La saveur sucrée est en effet indissolublement liée au plaisir. Ce lien a un ancrage biologique inné. Il est établi expérimentalement que le nouveau-né humain éprouve déjà pour le doux une attirance particulière : quelques minutes ou quelques heures après la naissance, les nourrissons à qui l'on offre des biberons d'eau boivent davantage d'eau sucrée que d'eau pure, et d'autant plus que la concentration est élevée (Desor, Maller & Turner, 1973). Cette attirance innée est d'ailleurs partagée par la plus grande partie des mammifères, à l'exception des félins carnivores spécialisés, et par une bonne partie du règne animal (Beauchamp, Maller & Rogers, 1977). On l'explique généralement par le fait que les aliments de saveur sucrée sont source de calories rapidement mobilisables et que, au cours de l'évolution, les avantages adaptatifs associés à la capacité de les reconnaître, de les apprécier et donc de les consommer ont été considérables.

L'homme a donc souvent, sinon constamment, recherché la saveur douce et progressivement trouvé le moyen de la domestiquer, c'est-à-dire en somme de reproduire à volonté cette sensation gustative si prisée. Les ethnologues observent fréquemment que les chasseurs-cueilleurs recueillent volontiers les essaims et consomment de grandes quantités de miel. Bahuchet rapporte que chez les Pygmées Aka, les chasseurs qui ont fait une trouvaille de cette nature se gavent sur place d'une bonne partie du miel et ne rapportent au village que le surplus (Bahuchet, 1985). Dans l'histoire, le sucre a joué un rôle particulier. Il a été lié indissolublement à l'essor du commerce mondial, à la colonisation, à l'esclavage. Il a donc été au centre d'enjeux planétaires, de conflits meurtriers, de rivalités économiques et politiques. A partir du XVIe et surtout du XVIIe siècle, sa production s'est graduellement accrue avec l'extension des zones de culture, l'ouverture et le développement des voies du commerce et de la Traite et le perfectionnement des technologies; sa consommation s'est développée; ses usages se sont multipliés, se sont étendus à travers le spectre social tout en se différenciant (Mintz, 1985; Meyer, 1989). Au XIXe siècle, avec la mise au point des techniques d'extraction du sucre de betterave, il est progressivement devenu une denrée de base, à la fois indispensable et banale.

Les représentations ont évolué en même temps que les usages réels. Au cœur de la problématique imaginaire et sociale du sucre, la question du plaisir s'est posée avec une acuité de plus en plus grande : l'histoire des idées sur le doux est en grande partie une histoire du plaisir, de ses fonctions, de sa légitimité ou plutôt des conditions de sa légitimité. En ce domaine, donc, la douceur (j'entends la saveur douce) a des frontières communes avec la sexualité : comme elle et peut-être même davantage qu'elle, c'est avant tout la question du plaisir qu'elle pose.

Or il faut considérer ceci : dans la période récente, la légitimité du plaisir *sexuel* a de plus en plus largement été reconnue. Sous l'influence initiale de Freud, avec la diffusion et la vulgarisation de la psychanalyse, la sexualité et le plaisir ont en grande partie cessé d'être considérés comme la part maudite de la condition humaine pour devenir une nécessité médicalement légitimée, socialement reconnue, de l'équilibre psycho-somatique et de l'épanouissement individuel : à la fois, en somme, une condition de la santé et une composante du bonheur.

Dans le même temps, paradoxalement, le plaisir *alimentaire* bénéficiait, en tout cas sous certains de ses aspects, d'une indulgence bien moindre. Dans les pays développés, l'abondance moderne a suscité de plus en plus fréquemment des discours incitant à la restriction, condamnant en termes fréquemment moraux, souvent moralisateurs, presque toujours inquiétants, les excès alimentaires : nous creusons, nous dit-on, « notre tombe avec notre fourchette », tandis que le Tiers-Monde voit s'accroître dans le même mouvement sa population et ses famines. Le péché de gourmandise, en cette fin de siècle, a plus aisément été sécularisé et médicalisé que le péché de chair.

En ce qui concerne la saveur sucrée, on peut même dire qu'elle a progressivement fait l'objet d'une réprobation sociale croissante. Dans la période récente, le sucre, au mieux, a fait l'objet d'une grande ambivalence; au pire, il a été diabolisé. Au cours des deux dernières décennies, dans la plupart des pays occidentaux, les media, les organisations consuméristes, les autorités médicales et les organismes de santé publique ont diffusé des mises en garde contre les dangers d'une consommation excessive, incitant la population à diminuer la part du saccharose, nom scientifique du sucre, dans son alimentation. On a vu surgir de nombreuses accusations contre lui à la fois dans le corps médical, dans les media, dans l'édition, dans divers sectarismes ou obédiences diétético-philosophiques, du végétarisme à la macrobiotique en passant par l'instinctothérapie. Les enquêtes portant sur les attitudes dans l'ensemble de la population montrent que le sucre est perçu comme porteur de risque. Les études de motivation commanditées par l'industrie sucrière indiquent que les consommateurs sont parfois hostiles, souvent méfiants, le plus fréquemment ambivalents.

Or un examen même rapide de l'histoire des représentations

concernant le sucre et la saveur sucrée montre que les attitudes, les croyances et les jugements ont, en ce domaine, évolué du tout au tout. En 1620, le médecin Tobias Venner, en Angleterre, écrit du sucre que, plus il est blanc, plus il est pur et sain : « *Sugar by how much the whiter it is, by so much the purer and wholsomer it is, which is evident by the making and refining of it* » (Venner, 1620) [1].

Trois cent cinquante ans plus tard, en 1975, l'auteur d'un ouvrage à succès dénonçant les méfaits du sucre écrit pour sa part que le sucre blanc est si raffiné, si purifié, qu'on peut le comparer à la morphine ou l'héroïne : « *So effective is the purification process (...), that sugar ends up as chemically pure as the morphine or the heroin a chemist has on its laboratory shelves* » (Dufty, 1975) [2].

Ainsi, la purification absolue, c'est-à-dire l'intervention humaine, c'est-à-dire la *technê*, a changé radicalement de sens au fil du temps. Dans le premier cas, elle est perçue comme salutaire; dans le second, elle suggère un vide mortel. Le renversement est si parfait qu'il suggère, on le verra, une sorte de continuité partie pour partie qui rappelle l'inversion photographique. Mais il y a davantage, on va le voir également : le sucre lui-même a totalement changé de statut, et à travers lui la douceur. Au Moyen Age, il est médecine et épice; à partir du XIXe siècle, il s'industrialise de plus en plus, devient un « produit de première nécessité ». Du XIe au XVIIe siècle au moins, il est unanimement loué pour ses vertus. A la fin du XXe siècle, il est fréquemment diabolisé par une idéologie diététique dont on découvre que la thématique remonte en partie à la « philosophie chimique » des XVIe et XVIIe siècles.

Le sucre comme épice

On s'accorde généralement pour dater l'arrivée du sucre de canne en Europe au XIe siècle environ, probablement en provenance

---

1. « *Plus il est blanc et plus le sucre est pur et sain, comme il est évident dans la manière dont on le fait et le raffine.* »
2. « *Le procédé de purification est si efficace (...) que le sucre est à l'arrivée aussi chimiquement pur que la morphine ou l'héroïne qu'un chimiste conserve sur les rayonnages de son laboratoire.* »

du Moyen-Orient (Braudel, 1979). Dans un premier temps, ce sucre a un statut médicinal. C'est une denrée extrêmement rare et précieuse, à laquelle on accorde des vertus remarquables. Dès le XIIe siècle, on voit apparaître le sucre dans les recettes pour malades puis, de plus en plus fréquemment, dans toutes les recettes de cuisine (Laurioux, 1985). En fait, le sucre devient une épice à part entière, à savoir une denrée précieuse, qui vient de loin et possède des vertus à la fois culinaires et médicinales. Il sera vendu jusqu'au XVIIIe siècle par les apothicaires, ancêtres à la fois de nos épiciers et de nos pharmaciens. Il est à tel point indissociable de ce commerce que l'expression « il est comme un apothicaire sans sucre » désigne une personne démunie de l'essentiel.

Aux XVe et XVIe siècles, un proverbe apparemment en usage en Italie et en France affirme que « jamais sucre ne gâta viande »[1] (Platine, 1539), ce qui confirme que l'usage culinaire du sucre comme épice est fort répandu et prisé, et donc que les règles de compatibilité ou d'incompatibilité entre saveurs qui sont les nôtres n'ont pas cours. D'ores et déjà, des différences culinaro-culturelles apparaissent entre les pays. Si l'on en croit l'analyse des livres de cuisine, il existe déjà, au Moyen Age, de considérables différences géographiques et chronologiques dans l'utilisation du sucre. Par exemple, en Angleterre, au XIVe siècle, 30 % environ des recettes comportent du sucre, contre seulement 5 % en France (Flandrin, 1988). Or jusqu'à nos jours, la Grande-Bretagne a gardé une dilection spécifique pour la douceur : elle figure encore aujourd'hui parmi les plus grands consommateurs mondiaux *per capita*[2].

Les vertus humorales du sucre

Dans la logique de la médecine humorale qui domine sans partage jusqu'à la fin du XVIe siècle, chaque aliment possède une

---

[1]. A cette époque, il faut entendre « viande » au sens de « mets » *(vivanda)*.
[2]. En 1984, la consommation de sucre blanc était de 34,7 kilos par habitant en France contre 40,2 en Grande-Bretagne (Cedus, 1984). Au XIXe siècle, la différence était plus considérable encore. Le docteur L'Homme, en 1899, écrit que « *l'Anglais consomme 39 kilos de sucre par an; (...) le Français 13 kilos* » (L'Homme, 1899).

« qualité » correspondant ou s'opposant aux quatre humeurs. La maladie est vue comme le résultat d'un déséquilibre entre les humeurs et cet équilibre peut être rétabli par une alimentation adéquate. Le sucre, dans ce contexte, est considéré comme un aliment « chaud » et « humide », dont les vertus humorales s'exercent notamment sur les plans digestif et respiratoire. Jusqu'au XVIIe siècle, il est fondamentalement et quasi uniformément perçu comme une substance bienfaisante. Platine exprime un point de vue assez général à l'époque : « *Toutefois, l'on dit que le bon sucre de 3 ou 4 cuites est attrempé en ses qualités et est chaud et moite et de bon nourrissement, et est grandement profitable à l'estomac, adoucit toutes exaspérations qui sont dedans icelui, et principalement la poitrine et les poumons, éclaircit et fait bonne voix, guérit la toux et le rhume : et si l'on fait résolvir le dit sucre en eau et l'on boit icelle eau, elle mollifie le ventre, et est bonne à l'estomac, et saine à la douleur de la vessie et aussi des reins, et éclaircit la vue. Outre plus, le sucre pulvérisé adoucit et attrempe toutes viandes et épices chaudes et aromatiques. Et pour ce est-il souverainement propre et nécessaire aux cuisiniers pour attremper et donner bon goût à toute viande. En ce nos anciens prédécesseurs en leur manger ont eu défaillement de cette grande volupté : car ils n'avaient point l'usage du dit sucre, si ce n'était aucunement en médecine : mais en leur viande l'on ne trouve point qu'ils en usassent. Et toutefois l'on dit communément "jamais sucre ne gâta viande" : mais plutôt (quand elle est fade et dégoûtée) l'adoucit, attrempe et la fait bonne, saine, et plaisante à manger* » (Platine, 1539).

En 1607, le *Thrésor de Santé* décrit encore ainsi les vertus du sucre : « *Le sucre est attrempé en ses qualités : chaud, humide, de bon nutriment, profitable à l'estomac et aux poumons* » (Anonyme, 1607). Les applications médicales sont multiples. Il *adoucit* les inflammations : on l'utilise donc pour panser les blessures, en collyre pour les yeux; au XVIe siècle, Monteux le conseille comme laxatif, en *« petit lait pris trois heures avant les repas »* ou même en suppositoires (Monteux, 1572).

Le miel est considéré plus « chaud » et plus « sec », un peu moins salutaire, en tout cas plus délicat à utiliser. C'est ce qu'affirment Platine, le *Thrésor de Santé* et, en Angleterre, Tobias Venner, pour qui : « [It] annoyeth many, especially those that are cholerick, or full of winde in their bodies [1]. »

En 1633, dans sa *Klinike or the Diet of Diseases*, Hart écrit : « *Sugar hath now suceeded honie, and is become of farre higher esteem, and is far more pleasing to the palat, and therefore everywhere in frequent use, as well in sicknesse as in health (...) Sugar is neither so hot nor so dry as honie* » (cité dans Mintz, 1985) [2]. Un édit royal français de 1353 prescrit aux apothicaires de faire serment d'être toujours fournis en bons miel et sucre et surtout de ne jamais utiliser le miel lorsque c'est le sucre qui est prescrit (Pittenger, 1947).

Ainsi tout se passe comme si le miel constituait, aux yeux des contemporains, une forme primaire, un état brut du sucre, le pôle primitif d'un continuum s'étendant depuis la nature indomptée et les formes les plus grossières de la douceur jusqu'aux plus pures, aux plus « civilisées ».

La même conception transparaît dans le discours tenu sur la blancheur du sucre. On a vu que Venner lui accorde un grand prix, comme d'ailleurs au XVIe siècle Tabernaemontanus, pour qui c'est le sucre blanc de Madère ou des Canaries qui présente le plus de vertus : en poudre pour les yeux, en fumigations pour le rhume, en farine pour saupoudrer et guérir les blessures (von Lippman, 1890). Platine écrivait qu'un bon sucre, bien raffiné, est « *merveilleusement blanc* » et bien supérieur aux sucres moins purifiés, plus échauffants et néfastes, surtout pour ceux « *qui souffrent de fièvres aiguës* ».

Une telle perception éclaire d'un jour singulier l'évolution du sens de l'opposition Nature-Technique : c'est alors dans la Nature que semblent résider les périls les plus redoutés. Ils ne diminuent qu'avec son apprivoisement par la technique, le comble de la douceur civilisée étant en somme représenté par l'accession à l'état d'artefact : le raffinage du sucre est en fait le garant de son raffinement. Ce n'est guère avant le XVIIIe siècle que l'on trouve, sous

---

1. « *Nombreux sont ceux [qu'il] indispose, particulièrement ceux qui sont cholériques, ou dont le corps est plein de vents.* »
2. « *Le sucre a maintenant succédé au miel et est maintenant tenu en bien plus haute estime, et est bien plus plaisant au palais, et ainsi partout d'usage fréquent, autant dans la maladie que dans la santé (...) Le sucre n'est ni aussi chaud ni aussi sec que le miel.* »

la plume d'un auteur par ailleurs fort saccharophile, l'idée d'un danger inhérent au processus technique de raffinage lui-même : *« Plus le sucre est travaillé, plus il est ferme et blanc, mais aussi plus il perd de sa douceur, et moins il est sain... à cause de la chaux et des lessives qu'on emploie pour le purifier de plus en plus »* (Quelus, 1719).

Naissance d'une « saccharophobie »

Un tournant se dessine vers la fin du XVIe siècle et le début du XVIIe. Jusque-là, on ne trouve guère de réserves contre le sucre par lui-même : on ne lui voit éventuellement des dangers qu'en cas d'utilisation médicalement inappropriée, c'est-à-dire contraire à l'équilibre humoral. L'esprit du temps est presque unanimement saccharophile. Mais au cours de ce siècle, on voit progressivement naître un discours véritablement saccharophobe. On peut caractériser deux modalités du discours contre le sucre qui se développe à cette époque; elles peuvent éventuellement coexister. La première est un discours de l'excès : même si le sucre est fondamentalement bon, à trop en manger, on risque des ennuis de santé. La seconde est véritablement « saccharophobe », et de manière « essentialiste », au sens où elle considère le sucre comme nuisible intrinsèquement, par nature.

La crainte de l'excès n'est pas fondamentalement nouvelle : dès le Moyen Age, on en trouve des manifestations. Mais on semblait alors ne pouvoir envisager une excessive consommation que comme un accident, sans doute à cause de la rareté de la denrée : *« La doulceur est fort convenable à la nature : mais aucunefois nuyst par accident, quand nature en prent plus que ne peut bonnement digerer. Et adonc est cause destouper et de restraindre car superfluité de doulceur se glue dedans les veines et les estoupe »* (de Glanville, 1518; cité dans Patni, 1989).

En 1606, dans *Le pourtraict de la santé* de Joseph Duchesne, on trouve ce texte : *« Tous les grands mangeurs de succre et de confitures se bruslent le sang et sont communément altérez, et leurs dents s'en corrompent et en deviennent noires : il est principalement nuisible aux jeunes gens et qui sont d'une complexion chaude et bilieuse »* (Duchesne, 1606). Au cours du XVIIe siècle, les dangers d'un usage excessif du sucre deviennent un thème important chez des auteurs, en particulier britanniques, de plus en plus nombreux. Ainsi James Hart, en 1633, reprend les thèses développées par Duchesne contre le sucre (plusieurs ouvrages de Duchesne ont été traduits en anglais au tout début du siècle), tout en rappelant les vertus humorales classiquement mises en avant par les Galénistes : *« (...) and although Sugar in it Selfe be opening and cleansing, yet being much used produceth dangerous effects in the body : as namely, the immoderate uses thereof, as also of sweet confections, and Sugar-plummes, heateth the blood, ingendreth the landise obstructions, cachexias, consumptions, rotteth the teeth, making them look blacke, and withall, causeth many time a loathsome stinking-breath. And therefore let young people especially, beware how they meddle to much with it* [1] *»* (cité dans Mintz, 1985; Dufty, 1975).

D'une consommation « excessive » à une consommation intempérante et coupable, il n'y a qu'un pas, que certains auteurs franchissent aisément, formulant du même coup des jugements moraux très tranchés. Garencières, un Français émigré en Angleterre, attaque le sucre avec une violence remarquable. Il affirme que ce produit est consommé en plus grande quantité par les Britanniques que par toute autre nation et qu'il est responsable de *Tabes Anglica*, une forme de phtisie selon lui particulièrement répandue en Angleterre à cette époque. Pour Garencières, le danger du sucre réside d'une part dans ses propriétés humorales : *« This heating quality of sugar renders it not a little injurious to the lungs, which are in themselves very hot; moderately cooling things are therefore most agreeable to their nature; but heating things easily inflame them* [2]. *»*

---

1. *« (...) et bien que le sucre en lui-même soit relâchant et purifiant, à être utilisé en grande quantité il produit des effets dangereux dans le corps : à savoir, son usage immodéré, de même que celui des douceurs et des* sugar-plummes [confiseries], *échauffe le sang, engendre les* landise obstructions, *des cachexies, des consomptions, pourrit les dents, les faisant paraître noires, et avec cela cause fréquemment une répugnante mauvaise haleine. Et c'est pourquoi les jeunes gens en particulier doivent se garder d'avoir trop à faire avec lui. »*

2. *« Cette qualité échauffante du sucre n'est pas sans le rendre néfaste pour les poumons, qui sont par eux-mêmes très chauds; les choses modérément rafraîchissantes sont de ce fait extrêmement favorables à leur nature; mais les choses échauffantes les enflamment aisément. »*

Il échauffe tant les poumons qu'il provoque à terme la consomption. Il pourrait même avoir une responsabilité dans la grande peste de Londres. Mais il y a davantage. Pour Garencières, le sucre est néfaste pour ainsi dire par nature : « *But the most important consideration is that sugar is not only injurious to the lungs in its temperament and composition, but also in its entire property* [1]. » Cette affirmation est appuyée sur une théorie selon laquelle, dit Garencières, le « principe amer » ayant la vertu d'empêcher la putréfaction et de préserver les corps longtemps, il s'ensuit *a contrario* que les choses douces « *must be the fruitful parent of putrescence* [2] ». Sa conclusion est sévère et péremptoire : « *It is therefore clearer than the light that sugar is not a nourishment, but an evil; not a preservative, but a destroyer, and should be sent back to the Indies, before the discovery of which, probably consumption of the lungs was ñot known, but brought to us with these fruits of our enterprize* [3]. » (Garencières, 1647; cité dans Moseley, 1800).

Les thèses de Garencières seront par la suite citées favorablement par le grand médecin Thomas Willis (1622-1675). Plus connu pour ses travaux d'anatomie, notamment cérébrale (une zone du cerveau est encore connue comme « l'aire de Willis »), et sa description du diabète, il a également consacré un ouvrage au scorbut. Il y affirme la responsabilité du sucre dans l'étiologie de la maladie, en reprenant notamment les thèses de Duchesne (Willis, 1684). Ray reprend les thèses de Garencières et de Willis et, appliquant le même raisonnement « épidémiologique » qu'eux, affirme que le Portugal est, après l'Angleterre, le plus gros consommateur de sucre et que la consomption des poumons y exerce des ravages en proportion (Ray, 1688).

Mais pour comprendre le contexte dans lequel se situent les idées exprimées par Willis, Duchesne et les saccharophobes, ainsi que l'évolution des idées sur le sucre à partir de la fin du XVIe siècle,

---

1. « *Mais la considération la plus importante est que le sucre est nuisible aux poumons non seulement par son tempérament et sa composition, mais aussi par son caractère tout entier.* »
2. « *doivent engendrer la putrescence* ».
3. « *Il est donc clair comme le jour que le sucre n'est pas un aliment mais un maléfice; qu'il n'est pas un agent de conservation mais de destruction, et qu'on devrait le renvoyer aux Indes, avant la découverte desquelles la consomption des poumons n'était probablement pas connue, mais nous fut apportée avec ces fruits de nos entreprises.* »

il faut examiner les événements considérables qui se déroulent dans le champ des sciences et de la médecine, ainsi que dans celui de la religion.

Le débat médical : la révolution paracelsienne et la « médecine chimique »

La naissance de la saccharophobie est surtout liée à un débat médical lui-même issu d'un bouleversement fondamental : celui qu'introduit Paracelse (1493-1541). Ce « Luther de la médecine », comme on le nomme parfois à l'époque, réfute avec violence la médecine hippocratico-galénique des humeurs et veut substituer au modèle humoral ancien une théorie médicale dont l'un des piliers est l'alchimie. C'est de la médecine chimique de Paracelse que viennent, à partir de la fin du XVIe siècle, les notions que l'on verra apparaître et se manifester dans le nouveau discours saccharophobique. Paracelse rejette violemment la théorie des quatre humeurs. Plutôt que de chercher la source des maladies dans un déséquilibre interne à l'organisme, il leur assigne des causes locales dues à des facteurs externes et il propose de les soigner par la chimie (il préconise l'usage des « poisons », en insistant sur la notion de dosage) en substituant une « médecine des semblables » à celle des contraires (c'est-à-dire la correction des déséquilibres humoraux) qui régnait jusque-là. Dans la théorie paracelsienne, trois « principes », le soufre, le sel et le mercure, sont à l'origine des quatre éléments et « toutes choses sont composées de ce dans quoi elles peuvent être dissoutes », ce qui, on va le voir, éclaire quelque peu les propos de certains critiques « essentialistes » du sucre, notamment Duchesne et ses successeurs (Debus, 1977 ; Sigerist, 1941).

Les saccharophobes « essentialistes » du début du XVIIe siècle, en effet, sont pratiquement tous paracelsiens et Duchesne est le personnage central du débat entre paracelsiens et galénistes à Paris dans la première décennie du XVIIe siècle. En 1579, Le Baillif, médecin paracelsien, avait été condamné par le Parlement de Paris : les galénistes l'emportaient en France, au moins jusqu'en 1593, date de l'entrée à Paris de Henri IV. Dans la première décennie du XVIIᵉ siècle, une polémique fait rage entre « chimistes » et galénistes. Duchesne, violemment attaqué, réplique et trouve de plus en plus de défenseurs, en particulier en Angleterre. La médecine chimique recevra dans ce pays un accueil favorable beaucoup plus tôt qu'en France. Ainsi Willis est un admirateur déclaré de Paracelse et de van Helmont, autre figure du mouvement paracelsien (Debus, 1977).

Si le paracelsisme revient en force à la fin du siècle, c'est en effet à la faveur des événements politico-religieux : pratiquement tous les paracelsiens français sont des Huguenots. C'est le cas de Duchesne, qui fut forcé à l'exil pendant de nombreuses années, obtint son diplôme de médecine à Bâle en 1573 (ville où Paracelse avait enseigné cinquante ans plus tôt), enseigna et pratiqua à Cassel et à Genève avant d'être le médecin d'Henri IV. C'est le cas aussi, semble-t-il, de beaucoup de saccharophobes, qu'ils soient ou non paracelsiens. Garencières, émigré en Angleterre, se convertit au protestantisme.

Duchesne attribuait au sucre une dimension intrinsèquement maléfique, une duplicité fondamentale : « *Le sucre souz sa blancheur cache une grande noirceur et souz sa douceur une acrimonie fort grande et qui égale celle de l'eau fort. Voire il s'en peut tirer un dissolvent qui dissoudra l'or* » (Duchesne, 1606). Dans la version en latin du même ouvrage, le même paragraphe se termine par : « *au point qu'il pourrait dissoudre et liquéfier le soleil lui-même* [1] ».

Cette idée d'une « noirceur » secrète, d'un poison caché, est formulée en termes alchimiques et paraît en outre assez paracelsienne. Paracelse lui-même tient en effet que tout aliment est un composé qui porte en lui une part de poison mêlée aux principes nutritifs. Le corps et les organes agissent comme un alchimiste interne pour les séparer et éliminer la part des poisons (Debus, 1977). La séparation des éléments est la clé de la médecine chimique : « *Il en est ainsi de la médecine : elle devient ce que l'on en fait. S'il est possible d'extraire du mauvais du bon, il est aussi possible de faire du bon*

---

1. « *Ut vel ipsum solvat et colliquet* ». L'or et le soleil, dans la tradition alchimique, ont une unité symbolique.

à partir du mauvais » (Paracelsus, éd. Sigerist, 1941). Paracelse attribue donc aussi aux différents éléments des propriétés différentes selon le contexte, selon la combinatoire dans laquelle ils se trouvent. Il assigne ainsi à la douceur la vertu de conserver les corps (Paracelsus, 1894; Paracelsus, 1941). Mais lorsqu'il recherche les causes de la « maladie des mineurs » (sans doute une forme de silicose), il attribue au mélange de « l'acidité » et de la « douceur » de la terre, absorbé par les poumons dans le « chaos » chimique de la mine une part de responsabilité : *« Et quand le désir trompe le poumon, cette douceur produit la maladie des mineurs (...)* [1] *»* (Paracelsus, 1941). Notons au passage le thème du désir trompeur : il connaîtra quelques récurrences. Notons également que la théorie de la fermentation de Garencières, destinée à expliquer comment le sucre peut être source de putréfaction, quoique semblant *a priori* contradictoire avec certains textes de Paracelse, fait appel aux mêmes notions et au même type de raisonnement.

L'idée, formulée en termes alchimiques par Duchesne, selon laquelle le sucre possède *« une acrimonie fort grande et qui égale celle de l'eau fort »* va pour sa part connaître une pérennité tout à fait remarquable. Elle sera reprise, dans des termes très proches de ceux de Duchesne, par Thomas Willis : *« For it plainly appears, by the chemical analysis of sugar, that this concrete consists of an acrid and corrosive salt, but tempered with a portion of sulphur. Sugar, distilled by itself, yields a liquor scarcely inferior to aqua fortis. (...) Therefore it is very probable that mixing sugar with almost all our food, and taken to so great a degree, from its daily use, renders the blood and humours salt and acrid; and consequently scorbutic* [2] *»* (Willis, 1684). On la retrouve... jusqu'à nos jours, au fil du temps, dans ou hors la médecine savante, sous des formes en fin de compte assez proches de la formulation de Willis. Au XVIIIe siècle, de nombreux auteurs la font leur, par exemple Hecquet

---

1. Cette citation de Paracelse ainsi que la précédente sont retraduites par moi de l'anglais (Sigerist, 1941).
2. *« Car il apparaît clairement, par l'analyse chimique du sucre, que ce concret consiste en un sel âcre et corrosif, toutefois tempéré par une part de soufre. Le sucre distillé seul, donne une liqueur à peine inférieure à l'eau forte* (aqua fortis) *(...) Il est donc très probable que mélanger du sucre à presque tous nos aliments et pousser son usage quotidien à un tel degré rend le sang et les humeurs salés et âcres; et conséquemment scorbutiques. »*

(cf. *infra*). A l'aube du XIXe siècle, selon le Dr L'Homme, le Dr Gay [1] soutient que « *le sucre, substance âcre et corrosive, dissout peu à peu le sang et les humeurs* » (L'Homme, 1899). Dans le premier quart du XXe siècle, le Dr Carton qualifie le sucre de « *drogue irritante* », de « *corps chimique dangereux* », qui altère à la longue les viscères qui doivent l'utiliser. Il défend en outre une thèse qui sera longtemps encore enseignée dans les écoles de médecine, et selon laquelle trop de sucreries provoquent une « *acidification des humeurs* », une « *déminéralisation des tissus* » (Carton, 1923). Plus remarquable encore : on retrouve de nos jours la thématique paracelsienne de Duchesne et Willis presque intacte dans des écrits non plus médicaux mais profanes, comme les publications de certains sectarismes ou obédiences diétético-philosophiques : « *le sucre est un véritable acide cristallisé, et (...) il brûle les systèmes digestif et nerveux par l'intérieur* » (Anonyme, 1989).

Le sucre est-il un aliment?
Le débat théologique

On voit bien que, derrière le débat médical sur le sucre, se profile un enjeu moral d'importance : la question de la quantité de sucre consommée, et donc celle de la légitimité morale de l'excès et de sa motivation apparemment essentielle, la recherche du plaisir. Il n'est donc sans doute pas étonnant que les positions pour et contre le sucre coïncident en grande partie non seulement avec les écoles scientifiques mais aussi avec les appartenances religieuses.

En fait, dès les premiers siècles de son histoire, le sucre pose un problème d'abord théologique, puis médical. Quelle est sa nature réelle : est-il un médicament, un condiment ou un aliment? Dès le XIIIe siècle en fait, cette question de la nature du sucre a été posée dans le cadre d'un débat théologique sur les aliments de carême. A l'époque, Thomas d'Aquin avait tranché nettement, affirmant en

---

[1]. Il s'agit probablement de Jean-Antoine Gay qui, vers 1812, écrit notamment contre la saignée.

substance que ceux qui consommaient des sucreries pendant le carême le faisaient non pour se nourrir mais pour « aider à leur digestion » (Pittenger, 1947). Il s'agissait apparemment de préparations à base d'épices et de sucre. Or comme on l'a vu plus haut, le sucre, dans la taxinomie du temps, figurait lui-même parmi les épices et conservait un statut médicinal marqué.

Mais les usages du sucre vont s'étendant. Dans l'évolution des attitudes concernant le sucre, deux facteurs économiques semblent peser d'une façon tout à fait essentielle : la disponibilité et le prix. C'est en effet au XVIIe siècle que se développe, particulièrement en Angleterre, le discours saccharophobique. Or c'est à cette époque que le commerce du sucre se développe rapidement. Avec la colonisation des Antilles, le trafic des esclaves, les progrès de la production, l'Angleterre et l'Europe occidentale sont capables de mettre sur le marché des quantités croissantes de sucre à des prix de plus en plus accessibles (Mintz, 1985). C'est lorsque, par sa disponibilité accrue, il cesse de n'être qu'une épice rare et précieuse et commence à devenir une denrée plus largement et communément accessible que la polémique s'instaure et que la question morale et sanitaire de la légitimité d'une telle source de plaisir commence à être posée.

Dès la fin du XVIe siècle, Ortelius se plaint de ce qu'il a changé de statut et que la consommation devient excessive : « *Au lieu qu'auparavant le sucre n'étoit recouvrable qu'aux boutiques des apothicaires qui le gardoient pour les malades seulement* », aujourd'hui, « *on le dévore par gloutonnerie (...) Ce qui jadis servoit de médecine nous sert pour le présent de nourriture* » (Ortelius, 1581). Le sucre serait donc devenu un aliment bien davantage qu'une médecine, ce qui, on va le voir, ne laisse pas de poser des problèmes religieux, puisqu'on continue à le consommer en carême.

Le débat sur les aliments de carême va rebondir en France au XVIIIe siècle. Mais comme en Angleterre au siècle précédent, ce sont maintenant des médecins qui s'opposent et leur débat est un débat indissolublement théologique et médical.

Philippe Hecquet est médecin et, s'il n'est pas protestant, il est adepte de Port-Royal. Il publie en 1709 un *Traité des dispenses du Carême, dans lequel on découvre la fausseté des prétextes qu'on apporte pour les obtenir...* Dans cet ouvrage, il affirme des thèses sur le sucre qui nous rappellent celles de Duchesne : « *Sa douceur*

en fait le danger, parce qu'il corrige presque tous les désagrémens de quelque nourriture que ce soit; mais le piège est d'autant plus à craindre qu'il est familier, il n'en cache pas moins de malignité pour estre doux et agréable; l'arsenic est presque fade, et les plus mortels poisons ne sont pas les plus déplaisans au goût. On ne sauroit donc trop craindre le sucre; s'il plaît, ce n'est que pour mieux surprendre. »
Hecquet s'indigne que l'on invoque encore des arguments galénistes pour justifier de la consommation de sucre en carême : « *On a sévèrement proscrit les noms de chaud, de froid, de pituiteux, de bilieux dans la cure des maladies : on ne croit plus ces termes du bel usage, et ils ne sont plus que de méprisables restes d'une physique surannée. Cependant, que des alimens passent pour pituiteux, pour froids, pour bilieux, qu'on s'accuse d'un estomac refroydi, d'un foye chaud, d'un tempérament pituiteux, c'en sera assez pour solliciter une dispense et peut-estre pour l'obtenir* » (Hecquet, 1709).

Nicolas Andry, pour sa part, est docteur régent de la Faculté de médecine de Paris. En 1723, il publie un *Traité des aliments de caresme* qui constitue en fait une réfutation du *Traité des dispenses* de Hecquet. Sur quoi porte le désaccord? Andry reproche en somme à Hecquet d'être « essentialiste », de considérer le sucre comme un poison pur et simple, absolument et irrémédiablement pernicieux. Il réfute la thèse du caractère « *âcre et corrosif* » du sucre, reprise par Hecquet de Willis. Selon lui, il n'est pas néfaste par nature : « *Il n'y a que de bons effets à attendre du sucre quand on sait en faire usage* », affirme-t-il. Le problème tient à ce que son utilisation s'est en fait dévoyée, notamment dans les collations de carême que Thomas d'Aquin avait déclarées tolérables. Selon Andry : « *C'est un assaisonnement et non pas une viande* [un aliment]. *Cependant, de la manière qu'on l'emploie aujourd'hui, il semble qu'on le regarde comme une nourriture et que les choses où on le mêle ne servent plus qu'à l'assaisonnement...* » (Andry, 1723).

Très tôt, on l'a vu, le discours sur le sucre, en particulier saccharophobe, a revêtu une forte coloration morale, qu'il ne va plus guère quitter par la suite. Mais en réaction à la saccharophobie nouvelle se déclenche bientôt une saccharophilie militante. Ainsi, au début du XVIIIe siècle, un certain Slare prendra la défense du sucre contre les accusations de Willis, en énonçant toutes les vertus médicales du sucre (si grande est sa foi qu'il ira d'ailleurs jusqu'à prescrire des dentifrices de sucre). Slare, pour la défense de la douceur, s'appuie lui aussi sur des arguments éthiques. Ainsi, il recommande vivement de donner aux enfants du sucre, *« (...) of which to defraud them is a very cruel thing, if not a crying sin »* (Slare, 1715) [1]. S'il n'invoque pas une sorte de droit au plaisir sucré de l'enfant [2], il condamne donc comme « cruauté » ou même « péché » le fait de les en priver.

Au XVIIIe siècle, les médecins français, encore très galénistes, sont souvent plus mesurés que leurs confrères anglais et, lorsqu'ils condamnent, ils continuent à quelques exceptions près à condamner plutôt l'excès que le sucre lui-même. Lemery, auteur au début du siècle d'un *Traité des aliments* convient que le sucre noircit les dents, échauffe beaucoup *« quand on s'en sert avec excès »* mais réfute les thèses de Willis et des saccharophobes paracelsiens : *« Plusieurs auteurs le regardent comme pernicieux, car on en tire un esprit acide, âcre et pénétrant. Willis entre autres prétend que le scorbut, fréquent en Angleterre, ne vient que de l'usage du sucre. Je conviendrai volontiers qu'étant pris avec excès il peut produire plusieurs mauvais effets; mais il ne s'ensuit pas de ce qu'on en retire par la distillation un esprit acide que le sucre soit toujours si pernicieux.*

« Je crois (...) que le sucre, modérément pris, est souvent salutaire. Sa saveur douce et agréable provient de la liaison étroite de ses sels et de ses soufres. (...) Tous les animaux excepté les chats mangent du sucre. On remarque seulement qu'ils boivent le lait sucré avec plus d'avidité que celui qui ne l'est pas. Ne pourrait-on pas croire que cette expérience marque que le sucre est excellent? Il est vrai que son usage immodéré échauffe beaucoup, mais il est aisé de corriger ce défaut. On remarque pourtant que des personnes sont arrivées à une extrême vieillesse, quoiqu'elles ne mangeassent que des mets extrêmement sucrés et des dragées » (Lemery, 1755).

Un peu plus tard, Rousseau et les Encyclopédistes pensent que la douceur est à la fois du côté de la Nature et du Progrès. Rousseau l'associe aux qualités de nature, à l'exotisme, à la pureté enfantine et à la féminité, par opposition à la viande, aliment grossier et antinaturel par excellence comme le prouve, selon lui, le goût que lui

---

1. *« (...) car les en priver est chose très cruelle, sinon péché criant. »*
2. Et des femmes : son ouvrage est en effet dédié *« to the Ladies »*.

portent les Anglais. Dans *l'Encyclopédie*, aux articles « pâtisserie » et « cuisine » notamment, c'est avec un grand enthousiasme techniciste et force détails que la technologie du raffinage, de la confiserie, de la pâtisserie est décrite et illustrée (Bonnet, 1976).

A la fin du XVIIIe siècle, la saccharophilie ambiante semble croître en France. Il semble que, dans ce pays au moins, le sucre non seulement soit lavé pour l'essentiel des accusations qu'il a subies, mais aussi qu'il accède progressivement au statut d'aliment à part entière. Ainsi, dans la *Gazette de Santé*, on défend volontiers le sucre en allant plus loin qu'Andry et en réfutant la thèse selon laquelle le sucre doit rester un condiment consommé en quantité raisonnable : « *C'est une erreur de le regarder comme un simple assaisonnement des alimens où on le fait entrer. C'est bien pis encore de le voir mettre au rang des épices et des aromates, et de l'entendre proscrire comme une cause féconde de maladies. Les fièvres putrides et épidémiques sont maintenant moins fécondes dans les villes, effet que M. Cullen attribue à l'usage beaucoup plus général qu'on fait du sucre. C'est une substance très salutaire, surtout à mesure qu'on avance en âge. Elle répare plus facilement les pertes, communique aux chairs un certain degré de souplesse, et semble lutter contre le dessèchement des fibres.* » L'auteur de cette apologie du sucre, publiée dans *La Gazette de Santé*, va plus loin encore et prend l'exact contrepied de Garencières : « *Le sucre pur et qui n'est point combiné avec un acide, est très salutaire pris en abondance dans plusieurs maladies de consomption, et il y a plusieurs exemples de phtisiques désespérés, guéris par ce moyen* » (anonyme, 1786). La même année, dans la même publication médicale, le chirurgien militaire Imbert de Lonnes rapporte avoir guéri en moins d'un mois des soldats affligés d'affections des gencives, « *qui proviennent d'un vice scorbutique* », de tartre et de dents branlantes : il leur a prescrit des frictions des gencives avec du sucre en poudre. Il cite par ailleurs un cas qui démontre les vertus *anti*-scorbutiques du sucre (Imbert de Lonnes, 1786) [1].

Dans la période révolutionnaire, on voit se multiplier les ouvrages saccharophiles, comme celui de Le Breton (Le Breton,

---

[1]. L'un des voyages de Cook avait notamment pour objectif de démontrer ce même point de vue (Cook, éd. 1980).

1789), qui réfute méthodiquement tous les reproches médicaux qui ont pu être faits au sucre. Un autre grand saccharophile de la fin du XVIIIe siècle, Dutrône la Couture (1790), confirme l'accession du sucre au statut d'aliment à part entière : « *Les préjugés établis dans des temps d'ignorance sur la qualité échauffante du sucre en font craindre encore l'image à beaucoup de personnes. Si on fait attention que le sucre contient la substance alimentaire la mieux préparée et en très grande proportion, si on fait attention que ses propriétés salines le rendent le dissolvant des alimens qu'il assaisonne, on verra que sous ces deux rapports il n'est point d'aliment qui nourrisse davantage. Or on sait que le propre des substances très nourrissantes est d'augmenter les forces vitales, et que de leur augmentation résulte nécessairement une chaleur bienfaisante à laquelle nous devons le bonheur de notre existence. Sous ce point de vue, le sucre échauffe, et la chaleur qu'on éprouve est sans doute le plus grand bien pour la santé. Elle doit être bien distinguée de la chaleur d'effervescence que produisent les substances aromatiques qui ne sont point alimentaires.* »

Certains commencent à se poser, à propos du sucre, des problèmes éthico-politiques. Bernardin de Saint-Pierre, en 1760, le rendait déjà coupable, ainsi que le café, du malheur de l'Afrique et de l'Amérique (dépeuplant l'une, écrit-il, pour planter l'autre) (Bonnet, 1976). Le même point de vue éthico-politique se manifeste en Angleterre lorsque, en 1792, est créée une *Anti-Saccharite Society* qui boycotte le sucre pour lutter contre l'esclavage. Le Breton, quoique saccharophile militant, s'indigne de l'esclavage et affirme que la production augmenterait si les esclaves étaient libérés, car cela détruirait « *la prétendue nécessité de cet infâme trafic pour la culture des Isles* » (Le Breton, 1789).

Mais en cette période révolutionnaire, l'atmosphère est plutôt saccharophile : Dutrône la Couture adresse une exhortation à la Nation, « *dans le moment où elle s'occupe des intérêts les plus chers à son bonheur et à sa prospérité* », pour qu'elle fasse des expériences sur les bienfaits du sucre, « *dans les hôpitaux, dans les camps, à la mer* » et qu'elle prenne des mesures pour en accroître la culture (Dutrône la Couture, 1790). Cette exhortation sera entendue au siècle suivant, lorsque Benjamin Delessert mettra au point l'extraction du sucre de la betterave et lorsque les médecins feront du

sucre non plus seulement un aliment à part entière mais aussi un
« super-aliment », un aliment essentiel.

Le sucre est-il un aliment?
Le débat scientifique du XIXᵉ siècle

La maîtrise de la technologie permettant d'extraire le sucre
de la betterave et son développement industriel par Delessert sous
l'Empire inaugurent une ère au cours de laquelle le sucre deviendra
de plus en plus accessible. Par ailleurs, en 1811, Gay-Lussac et
Thénard ont pour la première fois correctement analysé la composition élémentaire du saccharose. Les travaux de Magendie montrent
que des chiens nourris de sucre et d'huile (à l'exclusion de matières
azotées, c'est-à-dire de protéines) ne peuvent survivre. Ces travaux,
que les contemporains pouvaient mal interpréter, mettaient en évidence les effets de carences nutritionnelles. Un certain nombre
d'interprétations, au lieu d'incriminer l'absence de protéines,
semblent avoir incriminé le sucre (McCollum, 1957).

Dans la première partie du siècle, les points de vue médicaux
restent très partagés entre les influences galéniques, chimiques et
éclectiques. Ainsi en 1826, dans son *Dictionnaire des aliments*,
Gardeton, en toute orthodoxie galénique, met en garde *« les personnes d'un tempérament chaud »* contre le sucre et rappelle la
prescription d'Andry de ne s'en servir que comme d'un assaisonnement (Gardeton, 1826). Champouillon, qui a mené des recherches
sur le sucre pour le compte de l'administration de guerre en 1846,
rapporte que, s'il a réussi chez ses malades à *« tempérer les symptômes locaux et généraux de la phtisie »*, il le doit à la précaution
prise de restreindre la consommation de sucre ou de la remplacer
« comme condiment médicamenteux » par le miel ou une décoction
de réglisse (Champouillon, 1863).

Cependant la saccharophilie française de la période révolutionnaire semble avoir gagné certains Britanniques. En 1830, George
Richardson Porter, un saccharophile anglais, reconnaît le statut

proprement alimentaire du sucre : « *It is only since it has been analysed by the French chemists, that it has come to be considered in itself an alimentary substance. The base of sugar is a glutinous matter, which, in its proper combination, is extremely pure and perfectly soluble, and consequently in the most favourable circumstances for easy digestion* » (Porter, 1830) [1].

Le paradigme physiologique

Le statut alimentaire du sucre va se préciser dans la seconde partie du XIXe siècle, avec les progrès de la physiologie. Le Dr Lunel, en 1864, écrit à l'article « Sucre » de son *Guide pratique de l'épicerie* : « *Le développement de la consommation du sucre en France est très désirable, dans l'intérêt de la santé publique, surtout parmi les gens de la campagne qui, généralement, en consomment très peu, et pour lesquels cet aliment serait cependant le plus utile.* »

Le sucre est donc bien appelé « aliment », mais avec des restrictions : « *Sans doute le sucre, pris isolément, ne saurait nourrir l'homme ni même un animal quelconque; mais on peut dire que c'est un des aliments respiratoires les plus propres à compléter et à améliorer les qualités digestives d'une foule de substances alimentaires* » (Lunel, 1864). L'appel à la notion « d'aliment respiratoire » [2], empruntée à Justus von Liebig, indique que le paradigme médical a changé : la physiologie prend le pas sur les humeurs et la chimie. Mais dans la théorie de Liebig, on va le voir, c'est la viande qui est censée être la source de l'énergie musculaire : le sucre ne peut donc être qu'un complément. Dans le même temps, le développement de la technologie de production ayant fait tomber les prix, il est devenu accessible et, comme y insiste Lunel, « *(...) on peut*

---

1. « *Ce n'est que depuis qu'il a été analysé par les chimistes français qu'on a été amené à le considérer comme une substance alimentaire en lui-même. La base du sucre est une matière glutineuse qui, dans sa bonne combinaison, est extrêmement pure et parfaitement soluble et par conséquent rassemble les circonstances les plus favorables à une digestion aisée.* »
2. Lunel l'explique de la manière suivante : « *On désigne ainsi les aliments capables de fournir dans les actes de la digestion et de la respiration un des éléments combustibles qui entretiennent dans l'économie animale la source de la chaleur et de la production de l'acide carbonique.* »

l'employer dans une foule de préparations économiques » comme une sorte d'adjuvant nutritif (Lunel, 1864).

Mais dans la seconde moitié du siècle, le sucre va de plus en plus apparaître, non seulement comme un aliment, mais comme un aliment essentiel. Claude Bernard, en effet, réfute la théorie de Liebig, et en particulier la distinction entre aliments « plastiques » et « respiratoires ». Selon Justus von Liebig (1803-1873), les premiers, à base d'albumine et d'azote (essentiellement la viande), servent au maintien de la composition du corps mais aussi à la production d'énergie pour le travail musculaire, tandis que les seconds, essentiellement les hydrates de carbone, produisent de la chaleur. En 1853, Claude Bernard met en évidence la fonction glycogénique du foie et montre que, en fait, ce sont les hydrates de carbone (dont le sucre) qui alimentent le travail musculaire.

A partir de cette découverte, à la fin de ce siècle et surtout au début du suivant, les travaux et les publications sur les propriétés nutritives du sucre se multiplient (Chauveau, 1898; Abel, 1899; L'Homme, 1899; Grandeau, 1903; Alquier & Drouineau, 1905). Le zèle de certains auteurs français en faveur de la théorie du Français Claude Bernard et contre celle de l'Allemand Liebig est quasi patriotique, au point qu'il les conduit presque à affirmer une supériorité absolue du sucre bernardien sur la viande liebigienne : *« Que l'homme reste omnivore, mais qu'il n'oublie pas que ce sont les classes peu fortunées, celles justement dont le régime semble le moins enviable, qui se nourrissent rationnellement et savent se combiner les rations les plus avantageuses, alors que l'alimentation carnée, dont abusent les classes aisées, n'est pour elles qu'une source de tares, malheureusement en grande partie héréditaires »* (Alquier & Drouineau, 1905). Ils se font du même coup le soutien d'un lobby sucrier qui réclame une réforme fiscale (Grandeau, 1903) à l'image de celle qui a permis à l'Angleterre d'augmenter considérablement sa consommation et par là même, selon eux, la santé de sa population : *« On peut prétendre que cette augmentation constante de la consommation du sucre est la cause principale de l'accroissement de taille, de poids, de la santé meilleure et de la vigueur plus grande que le peuple anglais a présentés d'une manière si remarquable pendant ces trente ou quarante dernières années »* (Alquier & Drouineau, 1905).

C'est l'époque où, un peu partout, mais surtout en Allemagne et en France, on procède à des expériences d'alimentation exclusivement sucrée sur les sportifs et surtout – situation politique oblige – sur les militaires. Grandeau rapporte les expériences menées dans l'armée allemande par le médecin-major Leitenstorfer en 1897. Deux groupes de dix hommes, l'un recevant 60 grammes de sucre par jour, l'autre servant de témoin furent testés pendant plus d'un mois. Les conclusions de l'étude furent notamment que *« le sucre augmente l'énergie, permet à l'homme de produire un effort musculaire considérable et détruit rapidement la fatigue résultant du surmenage momentané »* et qu'il permet *« [d']élever la valeur nutritive de la ration ordinaire et en tout cas [d']éviter l'augmentation de la ration de viande pendant les manœuvres et en campagne »* (Grandeau, 1903). D'autres études, menées sur les sportifs, en particulier les alpinistes, conduisirent à substituer presque complètement le sucre à tout autre aliment. Ainsi le capitaine Steinitzer, rapporte Grandeau, fit une ascension au cours de laquelle il consomma, la veille et le jour de l'excursion, 1,750 kilogramme de sucre et s'en trouva fort bien : *« Une alimentation riche en sucre peut dispenser de l'entraînement en vue des exercices de sport. »*

La logique de ces découvertes sur les vertus nutritives du sucre conduit à en étendre les applications à l'alimentation du bétail. Mais elle conduit aussi à l'utiliser en thérapeutique. Des régimes hyper-sucrés sont prescrits pour les malades, les « fébricitants » et les convalescents (Toulouse, 1904; Ragot, 1902).

Les indications du sucre tendent à s'étendre au-delà de la seule nutrition. Déjà, un demi-siècle plus tôt, on le préconisait contre les *« ardeurs vénériennes »* (Provençal, 1849) [1]. Voici qu'on examine ses vertus diurétiques (Mayard, 1898), qu'on l'utilise, à haute dose, pour traiter « l'inertie utérine des parturientes » (Gargiulot, 1908), qu'on étudie ses effets cardiovasculaires en injections intraveineuses (Arrous, 1898), qu'on remet à l'ordre du jour les pansements de sucre (Cocherel, 1912).

Mais la polémique reste vive à l'intérieur du monde médical et, à côté des indications « saccharophiles », on voit persister au

---

1. Pour Provençal, *« le sucre à haute dose est le remède le plus héroïque que l'on puisse conseiller comme antiaphrodisiaque »*.

début du XXᵉ siècle un fort courant « saccharophobe ». En Allemagne, on s'inquiète des dangers de l'augmentation excessive de la consommation (von Bunge, 1901). Aux États-Unis, on l'accuse de provoquer des indigestions chez les enfants (Meller, 1902); en Angleterre de provoquer des maux de tête (Allison, 1908). En France même, des réactions contre la saccharophilie des physiologistes se dessinent. On objecte aux découvertes de Claude Bernard et de Chauveau (sur le rôle physiologique du glucose) le fait que le sucre n'est pas du glucose, mais du saccharose, qu'il s'agit d'un produit industriel dépourvu de sels minéraux, que sa capacité à provoquer l'engraissement peut être néfaste car « pléthorique », c'est-à-dire cause d'obésité, qu'il est probablement cause de diabète (les pays qui en consomment le plus ont aussi le plus de diabète), bref que *« après tout, le dédain du peuple et des travailleurs robustes pour les sucreries est peut-être fort bien justifié »* (Fauvel, 1913).

Ce sont ces mêmes thèmes que développe le Dr Paul Carton, à ceci près qu'il met à égalité avec l'alcool le sucre et la viande, les « trois aliments meurtriers ». Le sucre, selon lui, est « industriel », c'est un « aliment mort ». Il le considère comme une drogue, un corps chimique, susceptible d'entraîner une assuétude (dépendance) et qui, on l'a vu, acidifie les humeurs et déminéralise les tissus. Mais le plus frappant chez Carton, outre qu'il énonce des thèmes saccharophobes toujours en vigueur aujourd'hui, ce sont les jugements moraux qui accompagnent ses thèses médicales : *« C'est à l'usage croissant des trois aliments meurtriers que nous devons l'empoisonnement de la pensée contemporaine. Ce sont eux qui nous valent ces productions littéraires immorales, ces romans délirants, ces musiques contorsionnées, ces peintures inharmonieuses, ces modes saugrenues »* (Carton, 1923).

Ainsi, les développements de la chimie et de la physiologie ont donné naissance à des théories où le sucre a acquis son image d'aliment énergétique essentiel. Cette revalorisation médicale du sucre coïncide avec un bouleversement techno-économique, une véritable « révolution douce ». La maîtrise de la technologie du sucre de betterave au début du XIXᵉ siècle, les perfectionnements successifs des techniques de production et la concurrence internationale ont fait baisser les prix et rendu la saveur sucrée accessible à presque tous. Tout se passe comme si le nouveau discours saccharophobique qui se développe dans le premier quart du XXᵉ siècle émergeait au moins pour partie *en réaction* à ce mouvement technique, scientifique et idéologique.

Ce parcours à travers les représentations, les opinions, les croyances et les connaissances sur le sucre, avant d'arriver à son terme, fournit une indication d'importance. Entre le discours savant et le discours profane, à travers le temps et l'espace, il y a une circulation qui n'est pas à sens unique, des échanges beaucoup plus complexes et constants qu'on ne pourrait le croire. Les opinions savantes oubliées, réfutées ou abandonnées sont traitées par les successeurs de ceux qui les soutenaient de « croyances populaires ». Les thèses scientifiques, de leur côté, sont imprégnées par les préjugés, les croyances, les mythes, les valeurs de l'époque ou de la culture d'appartenance. On retrouve, à plusieurs siècles de distance, des thèmes jadis savants, devenus populaires. Et à la fin de ce siècle, on va le voir, les communications de masse, tout en divulguant la connaissance, amplifient aussi le mythe.

Le discours médical, les media et le sucre aujourd'hui

L'histoire mouvementée de la saccharophobie et de la saccharophilie prend une densité particulière à partir des années soixante-dix, où la réputation du sucre se fait de plus en plus douteuse (Fischler, 1987). Dans la période contemporaine, on dispose d'informations sur les perceptions de l'ensemble de la population dans plusieurs pays, grâce aux nombreuses enquêtes menées par l'industrie sucrière pour évaluer et analyser les attitudes et les opinions du public.

Dans toutes les études de ce type que j'ai pu consulter, qu'elles aient été effectuées en Europe, aux États-Unis ou en Australie, le sucre est marqué par l'ambivalence. D'une part, il est toujours associé d'une manière ou d'une autre au plaisir, à la gratification, à une forme de sécurisation liée à l'enfance. Il est également associé à des usages sociaux fondés sur le don, les circonstances festives : cadeaux de sucreries, pâtisseries, etc. Mais d'autre part, la plupart des interviewés associent au sucre des inconvénients, sinon des dangers. A l'analyse, il apparaît que c'est la consommation solitaire qui est réprouvée, culpabilisée. L'usage « convivial », sociable des sucreries est plus légitime. En fait, la gratification sucrée individuelle est autant, peut-être plus, culpabilisée aujourd'hui que le plaisir sexuel solitaire. Le docteur Carton en parlait d'ailleurs d'une façon qui n'était pas sans rappeler la dénonciation de la masturbation par le Dr Tissot au siècle précédent (Biezunski, 1983; Fischler, 1987).

La part maudite du sucre, aux yeux des contemporains, se révèle également dans ses rapports avec l'enfance : il met en péril l'autorité parentale. On a vu que, dans la presse, le sucre est souvent comparé à une drogue précoce et les enfants à des toxicomanes présents ou futurs. Pour les mères de famille, la même vision est souvent présente, de manière au moins latente. Les sucreries se mangent, mais ne sont pas un aliment; elles coupent l'appétit, mais ne nourrissent pas. Elles ne sont tolérables que contrôlées par les parents. Les douceurs sont en somme à double tranchant : sans doute offrent-elles un moyen de pression sur l'enfant; mais ce moyen de pression est potentiellement menaçant. D'une part, il peut être employé par n'importe qui, comme l'indique la fantasmatique du rapt, dans laquelle un inconnu offre à l'enfant, ravi au double sens du mot, un bonbon tentateur. D'autre part, il peut inciter l'enfant qui voudrait accéder par lui-même aux douceurs à toutes sortes de conduites coupables : vol, dissimulation, mensonge, etc. Ces conduites ressemblent singulièrement à celles de la toxicomanie : il faut donc, pour les parents, « sevrer » les enfants de sucre, leur apprendre à s'autonomiser par rapport à cette « dépendance ».

Une différence décisive entre l'époque contemporaine et les siècles précédents, c'est l'émergence des mass media et le développement d'interactions complexes entre ceux-ci, le discours médical et la demande sociale d'informations sur la santé, en particulier sur la diététique et la nutrition. Comme dans le passé, les médecins ne sont pas les derniers à s'en prendre au sucre.

Ainsi, dans un corpus de 72 publications de presse française que j'ai analysé sur une période de dix ans (1975-1985), 48 contenaient des articles (268 au total) traitant du sucre, toujours de manière critique. Dans cet échantillon, tous les thèmes saccharophobes ou presque sont abordés. Le sucre est mis en cause, outre dans la carie dentaire, dans l'étiologie des maladies cardio-vasculaires [1] ; on le rend responsable de l'augmentation de la fréquence de l'obésité, du diabète, de l'hypoglycémie réactionnelle et de ses ravages (lesquels vont des accidents de la route à la criminalité en passant par le divorce), de l'hyperactivité chez l'enfant, et sporadiquement d'être cancérigène. Enfin on lui tient rigueur d'être chargé de « calories vides », à l'exclusion de nutriments, vitamines, sels minéraux et, par voie de conséquence, responsable de carences nutritionnelles [2] (Fischler, 1987).

L'analyse des articles de presse sur la période montre que certains de ces thèmes ont connu des faveurs fluctuantes. Ainsi de celui des additifs alimentaires : on reprochait au sucre d'être souvent associé à des colorants ou à d'autres additifs, en particulier dans les bonbons, et certains défendaient même la thèse que ces additifs étaient responsables d'une maladie, l'hyperactivité enfantine. Ce thème est particulièrement présent dans la presse à la fin des années soixante-dix, avec un pic en 1976. Or la question des additifs s'est posée en France de manière particulièrement aiguë au début de cette même décennie, lorsque les organisations de consommateurs ont commencé à prendre de l'influence à l'occasion de certaines campagnes, dont l'une, précisément, sur les colorants alimentaires.

Il en va un peu de même pour les deux thèmes apparentés des « sucres rapides » et de l'hypoglycémie. Rappelons la thèse : le saccharose étant très rapidement absorbé (« sucre rapide »), il tendrait à provoquer en retour une forte décharge insulinique, elle-même responsable d'une hypoglycémie réactionnelle. Certains soutenaient que, la civilisation tout entière étant devenue hypoglycémique à force de consommer trop de sucre, cette hypoglycémie pouvait expli-

---

1. D'après le nutritionniste anglais Yudkin, le sucre était à incriminer dans la formation de l'athérome et donc dans l'étiologie de la maladie coronarienne (Yudkin, 1972). Cette thèse est aujourd'hui abandonnée.
2. A l'exception de la carie dentaire, ces accusations sont aujourd'hui abandonnées, si l'on en croit le rapport des scientifiques commis par la *Food and Drug Administration* américaine pour établir un rapport sur l'état de la question (Glinsmann, Irausquin & Park, 1986).

quer une bonne partie de la pathologie sociale (criminalité et violence, divorces, accidents de la route) (Starenkyj, 1981). Ces deux thèmes d'origine nord-américaine émergent, dans notre échantillon, vers 1977, augmentent en 1982, culminent en 1983 (cette année-là, ils figurent respectivement dans 43,5 % et 26,1 % des articles traitant du sucre ou le mentionnant). D'autres thèmes, au contraire, apparaissent constamment et ne présentent aucune fluctuation significative : l'obésité, la carie dentaire, les maladies cardio-vasculaires peuvent être considérées comme le substrat permanent des idées médiatiques sur le sucre et les douceurs.

L'évolution la plus récente se caractérise par un déclin de la fréquence des thèmes spécifiques. Depuis 1982, les articles traitant explicitement ou exclusivement du sucre sont devenus plus rares (60,7 % des articles étaient consacrés spécifiquement au sucre en 1982; ils ne sont plus que 17,4 % en 1985). En outre ils font de moins en moins souvent explicitement référence à une accusation précise. Dans la plupart des cas, c'est en passant que l'on fait une allusion négative, comme allant de soi, au sucre *(« les inconvénients du sucre sont bien connus »)*. Cette tendance semble coïncider avec la publication dans la presse de quelques articles rapportant des publications scientifiques récentes réhabilitant au moins en partie le sucre, alors que, les années précédentes, à ma connaissance, les seuls articles où il apparaissait positivement étaient des recettes de confiture [1] (Fischler, 1987). Tout se passe comme si les effets du sucre étaient maintenant devenus de notoriété publique, comme si sa réputation étant établie, il devenait inutile de formuler à son encontre des accusations précises.

De l'analyse des rapports entre media et médecine, il ressort notamment ceci : de nos jours encore, il est rare que, lorsque les médecins parlent du sucre aux media, ils ne le fassent que de manière purement « technique ». Le discours médical, lorsqu'il s'adresse aux media, choisit et traite les thèmes de manière souvent sélective, privilégiant ceux qui présentent des connotations morales potentielles. Mais les media, de leur côté, ont tendance à sélection-

---

1. Voir par exemple : « Le sucre réhabilité! », *Le Parisien Libéré*, 2 mai 1985, à propos de la publication d'un rapport commandé par les professions de la chocolaterie et de la confiserie sur *Part des glucides dans l'équilibre alimentaire* (Debry 1985). Aux États-Unis, voir : Shell, 1985.

ner, simplifier, dramatiser les propos des médecins. On trouve une illustration parfaite de ce processus avec le thème des effets néfastes du sucre sur les enfants, thème qui a connu d'innombrables variantes et une grande fortune médiatique dans les années soixante-dix. Il rejoint parfaitement celui que nous avons rencontré dans l'imaginaire parental : en 1979, aux Entretiens de Bichat, une déclaration d'un pédiatre à propos d'une enquête sur les bonbons dans les maternelles donne lieu, dans notre échantillon, à neuf articles. Le pédiatre a parlé, de manière peut-être rhétorique, de « toxicomanie ». Les journaux ne laissent pas passer l'occasion. *Ici-Paris* titre : *« les bonbons : la drogue des maternelles ».* *La Croix* (5 octobre) et *Le Figaro* (4 octobre) titrent et axent leur article également sur le thème de l'accoutumance et, implicitement ou explicitement, de la toxicomanie. Les bonbons deviennent, de manière de moins en moins métaphorique, une drogue ou le précurseur d'une drogue plus dure (Biezunski, 1983; Fischler, 1987). Il n'est après tout guère étonnant, dans ces conditions, que le sucre soit apparemment considéré plus dangereux que l'alcool par tel médecin militaire qui préconise qu'on prohibe l'usage des boissons sucrées au profit du vin et de la bière dans les cantines militaires (Fromantin, 1985).

*

Parmi les grandes tentations de la médecine (c'est peut-être initialement l'une de ses raisons d'être) figure celle d'exercer son autorité sur les corps sains, sur la vie quotidienne, donc sur les mœurs. Il y a une correspondance paradoxale entre l'ancienne et la nouvelle médecine, entre la médecine éternelle et la médecine d'aujourd'hui : l'ancienne médecine humorale est par nature une médecine du « régime de santé », du mode de vie, de la « diète » (en grec, *dieta* signifiait mode de vie); la nouvelle médecine veut elle aussi régir le rapport quotidien de l'individu à son corps. Elle est de plus en plus axée sur la prévention, notamment celle des maladies dites de civilisation. Pour fonder ses prescriptions, elle se fonde de plus en plus sur l'épidémiologie. Mais l'épidémiologie, en matière de nutrition et de modes de vie est une discipline complexe et par bien des aspects méthodologiquement fragile. La vigueur des prescriptions et même des politiques de santé publique qu'on en tire est bien souvent sans commune mesure avec la rigueur épistémologique, la fiabilité des méthodes et la solidité des interprétations : c'est ce que nous aurons l'occasion de voir à nouveau et de plus près dans les chapitres suivants.

Troisième partie

Le corps du mangeur

11

La société lipophobe

Les sociétés modernes sont devenues « lipophobes » : elles haïssent la graisse. La culture de masse, productrice effrénée d'images, nous donne à admirer et à envier des corps juvéniles et sveltes. Les corps réels semblent s'essouffler, le plus souvent en vain, à poursuivre ces modèles rêvés ou prescrits. Nous l'avons vu : dans la plupart des pays développés, une forte proportion de la population se rêve mince, se vit grasse et souffre apparemment de la contradiction. En France, en 1979, un sondage IFOP indiquait que 24 % des hommes et 40 % des femmes s'estimaient « plutôt trop gros » [1]. En 1989, la proportion était, respectivement de 43 % et 57 % (Irlinger, Louveau & Métoudi, 1990). En Italie, en 1976, 33 % des hommes voulaient maigrir contre 47 % des femmes; dix ans plus tard, ils étaient respectivement 42 et 47 % [2]. 22 % des Français étaient au régime en 1985 (Haeusler, 1985), un tiers des Américains en 1989, soit 80 millions de personnes [3]... La médecine voit dans l'obésité un problème de santé publique : il s'agit pour elle d'un facteur de risque, qu'il importe de réduire pour prévenir de nombreuses maladies, notamment cardio-vasculaires. Pendant que les médecins s'engageaient dans une lutte contre la graisse destinée à prévenir des pathologies qui frappaient

---

1. *L'Express*, 30 juin 1979.
2. *La Repubblica*, 12 décembre 1986.
3. *Total Health*, décembre 1989.

plutôt les hommes, les femmes se mettaient frénétiquement au régime. Le désir de minceur, la peur obsessionnelle de l'embonpoint ou les deux à la fois sont au centre d'une pathologie du comportement alimentaire, à prédominance massivement féminine (anorexie mentale, boulimie) et que les psychiatres, à tort ou à raison, considèrent typiquement moderne (cf. *infra*, chapitre 13). La situation est donc contradictoire. D'une part la médecine, pendant des décennies, a enjoint à la population de maigrir et s'acharne encore, avec une réussite d'ailleurs médiocre, à l'y aider. D'autre part, de plus en plus, psychiatres et nutritionnistes condamnent le culte excessif de la minceur féminine, suscité et entretenu, selon eux, par la culture de masse et la mode; ils cherchent de plus en plus à mettre en garde contre les effets néfastes des régimes. Certains, aux États-Unis, proposent même de réglementer les représentations du corps féminin dans les media.

Le discours médical contre la graisse et l'obsession générale de la minceur entretiennent des rapports complexes. On pourrait croire que la culture de masse et la société ont simplement trop bien intériorisé le message diététique des médecins. En fait, la vision selon laquelle le discours scientifique et médical s'acharnerait à lever bien haut le flambeau de la connaissance pour étendre les bienfaits de la science sur une société réticente ou passive résiste mal à l'examen : comme nous allons le voir, discours médical et discours médiatique, à propos de la minceur, ont bien souvent marché du même pas, été travaillés par les mêmes représentations et les mêmes mythes, lesquels étaient eux-mêmes liés aux processus sociaux et à l'évolution civilisationnelle sous-jacents.

Le gros et le gras

Le mot « embonpoint » est devenu paradoxal. Ses connotations d'aujourd'hui sont si péjoratives qu'il désigne désormais une condition inverse du « bon état » (en-bon-point) qui le constitue étymologiquement. Pour mettre la lettre en accord avec l'esprit du temps, c'est le mot « malenpoint » qu'il faudrait désormais forger.

Le rejet de l'obésité peut se traduire par un rejet des obèses. On trouve sans grande difficulté des cas de discriminations exercée à leur encontre : ainsi, en 1984, un électricien de Rennes a été licencié au motif que son poids (123 kilos) le rendait, d'après son employeur, « inapte au travail »[1] et le cas n'est, semble-t-il, pas exceptionnel. Aux États-Unis, des études ont montré dès les années soixante que les obèses étaient victimes d'une discrimination de fait : ils avaient moins de chances d'être admis dans une université; à mérite égal, on leur préférait un candidat mince lorsqu'ils postulaient un emploi; une fois engagés, ils risquaient davantage d'être mal notés que les minces (Seid, 1989). La presse rapporte que la pression pour la minceur et contre la graisse est telle qu'un mouvement de réaction contre ces discriminations s'est dessiné : les gros sont promus en minorité opprimée et quelques militants lèvent l'étendard de la révolte au nom des slogans *« Fat is beautiful »* ou *« Fat people have more to offer »* (« Les gros ont plus à offrir »). La responsable d'une association américaine de défense des gros *(National Association for the Advancement of Fat Americans)*, se prévalant d'un relativisme culturel débridé, n'a pas craint de déclarer devant la presse et à l'intention des minces : *« Au temps de Rubens, c'est vous qui auriez été anormaux*[2]. » Et l'acteur Marlon Brando, lors d'une réunion d'un « club des gros » institué, paraît-il, à Hollywood affirmait pour sa part *« qu'être gros dans ce monde livré aux marchands de maigreur, c'est être révolutionnaire* [3] ».

Si l'époque paraît particulièrement « obésophobe », on peut symétriquement assez aisément soutenir que, au temps où les riches seuls étaient gros, par exemple au XIXe siècle, une rotondité raisonnable était assez bien considérée. On l'associait à la santé, à la prospérité, à la respectabilité paisible. On disait d'un homme un peu rond qu'il « se portait bien », tandis que la maigreur ne suggérait guère que la maladie (la consomption), la méchanceté ou l'ambition effrénée. Il en va encore souvent de même, d'ailleurs, dans beaucoup de sociétés dites traditionnelles du Tiers-Monde (Ley,

---

1. *Le Monde*, 4 octobre 1984.
2. *Le Journal du Dimanche*, 10 octobre 1981.
3. *Le Monde*, 26 janvier 1984.

1980; de Garine, 1987). Et dans la pièce de Shakespeare, Jules César déclare qu'il préfère s'entourer d'hommes gras et mûrs plutôt que de jeunes gens efflanqués et menaçants : la maigreur de Cassius est le signe d'une voracité rapace et agressive.

Il est frappant de constater que le jugement sur le gros et celui sur le gras, sur le corps gros et les corps gras culinaires, ont évolué de concert. La graisse, dans la chronique des mœurs alimentaires de la plupart des peuples, est souvent très appréciée et même recherchée. Dans les groupes dits primitifs, les ethnologues notent fréquemment une appétence particulière pour elle : dans les *Human Relations Area Files* ne sont mentionnés que des cas de lipophilie. Chez les Maori par exemple, le *huahua*, une sorte de confit préparé avec certains rongeurs ou oiseaux conservés dans la graisse, est tenu pour la nourriture par excellence et les *maori* apprécient toute forme de graisse (Best, 1942) [1]. Dans l'Ancien Testament, le veau que l'on tue pour fêter le retour de l'enfant prodigue est « gras »; en français, les jours où les catholiques ne font pas pénitence sont qualifiés de la même manière. En anglais, lorsqu'une nourriture est dite « *rich* », il faut entendre qu'elle est grasse. Tout ceci illustre bien l'assimilation traditionnelle du gras à la festivité, à l'abondance, à la richesse, et la gourmandise lipophile que l'on observe dans de nombreuses cultures. Pierre Clastres, dans sa *Chronique des indiens Guayaki*, note que tous ses informateurs attribuent la valeur gastronomique particulière de la chair humaine au fait qu'elle est « délicieusement grasse ». Dans les repas où l'on consomme les morts de la tribu, on dresse un grand gril : le long des lattes coulent des gouttes de graisse et, « *pour ne rien laisser perdre de cette friandise, on les rattrape avec les pinceaux que l'on suce à grand bruit* » (Clastres, 1972). On attribue à un paysan français du XVIIe siècle cette formule : « *Si j'étais roi, je ne boirais que de la graisse* » (Hémardinquer, 1973). Des paysans polonais, Vautrin écrit au XVIIIe siècle : « *Le régal de ces hommes est, comme celui du Tartare, le kasza arrosé de quelque graisse fondue sur l'espèce de laquelle ils sont peu délicats. J'en ai vu un exemple dans une fête préparée au milieu d'un jardin, lorsqu'on voulut allumer les lampions, la graisse*

---

1. Cette consultation des Human Relations Area Files a été effectuée par Marie-Thérèse Ortola.

se trouva mangée par les paysans employés à disposer l'illumination [1]. »

La lipophilie a cependant des limites. L'observateur ne rapporte ici la conduite des paysans polonais que parce qu'elle lui paraît surprenante ou choquante. Les excès lipophiles pouvaient paraître répugnants, à certaines époques, au moins dans les classes supérieures; c'est ce que semble exprimer l'auteur d'un ouvrage de cuisine de 1674, *L'Art de bien traiter*, lorsqu'il écrit : « *(...) il n'y a rien de plus insupportable et de plus dégoûtant que de voir surnager pour ainsi dire de l'huile sur des potages et autres assaisonnements, qui sont capables de nous oster l'appétit et provoquer même le vomissement* [2]. » Considérons en outre l'étymologie de certains des termes les plus courants pour décrire le corps adipeux : elle indique de fortes connotations négatives. Le latin « *crassus* », qui signifie « *épais, grossier* », a donné « *graisse* » en français, « *grasso* » en italien, mais aussi « *crasse* » et « *crass* » en anglais (avec le sens de « *grossier* », comme dans l'expression « *une ignorance crasse* »). Cette proximité ne semble guère indiquer un penchant ancien en faveur de la graisse. Si l'on peut dire que l'appétit de gras est fort répandu dans l'espèce humaine, il faut donc nuancer cet énoncé. Il semble en effet que ce goût soit fortement modulé par des codages sociaux : les nourritures populaires, aux yeux des classes dominantes, sont grossières, grasses et lourdes (Bourdieu, 1979). Il est possible que l'appétence soit en grande partie dépendante de l'état nutritionnel et du bilan énergétique. Les lipides sont la classe de nutriments le plus riche en calories : en situation d'équilibre alimentaire précaire, une nourriture aussi énergétique peut sans doute, par ses effets post-ingestifs, rapidement devenir l'objet d'un goût marqué, par le biais du type de mécanisme d'apprentissage mis en évidence par Booth (cf. *supra*, chapitre 4; Booth, 1982).

L'étymologie du mot « *obèse* » n'est pas moins péjorative que celle de graisse : le participe passé *(« obesus »)* de « *obedere* » signifie « *consommer, dévorer* », mais a aussi le sens de « *saper, éroder* ». Considérons le XIXᵉ siècle, cet âge justement réputé avoir eu la

---
1. In Vautrin, H. : *La Pologne du XVIIᵉ siècle vue par un précepteur français*. Paris, p. 193, Calmann-Lévy, 1966.
2. Communiqué par J.-L. Flandrin.

corpulence en haute estime. Dans sa *Physiologie du Goût*, Brillat-Savarin considère effectivement la maigreur comme la pire des disgrâces pour une femme (elle est moins grave pour l'homme, car elle *« ne diminue guère sa force et sa vigueur »*) : l'état le plus désirable est ce qu'il nomme plaisamment *« l'embonpoint classique »*. L'équilibre est d'ailleurs apparemment fort délicat à trouver : *« avoir une juste proportion d'embonpoint, ni trop ni peu, est pour les femmes l'étude de toute leur vie »*. Mais ces considérations sont développées dans le cadre d'un chapitre entièrement consacré à l'obésité et aux moyens de la combattre, notamment par le régime. Or Brillat-Savarin lui attribue des conséquences fort néfastes : *« L'obésité a une influence fâcheuse sur les deux sexes en ce qu'elle nuit à la force et à la beauté. (..) Elle prédispose aussi à diverses maladies, telles que l'apoplexie, l'hydropisie, les ulcères aux jambes, et rend toutes les autres affections plus difficiles à guérir »* (Brillat-Savarin, 1841).

Le XIXe siècle, en France ou ailleurs, se soucie certes d'engraisser les femmes trop maigres (on les estime menacées par la consomption, l'anémie ou la chlorose), mais il n'ignore pas la nécessité ou le désir de maigrir, notamment pour les hommes. On lutte déjà contre l'embonpoint par l'exercice : *« Il n'était pas grand; il avait quelque embonpoint et, pour le combattre, il faisait volontiers de longues marches à pied* [1]. » Le régime amaigrissant semble faire sa première apparition en 1864, avec la publication par William Banting, un Britannique, d'une *Letter on Corpulence* où il raconte comment il a maigri de 46 livres en suivant le régime prescrit par Claude Bernard aux diabétiques. Il s'agit d'un régime pauvre en hydrates de carbone, à base de viandre maigre, d'œufs à la coque et de légumes verts. Le livre connaît un énorme succès et le régime, sous d'innombrables avatars, sera constamment présent au siècle suivant. A la fin du XIXe et dès le début du XXe siècle, régimes et cures sont très répandus (Schwartz, 1986). En 1901, un journaliste américain présente ainsi la situation dans un article qui constitue une sorte de « banc d'essai comparatif » des régimes et traitements divers proposés à l'époque : *« Que la corpulence soit ou non en voie d'augmentation (...), il est tout à fait certain que les réclames pour*

---

[1]. Victor Hugo : *Les Misérables*, I, I, XIII, cité dans Robert.

des traitements destinés à cet état du corps humain foisonnent dans les pages d'annonces de la presse quotidienne. » (Wilson, 1901).

La question qui se pose est en fait de savoir, non pas si Brillat-Savarin et ses contemporains appréciaient l'obésité, ce qui n'était manifestement pas le cas, mais *où ils en situaient le seuil*, où précisément ils situaient la limite entre la maigreur et « l'embonpoint classique » pour les femmes ou son équivalent masculin s'il en existait un. Il n'est donc pas exact de dire que, dans les pays développés contemporains, on est purement et simplement passé d'un modèle corporel pro-obèse à un autre qui serait anti-obèse. En réalité, *le seuil socialement défini de l'obésité s'est abaissé*. La variabilité culturelle des normes et des « étiquetages » sociaux est indiscutable mais ce qui varie, c'est moins la notion d'excès de poids elle-même (l'obésité) que les normes et les critères qui la définissent, les limites qui la bornent. Certaines données semblent confirmer cette hypothèse et indiquent même comment peuvent varier les seuils quantitatifs entre diverses catégories sociales ou ethniques. Massara, dans une population de Porto-Ricains de Philadelphie, a utilisé une série de photographies représentant, grâce à un procédé optique, la même personne à divers degrés de corpulence. Un échantillon de la population d'une part, un groupe de médecins d'autre part, devaient classer les images. Il apparut, comme on pouvait s'y attendre, que des personnages, considérés comme obèses à la fois par les médecins et par les Américains anglo-saxons, étaient perçus comme normaux par les Porto-Ricains (Massara, 1980). Fallon et Rozin, avec une technique similaire (utilisant des dessins et non des photographies déformées), ont mis en évidence, dans un échantillon d'étudiants de Philadelphie, l'existence de différences significatives entre hommes et femmes dans la perception de la corpulence idéale ou désirable (Fallon & Rozin, 1985). Ainsi, il fallait sans doute au XIXe siècle, en Occident, être plus gros qu'aujourd'hui pour être jugé obèse, et moins mince pour être considéré maigre. Pour autant, l'obésité n'était pas une notion inconnue, ni davantage un état désirable.

Il y a donc eu de tout temps, selon toute probabilité, une relative ambivalence dans les représentations de la graisse et de l'embonpoint et cette ambivalence, comme nous le verrons au chapitre suivant, procédait sans doute de jugements moraux et d'appréciations socialement différenciées.

Le glas du gras : la montée de la lipophobie

Si l'obésité a changé de frontières plus que de sens, la situation semble aujourd'hui plus claire en ce qui concerne la graisse proprement dite. Ce qui caractérise en fait nos contemporains, et qui paraît différent de tout ce que l'on a connu dans le passé, c'est qu'ils semblent souhaiter un corps *absolument* débarrassé de toute trace d'adiposité : seul le muscle est noble. Et cette aspiration s'inscrit dans un contexte général de dépréciation croissante de la graisse. L'exécration moderne du gras ne s'en tient plus aux tissus qui capitonnent les corps : elle s'étend de plus en plus aux lipides qui circulent dans nos organismes et même aux corps gras qui frémissent dans nos poêles et nos marmites. Le cholestérol a connu un grand destin médico-médiatique en faisant l'objet d'une véritable diabolisation. Le goût lui-même a changé, au point que, aujourd'hui, les corps gras qui avaient jadis une fonction et une place essentielles dans la cuisine, comme médiateur entre le feu et les aliments ou comme nourriture à part entière (la viande grasse), soulèvent davantage le cœur que l'enthousiasme.

Quelque chose, donc, s'est produit dans notre civilisation qui a profondément modifié le rapport au corps et, du même coup, à ce qu'il incorpore. La graisse est devenue de plus en plus objet de crainte et de dégoût. Dans la période qui va de la fin du XIXe siècle à nos jours, cette montée de la lipophobie s'est opérée simultanément sur trois fronts distincts : la médecine; la mode et l'apparence corporelle; la cuisine et l'alimentation quotidienne.

Jusqu'au XXe siècle, si l'on considérait généralement une quantité raisonnable de graisse, chez l'homme en tout cas, comme un signe de respectabilité, c'est qu'elle était pensée en termes quasi économiques, comme un capital ou une épargne. Elle reflétait en somme une bonne gestion du capital corporel, ce qui permettait d'augurer favorablement du patrimoine financier de celui qui la portait. Il y avait dans une certaine mesure adéquation symbolique entre la graisse et le capital : la graisse était assimilée à un capital-santé et en ce sens celui qui en possédait une petite réserve n'était pas moins méritant que celui qui, par sa bonne gestion « de père de famille » (les termes mêmes du Code Civil), avait accumulé un pécule en prévision des jours difficiles. Les connotations commencent à changer progressivement à l'approche de ce siècle : l'obésité est de plus en plus souvent montrée comme manifestation de l'accaparement égoïste, dans un contexte souvent clairement politique. De plus en plus, la graisse apparaît, non comme une réserve de sécurité, signe d'une gestion économe et raisonnée, mais comme un envahissement parasitaire, une accumulation déraisonnable et profiteuse, une rétention nuisible (Beller, 1977; Schwartz, 1986; Seid, 1989).

Le remarquable est que la pensée médicale semble en grande partie suivre la même évolution, sinon la précéder. Au XIXe siècle, on l'a vu, la maigreur est signe de consomption. Au XXe, après les progrès de la recherche en physiologie de la nutrition, la découverte des vitamines, on constate que relativement peu de recherches portent sur les fonctions biologiques du tissu adipeux. Au contraire, à partir de ce siècle, les graisses vont être de plus en plus considérées comme des tissus inutiles, sans fonction biologique particulière. Cette conception « parasitaire » de la graisse se répandra de plus en plus dans les années trente et surtout après la dernière guerre (Seid, 1989).

La modification progressive du point de vue médical et esthétique sur la graisse et les tissus adipeux en Amérique du Nord et en Europe occidentale coïncide sans aucun doute avec des bouleversements profonds dans le cours de la civilisation, en particulier dans les couches supérieures de la société, à la fin du XIXe et au début du XXe siècle. Elle accompagne ou traduit d'autres changements, qui concernent le rapport à la technique, la division des rôles sexuels, la conception de l'individu et de ses rapports avec la collectivité et même la division du travail social. La technique révolutionne la vie quotidienne des couches dominantes. Le chauffage, les équipements de confort et d'hygiène domestique (toilettes, salles de bains, etc.) favorisent les soins corporels. Le mouvement, la vitesse sont de plus en plus valorisés; les bains de mer, le sport, deviennent de plus en plus accessibles aux femmes. Tandis que le rôle et le statut de la femme évoluent lentement, le corps féminin se libère progressivement de ses entraves et caparaçons esthétiques (cf. *infra*, chapitre 13).

De l'embonpoint au mal-en-point

La montée de la lipophobie, fondée sur des tendances civilisationnelles « lourdes », se manifeste presque simultanément dans plusieurs pays et dans plusieurs zones de la société, apparemment très éloignées les unes des autres. Les compagnies d'assurances américaines ont joué un rôle décisif dans la genèse du phénomène [1]. A la fin du XIX° siècle, aux États-Unis, le développement d'un nouveau marché, celui de l'assurance-vie, a éveillé leur intérêt. Ce sont donc elles qui ont commencé à mettre en cause l'obésité comme facteur de risque mortel. La New York Life, vers 1890, recherche des indicateurs de santé qui pourraient lui permettre de mieux évaluer le risque représenté par chaque assuré. L'analyse statistique de ses fichiers révèle l'existence d'une mortalité précoce chez les individus plus grands, plus maigres mais surtout plus gros que la moyenne : c'est cette dernière corrélation qui fera sensation. Devant ces découvertes, en 1909, Brandeth Symonds, un médecin lié aux compagnies d'assurance, critique explicitement l'idée selon laquelle la graisse stockée dans le corps serait comparable à des économies déposées à la caisse d'épargne. Au contraire, annonce-t-il, le fait d'être gros, ne serait-ce que 10 % au-dessus de la moyenne pour sa taille, *« réduit universellement la durée de vie »*.

Le rôle des assurances dans le déclenchement de ce processus est révélateur des courants profonds sur lesquels celui-ci s'appuie. Le recul du fatalisme, la recherche d'une protection contre les aléas

---

1. Les développements qui suivent, en particulier ceux concernant le rôle des compagnies d'assurances américaines, empruntent largement à l'ouvrage de Roberta Pollack Seid, *Never too thin* (Seid, 1989).

de la vie vont devenir une composante essentielle de la civilisation individualiste qui, un siècle plus tard, confiera de plus en plus à la médecine et à la science le soin de déterminer la marche à suivre pour se protéger contre les incertitudes, la vieillesse, la maladie et surtout l'aléa ultime, la mort, de plus en plus perçue, non comme une fatalité mais comme un accident, une perturbation due à la négligence ou l'irresponsabilité. Le discours sur la santé et l'obésité, en particulier, sera plus que jamais un discours moral, fondé sur la responsabilité individuelle, mais aussi sur la culpabilité.

En 1951, ce sont les statistiques d'une autre compagnie new-yorkaise, la Metropolitan Life qui, à leur tour, mettent en évidence une corrélation entre surpoids et mortalité. Louis Dublin, l'auteur de ces recherches, serait l'auteur de la formule *« Nous creusons notre tombe avec nos dents »*, qu'il prononça en 1951 (Seid, 1989). Dublin et ses collaborateurs, analysant les données recueillies auprès des assurés de la Metropolitan Life, conclurent que l'obésité augmentait de manière très spectaculaire la mortalité : les hommes présentant une obésité prononcée avaient une mortalité supérieure de 70 % à celle des hommes de poids moyen. Chez les femmes, la mortalité était plus élevée de 61 %. Les sujets « modérément obèses » des deux sexes avaient une mortalité supérieure de 42 % à la moyenne. Mais une question se posait, précisément celle que nous avons posée plus haut : où fallait-il faire commencer l'obésité ?

Dès 1923, les compagnies d'assurances américaines avaient mis au point la notion de « poids idéal » : il s'agissait de déterminer quel était le poids (en fonction de la taille) statistiquement corrélable avec l'espérance de vie optimale. La graisse n'était donc pas explicitement et directement mise en cause, puisque le discours sanitaire des épidémiologistes de l'assurance portait sur cette notion en fin de compte très nouvelle : le poids. Les balances publiques avaient fait leur apparition à peu près à la même époque aux États-Unis et dès 1927 le *New York Times* rapportait qu'elles connaissaient un grand succès : dans l'année, 40 000 balances avaient effectué 500 millions de pesées (Schwartz, 1986). Dès les années vingt, certains restaurants américains annonçaient sur les menus la teneur des plats en calories et proposaient même à leurs clients une balance pour se peser (Levenstein, 1988).

Dublin publia pour sa part à partir de 1942 une table des

poids idéaux pour les hommes et les femmes (en fonction de la taille). Notons ceci : l'augmentation de la mortalité constatée avait été calculée par rapport à la moyenne des poids *réels* et non par rapport au poids idéal, nettement inférieur. Les normes de la Metropolitan Life prescrivaient explicitement aux individus de viser un poids *inférieur* à cette moyenne réelle observée. Pour Dublin, la surcharge pondérale *(overweight)* commençait à 10 % au-dessus du poids idéal et l'obésité à 20 ou 30 % : ainsi, les poids réels observés (sur lesquels avaient pourtant été calculées les statistiques de mortalité) étaient renvoyés au pathologique. C'était bien toute la population qui devait se mettre au régime : le normal, en somme, devenait pathologique, au mieux simplement pathogène. Ce n'est que plus tard, dans d'autres études, que Dublin montra que le fait de perdre du poids avait bien pour effet de ramener le risque à la moyenne ou même en dessous.

Les statistiques de Dublin ont depuis lors été critiquées. On s'accorde généralement aujourd'hui pour admettre qu'elles contenaient un certain nombre de biais « favorisant » les minces. L'échantillon initial (26 000 hommes et 25 000 femmes assurés entre 1925 et 1934) était loin d'être représentatif de la population américaine ou, à plus forte raison, de la population mondiale. La rigueur du recueil des données était très contestable (la pesée s'effectuait avec vêtements et chaussures et pour 20 % des sujets on se contentait de noter le poids indiqué par le sujet sans le vérifier). Des études menées par la suite prouvèrent que les sujets les plus corpulents avaient nettement tendance à sous-déclarer leur poids. Enfin et surtout, les sujets n'étaient pesés qu'une fois, lorsqu'ils souscrivaient leur police d'assurance, et l'étude ne tenait donc compte ni de l'âge ni du gain de poids normal avec l'âge : chacun, quel que soit son âge, était censé peser le poids idéal pour une personne de vingt-cinq ans. Or avec l'âge, les maladies chroniques deviennent plus fréquentes et le poids tend à augmenter. Tout ce que Dublin, selon certains critiques, aurait donc démontré, c'est que les vieux meurent plus fréquemment que les jeunes (Seid, 1989)... Du point de vue des assureurs, il faut noter que l'affaire ne nuisait nullement, bien au contraire, aux intérêts des compagnies : si, au-delà des normes de la Metropolitan Life, chaque gramme supplémentaire augmentait la mortalité, ce risque supplémentaire ne justifiait-il pas une surprime? La question du lien entre les normes édictées sur la base des enquêtes de la Metropolitan Life et les intérêts des assureurs ne fut guère soulevée, pas même à des époques où, pourtant, les agissements des lobbies de l'agro-alimentaire étaient constamment attaqués, particulièrement aux États-Unis.

Quoi qu'il en soit, les études de la Metropolitan Life servirent de base à une vaste campagne des compagnies d'assurances pour inciter la population à perdre du poids. Les médecins américains, soumis à une intense campagne, en adoptèrent aisément les conclusions et se mirent en devoir de les diffuser et de préconiser l'amaigrissement généralisé. La presse donna un écho considérable à la campagne médicale, laquelle s'appuyait exclusivement sur les données de la Metropolitan Life. Les normes de poids édictées par Dublin et la Metropolitan Life devinrent sinon des tables de la loi du moins une référence courante et quasi exclusive dans la détermination des modèles corporels médicalement souhaitables. Le poids scientifique des États-Unis infléchit durablement la recherche médicale internationale.

C'est à partir des années cinquante que l'image médico-scientifique des graisses s'est profondément modifiée. Alors que, trente ans auparavant, des polémiques scientifiques faisaient encore rage sur la question de savoir si les tissus adipeux avaient un rôle utile ou néfaste, dans les années cinquante on les tient pour franchement menaçants. Le cholestérol – une graisse – commence à prendre une place importante dans le discours médical et dans l'imaginaire de la morbidité. Quant aux tissus graisseux « visibles », la position qui semble implicitement inspirer les discours, c'est qu'ils ne remplissent aucune fonction biologique particulière et qu'ils sont en fait pathogènes (Seid, 1989). Pourtant ces thèses n'ont fait l'objet d'aucune démonstration. Les recherches menées depuis lors semblent au contraire de plus en plus indiquer une très grande complexité de la nature et des fonctions des tissus adipeux (Björntorp, 1985).

La thèse, longtemps indiscutée, selon laquelle l'obésité, c'està-dire la graisse, serait pathogène et tout amaigrissement salvateur est depuis quelques années relativisée ou suscite pour le moins de nouvelles interrogations. Les études épidémiologiques des compagnies d'assurances souffrant des défauts que nous avons soulignés plus haut, d'autres enquêtes, d'une méthodologie plus rigoureuse, ont été menées dans les années soixante-dix. Elles ont donné des résultats souvent incertains ou contradictoires, dont des auteurs parmi les plus respectés du domaine se bornaient récemment à tirer la conclusion suivante : *« il n'est pas établi que l'obésité soit à elle seule un risque de mortalité précoce »* (Van Itallie & Simopoulos, 1982). Certaines études ont en effet semblé indiquer que les individus « légèrement ou modérément obèses » pourraient avoir une espérance de vie plutôt meilleure que ceux qui sont en dessous du poids moyen. L'une des plus importantes enquêtes épidémiologiques, l'étude de Framingham (du nom de la petite ville de Nouvelle-Angleterre où elle s'est déroulée), lancée en 1949, a même montré que la courbe de la relation entre la mortalité et le poids avait la forme d'un J, c'est-à-dire que les taux de mortalité sont significativement plus élevés que la moyenne aux deux pôles des poids, chez les sujets les plus gros mais aussi chez les plus maigres (Sorlie, Gordon & Kannel, 1980). Ce dernier point s'expliquerait surtout par le fait que, parmi les plus maigres, il y a beaucoup de fumeurs : les effets de la maigreur et ceux de la cigarette sont donc impossibles à distinguer. Il reste que la corrélation *directe et linéaire* entre poids et mortalité précoce de la Metropolitan Life semble remise en cause par ces données. Elle l'est également par celles de l'étude dite « des sept pays » d'Ancel Keys (Keys, 1980), par celles d'une enquête sur les employés de la Compagnie du Gaz de Chicago (Dyer, Stamler et al., 1975) et par les assureurs américains eux-mêmes : la Metropolitan Life, en 1983, a publié de nouvelles tables de poids et de tailles basées sur les données de l'enquête des compagnies d'assurances de 1979 (Metropolitan Life Foundation, 1983). Il n'y est plus question de poids « idéal », « désirable » ni même « souhaitable », mais simplement de poids *« auxquels les individus devraient avoir la plus grande longévité »*. En fait, dans les années quatre-vingt, on a assisté dans la communauté scientifique à une remise en cause ou tout au moins une rediscussion de thèses tenues pour acquises depuis vingt ou trente ans et dont on avait déjà tenté de faire passer les conséquences dans les politiques de santé publique.

La diabolisation du cholestérol

Les luttes qui entourent la question du cholestérol rappellent celles concernant l'obésité et leur sont d'ailleurs liées. Là encore, l'épidémiologie a joué un rôle essentiel. C'est en effet l'étude comparative sur sept pays d'Ancel Keys, menée après la dernière guerre, qui attira l'attention sur la corrélation entre le taux de cholestérol sanguin et la fréquence des infarctus du myocarde (Keys, 1980). C'est dans les années soixante que la mauvaise réputation du cholestérol a commencé à dépasser les sphères exclusives de la médecine, avec l'aide des media.

Le cholestérol est une substance indispensable à l'organisme. Il est en effet un constituant important des membranes cellulaires et il joue un rôle dans l'élaboration de nombreuses hormones. Il est pour la plus grande partie synthétisé par les cellules, notamment celles du foie, le reste provenant de l'alimentation. L'excès de cholestérol est aujourd'hui reconnu comme l'un des principaux facteurs de risque des maladies cardio-vasculaires (Fricker, 1989). Mais des désaccords de plus en plus violents opposent les scientifiques en ce qui concerne la conduite à tenir en matière de santé publique et de prévention du risque cardio-vasculaire. D'un côté, des positions interventionnistes préconisent des campagnes d'éducation alimentaire de masse et l'utilisation systématique de médicaments pour faire baisser le taux de cholestérol sanguin. De l'autre, des thèses plus modérées proposent de n'intervenir que sur des catégories de populations dites « à haut risque » ou de tenir compte, cas par cas, des différents facteurs de risque présents chez chaque individu. Mais la polémique se focalise en fait essentiellement sur l'interprétation des données, expérimentales mais surtout épidémiologiques (Moore, 1989).

D'une part se pose un problème de normes et de seuils, dont le traitement n'est pas sans rappeler celui des « poids idéaux » en matière d'obésité : quel est le seuil dangereux et quel objectif doit-on se fixer pour faire baisser les taux de cholestérol? Aux États-

Unis, le *National Institute of Heart, Lungs and Blood*, promoteur d'une campagne de masse lancée en 1987, est le plus interventionniste : le taux souhaitable se situerait au-dessous de 2 g/l. Au-delà de 2,40 g/l, les sujets doivent suivre un traitement sous contrôle médical : régime d'abord, médicaments en cas d'échec. Entre 2 et 2,39 g/l, les sujets sont dits « bordelline » et, s'ils présentent un facteur de risque supplémentaire (deux pour les femmes), doivent eux aussi subir un traitement médical. Or cette zone « limite » correspond en fait au taux moyen observable dans la population : dans le cas de l'obésité, dans une logique analogue, les tables de la Metropolitan Life fixaient le poids idéal *au-dessous* des poids le plus fréquemment observés. Dans le cas du cholestérol, c'est une très grande partie de la population qui est en somme renvoyée au pathologique : selon les normes définies par le *National Cholesterol Education Program* de 1987, ce sont 25 % de la population adulte des États-Unis qui sont concernés, soit 40 millions de personnes. L'expression « maladie de civilisation » prend ici tout son sens. La médecine exerce dans ce cas pleinement sa fonction de *« productrice des catégories sociales de santé et de maladie »* (Herzlich, 1984). Cette fonction apparaît particulièrement évidente quand, comme ici, *« de nombreux " symptômes " existent en permanence dans une population " normale " sans donner lieu à une " maladie ". Le savoir médical est donc plus qu'une lecture, il est un processus de construction de la maladie en tant que situation sociale marquée du signe de la déviance. Le médecin ne fait pas qu'expliquer un état de maladie en lui-même évident, il le crée en lui apposant la notion d'une norme altérée. Il nomme la déviance biologique et, ce faisant, il crée la déviance sociale »* (Herzlich, 1984, p. 195-196).

Le deuxième sujet de débats concerne l'efficacité des mesures contre l'hypercholestérolémie, régime ou médicaments, dans la prévention des maladies cardio-vasculaires. De vastes et systématiques études ont en effet été menées aux États-Unis pour vérifier si, en utilisant les drogues disponibles pour abaisser le taux de cholestérol d'une population, on pouvait du même coup abaisser son taux de mortalité coronarienne. Les résultats ont été en général décevants. Fricker les résume ainsi : *« Si la morbidité coronaire a été bien abaissée par [les] traitements, aucun n'a pu réduire la mortalité totale (toutes causes confondues) »* (Fricker, 1989). En fait, les cinq principaux essais dans lesquels la réduction de la cholestérolémie a été testée ont montré que *« la mortalité non cardio-vasculaire non seulement n'était pas réduite, mais peut-être augmentée »* (Oliver, 1990). A l'heure où j'écris ces lignes, si on propose diverses hypothèses pour expliquer ce phénomène, un accord général n'a pas été trouvé.

D'autres critiques sont adressées aux tenants de l'interventionnisme anti-cholestérol [1]. Les unes font valoir le peu d'efficacité des régimes ou même des traitements médicamenteux sur le taux de cholestérol. Les autres portent sur les effets secondaires désagréables ou éventuellement dangereux des médicaments anti-cholestérol. D'autres encore s'appuient sur des données épidémiologiques pour soulever l'hypothèse selon laquelle des taux de cholestérol trop bas présenteraient d'autres dangers, notamment la fréquence accrue de certains cancers ou des attaques cérébrales. Les régimes eux-mêmes sont mis en cause : ceux qui réduisent l'apport lipidique et remplacent les graisses saturées par des graisses poly-insaturées pourraient avoir des effets pervers chez les femmes (nettement moins touchées par la maladie coronarienne que les hommes) et plutôt augmenter la pathologie chez elles (Fricker, 1989). Alors que, pendant des années, les prescriptions diététiques recommandaient d'éviter les aliments riches en cholestérol au même titre que ceux chargés de graisses saturées, une bonne partie des spécialistes sont aujourd'hui sceptiques sur le rôle de ce cholestérol alimentaire dans l'élévation du taux de cholestérol sanguin. En 1989, un groupe de médecins et de chercheurs prestigieux (American Council on Science and Health) publia un communiqué très critique vis-à-vis du National Cholesterol Education Program, affirmant qu'*« on a exagéré le rôle du cholestérol dans les maladies cardiaques, inquiétant ainsi inutilement la population »*, d'autant que les tests de mesure du cholestérol sanguin sont *« tristement connus pour leur imprécision »*. Plus récemment encore, en France, M. Apfelbaum, l'un des spécialistes les plus réputés de la nutrition médicale, a soutenu des positions au moins aussi critiques : *« On comprend d'autant moins la montée en puissance de la crainte du cholestérol*

---

[1]. On en trouve une bonne présentation, quoique polémique, dans l'ouvrage de Thomas Moore, *Heart Failure*, qui constitue une attaque en règle contre le National Cholesterol Education Program (Moore, 1989).

que, depuis une dizaine d'années [...], *dans tous les pays industrialisés, la prévalence des accidents coronariens est nettement à la baisse* » (Apfelbaum, 1990). Moore soutient un point de vue voisin, rappelant que, aux États-Unis, le taux de mortalité coronarienne a diminué de 42 % entre 1963, point le plus élevé, et 1986 (Moore, 1989).

Les critiques de l'interventionnisme de masse proposent une approche beaucoup plus différenciée et ciblée, fondée sur l'appréciation cas par cas des facteurs de risque autres que le cholestérol. Ils font fréquemment valoir que les positions interventionnistes sont vigoureusement soutenues par les laboratoires pharmaceutiques produisant des médicaments hypocholestérolémiants, pour qui les marchés potentiels sont colossaux (ils le sont d'ailleurs aussi pour les laboratoires d'analyse médicale et les médecins eux-mêmes). Mais les adversaires de cet interventionnisme, de leur côté, s'expriment parfois dans des réunions patronnées par des industriels de l'agro-alimentaire directement concernés, eux aussi, par les enjeux de santé publique soulevés par les lipides. Ces oppositions d'intérêts se manifestent de plus en plus fréquemment dans des procédures institutionnalisées dites « conférences de consensus ». Les conférences de consensus sont censées permettre de dégager un accord dans la communauté scientifique sur l'état des connaissances et la conduite à suivre en matière de clinique comme en matière de santé publique. Les nombreuses conférences de consensus qui ont eu lieu jusqu'à présent dans différents pays sont bien souvent apparues en fait comme des lieux de transaction, parfois d'affrontement, entre les différents groupes d'intérêts, par l'intermédiaire des experts qu'ils soutiennent.

La mise en cause du cholestérol, les campagnes qui ont été menées, les affrontements et revirements de doctrine ont eu des effets importants sur les conduites et les idées alimentaires dans les pays développés. Dans la plupart de ces pays, en effet, on a vu diminuer la consommation des aliments soupçonnés à tort ou à raison par le public d'être néfastes sur le plan cardio-vasculaire ou riches en cholestérol. Aux États-Unis, la consommation de viande, d'œufs, de beurre a diminué, tandis que celle de poisson augmentait. En France, on l'a vu, celle de beurre s'effondre, celle de viande rouge décline. De nouveaux marchés se sont ouverts avec des produits qui affirmaient leurs avantages sur ce plan, recherchant l'appui du monde médical. Les grands groupes agro-alimentaires, après s'être efforcés dans un premier temps de contredire ou de minimiser les accusations qui nuisaient à leurs produits ont de plus en plus adopté la stratégie contraire et tenté d'exploiter les marchés potentiels qu'ouvrent les inquiétudes diététiques. Des géants de l'agro-alimentaire ou de la chimie comme Monsanto ou Procter & Gamble développent des substituts de la graisse, sans calories et sans cholestérol, dont ils espèrent qu'ils pourraient avoir dans le monde un succès comparable à ceux des substituts du sucre. Kellogg s'est associé à la campagne de l'American Medical Association contre le cholestérol en lançant un nouveau petit déjeuner riche en fibres. La cacophonie diététique est alimentée par la dramatisation des informations à propos des « maladies de civilisation », des effets néfastes du cholestérol et des graisses. Les titres des journaux ne reculent guère devant les effets inquiétants : « *Cholestérol : le réduire ou en mourir* »; « *Péril dans l'assiette* » *(Le Monde,* 5 octobre 1988*);* « *The Food You Eat May Kill You* [1] » *(Time,* 8 août 1988), etc.

La graisse n'est pas seulement incriminée à travers le cholestérol et le risque cardio-vasculaire : elle est aujourd'hui mise en cause également à propos du cancer. Il est d'ailleurs frappant de constater que, de plus en plus, les aliments ou les nutriments incriminés ou prescrits dans la prévention des maladies cardio-vasculaires et du cancer tendent à être les mêmes.

Les soupçons des épidémiologistes se fondent sur l'observation de corrélations statistiques. Dans un premier temps, on isole des populations qui présentent un haut risque pour telle ou telle forme de cancer. On s'attache ensuite à corréler l'incidence de cette forme de cancer avec les pratiques alimentaires. On utilise également fréquemment les indications qu'apportent les populations migrantes : dans le pays d'accueil, l'incidence des pathologies en cause tend souvent à se rapprocher, à la deuxième ou troisième génération, de celle de la population autochtone. Ainsi, ce serait dans les pays où l'on mange le plus gras que l'incidence de certains cancers serait la plus forte (Langley-Danisz, 1983). Le études en ce sens se multiplient : ici, une étude sur un millier d'habitants du Wisconsin trouve une corrélation négative entre la consommation précoce de

---

1. « Ce que vous mangez peut vous tuer. »

légumes frais (particulièrement les brocoli, le chou-fleur et la salade) et le cancer du côlon; là une autre, sur 1 700 Chinois, conclut que les individus qui consomment le plus d'ail et d'oignon ont un risque de cancer de l'estomac inférieur de 40 % [1]. Mais l'existence d'une simple corrélation, rappellent les épidémiologistes eux-mêmes à la presse, ne préjuge nullement d'un rapport de causalité : *« Si l'on constatait que les joueurs de tiercé ont plus de cancers que la moyenne, il faudrait s'interroger sur leurs consommations au zinc avant d'accabler les chevaux »* (Gruhier, David & Bonnot, 1985). On cite également à l'appui de cette incitation à la prudence l'exemple d'une étude sur le café qui avait semblé indiquer que la mortalité des buveurs de café était plus élevée que celle des non-consommateurs mais avait omis de distinguer les fumeurs des non-fumeurs : or la consommation de tabac est plus fréquente chez les buveurs de café que chez les non-buveurs et l'excédent de cas chez les consommateurs de café s'expliquait par leur consommation de tabac (Moore, 1989).

En dépit de ces difficultés méthodologiques et de ces incertitudes, des conclusions très fragiles et très provisoires sont depuis longtemps transformées en recommandations de santé publique, en particulier aux États-Unis, par des institutions médicales ou scientifiques (Académie des sciences, National Cancer Institute, Surgeon General, American Cancer Society, etc.). Des programmes internationaux de plus en plus lourds sont lancés pour tester sur de vastes populations les effets préventifs ou même curatifs de certains nutriments (Allain-Régniault, 1988).

L'environnement est riche en facteurs de risque potentiels aussi dignes d'intérêt, pour l'épidémiologie, que l'alimentation, qu'ils soient climatologiques, géologiques, physico-chimiques ou autres. La variabilité culturelle des peuples est telle que l'on pourrait envisager d'incriminer hypothétiquement un nombre virtuellement illimité de pratiques, vestimentaires, hygiéniques, sexuelles, corporelles, etc. Pourtant, tout se passe comme si les épidémiologistes cédaient parfois à un penchant qui les conduit à rechercher prioritairement dans l'alimentation les pistes pouvant conduire à l'ex-

---

1. *International Herald Tribune*, 19 mai 1988; *International Herald Tribune*, 19 janvier 1989.

plication des pathologies différentielles. Ce penchant peut probablement souvent se justifier sur un plan méthodologique, mais force est de constater qu'il correspond également à ce qui apparaît comme l'une des constantes de la perception humaine des rapports entre le corps et l'alimentation : le principe d'incorporation, que nous avons déjà rencontré à plusieurs reprises. Si la maxime « *on est ce que l'on mange* » correspond bien à une croyance ou une représentation universelle, il est possible qu'un biais pour ainsi dire inné oriente les recherches. L'existence d'un tel biais ne suffirait d'ailleurs pas à disqualifier les résultats positifs éventuels de ces recherches, mais il faudrait alors admettre que ce serait par l'effet d'une sorte de *serendipity* qu'ils auraient été atteints, et non par l'exercice d'une implacable rationalité scientifique.

L'examen de l'histoire récente des positions et des actions médicales à propos de l'obésité et des graisses montre donc que, comme nous l'avions déjà vu dans le cas du sucre, la médecine et la science ne sont bien entendu nullement protégées des pesanteurs ou des fluctuations que l'histoire, la société, la culture, les forces économiques, le changement social, déterminent dans les idéologies, les fantasmes, les mythes. Elles les épousent ou même, bien souvent, les précèdent et les annoncent. On peut en trouver une preuve supplémentaire dans le fait que l'évolution récente des prescriptions médicales telles que nous venons de les examiner converge de manière frappante avec l'évolution des mœurs alimentaires, de l'esthétique culinaire et même, comme nous allons le voir, de l'esthétique corporelle. On pourrait être tenté de penser que, s'il en va ainsi, c'est simplement que la médecine et la science influencent les mœurs et particulièrement les mœurs alimentaires : c'est certainement le cas lorsque l'on observe l'évolution des consommations alimentaires « condamnées » par la médecine. Mais les exemples du sucre, de l'obésité et de la lipophobie nous montrent suffisamment que le phénomène est plus complexe et s'exerce dans les deux sens : les jugements moraux sur le sucre comme les préjugés sur la graisse sont le fait des scientifiques autant sinon davantage que celui des profanes et ils ne s'expliquent que par des tendances sociales préexistantes : médecins et savants sont eux-mêmes travaillés par les mouvements profonds de la civilisation et de la société. Comme l'écrit C. Herzlich, la médecine procède du social et produit du social (Herzlich, 1984).

Réforme et utopisme alimentaires

La tentation de maîtriser l'alimentation pour la « rationaliser » est peut-être aussi ancienne que l'alimentation. Il existe de très longue date un « utopisme » alimentaire, entendons un type d'entreprise normative visant à réformer plus ou moins radicalement les choix et les conduites alimentaires. Le projet rationalisateur est, semble-t-il, souvent lié à l'action de certaines institutions, souvent coercitives.

Le mot de ration employé au sens alimentaire est d'origine militaire et semble remonter à l'armée française du XVIIe siècle (Corvisier, 1964). Au XVIIe siècle, tous les dictionnaires définissent « ration » dans un sens militaire : « *La part réglée de vivres ou de boisson, ou de fourrage, qu'on donne à des soldats ou à des matelots pour vivre et subsister chaque jour* [1]. » Le terme parle de lui-même (« ration » et « raison » sont liés étymologiquement) : il s'agit d'optimiser le rapport coût-bénéfice en matière d'alimentation, mais aussi d'affirmer et de consolider un contrôle maximal. L'armée, la prison, l'hôpital, l'école, avant eux les communautés religieuses (*la règle* monastique) ont considéré la nourriture à la fois comme un moyen et un enjeu essentiels du contrôle qu'ils exercent sur les individus.

Les états autoritaires modernes ont souvent éprouvé la tentation ou le caprice de *régimenter* le régime alimentaire, sans doute parce que le succès d'une telle ambition aurait parachevé le contrôle qu'ils cherchent à exercer sur les corps et les âmes. Ainsi en 1978, au Nicaragua, le dictateur Anastasio Somoza annonçait à la presse éberluée qu'il s'apprêtait à lancer, dans un pays où la proportion d'enfants sous-alimentés était parmi les plus élevées au monde, un

---

[1]. Furetière : *Dictionnaire universel*, 1690.

programme destiné à lutter contre la « surnutrition »[1]. Le 19 octobre 1981, Nicolae Ceauşescu apparaissait à la télévision roumaine pour annoncer que la suralimentation menaçait la santé publique. Quelques mois plus tard, un rapport publié par l'organe du parti faisait savoir que *« c'est l'intérêt de chacun de savoir comment, combien et quand il doit consommer pour rester sain, vigoureux, créateur, apte au travail et éviter une vieillesse prématurée*[2] *»*. En réalité, le programme en question annonçait les restrictions supplémentaires qui seraient de plus en plus imposées à la population par la politique économique gouvernementale.

Dans le passé, c'est très souvent par le biais de l'alimentation que les populations migrantes, les minorités ethniques, certaines catégories sociales, ont fait l'objet de tentatives d'intégration et d'assimilation. Les origines de la nutrition comme discipline médicale sont indissolublement liées à des tentatives de ce type, en particulier aux États-Unis à la fin du XIXe siècle (Levenstein, 1988). Avec l'avènement de l'individualisme contemporain et de l'économie marchande, la pression institutionnelle sur les pratiques alimentaires prend de tout autres formes. Nous avons vu quel rôle les compagnies d'assurances ont joué dans la définition médicale des normes pondérales modernes, quels intérêts industriels sont en jeu dans la détermination de politiques de santé publique en matière de prévention coronarienne, quelles oppositions, parfois quels antagonismes, partagent la médecine, séparent les disciplines.

Dans tous les cas, les pressions qui s'exercent pour chercher à « améliorer » les conduites individuelles ou collectives posent un certain nombre de problèmes. Elles soulèvent d'abord des difficultés épistémologiques, et plus particulièrement celles qui portent sur le statut du savoir scientifique par rapport à toute action normative. Si l'on admet la désormais légendaire formule de Karl Popper selon laquelle, pour qu'une théorie ait un caractère de scientificité, il faut qu'elle reste « réfutable » *(falsifiable)* à tout instant, alors le paradoxe suivant se pose : une théorie peut-elle à la fois rester scientifique, donc réfutable, et cependant être suffisamment bien établie (irréfutable) pour donner lieu à l'ap-

---
1. *Le Monde*, 31 octobre 1978.
2. *Le Quotidien de Paris*, n° 885, 30 septembre 1982.

plication d'une politique sanitaire ? Cette difficulté est, semble-t-il, particulièrement aiguë en matière de nutrition, si l'on en juge du moins par la fréquence des revirements de la doctrine médicale. Au moins cette volatilité a-t-elle le mérite, si l'on suit Popper, de confirmer la réfutabilité des théories médicales...

Un autre type de difficultés est d'ordre méthodologique et technique : on a, dans la plupart des tentatives de réforme ou d'intervention nutritionnelle, toujours agi comme s'il était implicitement acquis que l'homme, en matière alimentaire, est une sorte de cire vierge, malléable à volonté, et qu'un plan *« d'engineering nutritionnel »*, une fois bien conçu, n'a plus qu'à être appliqué pour ainsi dire par décret. C'est particulièrement le cas pour tout ce qui a trait à l'enfant : l'école est censée tout résoudre. Ce faisant, on a ainsi sous-estimé ou ignoré complètement les fonctions sociales et culturelles de l'alimentation, notamment son rôle central dans l'identité. On a en outre constamment confondu *savoir* nutritionnel et *comportement* alimentaire et tenu pour acquis que la modification de l'un devait entraîner automatiquement celle de l'autre, ce qui n'est pas le cas.

On rencontre enfin des difficultés éthiques : curieusement, ce sont les plus rarement abordées. Ce silence tient sans doute à une méconnaissance fondamentale de ce point central : les mœurs alimentaires ne sont pas de simples « habitudes » individuelles, qui n'engageraient que ceux qui les vivraient et pourraient être jugées d'un point de vue strictement médical, dégagées de leur contexte psycho-socio-culturel. En ce sens, il n'y a pas « d'habitudes alimentaires », mais des systèmes culinaires, des structures culturelles du goût, des pratiques sociales chargées de sens. Ces « patterns » sont intériorisés par les individus, au moins en grande partie. Cela signifie sans doute que vouloir changer l'alimentation d'une population revient à chercher à modifier un tissu dans lequel ses goûts, ses valeurs, peut-être une partie de l'équilibre sur lequel elle repose sont inscrits. Sans préjudice de la difficulté objective et pratique que présente une telle entreprise, on pourrait sans doute, avant de s'y atteler, s'interroger sérieusement sur ses fondements scientifiques, mais aussi éthiques.

12

L'obésité masculine ou le partage transgressé

> *Let me have men about me that are fat;*
> *Sleek-headed men, and such as sleep o'nights.*
> *Yond Cassius has a lean and hungry look;*
> *He thinks too much : such men are dangerous.*
>
> William Shakespeare : *Julius Caesar*, I, 2.

La définition sociale de la bonne corpulence, on l'a vu, a changé. Le modèle dominant s'est progressivement éloigné de celui qui régnait au XIXe siècle, de ceux qui règnent encore aujourd'hui dans certaines cultures et même dans certaines strates de nos propres sociétés. Le changement des normes pondérales va de pair avec un changement dans les représentations, dans la manière dont sont perçus ceux qui, désormais, entrent dans la catégorie des (trop) gros. Comment exactement est perçu le gros ? Comment se situe son image par rapport à ce qu'elle était dans le passé ? Y a-t-il, au-delà de l'évolution dans le temps et l'espace, quelque chose de central et d'immuable, d'anthropologique, dans le rapport du gros aux autres et à la société ?

Il faut tout d'abord distinguer entre les sexes. Les corps féminin et masculin ne sont identiques ni dans leur anatomie réelle ni dans leur morphologie rêvée. Les rôles sociaux des sexes ne le sont pas davantage. Pourquoi serait-il acquis *a priori* que les fluctuations des normes corporelles les concernent également et indistinctement ? Ce chapitre s'appuie notamment sur des données empiriques qui concernent exclusivement l'image du corps masculin. Il évitera donc d'en étendre sans justification les interprétations à l'autre sexe, qui fera l'objet du chapitre suivant.

Dans toutes les sociétés, dans toutes les cultures, à un degré ou à un autre, il semble que les représentations de la corpulence et de la graisse masculines s'appuient sur une base symbolique commune. La corpulence d'un homme, partout et toujours, renvoie directement ou indirectement à un problème central : celui de la répartition de la nourriture, c'est-à-dire de la richesse. Littéralement, la corpulence *incarne* la manière dont l'individu se situe par rapport au lien social : elle inscrit ce message dans sa chair, ou plutôt dans sa graisse. Le corps dit, trahit ou proclame comment l'individu joue le jeu social, c'est-à-dire comment il applique la règle première du partage de la nourriture.

Le corps de la femme, on le verra, obéit à une autre logique. L'enjeu qu'il incarne symboliquement, c'est moins le partage de la richesse que sa création : dans les sociétés archaïques ou traditionnelles, c'est la fécondité, la reproduction; dans les sociétés modernes, c'est de plus en plus la production.

Obèse bénin et obèse malin

Les modèles anciens du pouvoir ventripotent et de la respectabilité replète ont-ils vraiment vécu? Ne subsiste-t-il pas quelque chose de positif dans la figure du gros? Un homme politique français, Jacques Chirac, a déclaré un jour que, dans sa carrière politique, son physique « sec » avait constitué pour lui un handicap. Les électeurs, selon lui, préfèrent les hommes politiques « ronds »[1]. Cette affirmation est corroborée par des données empiriques, recueillies dans plusieurs pays, qui indiquent que les personnes au physique un peu arrondi sont en règle générale perçues comme étant d'un commerce plus aimable, plus ouvertes à la communication et à l'empathie que les maigres (voir par exemple Stapel, 1947-1948, cité dans Maddox et al., 1968). Elle semble aussi confirmée par la popularité de certain pape gras, bien supérieure à celle du pape maigre qui l'avait précédé. Dans certains cas, dans certaines situations ou fonctions, les personnages gros semblent donc encore jouir

---

1. *Le Monde*, 20 décembre 1984.

d'un préjugé favorable auprès d'une importante partie de la population.

Comment expliquer cette contradiction entre la sympathie apparemment évoquée souvent par les gros et le refus quasi phobique qui semble se manifester par ailleurs contre la graisse? Le médecin français Jean Trémolières avait-il tort de dire que *« la société crée des obèses et ne les tolère pas »* (Aimez et Remy, 1979)? Qu'est-ce qui est vrai? Aimons-nous les gros, ou les haïssons-nous?

Ni l'un ni l'autre et les deux à la fois, sans doute : en fait, nous les soupçonnons. La source principale du paradoxe, c'est sans doute simplement que la figure du gros est profondément ambivalente. 21 interviews avec des répondants des deux sexes sur leur perception de l'obésité masculine le confirment. D'un côté, les gros étaient le plus fréquemment décrits comme des « bons vivants »; on leur attribuait de la gaieté, de la bonne humeur, le goût de la bonne chère et de la convivialité. Mais d'une part, leur jovialité était volontiers soupçonnée de n'être qu'une façade derrière laquelle se dissimulait une souffrance réelle. D'autre part et plus généralement, les interviews confirmaient l'existence d'un double stéréotype du gros. Le premier est celui d'un homme rondouillard, extraverti, doué pour les relations sociales, jouant volontiers les boute-en-train, racontant des histoires à la fin des banquets, souffrant probablement de sa corpulence dans son for intérieur, mais n'en laissant rien voir. Le second est bien différent. C'est au mieux un « malade », volontiers dépressif, au pire un égoïste effréné ou un irresponsable sans contrôle sur lui-même. Le premier est un gros sympathique, un « bon gros ». Le second un obèse, c'est-à-dire un « mauvais gros » qui ne suscite guère que des moqueries, de la réprobation sinon du dégoût (le « bon gros » n'y échappe pas toujours, sinon en les précédant).

Dans l'univers des mythologies ou de la fiction, cette double identité de l'obèse est également détectable. D'un côté on trouve en effet la série des gros bienveillants, joviaux ou comiques, de l'autre les obèses parasites ou exploiteurs, cette lignée de potentats boulimiques ou poussifs qui aboutit à Ubu roi. Mais ce dédoublement apparemment bien tranché est lui-même teinté d'ambivalence : il y a de la rouerie, du calcul, peut-être de la méchanceté sous la jovialité (Falstaff ou les moines rubiconds de la tradition); de la voracité sous l'appétit bonasse (les géants rabelaisiens); de la faiblesse, de la fragilité sous l'obésité tyrannique. Il y a un « bon/mauvais gros » chez les obèses, personnage duplice qui rappelle la « *good/bad girl* » du cinéma américain que décrit Edgar Morin (Morin, 1957).

La corpulence peut par exemple être associée à la force sereine, comme dans le portrait que dresse Henri Béraud, dans son roman *Le martyre de l'obèse*, d'un personnage de gros nommé M. Canabol : « *M. Canabol s'est assis près de moi. Plus encore qu'au premier jour, j'admirai le majestueux équilibre de ses formes. Il est puissant et velu, avec un ventre de potentat. Sa barbe, qui coule en volutes grises de ses joues, et ses cheveux qu'il porte assez longs le font ressembler au roi de trèfle, qu'on appelle Alexandre* » (Béraud, 1949).

On dit parfois encore d'un homme corpulent, par euphémisme, qu'il est « un peu fort ». Mais lorsque le thème de la force de l'obèse apparaît (le thème du géant et celui du gros se fondent ou se confondent alors), il est rare que cette force ne contienne pas quelque menace obscure, même lorsque le portrait dressé est favorable. Des journalistes britanniques, à la fin du XIXe siècle, rapportent leur visite aux responsables du « Club des 100 kilos », à Paris, et brossent une description du président, un Monsieur Frèche, qui dépasse de très loin la barre du quintal : « *Pas de difformité, rien de repoussant ; simplement un homme d'une bonne nature et en bonne santé, avec un physique qui le met au-dessus de ses collègues.* » Mais d'ajouter immédiatement : « *Nous nous demandâmes comment il pouvait bien " régner " sur quoi que ce soit sans l'écraser* [1] » (Megan & Bril, 1898).

La « gestion sociale » du gros corps

S'il existe bien deux stéréotypes de l'obésité, l'un bénin, l'autre malin, la question se pose de savoir ce qui permet de les « reconnaître » dans la réalité, c'est-à-dire de les classer d'un côté ou de

---

1. « *We wondered how he could possibly " preside " over anything without killing it.* »

l'autre. Qu'est-ce qui fait qu'une personne corpulente « bascule » vers un stéréotype plutôt que vers l'autre ? S'agit-il d'un facteur objectif, d'un caractère physique du corps du gros ? Est-ce affaire de comportement ? Ou bien s'agit-il d'un élément subjectif, de quelque chose qui n'existe que dans le regard des observateurs ? Comment reconnaît-on un « bon gros » et qu'est-ce qui le différencie d'un « mauvais gros » ?

La première hypothèse qui vient à l'esprit, bien entendu, c'est celle du poids. Le « mauvais gros », l'obèse « malin », ne serait-il pas tout simplement plus gros que le « bon gros » ? L'un des interviewés, dans l'enquête mentionnée plus haut, estimait que la limite inférieure de l'obésité se situait à 100 kilos... En cela il rejoignait une tradition bien établie, qui assigne aux « chiffres ronds » des vertus magiques. Comme l'an 2000, même à portée de main, continue d'incarner le futur et l'hyper-modernité, le chiffre rond des 100 kilos signifie la rotondité absolue.

Mais il est clair que nous n'avons pas besoin de demander leur poids aux gens que nous côtoyons dans la vie quotidienne avant de pouvoir décider s'ils sont obèses ou non, s'ils nous sont sympathiques ou non. Même si l'on entend par « poids » la masse globale, l'ampleur de la silhouette, le critère reste à l'évidence insuffisant. Il y a des gros qui sont jugés positivement et qui dépassent pourtant très largement les 100 kilos, comme le montre par exemple le chanteur français Carlos, idole des enfants et d'un bon nombre d'adultes.

Certains traits morphologiques spécifiques peuvent jouer un rôle décisif : ventre, double menton, texture de la peau, caractère « mou » ou « ferme » du tissu adipeux, etc. (tous ces éléments sont ceux que citent les interviewés). Mais là encore, ce critère ne semble pas rendre compte de toutes les situations réelles.

Plusieurs recherches américaines, menées dès les années soixante, avaient porté sur la manière dont des enfants obèses étaient spontanément perçus par leurs pairs ou par des adultes. Dans l'une d'entre elles, par exemple, on montrait à des garçons de six à dix ans des silhouettes d'enfants de leur âge minces ou obèses. Les secondes attiraient uniformément des appréciations très négatives (« tricheur », « paresseux », « sale », « méchant », « laid », « bête », etc.). Les silhouettes minces, elles, étaient uniformément jugées positivement (Staffieri, 1967). Dans d'autres études encore, on demande à des enfants de classer par ordre de préférence des images représentant plusieurs enfants atteints de diverses infirmités et un obèse. C'est en général l'obèse qui est classé avec le moins d'indulgence (Richardson et al., 1961; Goodman et al., 1963; Maddox et al., 1968).

Mais que se serait-il passé si l'on avait fait réagir ces enfants (ou des adultes) à des images non de pairs de leur âge, mais de bébés? Le biologiste américain Steven Jay Gould, dans un article à juste titre fameux (Gould, 1982), montre que Mickey Mouse, depuis sa naissance dans les années trente, a connu une évolution morphologique inverse de celle que nous parcourons au cours de notre croissance : des mesures « anthropométriques » effectuées sur la souris de Disney montraient qu'il a d'abord eu un crâne et un museau allongés, un corps mince et des traits marqués. A cette physionomie « adulte » correspondait un caractère farceur et assez agressif. Progressivement, la tête s'est arrondie, les membres sont devenus plus courts et plus potelés, et le personnage s'est fait, c'est le cas de le dire, bon enfant. Or les éthologues ont noté que, dans de nombreuses espèces, y compris les primates supérieurs, ces traits morphologiques (crâne rond, membres courts et charnus), associés à une certaine gaucherie dans les mouvements, sont ceux des petits, et qu'ils semblent déclencher chez les adultes des comportements de tendresse et de protection. De la même manière, quelles que soient les modes pédiatriques du temps, les mères et beaucoup d'adultes manifestent une tendresse particulière pour les bébés potelés, pour les fossettes, les rondeurs et replis grassouillets. Il y a en ce sens de l'enfantin ou de l'infantile dans l'image que nous avons du gros. Peut-être certains gros déclenchent-ils par ce type de caractères morphologiques davantage de bienveillance que d'autres.

La graisse comme stigmate social

En réalité, le classement d'un obèse dans la catégorie positive ou négative semble surtout résulter non pas d'un trait particulier mais de la relation entre les traits physiques et l'image sociale de la personne, par exemple sa profession : dans l'exercice de certaines fonctions, l'état d'obèse deviendrait plus ou moins incongru.

J'ai testé cette hypothèse en demandant aux interviewés de m'indiquer certaines professions qui leur paraissaient plus appropriées pour des gros : parmi les métiers cités, on trouvait les chefs cuisiniers, les politiciens, les *public relations*, etc. Bien plus : lorsque la profession ou la fonction du sujet gros impliquait qu'il exerçât un travail de force, certains interviewés ne le voyaient plus « obèse », mais « fort ». Devant une photo de l'haltérophile soviétique Alexeiev, homme d'une adiposité pourtant tout à fait considérable, un répondant a affirmé : *« Bien sûr il a du ventre, mais c'est surtout du muscle, pas de la graisse. »*

Ainsi ce que nous savons du gros (son métier, son image sociale par exemple) peut influencer ce que nous voyons de sa corpulence elle-même. Cette constatation est parfaitement compatible avec le concept de « stigmate social » proposé jadis par Erving Goffman (Goffman, 1968). Selon Goffman, qui analysait notamment en ces termes la perception d'infirmités diverses (les « stigmates sociaux »), les significations construites socialement à partir de l'apparence sont produites non par certains attributs isolés de l'individu, mais par les relations entre différents attributs. Plusieurs auteurs ont utilisé la notion de stigmate de Goffman dans le contexte de l'obésité (Cahnman, 1968; Maddox et al., 1968; Allon, 1973; Tobias & Gordon-Bograd, 1980). Goffman définit la « stigmatisation sociale », celle de l'obésité par exemple, comme le produit d'un décalage, d'une dissonance entre identité sociale virtuelle et réelle *(« a discrepancy between virtual and actual social identity »)*. Cette dissonance peut être provoquée par un attribut qui serait incongru par rapport à notre vision stéréotypée de ce qu'un certain type d'individu devrait être *(« incongruous with our stereotype of what a given type of individual should be »)*. En appliquant ce raisonnement à l'obésité, on voit bien que le même degré de corpulence pourrait être moins « stigmatisant » *(« stigmatizing »)*, donc plus acceptable, peut-être même approprié ou « convenable », pour un sexe que pour l'autre, pour certaines professions et dans certains contextes sociaux. La dissonance porteuse de *« social stigma »* serait par exemple moindre pour un notaire de province que pour un jeune cadre parisien, pour un patron de bistrot que pour un moniteur de ski.

On peut se demander, dès lors, si cette relation entre stéréotype et corps réel n'influence pas aussi en retour notre perception de ce corps réel. C'est bien ce qu'il s'est passé, semble-t-il, dans l'exemple de l'haltérophile soviétique mentionné plus haut. Ainsi, la relation « stigmatisante » détermine ou surdétermine sans doute non seulement le jugement esthétique que nous portons sur l'apparence, non seulement le jugement moral ou affectif que nous portons sur la personnalité, mais aussi le classement que nous opérons dans telle ou telle catégorie, selon tel ou tel stéréotype. On pourrait donc espérer prédire le caractère bénin ou malin du personnage d'obèse qui sera « choisi ». Il faut, semble-t-il, pour qu'un obèse soit accepté, classé comme « bon gros », qu'il existe une certaine adéquation, une congruence entre son image sociale et sa corpulence. Mais quelle adéquation ? En fonction de quelle grammaire, de quelle symbolique souterraine ? C'est ce qu'il faut maintenant examiner.

Le glouton et le gourmand

La grande question qui est sans cesse discutée dans tous les débats sur l'obésité, scientifiques ou non, revient en fin de compte à une interrogation : les gros sont-ils coupables ou victimes ? Sont-ils victimes de leurs « glandes », de leur hérédité, ou coupables de gloutonnerie ? Les enquêtes montrent que, dans la majorité des cas, ils sont perçus comme les vrais responsables de leur état (Maddox et al., 1968). En d'autres termes, ils sont gros, pense-t-on, parce qu'ils mangent trop, incapables qu'ils sont de se contrôler. Les obèses ont beau jurer qu'ils grossissent plus en mangeant moins, l'inquisition sociale et médicale fait peser (ou a longtemps fait peser) sur eux l'accusation ou le soupçon de goinfrerie, de grignotage compulsif, c'est-à-dire en dernier ressort d'un manque de « volonté » ou de contrôle de soi.

De manière implicite, c'est donc le plus fréquemment un jugement moral que l'on porte sur l'obèse. Comme le psychanalyste

Bernard Brusset l'a justement noté, les gros sont considérés comme des transgresseurs : ils semblent constamment violer les règles qui gouvernent le manger, le plaisir, le travail et l'effort, la volonté et le contrôle de soi (Brusset, 1977). Le gros ne s'embarrasse pas des règles de la bienséance ou de la solidarité. En d'autres termes, et c'est son corps même qui le trahit, il passe pour un homme qui mange plus que les autres, plus que la normale, en un mot : *plus que sa part.*

Les interviews confirment que l'obésité est renvoyée le plus fréquemment à la gloutonnerie ou à la gourmandise. Flandrin a examiné à travers les dictionnaires l'évolution du vocabulaire sur ce sujet. Il conclut que, historiquement, deux familles de sens semblent se dégager. Dans la première, l'appétit a une dimension pour ainsi dire « quantitative » : c'est la gloutonnerie proprement dite (voracité, goinfrerie, etc.). Le glouton absorbe la nourriture en grandes quantités et de manière indiscriminée. La seconde famille de sens met, elle, l'accent sur des appétits plus « qualitatifs », hautement discriminants. Ce que nous appelons aujourd'hui « gourmandise », et qui porte ce sens, s'appelle jusqu'au XVIIIe siècle « friandise » [1]. Le friand poursuit le plaisir sensoriel, et non le rassasiement par la dévoration. Il recherche des sensations, des goûts spécifiques ou nouveaux (Flandrin, 1982).

L'opposition ou la différenciation entre gloutonnerie et gourmandise recouvre en grande partie l'opposition entre les deux visages, bénin et malin, de l'obèse. Le glouton menace en la transgressant la règle du partage, qui est la substance même du lien social (cf. *supra*, chapitre 5). Il n'est donc pas étonnant que, du même coup, il régresse en deçà de la sociabilité élémentaire, jusqu'à l'animalité. Le gourmand, en revanche, loin d'ébranler les fondements du social, et même s'il se vautre dans l'excès, peut faire le jeu de la sociabilité par la commensalité dionysiaque. Le gourmand trinque et festoie; le glouton accapare et dévore aveuglément, de manière destructrice. Dans de très nombreuses mythologies, on trouve des gloutons effrénés, comme le gros chat de ce conte africain : pendant que sa

---

1. Le mot « gourmandise » est passé d'une famille à l'autre. Dans son sens archaïque, il ne se distingue pas de notre « gloutonnerie ». A partir du XVIIIe siècle, il quitte le registre purement quantitatif pour prendre son sens moderne et remplacer « friandise » (Flandrin, 1982).

maîtresse est absente, il mange la bouillie, le bol et la louche. La maîtresse revient et lui dit : « *Mon Dieu, que tu es gras.* » Le chat : « *J'ai mangé la bouillie, le bol et la louche, et maintenant c'est toi que je vais manger.* » Il la dévore, quitte la maison, croise d'autres animaux qu'il dévore aussi, avant de mourir finalement d'indigestion (Thompson, 1955). Le gourmand constitue rarement une menace aussi apocalyptique. Sa nuisance est celle du parasite et non du dévorateur.

La « théorie » des vases communicants

La situation la plus habituelle, pendant la quasi-totalité de l'histoire de l'espèce, a été l'incertitude alimentaire, c'est-à-dire l'alternance de périodes de relative abondance et de disettes cycliques (par exemple saisonnières) ou catastrophiques (de Garine & Harrison, 1985). Ce passé, à l'évidence, a laissé son empreinte dans nos organismes en influençant leur évolution. Considérons, précisément, la question de l'obésité. Il est clair que, dans les situations d'incertitude alimentaire, elle n'a guère l'occasion de se déclarer. Les ethnologues n'observent pas d'obésité chez les chasseurs-collecteurs, du moins tant que leur niche écologique et leur mode de vie traditionnel sont préservés. Mais les individus dont le métabolisme a la propriété d'être plus « économe » en énergie, plus efficace, notamment dans son stockage sous forme de tissu adipeux, disposent en somme d'un avantage biologique considérable sous la forme de « réserves » (Apfelbaum & Lepoutre, 1978). Ils ne pourraient devenir proprement obèses que dans une situation de sécurité alimentaire accrue, quand la régularité des approvisionnements et l'abondance des sollicitations transformeraient leur avantage biologique en handicap social, ce qui se produit aujourd'hui dans le monde industrialisé.

Peut-être pourrait-on considérer un certain nombre de représentations, ou de « biais représentationnels » selon une optique analogue : formés dans la pénurie ou l'insécurité, ils subsisteraient avec un sens différent dans l'abondance. C'est peut-être le cas de ce que l'on pourrait appeler le stéréotype des vases communicants. La figure du glouton, avons-nous vu, est celle qui, dans l'imaginaire, menace de la manière la plus radicale le lien social. Or dans cette mythologie de l'obésité et de la gloutonnerie maléfiques, métaphore des rapports de force, du pouvoir effréné, de la dissolution du social, il est frappant de constater que l'on trouve implicitement une même conception fondamentale, apparemment très archaïque et (peut-être) universelle du lien social. Elle se fonde sur le partage de la nourriture et donc de la richesse.

A l'évidence, dans une collectivité sujette à la pénurie, contrevenir aux règles du partage en s'attribuant une part plus importante revient à priver d'autant les autres membres du groupe. Or même dans les pays les plus développés, de vieille industrie et de consommation de masse, on trouve des stéréotypes qui portent la trace de cette représentation immémoriale, comme si la richesse, les biens, la nourriture n'y étaient disponibles qu'en quantité très limitée, comme si les richesses constituaient un univers fini. La richesse, dans cette optique, n'est pas créée mais partagée. La conséquence est claire : quiconque consomme plus que sa part affame autrui, le prive d'autant.

Accaparement et vampirisme

C'est de cette logique que procède pour ainsi dire par raccourci le stéréotype des vases communicants : l'infraction aux règles du partage est représentée comme une atteinte directe à la personne même de la victime. Ce n'est plus que A mange la part de B, c'est que A se nourrit de B; ce qui manque à B passe directement dans le corps de A. Ce raccourci stéréotypique donne naissance à une série de motifs dont on trouve une infinité d'occurrences à travers le temps et l'espace.

Iconographiquement, l'un des motifs met en scène deux personnages, dont l'un est toujours gros et gras, l'autre toujours famélique et osseux. Riche et pauvre, médecin et malade, exploiteur et exploité : la simple juxtaposition des deux caractères suffit à signifier que l'un se nourrit en fait de la substance même de l'autre, le vampirise. Au thème de la vampirisation est indissolublement lié celui de l'accaparement. L'historien S. Kaplan, étudiant les rumeurs de « complot de famine » au XVIIIe siècle, montre que celles accusant le Roi, la Cour ou tel personnage important d'accaparer le grain et d'affamer le peuple ne sont pas des efflorescences accidentelles liées exclusivement aux tensions de la Révolution : *« La répétition du même modèle de perception et d'appréciation à propos de crises concrètes à chaque fois différentes laisse supposer que la croyance au complot de famine préexiste dans les structures mentales collectives »* (Kaplan, 1982).

Birnbaum, cependant, fait remonter à la Révolution les origines du mythe politique des « gros » (la ploutocratie, les « deux cents familles », etc., qui s'opposent aux « petits », au peuple) (Birnbaum, 1979). Ce mythe populiste s'ancre bien entendu explicitement sur des représentations corporelles. Barrès reprend à son compte la formule italienne traditionnelle opposant *« popolo grasso »* et *« popolo minuto »* et considère essentiel de protéger *« le menu peuple contre le peuple gras »* (cité dans Birnbaum, 1979, p. 16). Paul Morand voit la Troisième République comme *« un régime stéatopyge [qui] avait étendu sa bouffissure à tout ce qui l'entourait : son budget obèse, ses intermédiaires enlourdés, ses avions qui ne décollaient plus, son adipeux art officiel, ses chefs rebondis mais non rebondissants »* (*ibid.*, p. 53). Un peu plus tard, Pierre Poujade, reprenant les vieilles métaphores vampiriques, prêche la lutte contre tous ceux *« qui s'engraissent du sang de tous les petits Français »* (*ibid.*, p. 62).

L'Occident comme obèse planétaire

L'opposition entre *« popolo grasso »* et *« popolo minuto »* a sans doute perdu de son pouvoir évocateur et « explicatif ». La distribution sociale de la graisse, dans les pays développés, a en effet changé du tout au tout. Aujourd'hui, ce sont les pauvres qui sont gros et les riches qui sont minces : dès 1962, une étude menée sur un échantillon d'habitants de New York avait montré que l'obésité sévère était sept fois plus fréquente dans un groupe de femmes de niveau socio-économique inférieur que dans un groupe de niveau supérieur (Moore et al., 1962; Stunkard, 1968; Garner et al., 1983). La représentation des vases communicants ne fonctionne donc plus aussi bien dans ce contexte. Mais elle est loin d'avoir disparu pour autant; elle s'est transposée au plan planétaire : elle sert maintenant constamment à représenter sur le mode de la culpabilité le rapport d'exploitation entre le Nord et le Sud, le monde riche et le monde pauvre. Le monde riche se voit sous les traits qu'il attribuait à l'obèse, l'obèse poussah parasitaire ou l'obèse carnassier, suçant le sang des affamés du Sud, accaparant leurs rares ressources ou gaspillant irresponsablement ses propres richesses. Cette vision se traduit par des illustrations qui mettent invariablement en scène un obèse occidental et un affamé du Tiers-Monde et affirment implicitement que ce qui manque au second est dans la panse du premier.

Réciprocité et redistribution

Dans le classique *Essai sur le don*, Mauss (Mauss, 1980 [1923]) a mis au jour des règles informulées qui, dans de nombreuses sociétés, gouvernent les relations sociales, économiques ou proto-économiques, en analysant les rituels d'échange agressif de dons qu'on observe dans de nombreuses sociétés, en particulier le « *potlatch* » des Indiens Kwakiutl du Nord-Ouest américain. Rappelons que, selon Mauss, les interactions sociales du type *potlatch* produisent un réseau de latitudes et de contraintes qui résulte de ces trois éléments : 1. l'obligation de donner; 2. l'obligation de recevoir; 3. l'obligation de réciprocité. D'institutions de ce type dérivent, selon l'ethnologue français, une circulation des biens qui constitue la forme véritable de l'économie primitive, ainsi qu'une distribution et une redistribution des ressources. Or le mot « *potlatch* » signifie essentiellement « nourrir », « consommer ». Les règles du don analysées concernent certes toutes sortes de biens, mais *« la forme essentielle de la prestation [est] ici alimentaire, en théorie du moins »* (p. 152). Ce modèle reste précieux pour aider à comprendre la logique profonde des représentations collectives du gros corps et de sa gestion sociale.

Le don, avons-nous vu, est primordialement alimentaire. Or si l'aliment est l'objet du partage par excellence, la graisse en est à la fois la substance métaboliquement transformée et le témoin. Dès lors, on le voit, le corps du mangeur traduit la balance des prestations et des contre-prestations opérées. Celui de l'obèse indique un solde excédentaire et fait de lui un débiteur permanent. Dans la logique de la redistribution, on voit que l'obèse, en tout cas l'obèse « malin », comme le glouton, est celui qui ne joue pas le jeu du don réciproque, celui qui prend sans attendre le don, qui reçoit sans rendre ou qui reçoit plus qu'il ne donne, sans se sentir apparemment contraint par l'obligation que Mauss appelle de « rivalité exaspérée » (« rivaliser de cadeaux »).

La compensation symbolique

Dès lors l'issue est claire. Il faut que le gros restitue sous une forme quelconque l'excès de nourriture devenu excès de poids, pour pouvoir compenser son absence dans le jeu de la réciprocité. Cette restitution peut sans doute, à défaut de s'effectuer en nature, prendre la forme d'une transaction (une compensation) symbolique.

Quels peuvent être les termes de cet échange symbolique? Que peut restituer l'obèse à la collectivité? D'abord, comme nous l'avons vu, de la force. Le travailleur de force, même d'un poids considérable, n'est pas obèse, ou pas considéré tel. Qu'il porte de lourdes charges, qu'il déplace des meubles, des pianos ou des containers, et le gros voit sa graisse se métamorphoser mythologiquement en muscle, sa voracité se transformer en bon appétit et son appétit se justifier par la nécessité de reproduire la force de travail.

Dans certaines sociétés, certains individus sont en quelque sorte institutionnellement engraissés pour remplir une fonction hautement valorisée. Je ne pense pas ici à l'engraissement quasi expérimental des femmes dans certains groupes traditionnels, comme certains Touareg (encore une fois, il ne s'agit ici que de l'embonpoint masculin) mais aux lutteurs de Sumo japonais, dont la formidable corpulence résulte d'un engraissement méthodique et initiatique au sein d'une communauté où la discipline ascétique passe notamment par un régime hypercalorique. Il existe quelques versions occidentales sécularisées de cette institution, avec les sportifs « lourds » (haltérophiles, lanceurs de poids, catcheurs, boxeurs poids lourds, etc.). Eux aussi, par la grâce de leur fonction médiatique, échappent au statut d'obèses pour accéder à celui de « géants professionnels ».

A défaut de force, le gros peut restituer son dû à la société sous forme de spectacle et de dérision (exercée le plus souvent à son propre détriment). Les lutteurs théâtraux du catch français ou du *wrestling* américain occupent un statut intermédiaire entre les « géants professionnels » et les histrions clownesques. Car la deuxième solution qui s'ouvre à l'obèse, c'est celle de mettre en scène son embonpoint dans le registre comique et/ou spectaculaire. Un grand nombre d'acteurs comiques ont capitalisé sur leur corpulence pour construire un personnage invariable et quasi mythique (pour ne citer que des Américains, songeons à W.C. Fields, Oliver Hardy, Zero Mostel, etc.). D'autres ont utilisé leur obésité dans des rôles de composition, qui les ont fait osciller entre les deux pôles, malin et bénin, au gré des créations : Wallace Beery, Orson Welles, Raimu, le Marlon Brando de la période récente, etc. Notons que les comiques purs eux-mêmes restent ambivalents : ils s'appuient souvent sur un soupçon de sadisme, comme le gros Hardy qui tyrannise le petit Laurel, et l'irascible W.C. Fields. Mais leur méchanceté, la part maligne en eux, est compensée par les mésaventures qu'elle leur attire : Hardy est toujours puni par où il a fauté. C'est lui qui reçoit les seaux d'eau ou les briques sur la tête, les tartes à la crème au visage et les coups de pied au postérieur.

L'économie du rejet et de l'intégration

Dans la vie quotidienne, le gros doit transiger avec le groupe dans lequel il s'insère sous peine d'être rejeté. Cette transaction peut être complexe et subtile. Goffman, dans son ouvrage déjà cité (Goffman, 1968), a illustré cet aspect avec une acuité remarquable en décrivant le « bon gros » sous les traits du déviant intégré *(in-group deviant)* :

« *Il est très fréquent qu'un groupe ou une communauté étroitement unie offre l'exemple d'un membre qui dévie, par ses actes ou par ses attributs ou par les deux en même temps, et qui, en conséquence, en vient à jouer un rôle particulier, à la fois symbole du groupe et tenant de certaines fonctions bouffonnes, alors même qu'on lui dénie le respect dû aux membres à part entière. De façon caractéristique, un tel individu cesse de jouer le jeu des distances sociales : il aborde et se laisse aborder à volonté. Il représente souvent un foyer d'attention qui soude les autres en un cercle de participants dont il est le centre, mais dont il ne partage pas tout le statut* » (Goffman, 1968) [1].

Au même titre que le rigolo du bataillon, l'idiot du village ou l'ivrogne du quartier, le petit gros du pensionnat *(« fat fraternity boy »)* est au centre du groupe, à la fois comme bouffon, mascotte, confident et souffre-douleur. Mais il ne pourra jamais vraiment en devenir un membre comme les autres : c'est le prix qu'il doit payer pour ne pas être totalement rejeté. Il y a en effet toujours un prix à payer pour le gros corps, une compensation à fournir pour être classé bon gros plutôt que mauvais gros. Dans *Astérix,* Obélix tire sa force et probablement son ampleur corporelle d'un trop perçu : il est tombé « *quand il était petit* » dans la potion magique qui rend sa tribu gauloise invincible. Il met certes sa force au service du groupe. Mais il paie en outre un prix supplémentaire : celui de son intelligence. Obélix, à l'appétit de sangliers quasi illimité, est aussi simplet; c'est un « bon gros bêta ».

Le refus de la transaction : le gros maudit

A l'opposé des diverses représentations du « bon gros », on trouve des stéréotypes mettant en scène l'obèse qui refuse la transaction symbolique, qui s'écarte délibérément des règles du jeu social.

Les avatars de l'obèse malin peuvent parcourir toutes les

---

1. Traduit par moi.

nuances de la mythologie négative, du grotesque à la férocité en passant par la perversité. Le comble, bien entendu, est atteint quand le gros ne se borne plus à l'accumulation et à la rétention de biens matériels (comme dans les stéréotypes gras du profiteur de marché noir, du trafiquant et de l'accapareur), mais s'attaque à la chair et au sang d'autrui, devient dévorateur, vampire ou carnassier. On trouve souvent cette thématique dans les stéréotypes révolutionnaires du capitaliste féroce, d'une voracité qui peut l'entraîner jusqu'au cannibalisme, au moins métaphoriquement (« *la chair et le sang des exploités* »). Il se rapproche ainsi du personnage de l'ogre, un mythe qui peut lui aussi servir de métaphore sociale, comme dans le cas de Gilles de Rais, seigneur et saigneur, qui « consommait » les enfants de la paysannerie locale.

Le poids du pouvoir

La corpulence peut être la forme corporelle du pouvoir politique, temporel ou spirituel. Mais dans certaines de ses formes archaïques, le pouvoir ou ce qui en tient lieu passe par une redistribution continue de la richesse, et semble donc peu compatible avec l'accumulation adipeuse. Dans le *potlatch* des Indiens Kwakiutl, au cours des festins, « *les chefs et nobles mangent peu, ce sont les vassaux et les gens du commun qui mangent beaucoup; eux font littéralement "fine bouche"* » (Mauss, 1980, p. 204). Les fameux « big men » mélanésiens ou polynésiens ne sont semble-t-il pas particulièrement gros : chez ceux des îles Salomon, les fêtes périodiques qu'ils organisent consument tout ce qu'ils possèdent de biens et d'énergie (Oliver, 1955). Chez les Massim de Goodenough, les *big men* « *sont ceux dont le jardin est plein et le ventre petit* », c'est-à-dire ceux qui donnent l'exemple de la prévoyance et de l'abstention, par opposition à la gloutonnerie (Young, 1971). Mais dans ces sociétés de « *big men* », nous disent aussi les anthropologues, la notion et les formes du pouvoir sont différentes de ce que nous entendons. Les leaders ont de la « force » plus que du pouvoir, ils tirent leur autorité des vertus qu'ils manifestent et non d'une charge définie qui leur serait attribuée institutionnellement (Sahlins, 1962; Young, 1971).

Dans d'autres formes de pouvoir, en revanche, le souverain peut (doit?) être un homme de poids. Au Pakistan, au cours d'une cérémonie célèbre, l'Aga Khan, chef de la secte musulmane des Ismaéliens nizarites, devant son peuple assemblé, recevait son poids en or. La graisse du potentat-pontife valait donc son pesant d'or, littéralement. Il serait sans doute imprudent de tenter une interprétation « sauvage » d'un rituel par ailleurs instauré très récemment. On peut cependant, à titre spéculatif, risquer ceci. L'acceptation du don, montrait Mauss, engage et oblige. Elle « rend inférieur » le récipiendaire, soit définitivement lorsqu'il accepte sans intention de restituer, soit temporairement, en attendant qu'il restitue : le récipiendaire, implicitement, demande alors qu'on lui consente un « crédit ». Se pourrait-il, dans le cas de l'Aga Khan, que le rituel marque une sorte de contrat implicite par lequel, en acceptant le don d'or, le Khan s'obligerait en fait durablement? Sa contribution au système du don et du contre-don c'est son corps même, sa personne : il en fait don à la communauté, et c'est un don de poids. L'absence (consentie, au moins en théorie) de réciprocité matérielle immédiate pour les donateurs légitime superlativement à la fois la fonction et son détenteur, signifie avec éclat l'allégeance populaire à l'homme de poids, lui donne en un mot du *crédit*. « Allégeance » est bien le terme qui convient pour décrire l'état de la balance des obligations réciproques : c'est bien de l'*allégement* volontaire de l'une des parties qu'il s'agit; c'est bien d'un transfert de substance, donc de poids, que procède le pouvoir. Mais en l'absence de cette allégeance, en l'absence de légitimité, lorsque le poids du pouvoir est imposé unilatéralement, la tyrannie renvoie à la figure mythique du glouton dévorateur (le motif « cannibale ») ou à celle du potentat flasque (le motif « parasitaire ») [1].

La minceur comme valeur morale

A la lumière de ces hypothèses sur les sources et la nature anthropologique des représentations du gros corps, peut-on mieux

---

1. L'actuel Aga Khan, vedette du *jet set*, star plus que potentat, est un homme mince et sportif.

comprendre ce qui a changé dans la perception contemporaine de la figure du gros? On a vu que c'est le partage de la nourriture et de la richesse qui constitue anthropologiquement l'enjeu central de l'image du gros corps masculin. Or ce qui a changé à cet égard, c'est la nature même de ce qui fait l'objet du partage social. Ce qui est en jeu dans le partage moderne, c'est désormais moins une quantité de nourriture qu'une « qualité de vie ». La nourriture, ou plutôt la quantité de nourriture, même envisagée comme métaphore de la richesse ou de la puissance, perd tout ou partie de sa pertinence symbolique au profit d'autres types de richesses plus qualitatives, y compris la santé, le bien-être et l'accomplissement individuel (« l'épanouissement », dans la terminologie du siècle) avec tous ses corollaires. Avec l'avènement triomphal de l'individualisme, ce dont témoigne désormais le corps, ce n'est plus tant le pouvoir (social) que la maîtrise (individuelle), le contrôle narcissique des pulsions, des appétits, des faiblesses. Ces valeurs s'incarnent dans un idéal quasi inaccessible, toujours poursuivi, parfois atteint, rarement ou jamais possédé : la minceur. La minceur, on va le voir, est l'objet d'une véritable quête, c'est un graal, peut-être en définitive la forme moderne de la sainteté.

Le partage de la nourriture devenant, surtout dans les couches sociales supérieures, un enjeu symbolique moins vital, le goinfre et le gros deviennent les figures d'une transgression d'une autre nature, potentiellement moins redoutable mais aussi, du même coup, moins prestigieuse, à la fois dédramatisée et banalisée, en un mot : pitoyable. Le gros d'aujourd'hui n'a guère le choix. A-t-il renoncé à la minceur? Ce ne peut être que faiblesse de caractère ou mauvais goût de classe. Cherche-t-il à l'atteindre? Son perpétuel échec le classe implacablement parmi ceux qui ne luttent pas, ou qui sont toujours vaincus. Les gros d'aujourd'hui sont, dans nos têtes, plus régressifs et moins agressifs que jadis, comme un peloton d'attardés pitoyables qui s'acharneraient à poursuivre un lièvre oublié, méprisé de tous les autres, comme d'infantiles kleptomanes de la nourriture.

13

Le corps féminin : de callipyge à Tanagra

La lipophobie moderne, la haine de la graisse, s'exercent de manière beaucoup plus manifeste, profonde et contraignante encore sur le corps de la femme que sur celui de l'homme. Un canon moderne s'impose, qui repose tout entier sur un impératif central : la minceur. Ce canon est plus impérieux que jamais : à vrai dire, il ne semble pas avoir eu de précédent véritable. Il s'agit très littéralement d'un *idéal* de beauté : il échappe en effet à la réalité, il est devenu à proprement parler impossible à atteindre. Une infime minorité de femmes sont biologiquement capables d'incarner cet idéal : ainsi, parmi les Américaines de vingt à vingt-neuf ans, seules 5 % sont aussi minces que les concurrentes des concours de beauté (Garner et al., 1980). Dans les pays développés, une grande partie sinon la majorité des femmes, même celles qui, selon les critères médicaux, ne présentent aucun excès de poids, souhaitent maigrir, se trouvent constamment trop grosses, ne serait-ce que de quelques kilos. En 1984, le magazine américain *Glamour* effectua avec l'aide de deux médecins une enquête sur 33 000 femmes : 75 % des répondantes se jugèrent trop grosses. Et pourtant, d'après les normes de la *Metropolitan Life Insurance Company* (qui sont elles-mêmes, on l'a vu, inférieures à la moyenne réelle des poids pour l'ensemble de la population américaine), 25 % seulement étaient au-dessus du poids souhaitable pour leur taille et leur âge. Même celles qui étaient *trop maigres* se trouvaient trop grosses dans 45 % des cas. Et 66 %

rapportaient que, souvent, elles voulaient se mettre au régime pour maigrir. On peut dire que, dans la plupart des pays occidentaux, à des degrés divers, la population féminine tout entière ou peu s'en faut rêve d'être mince, se voit grasse et se met au régime...

Le culte moderne de la minceur féminine paraît dépourvu de tout précédent historique véritablement comparable. Dans de multiples sociétés, à travers le temps ou l'espace, l'embonpoint féminin est ou a été loué, apprécié, recherché, parfois même systématiquement cultivé, y compris par le gavage et l'engraissement systématiques, comme dans certains groupes Touareg. Pour autant qu'on les connaisse, les goûts sexuels des populations autres que les sociétés industrielles développées vont en général dans le même sens. Ainsi les Sirione du bassin de l'Amazone ont des goûts très affirmés, que l'ethnologue Homberg rapporte ainsi : « *une partenaire sexuelle désirable doit être, outre jeune, grasse. Elle doit avoir les hanches larges, les seins de bonne taille mais fermes, et un capiton de graisse sur les organes sexuels* » (Beller, 1977). Les observations ethnographiques compilées dans les *Human Relations Area Files* confirment que, dans la majorité des sociétés traditionnelles où ces questions ont été étudiées, on recherche le type dit « endomorphe » chez les femmes, quand ce n'est pas ce qui serait pour nous l'obésité pure et simple. Aux États-Unis, on l'a vu, les populations d'origine portoricaine jugent normales et désirables des silhouettes féminines que les Américains de souche européenne et les médecins considèrent obèses (Massara, 1980).

Les plus anciennes représentations divines qui nous soient parvenues datent du néolithique ou du paléolithique supérieur. Or ce sont des images féminines et, selon nos critères actuels, monstrueusement obèses. Les premières figurines féminines en terre cuite ou en pierre dont le caractère divin soit avéré apparaissent à Mureybet, village préhistorique du moyen Euphrate syrien, vers 8000 av. J.-C. Le consensus scientifique tient que les statuettes de corps féminins trouvées sont les images d'un culte de la maternité et de la fécondité. La Vénus de Willendorf, découverte en Autriche, et les quelques dizaines de statuettes similaires que l'on possède sont elles aussi quasi globulaires. Fertilité et corpulence, embonpoint, graisse ont été constamment et quasi universellement associées dans les représentations du corps de la femme (Cauvin, 1987).

L'idéal corporel : la minceur

Au cours des siècles, l'histoire de l'image du corps féminin construite par les cultures occidentales semble caractérisée, avons-nous vu, par la plasticité. Tour à tour gonflé et étiré, contraint, modelé et redressé, complètement dissimulé ou partiellement exhibé, ce corps est traité comme cire malléable (Aimez, 1983).

Plusieurs historiens, des deux côtés de l'Atlantique, ont commencé depuis quelques années à explorer l'évolution de l'esthétique du corps féminin et des contraintes exercées sur lui (Nahoum, 1979; Perrot, 1984; Vigarello, 1978; Banner, 1983; Schwartz, 1986; Seid, 1989). Cette dernière, dressant un tableau historique des modèles idéaux de la féminité, conclut que même les canons de la beauté grecque, illustrés par Aphrodite, paraissent « enrobés » à côté des nôtres. Selon Flandrin et Phan, pendant au moins une période du Moyen Age, l'idéal féminin semble avoir été gracile quoique fort différent du nôtre (Phan & Flandrin, 1984). Aux États-Unis, c'est à la période romantique et plus précisément aux années 1830-1850 que semble remonter la première apparition de la minceur comme objectif explicite de la mode. La femme devient une créature frêle et éthérée, fragile et gracieuse. Mais cette première mode de la minceur disparaît vers 1850.

C'est au début de notre siècle, par le décret d'un couturier, Paul Poiret, que la minceur fait véritablement son apparition. En 1908, avec ce qui devait devenir la ligne « néo-Empire », Poiret transforme la silhouette féminine en gommant la taille, en allongeant la jambe (qui, pour la première fois, semble prendre la vedette), en supprimant les sous-vêtements compliqués et autres accessoires contraignants et en faisant ainsi affleurer le corps sous le vêtement, sans médiation ni appareillage.

Depuis le début du XXᵉ siècle, mais surtout depuis la Seconde Guerre mondiale, la préférence pour une minceur de plus en plus marquée est avérée par un nombre croissant d'études, originaires en particulier d'Amérique du Nord. Des chercheurs américains ont analysé les images de femmes en maillot de bain ou sous-vêtements parues dans les revues *Vogue* et *Ladies Home Journal* de 1900 à 1981. Pour cela, ils ont établi un indice assez complexe fondé sur le rapport entre les dimensions de la poitrine et de la taille d'une part, de la taille et des hanches d'autre part telles qu'elles apparaissent sur les documents. En 1901, le modèle dominant est celui du « sablier » : une taille très fine qui contraste avec une forte poitrine et des hanches opulentes (indice 2,1). En 1925, l'indice revient à 1,1 (la différence entre taille, hanches et poitrine a disparu). Après la Deuxième Guerre mondiale, à l'époque des stars voluptueuses, l'indice remonte à 1,7. Il redescend à 1,2 en 1976 et a tendance, après cette date, à remonter légèrement (Silverstein, Peterson & Perdue, 1986).

Dans d'autres études, on a relevé les mensurations des *Playmates* (la *pin-up* du dépliant central du magazine pour hommes *Playboy*) entre 1960 et 1980. Dans les années soixante, les modèles ont encore de fortes poitrines, la taille fine et les hanches relativement larges. Le caractère contrasté de cette silhouette, dite « en sablier », s'atténue progressivement (Garner et al., 1980).

L'étude des mensurations, de la taille et du poids des candidates du concours de beauté Miss America donne des résultats encore plus frappants, que rapporte Roberta Pollack Seid. L'une des premières Miss, au début des années vingt, mesurait 1,73 mètre et pesait 63,5 kilos. En 1954, les concurrentes mesuraient en moyenne 1,71 mètre et pesaient 54,9 kilos, soit 5,9 kilos de moins que la moyenne nationale et un peu moins que le poids idéal selon les tables des compagnies d'assurance. La gagnante de l'année mesurait 1,76 mètre et pesait 59,8 kilos. En 1957, la gagnante mesurait 1,67 mètre et pesait 54,4 kilos. Entre 1980 et 1983, le poids moyen pour une concurrente mesurant 1,76 mètre était de 53 kg (6,8 kilos de moins que la gagnante de 1954) et le poids moyen pour une concurrente de 1,67 mètre était de 49,2 kilos, soit 5,2 kilos de moins que la gagnante de 1957. De plus, à partir de 1970, la gagnante pèse toujours moins que les autres concurrentes (Seid, 1989).

Même si l'on peut postuler l'existence de réelles différences culturelles entre les États-Unis et d'autres pays, dont le nôtre, à diverses époques, il paraît clair que des tendances analogues sont à l'œuvre en France. Le magazine *Marie-Claire* a publié récemment les photographies des Miss France de 1968 à 1989 [1]. Les mensurations ne sont pas précisées et leur évolution ne paraît pas, à première vue, très importante. Mais le simple examen des photographies montre des changements perceptibles. Les reines de beauté de 1968 et 1969 semblent certes légèrement plus rondes, enrobées; mais elles paraissent surtout moins musclées, moins toniques que celles des années quatre-vingt.

On voit donc que, au moins au long de ce siècle, les modifications concernant l'idéal du corps féminin ont porté non seulement sur le poids et l'embonpoint global, mais aussi sur la taille (les reines de beauté, les stars et vedettes sont de plus en plus grandes), sur les proportions et, en particulier, le rapport entre hanches, taille et poitrine. Mais ce qui caractérise la période la plus récente, c'est sans doute la musculature et la tonicité du corps : aujourd'hui, le corps féminin moderne doit être, c'est là sans précédent, tout muscle, toute fermeté et désormais sans moelleux. Toute trace d'adiposité est frappée de proscription : la lipophobie, on l'a vu, exerce un règne sourcilleux. Derrière cette exclusivité de la fermeté musculeuse de la chair au détriment des douceurs molles de l'adiposité, il y a beaucoup plus qu'une simple et arbitraire évolution des goûts esthétiques.

Bornons-nous pour l'instant à l'apparence de la femme : au terme actuel de ce parcours, il semble qu'un double mouvement s'opère dans le costume et le corps de la femme occidentale. L'un va, si l'on peut dire, du costume au corps, l'autre de la maturité à la juvénilité. Nous verrons ensuite que, derrière ce double phénomène ainsi que celui de la lipophobie, il y a des courants profonds, civilisationnels, et notamment une profonde et radicale transformation du rôle et de l'image de la femme.

Le corps comme objet de la mode

Le premier mouvement va donc du vêtement à la chair : jusqu'à une date très récente (sans doute les années soixante de ce

---

1. Fagnen, Y : « Reines d'un jour, que sont-elles devenues ? », *Marie-Claire* (août 1989), 28-36.

siècle), ce sont le costume et ses appareillages qui garantissent l'apparence, au moins celle du corps public, tel qu'il est présenté dans la vie sociale. Crinolines, cerceaux et paniers gonflent, rembourrent, arrondissent la silhouette selon l'exigence de la mode. Corsets, guêpières, puis gaines jusqu'aux années soixante étranglent ou moulent la taille, domestiquent les hanches, effacent ou mettent en avant la poitrine à volonté (Perrot, 1984; Schwartz, 1986; Seid, 1989). On voit même des « prothèses » suppléer certaines déficiences, rembourrer judicieusement la silhouette, telle ou telle partie du corps quelque peu « défectueuse ». Mais la civilisation évolue en libérant de plus en plus le corps. Les bains de mer à la fin du XIXe siècle découvrent des zones de plus en plus larges. Au XXe siècle, les ourlets remontent peu à peu, les épaisseurs s'amenuisent, le corps remonte peu à peu à la surface du vêtement. A partir des années soixante, les artifices et les soutiens disparaissent. Les dernières gaines s'évanouissent. Dans les années soixante-dix, les soutiens-gorge eux-mêmes se font plus rares, non seulement parce que les féministes américaines les brûlent en public, mais parce que, plus fondamentalement, le corps public et le corps privé, le corps représenté et le corps intime, se confondent, deviennent un.

Mais cette libération des carcans vestimentaires porte avec elle une nouvelle contrainte, plus puissante peut-être que l'ancienne. Avec la minijupe, le vêtement féminin oblige le corps à se suffire à lui-même : c'est directement sur lui, désormais, que la mode exercera son emprise. Plus question de « tricher » sous les vêtements ou avec eux : le corps affleure à la surface du costume, le corps saute aux yeux, il est mis en scène mais non plus déguisé. Il devient directement l'objet des caprices et des diktats de la mode. Le corps doit apparaître, mais apparaître conforme et pour cela il doit être *modelé* conformément à la mode, pour ainsi dire dans la masse.

Dans les années soixante et soixante-dix, très rapidement, l'évolution des mœurs se précipite. La nudité gagne et la vieille pudeur recule. Les maillots de bain se réduisent de plus en plus, au point que le haut de la version féminine disparaît, en France au moins. Dans les mass media, au cinéma, la nudité, la sexualité sont de plus en plus fréquemment, librement mises en scène. Le rapport de la femme à son corps est bouleversé. Le féminisme militant, en particulier à l'époque de la lutte pour l'avortement, adopte le slogan « notre corps nous appartient ». Mais au même moment, le corps féminin, dans son apparence, devient public : à sa propriétaire de le gérer, et avec lui toutes les significations, toutes les fonctions jusque-là confiées exclusivement au costume. Le corps devient son propre corset.

Dans cette logique du dépouillement croissant, où le corps doit de plus en plus affronter les regards sans l'intercession d'artifices vestimentaires, il faut donc de plus en plus maîtriser son apparence, le modeler, le sculpter. La lipophobie ambiante juge de manière de plus en plus impitoyable des corps de plus en plus offerts à son regard. C'est pourquoi sans doute, entre autres raisons, la beauté des années quatre-vingt est devenue musclée, au point que, pour la première fois, les media ont commencé à présenter le culturisme ou *body building* sous sa version féminine. A partir des années quatre-vingt, à l'approche de la saison des vacances, la presse féminine présente de plus en plus souvent, à côté des innombrables régimes, des exercices de gymnastique et de musculation. Des techniques plus spécifiquement féminines de culture physique ont surgi, souvent venues des États-Unis, comme les *aerobics* et les recettes de beauté « actives » de Jane Fonda. Une nouvelle presse du corps a fait son apparition *(Vital)*. La mode féminine a incorporé de plus en plus fréquemment des éléments empruntés aux univers du sport, de la gymnastique, de la danse : collants de danse et cuissards de cyclisme, chaussures et maillots de sport, etc. La sueur, pour la première fois, sied au corps féminin comme à celui de l'homme. En 1989, un spot publicitaire pour un déodorant féminin mit en scène, de manière très érotisée, de jeunes femmes, ruisselantes de sueur, s'entraînant à la boxe. Quelques années auparavant, le même produit ou un de ses concurrents de l'époque avait joué le ressort inverse, celui de la sueur répugnante : une vilaine auréole sous les bras et ce slogan, qui avait fait fortune : *« à vue de nez, il est cinq heures du soir »*...

La « juvénilisation »

Le second mouvement tend à unifier la féminité dans une unique image indifférenciée, juvénile et pré-maternelle. Dans les sociétés traditionnelles, dans celles qui précèdent la nôtre, la féminité a souvent trois âges ou plus, correspondant à trois rôles différents et autant d'images sociales et donc vestimentaires : la jeune fille tanagréenne, la femme féconde, symbolisée par les Vénus callipyges, l'âge mûr, qui se poursuit par la vieillesse. Dans aucune civilisation avant la nôtre le même modèle corporel et vestimentaire ne s'impose à ces différents âges et rôles sociaux. C'est pourtant en grande partie ce qui se produit aujourd'hui en Occident : Tanagra a pris un ascendant décisif sur la féminité callipyge.

Là encore, ce sont les années soixante qui semblent avoir constitué le tournant capital. Les générations du boom démographique d'après-guerre arrivent à l'adolescence dans cette décennie. Soudain, les « teen-agers » deviennent la partie la plus active, la plus mobile de la société. En l'espace de quelques années, une véritable subculture juvénile-adolescente va se former, se conforter, avec ses valeurs, qui s'opposent aux vieilles valeurs de la société adulte, avec ses pratiques et ses mœurs, avec ses canons esthétiques. Avec la prospérité et l'évolution des attitudes éducatives, les jeunes disposent désormais d'un peu d'argent et surtout du loisir de le dépenser comme ils l'entendent. L'industrie de l'habillement et les industries culturelles en pleine ascension en seront révolutionnées. La musique, le vêtement sont parmi les territoires qui seront le plus profondément bouleversés.

Depuis la naissance de la culture de masse, du cinéma en particulier, des modèles quasi oniriques s'imposaient de plus en plus dans les aspirations. Les stars triomphantes imposaient le rêve d'une éternelle jeunesse, le triomphe de l'amour et du bonheur, l'oblitération de la vieillesse, de la maladie, de la mort. Avec les *sixties*, l'avènement du « yéyé » et la naissance de la contre-culture adolescente-juvénile, les teen-agers imposent aux sociétés occidentales des valeurs à contrepied à la fois de la société traditionnelle, prude et conservatrice, et de la société industrielle, technique, bureaucratique, matérialiste. Ils imposent de nouvelles valeurs de libération et d'épanouissement de l'individu, mais aussi d'épanouissement et de libération de la solidarité et de la communication. Ils se tournent vers l'Orient contre l'Occident, vers la spiritualité contre le matérialisme, ils prêchent la libération des mœurs. Ils imposent le *« faites l'amour, pas la guerre »*. A ces valeurs correspondent des modèles esthétiques de plus en plus formés à leur propre image. Le vêtement subit une révolution : une culture vestimentaire juvénile-adolescente se construit rapidement, sur la base à la fois d'une anti-mode et d'une nouvelle mode.

Elle est d'abord fondée sur le jean, qui constitue une anti-mode, dans la mesure où il affirme à la fois l'uniformité et l'individualité. L'uniformité parce que la toile bleue devient universelle. L'individualité parce que chaque jean subit et traduit à travers son vieillissement, son usure, son « culottage » une histoire une et irréductiblement individuelle. La civilisation du jean se généralise dans les années soixante, en même temps que se diffuse l'intérêt juvénile pour les costumes exotiques, les vestes afghanes ou les tuniques indiennes (Friedmann, 1987).

Cette culture vestimentaire est fondée aussi sur une mode nouvelle qui porte en elle la fin de la mode traditionnelle : le prêt-à-porter a pris son essor dans les années soixante et c'est de plus en plus lui, désormais, qui fera la mode. Pour la première fois, des créateurs de mode conçoivent des vêtements non pas pour les *happy few* mais pour des marchés de masse. Le prêt-à-porter met à la portée de catégories sociales de plus en plus larges des créations de plus en plus originales. Alors que, jusque-là, la mode se diffusait lentement par imitation et réplication, de Paris à la province et de la Haute-Couture à la couturière de quartier ou aux Dames de France, voici soudain que les Dorothée Bis, Mic-Mac et autres Cacharel conçoivent de manière autonome des vêtements séduisants, jeunes et plus accessibles. Alors que, jusque-là, les mères achetaient pour les filles, des femmes de plus en plus jeunes et de plus en plus nombreuses accèdent à un pouvoir d'achat suffisant pour acheter elles-mêmes et en toute liberté.

La démographie joue sans doute un rôle décisif dans ces événements. Les *baby boomers* adolescents rendent la société adolescente. Fait extraordinaire : voici que les adolescents ne souhaitent plus particulièrement devenir adultes; ce sont les adultes qui veulent ressembler aux jeunes. Les rites de passage protégeant l'accès au statut adulte sont en crise ou en déclin. De plus en plus, en revanche, les adultes cherchent à être acceptés ou reconnus par les jeunes. La société adulte adopte des tournures langagières ou vestimentaires empruntées aux jeunes, elle s'identifie aux jeunes dans leur comportement, leur consommation et surtout leur apparence. Les femmes doivent toutes être jeunes, éternellement et inéluctablement. Elles sont tenues pour responsables de leurs corps, de plus en plus visible, donc soumis aux jugements : à elles de le maîtriser, de le contrôler, de le modeler. Entretemps, l'effet-génération se poursuit avec le vieillissement des *baby-boomers*. Tout se passe comme si la vieillesse, la laideur, la mort même étaient devenues quasi facultatives, comme si elles n'étaient que la sanction du laisser-aller. Le corps doit être absolument mince, dépourvu de tout dépôt adipeux; il doit être absolument et éternellement juvénile. Et tout cela, clament d'une seule voix les magazines féminins, les media, l'industrie cosmétique et même la médecine, constitue un objectif possible à atteindre pour toutes (et de plus en plus pour tous). Grâce aux régimes, aux cosmétiques, à l'exercice, à l'hygiène et, en dernier ressort, à la chirurgie esthétique, la maîtrise du corps, la maîtrise absolue, n'est qu'une question de discipline, de volonté et d'argent.

La féminité, le corps, le sujet

Ce nouveau corps, cette nouvelle apparence, correspondent aussi à une crise profonde de la féminité, à l'accouchement difficile d'une nouvelle féminité. Les années soixante-dix avaient vu l'émergence d'un nouveau féminisme : à la différence de celui des suffragettes, qui exigeait l'égalité des droits avec l'homme, celui-ci revendiquait à la fois l'égalité et une nouvelle identité spécifique, une nouvelle féminité. Il annonçait, précédait et cristallisait une nébuleuse d'aspirations nouvelles et contradictoires (Benoît, Morin & Paillard, 1973). Une nouvelle conscience du corps avait commencé à émerger, avec la nouvelle conscience féminine, dès la fin des années soixante. Il s'agissait alors d'affirmer les droits de la femme sur son corps (revendication explicite du mouvement pour la liberté de l'avortement du début des années soixante-dix), de lui permettre une réappropriation de ce corps, jusque-là objet. Cette tendance s'inscrivait dans un vaste courant, caractéristique de l'époque, de reconquête de la subjectivité. Le monde citadin-industriel avait comme amputé l'individu de sa dimension intérieure au profit de son individualité « extérieure », de sa *praxis* sociale. Soudain, montaient de toutes parts, sous de multiples formes, des aspirations vers l'ego comme vers l'autre, vers la vie intérieure mais aussi la communication, vers l'échange des subjectivités, vers la Nature et le cosmos. Une reconquête de l'individu par le sujet s'amorçait. La culture de masse, après avoir diffusé l'euphorie intégratrice, celle des *happy ends* hollywoodiens des années soixante, s'investissait dans les thèmes de la difficulté d'être et de communiquer (Morin, 1975). Soixante-dix aura été dans la culture de masse la décennie de la psyché problématique, de la psyché meurtrie. C'est l'époque où les ondes deviennent un vaste cabinet de consultation, un dispensaire de soins, une officine de prescriptions et de conseils psychologiques, un forum où sont exposées et discutées les difficultés du couple, du sexe, de la personnalité, des rapports avec les enfants, où sont enseignés les moyens, les chemins et les aléas de la maturation selon la vulgate psychanalytique ou l'astrologie, où sont vulgarisées la psychologie, la sexologie, la psycho-pédagogie, etc. C'est l'époque où la vie quotidienne et la société tout entière commencent un processus de « psychologisation ». La consultation psychologique se répand dans des couches de plus en plus larges de la société; une industrie « psy » se constitue à l'usage des entreprises, de leurs cadres et de leur personnel, mais aussi à celui des solitaires et des mal intégrés, avec séminaires, thérapies de groupe, stages de développement personnel, etc.

Dans le même mouvement, le corps est comme redécouvert, sinon réinventé, notamment dans les innombrables mouvances post-freudiennes et surtout reichiennes qui fleurissent alors. Il ne s'agit plus de « redresser » le corps-objet, mais de retrouver le sujet dans sa plénitude, sa totalité : le corps se révèle comme sa substance même et non plus son enveloppe. L'individu s'absorbe dans l'examen à la fois critique et narcissique de son image spéculaire. Le corps devient l'un des moyens et des enjeux de la nouvelle re-ligion, de la nouvelle liaison entre le moi et le cosmos. *Kosmos :* « cosmique » et « cosmétique » ont la même étymologie. Corps cosmique, corps cosmétique : ce corps choyé, cajolé, soigné et cultivé, ce corps dont on écoute les pulsations secrètes, dont on scrute les rythmes profonds (les biorythmes), c'est aussi dans sa chair, à travers elle, que s'unissent, se réunissent, se synchronisent le sujet et le cosmos. Avec le corps, le sujet prend forme; et il prend particulièrement corps dans la grande forme [1].

En recherchant une nouvelle et spécifique féminité, une « féminitude », un courant féministe des années soixante-dix est conduit à renouer avec un mythe éternel de la féminité « cosmique », dans lequel le corps féminin, ses cycles et ses mystères se mettent au diapason de l'univers. Il faut retrouver la correspondance secrète de la féminité avec la nature et le cosmos, avec les cycles et les rythmes stellaires, ce qui devrait permettre de désapprendre les conditionnements sociaux qui auraient seuls enfermé la femme dans les souffrances de l'accouchement et les menstruations douloureuses. Pour le nouveau subjectivisme, le corps devient champ d'intervention privilégié : il faut retrouver sa vérité, qui est universelle, cosmique, naturelle. Gymnastiques ou « anti-gymnastique », massages, techniques de relaxation, jogging, bains, diètes et sectarismes alimentaires, médecines « douces » : toutes ces techniques du corps qui fleurissent dans les années soixante-dix sont autant de voies dans la quête unitaire du sujet somatique et cosmique, dans la recherche de la vérité du corps, c'est-à-dire du sujet.

Mais le corps-sujet ne parle pas de la même voix que le corps-corset. Le nouveau modèle corporel féminin, uniformément juvénile, ne laisse guère de place, en fait, aux fluctuations et aux cycles biologiques, à la menstruation et à la fertilité, surtout en vieillissant. Ce conflit reproduit en somme celui qui est lié au modèle social émergeant de la féminité nouvelle, à la distribution nouvelle des rôles dans la division du travail selon les sexes. Le corps porte en lui les mêmes contradictions, les mêmes tensions que la condition féminine moderne.

L'égalité des sexes implique en effet que la femme entre dans la vie professionnelle active, qu'elle tend à accéder de plus en plus à des postes et des professions jusque-là exclusivement masculines. L'égalité, même théorique, implique également que la sexualité féminine est reconnue, légitimée au-delà de la fonction reproductive. Mais ces gains, ces avancées portent avec elle de nouveaux pro-

---

1. Je reprends ici certains développements de ma préface à l'édition de 1981 de : Morin, E. et al. : *La Croyance astrologique moderne*, Lausanne, L'Age d'Homme.

blèmes, de nouvelles contradictions : en accédant aux attributs de la nouvelle féminité, la femme doit-elle renoncer à tous ceux de l'ancienne, y compris ses spécificités biologiques dont on découvre paradoxalement de plus en plus chaque jour l'ampleur (Sullerot, 1978)? En accédant à des fonctions de plus en plus directement productives dans la société industrielle et post-industrielle, comment doit-elle se situer par rapport à la reproduction?

Identité féminine et fécondité

Dans la plupart des sociétés traditionnelles et dans nombre d'autres, avons-nous vu, ce que l'on associe à l'embonpoint, chez la femme d'âge nubile et à la différence de l'homme, c'est moins la gloutonnerie, l'atteinte, maligne ou bénigne, aux règles du partage de la nourriture que la *fécondité*. A travers la graisse, l'embonpoint, la corpulence, c'est la fertilité qui est recherchée et valorisée.

Or dans cette logique et cette symbolique, ces préférences ne sont pas dépourvues de fondements biologiques. L'assimilation entre adiposité et fertilité correspond en effet à une certaine réalité. Dès l'enfance, on constate entre les sexes un dimorphisme très prononcé en ce qui concerne la masse grasse : à la naissance, dans tous les groupes humains, les filles ont proportionnellement davantage de tissu adipeux que les garçons et cette caractéristique s'accentue très nettement à la puberté. A ce stade, les garçons croissent en tissus « maigres » et leur masse grasse se stabilise. Avant la puberté, les filles ont 10 à 15 % de plus de graisse que les garçons; à la fin de l'adolescence, elles en ont deux fois plus qu'eux. Les premières règles ne semblent pouvoir se déclencher que si la masse grasse représente un certain pourcentage du poids, environ 22 % (Beller, 1977; Seid, 1989). Inversement, on sait que l'amaigrissement extrême, par exemple celui qu'on observe chez les anorexiques, entraîne la disparition des règles ou aménorrhée de famine et même la stérilité (Frisch, 1988). On considère en général aujourd'hui que les caractéristiques de la femme en matière d'adiposité sont le produit d'une évolution biologique qui a favorisé, au fil du temps, les traits permettant une meilleure adaptation à la fonction reproductive (Beller, 1977; Stini, 1981).

Selon les travaux de la physiologiste Rose Frisch, en effet, le système reproductif de la femme ne fonctionne vraiment que si elle possède une réserve minimale de graisse : faute de ce stock, l'ovulation et donc la conception ne peuvent avoir lieu. Entre neuf et quinze ans, la plupart des filles grossissent en moyenne de 16 kilos : Frisch et McArthur ont calculé que les réserves de graisse ainsi emmagasinées représentent à peu de choses près 144 000 calories, soit l'énergie nécessaire pour mener à terme une grossesse et trois mois d'allaitement sans que les besoins énergétiques de la mère et du fœtus soient gravement sollicités. Selon cette hypothèse, en situation de pénurie, lorsque les femmes n'ont pas pu engraisser suffisamment, elles ont moins d'enfants. C'est précisément ce que semblent indiquer des données recueillies aux Pays-Bas : en 1944, période de pénurie alimentaire, le taux de natalité a diminué de moitié et un grand nombre de femmes n'ont plus eu leurs règles jusqu'à la fin de la guerre (Frisch, 1978; Frisch, 1988).

Ces caractéristiques biologiques de la féminité, rencontrant l'impératif de minceur, sont la source d'une contradiction, d'un conflit quasi insoluble entre le corps féminin et la culture : pour se conformer à son image sociale nouvelle, la femme se heurte à son corps, elle doit surmonter son fonctionnement normal. Ainsi, l'assimilation de l'adiposité à la fertilité, qui semble si répandue dans le temps et l'espace, correspond en grande partie à une réalité biologique. En outre, dans une majorité de cultures, à cette assimilation semble correspondre une préférence dans le même sens. Qu'en est-il dans les nôtres : l'ascension de la minceur correspondrait-elle à un déclin de faveur pour la fécondité ?

La femme reproductrice et la femme productrice

A l'évidence, dans les sociétés développées, où la division sexuelle des rôles est entrée dans un processus de crise et de changement profonds, la fécondité n'est plus aussi unanimement, monolithiquement, intensément valorisée. Elle n'est plus le noyau central de l'identité féminine, l'alpha et l'oméga de la féminité. Dans les sociétés modernes, la reproduction et la fondation d'une nombreuse descendance ne sont plus la garantie d'une vieillesse paisible ni le but d'une existence. Les objectifs sont plus immédiatement individualistes, les protections contre l'aléa sont attendues de l'État et des instances sociales, éventuellement de l'épargne ou de l'investissement. L'amincissement du modèle corporel coïncide avec une évolution civilisationnelle, des mœurs et de la division des rôles entre les sexes, dans laquelle la femme est censée s'accomplir ailleurs que dans la reproduction, et particulièrement dans la production et la création. En même temps qu'elle entrait de plus en plus dans ce monde jusque-là gouverné et investi par les hommes, elle accédait elle-même aux nouvelles valeurs de l'individualisme et de l'accomplissement personnel, du *self improvement* et du « devenez ce que vous êtes ». La nouvelle femme devenait un individu à part entière. Sa fonction et son destin cessaient de plus en plus d'être dictés par la famille et le lignage. En devenant le sujet de son propre destin, la femme entrait de plus en plus dans la logique de la maîtrise de soi, donc de la maîtrise de son corps, caractéristique des sociétés occidentales modernes.

Dès lors se posait le problème de la compatibilité ou de l'ajustement de la nouvelle identité sociale et des spécificités biologiques de la femme. Sa fonction sociale ne pouvait plus se réduire à « être au foyer » et avoir des enfants pour la plus grande gloire de la lignée patriarcale. Pour certaines, l'enfantement changeait de sens : au lieu d'une fonction ou d'un but naturel de la vie, il devenait une « expérience » intime, une gratification, un aboutissement personnel insurpassable de la féminitude cosmique. Mais comment concilier les impératifs de l'épanouissement individualiste, professionnel, qui se résument dans un corps-image et l'attrait de cette expérience suprême ? Dans un deuxième temps, cet accomplissement personnel et ce rejet des rôles traditionnels devenaient donc eux-mêmes source de crise ou de mal-être, à la fois psychologique et biologique. Ainsi la féminité, en entrant en crise, a entamé un processus de reconstruction : *la femme moderne est mince parce qu'elle est grosse d'elle-même.*

La phobie de la graisse et la quête de la minceur peuvent donc être considérées comme liées au déploiement même de la civilisation moderne. Sont-elles irréversibles? Sommes-nous entrés dans un processus définitif et sans issue? C'est possible, mais ce n'est pas probable. Car le mouvement même de la civilisation qui entraînait l'amincissement des corps n'est pas, lui-même, irréversible. Il porte avec lui ses contraires, des mouvements contradictoires et divergents, des forces de rééquilibration comme de nouvelles embardées. Tanagra installée, Callipyge n'a cependant pas dit son dernier mot. Déjà, semble-t-il, de légers signes avant-coureurs indiquent un possible assouplissement des normes corporelles. La tension était-elle trop forte, trop intolérable? Peut-être : toujours est-il que la presse féminine commence à annoncer un retour aux « rondeurs ». Les mannequins de la haute couture, selon le témoignage des professionnels de la mode, sont moins uniformément émaciés et efflanqués. Les études américaines mentionnées plus haut indiquent une légère remontée des contrastes dans la trilogie sacrée poitrine-taille-hanches...

De la féminité troublée aux troubles du comportement alimentaire

La tyrannie contemporaine de la minceur rend-elle anorexique, ou boulimique, ou « boulimarexique »? La question se pose, car une pathologie spécifiquement féminine, celle dite des troubles du comportement alimentaire, fait l'objet de préoccupations croissantes dans les milieux médicaux et, depuis peu, dans les media. On regroupe sous cette dénomination l'anorexie mentale *(anorexia nervosa)*, décrite par Charles Lasègue en 1873 et William Gull en 1874, et la boulimie *(bulimia nervosa* ou *bulimarexia)*, décrite beaucoup plus récemment et définie comme une maladie à part entière à la fin des années soixante-dix.

L'anorexie mentale, telle qu'elle est aujourd'hui caractérisée, survient avant l'âge de vingt-cinq ans. Elle est dix à vingt fois plus fréquente chez la femme que chez l'homme. Elle se manifeste par un manque d'appétit accompagné d'une perte de poids d'au moins

25 % du poids initial. L'anorexie mentale se caractérise aussi par une hantise morbide de grossir, par une détermination implacable à surmonter la faim, les supplications ou les menaces des proches et des médecins, par une dénégation de la maladie et des besoins nutritionnels. L'anorexique semble prendre plaisir à maigrir et à conserver un poids très en dessous de la normale. Elle est hyperactive, pratique les exercices physiques (danse, sport) avec un enthousiasme proche de la frénésie. Elle a tendance à être obsédée par la nourriture, à la stocker, quelquefois à la voler. Elle cède également à des impulsions boulimiques (absorption soudaine et désordonnée de grandes quantités de nourriture) suivies ou non de vomissements provoqués. L'anorexie s'accompagne fréquemment d'aménorrhée (disparition des règles). Elle peut être mortelle dans 10 à 20 % des cas (Jeammet, 1985).

La boulimie présente plus d'un caractère commun avec l'anorexie mentale. Certes, elle se caractérise par des impulsions violentes et irrésistibles de manger de grande quantité de nourriture; mais ces épisodes de *binge eating* s'inscrivent en outre dans un contexte à la fois de restriction alimentaire, de régimes sévères, d'obsession de la prise de poids et de dépréciation de son propre corps. Après les crises, les boulimiques se font fréquemment vomir ou prennent des laxatifs en grandes quantités pour annuler les effets pondéraux de la nourriture. La fin de l'épisode les trouve épuisées, culpabilisées, envahies d'un profond dégoût de soi-même. Contrairement à une idée répandue, la boulimie concerne des femmes qui sont le plus fréquemment de poids normal. Les rapports entre anorexie et boulimie sont complexes et posent un problème nosographique fort délicat. Selon la formule de Pierre Aimez, « *beaucoup d'anorexiques se trouvent boulimiques et les boulimiques voudraient être anorexiques* ». Si elle est rarement mortelle, la boulimie entraîne des complications sérieuses (Russell, 1979; Remy & Chateauneuf, 1987; Aimez & Ravar, 1988).

Au cours des années soixante-dix aux États-Unis, plus récemment en Europe, les troubles du comportement alimentaire ont de plus en plus fréquemment été présentés comme un ensemble de pathologies spécifiquement modernes dont la fréquence augmenterait dans les pays développés, en particulier dans les catégories sociales les plus favorisées. Certains psychiatres parlent même d'une épidémie et en recherchent les causes dans les modèles de minceur véhiculés par les media et la culture ambiante, au point de proposer de réglementer les images du corps présentées par la presse et les media. Y a-t-il une relation déterministe entre l'évolution sociale et culturelle, en particulier les modèles corporels contemporains, et les troubles du comportement alimentaire ? Avant de répondre à cette question, il faut en bonne méthode répondre à deux autres. La première : la fréquence de ces troubles est-elle ou non en hausse ? Assistons-nous, comme certains l'affirment, à un phénomène « épidémique » ? La seconde : ces pathologies ont-elles un caractère spécifiquement contemporain, ou bien peut-on en trouver des manifestations dans des époques et des civilisations où le modèle corporel dominant n'était pas celui de la minceur contemporaine ?

L'anorexie et la boulimie progressent-elles dans les pays développés ? L'accord est loin d'être général sur la question et les réponses semblent différentes pour les deux pathologies. La nosographie et l'épidémiologie de l'anorexie et de la boulimie, en particulier l'épidémiologie sociale, sont loin d'être parvenues à un stade suffisamment avancé pour permettre un consensus complet dans la communauté scientifique.

En ce qui concerne l'anorexie, bien qu'un certain nombre d'éléments plaident en faveur de l'hypothèse d'une tendance de la maladie à devenir plus fréquente, l'analyse des connaissances acquises et des données disponibles montre qu'il n'en va sans doute pas ainsi. La littérature psychiatrique affirme pourtant fréquemment en passant, comme un fait acquis et bien connu de tous, que la fréquence de ce trouble est en constante augmentation dans la jeunesse occidentale. Or les éléments objectifs sur lesquels reposent ces affirmations sont très fragiles.

Plusieurs enquêtes sur les statistiques d'hospitalisation, par exemple dans le comté de Monroe, dans l'État de New York, indiquent un doublement du nombre des cas traités entre 1960 et 1976 (Jones et al., 1980). Mais ces données sont trompeuses : en utilisant les statistiques d'hospitalisation, on risque de tomber dans des problèmes méthodologiques souvent insurmontables et les biais possibles sont très nombreux. D'abord les critères diagnostiques de l'anorexie (comme de la boulimie) ont changé rapidement. Par ailleurs, en comptant uniquement les cas traités dans les établissements psychiatriques, on oublie ceux qui sont dans les autres services (on avait davantage tendance autrefois à hospitaliser les anorexiques en pédiatrie ou endocrinologie). Autre source d'erreur : on distingue rarement entre admissions et réadmissions, les secondes étant comptabilisées comme s'il s'agissait d'admissions à part entière. Enfin et surtout, la modification de la pyramide des âges est un facteur important qui peut facilement rendre compte de l'augmentation : s'il y a plus de jeunes dans la population, il est explicable qu'il y ait plus de cas en nombre absolu (Hardy & Dantchev, 1989). Or une étude portant sur les hospitalisations en Angleterre de 1972 à 1982, en tenant compte de l'augmentation de la population des quinze-vingt-cinq ans et en différenciant premières admissions et réadmissions (ce que les enquêtes habituelles ne faisaient pas toujours), montre que le risque reste parfaitement inchangé pendant la décennie et que, en revanche, la proportion des réadmissions a bien tendance à augmenter. Les auteurs de cette étude concluent que les chiffres traduisent davantage une augmentation du nombre des « anorexologues » que du nombre des cas d'anorexie [1] (Williams & King, 1987).

On note constamment aussi dans la littérature que l'anorexie se rencontre davantage, sinon exclusivement, dans les classes moyennes et supérieures. Mais il est étonnant de constater que cette affirmation, pourtant tenue pour admise et reconnue, ne semble fondée que sur les impressions des cliniciens et sur deux études effectuées respectivement aux États-Unis et en Angleterre, qui montrent une prévalence beaucoup plus élevée dans les écoles privées que dans les écoles publiques (Crisp et al., 1976; Szmukler, 1983). On rapproche ces observations de celles qui indiquent que les Noirs africains ou américains sont peu touchés et que les troubles augmentent rapidement au Japon en même temps que l'occidentalisation. Bien que cette distribution socio-économique et culturelle de l'anorexie ne soit jamais, jusqu'à présent, mise en cause dans la littérature médicale, la prudence semble de mise, ne serait-ce que parce que les études systématiques sont inexistantes et que les cultures ou les milieux sociaux censément épargnés sont aussi ceux

---

1. En revanche, la prépondérance féminine de l'anorexie est confirmée de manière écrasante. Elle se situe entre 90 et 97 % des cas et ne semble pas évoluer.

qui sont le moins médicalisés. On trouve d'ailleurs de plus en plus d'études de cas cliniques portant sur des sujets appartenant à des minorités ethniques ou originaires du Tiers-Monde (Silber, 1986; Thomas & Szmukler, 1985).

La boulimie de son côté pose d'énormes problèmes aux épidémiologistes. On ne l'a reconnue distincte de l'anorexie que très récemment, dans les années soixante-dix, lorsqu'elle est devenue une entité nosographique à part entière. Le problème principal résulte de ce qu'il s'agit d'une pathologie assez floue et fluctuante, dont les critères diagnostiques qui la définissent ont beaucoup évolué et continuent de le faire. Selon que l'on adopte des critères plus ou moins restrictifs, le nombre des cas détectés varie dans des proportions considérables (Drewnowski et al., 1988). Dans les populations considérées à risque, notamment les populations d'étudiantes, les chiffres de prévalence obtenus sont d'une grande incohérence : ils varient en effet de 0,7 % (Schotte & Stunkard, 1987) à 19 % (Halmi et al., 1981). A propos de la boulimie davantage encore qu'en ce qui concerne l'anorexie, certains auteurs ont parlé d'épidémie, en s'appuyant sur des extrapolations quelquefois rapides, comme celle qui estime que 7,6 millions d'Américaines ont, à un moment de leur vie, souffert de boulimie (Pope et al., 1984). Mais on ne dispose pas d'études dites d'incidence, qui seules pourraient permettre d'établir la réalité d'une éventuelle progression des troubles dans la population générale. Hardy et Dantchev concluent qu'on ne peut avoir qu'une seule certitude : le nombre des consultations a connu une forte augmentation au cours des quinze dernières années. Mais cette augmentation, ajoutent-ils, pourrait aussi bien traduire une amélioration des capacités de dépistage et une plus grande information du public due au fait que les media ont de plus en plus fréquemment, depuis quelques années, traité des troubles du comportement alimentaire (Hardy & Dantchev, 1989).

Les premières études épidémiologiques semblaient indiquer que la distribution sociale de la boulimie était, elle aussi, très marquée par une prépondérance des classes moyennes ou supérieures. Mais l'analyse de ces études montre qu'elles souffraient de biais de recrutement considérables. Celles qui traitaient de la répartition de la boulimie sur une population globale n'indiquaient nullement une telle différenciation. Quant à la répartition ethnique, les études ont donné des résultats contradictoires (pour une revue, voir Zittoun & Fischler, 1989).

De l'anorexie sacrée à l'anorexie hystérique

L'anorexie mentale est-elle spécifiquement et exclusivement moderne ? On l'a vu, ce n'est qu'à la fin du XIXe siècle qu'elle a été pour la première fois décrite comme une pathologie spécifique. Mais cette accession tardive au statut « officiel » de maladie n'implique pas nécessairement qu'elle n'ait pas existé auparavant, soit sans être repérée, soit en étant interprétée, construite, étiquetée socialement d'une autre manière. C'est ce que des auteurs de plus en plus nombreux semblent soutenir en répertoriant des cas empruntés plus souvent à la chronique religieuse qu'aux archives médicales : les saintes jeûneuses du XVe siècle, les jeûneuses prodiges du XVIe siècle rhéno-flamand, les *fasting girls* anglo-saxonnes des XVIIIe et surtout XIXe siècles (Guillet, 1985; Bell, 1985; Brumberg, 1988; Raimbault & Eliacheff, 1989).

L'historien américain Rudolph Bell, dans *Holy Anorexia*, attire l'attention sur le cas des saintes italiennes du Moyen Age au XVIIe siècle (Bell, 1985). Parmi elles, une place importante est accordée à Catherine de Sienne, qui vécut au XIVe siècle, et sur laquelle on possède de précieuses informations grâce au document rédigé après sa mort par son confesseur, Raymond de Capoue, pour servir à une éventuelle canonisation. La description correspond d'une manière frappante au tableau clinique de l'anorexie mentale : la sainte a progressivement presque complètement cessé de manger. Elle prend parfois un peu de salade, de légumes ou de fruits, mais simplement pour les mâcher et les rejeter. Si elle est contrainte d'absorber quelque aliment, elle se chatouille la gorge avec une brindille ou une plume pour provoquer le vomissement. La seule alimentation quotidienne qu'elle prenne, c'est l'eucharistie : elle communie tous les jours. Mais si elle refuse de s'alimenter, elle déploie une constante activité (les psychiatres diraient aujourd'hui « hyperactivité ») pour alimenter, aider, soutenir les nécessiteux. Elle nie avoir faim, regarde toute nourriture avec répugnance, mais absorbe avec délectation, dit-elle, le pus des blessures d'une malade qu'elle soigne. Elle présente des caractéristiques psychologiques souvent décrites aujourd'hui comme typiques des anorexiques, notamment une volonté apparemment inflexible, une autorité, sinon un autoritarisme, extrême. Elle se mortifie cruellement, se flagellant trois fois par jour avec une chaîne, se contraignant à ne pratiquement pas dormir. Elle est manifestement victime de troubles d'origine nutritionnelle et elle finit par succomber d'inanition. Dans le tableau qu'elle présente, une seule caractéristique de l'anorexie mentale telle que nous la connaissons aujourd'hui ne semble pas apparaître : la crainte obsessionnelle de grossir.

D'autres études historiques montrent par ailleurs que les pratiques de mortification et d'ascèse alimentaire extrêmes dans les communautés monacales médiévales avaient une nette prédominance féminine (Bynum, 1987). Sainteté au Moyen Age, maladie à l'époque contemporaine : tout se passe comme si les mêmes manifestations prenaient un sens différent, suscitaient d'autres réponses sociales et individuelles, selon les époques et les contextes culturels. Cette hypothèse semble confirmée par l'évolution que rapporte Bell dans les cas de *holy anorexia* (« anorexie sacrée ») au fil des siècles. De Catherine de Sienne à sainte Véronique en passant par sainte Marguerite de Cortone, on voit le comportement des saintes et surtout les réponses de l'Église évoluer. Les mystiques se heurtent à un scepticisme et une méfiance croissants; elles commencent à être soupçonnées, d'abord d'hérésie puis de possession diabolique. Après la Réforme, on commence à rapporter des cas de jeûneuses miraculeuses appartenant à la foi protestante.

Cette évolution se poursuit par la suite, lorsque la médecine, sous le patronage de princes et de rois, prend le relais de l'Église dans l'examen des jeûneuses. Au XVIIe siècle, en effet, on commence à envoyer à leur chevet non seulement des ecclésiastiques, mais aussi des médecins, chargés de vérifier la réalité des faits allégués. En 1688, Thomas Hobbes, appelé à rendre visite à une jeune fille qui avait cessé de s'alimenter depuis six mois et suscitait une révérence religieuse dans la population locale, écrit pour la première fois à propos de la jeune fille qu'elle est « manifestement malade ».

L'historienne américaine Joan Brumberg (1988) a reconstitué le processus qui conduira finalement le rationalisme et la médecine, au XIXᵉ siècle, à séculariser le jeûne des *fasting girls*. La médecine fait en effet montre d'un scepticisme croissant à l'encontre des jeûneuses aux XVIIᵉ et XVIIIᵉ siècles. Son interprétation du phénomène va passer de la piété à la supercherie et de la supercherie à la pathologie. Au début du XIXᵉ siècle, en Angleterre, Anne Moore, la « Jeûneuse de Tutbury », est observée jour et nuit, sous toutes les coutures, par 117 personnes que supervise le médecin Robert Taylor, envoyé tout spécialement par le *Royal College of Physicians*. Les explications envisagées font appel au surnaturel, à certaine théorie scientifique de l'époque (la jeûneuse se nourrirait d'air), à la médecine (elle souffrirait d'un mal de l'œsophage qui l'empêcherait de se nourrir), ou simplement au charlatanisme. Après cinq ans de notoriété, une seconde investigation est entreprise. Les enquêteurs cherchent impitoyablement à démasquer la supercherie que, à leurs yeux, ne saurait manquer de cacher le soi-disant jeûne miraculeux. Anne Moore est finalement convaincue de fraude et contrainte à signer une confession : on l'a d'abord surprise, alors qu'elle était au bord de l'inanition, suçant un mouchoir imprégné d'eau et de vinaigre. Puis elle a été convaincue d'avoir pris une potion contre les maux de gorge. La supercherie dévoilée, l'intérêt de tous se détournera d'elle. En 1869, un cas similaire, celui de la galloise Sarah Jacob, s'achève tragiquement : soumise à une observation incessante, la jeûneuse meurt au bout de dix jours... Les médecins, pour la première fois, font appel au diagnostic d'hystérie pour expliquer le comportement de la *fasting girl*. Ce sera désormais l'explication dominante des cas similaires qui prolifèrent aux États-Unis jusqu'au début du XXᵉ siècle, retenant l'attention de la presse et du grand public, outre celui de la médecine.

Si les *fasting girls* sont la plupart du temps d'extraction modeste, prétendent avoir des facultés surnaturelles, et tirent quelque bénéfice de leur célébrité, même scandaleuse, nous savons maintenant qu'un autre type de jeûneuse existe aux États-Unis au milieu du XIXᵉ siècle. Brumberg a en effet découvert dans les écrits d'un aliéniste américain, Chipley, la description de cas de jeunes femmes amenées à l'asile par leurs parents. Il nomme leur mal « sitiophobie » (du grec *sitos*, grain). Ces jeunes filles ne revendiquent aucune faculté surnaturelle et elles appartiennent à la classe moyenne ou à des milieux favorisés qui, selon Chipley, ont les moyens de se faire soigner par la médecine de ville et ne recourent à la médecine asilaire qu'en ultime ressort, ce qui explique que ces patientes n'apparaissent qu'exceptionnellement (Brumberg, 1988). Les patientes décrites et soignées par Gull et Lasègue appartiennent, elles aussi, en général à la bourgeoisie. Brumberg croit devoir chercher une explication dans la « société victorienne ». Elle fait valoir que, à la fin du XIXe siècle, en France, en Angleterre comme aux États-Unis, l'existence d'une adolescence, période intermédiaire entre l'enfance et l'âge adulte où le jeune reste sous la dépendance familiale, distingue la bourgeoisie des classes laborieuses qui passent sans transition de l'enfance au monde du travail ou au mariage précoce pour les filles. Plus longtemps soutenus, plus protégés, les jeunes bourgeois et les jeunes bourgeoises tissent aussi avec leurs parents des relations complexes et intenses. Dans ce contexte, le refus de nourriture de l'anorexique ne manque pas de prendre une signification particulièrement provocatrice et bouleversante pour les parents, particulièrement la mère.

Lorsque Lasègue et Gull caractérisent et décrivent la maladie « nouvelle », celle-ci est observée assez fréquemment, elle est assez mystérieuse dans ses origines, pour que son étiologie suscite un débat dans les milieux médicaux. La perte d'appétit, selon les uns, est d'origine somatique; selon les autres, elle résulte d'un traumatisme, d'un choc affectif subi par la patiente. On voit apparaître aussi un type d'explication socio-culturelle : la maladie est liée aux particularités de la vie et de la société modernes, aux nouvelles aspirations des jeunes femmes, aux pressions s'exerçant sur elles. L'explication hystérique, la plus commune, attribue la maladie à un excessif désir d'attention de la part de jeunes filles trop gâtées par des parents trop faibles, manquant d'autorité morale. D'où le principe admis très rapidement, et aujourd'hui encore fréquemment appliqué, de l'isolement, de l'éloignement de la patiente de son domicile et de sa famille. Les changements dans la condition féminine, en particulier l'accès des jeunes femmes à l'éducation, sont souvent incriminés par les médecins de l'époque. *« Pourquoi*, écrit Clouston, un célèbre aliéniste britannique, *devrions-nous gâcher une bonne mère pour faire une grammairienne médiocre ? »* (Brumberg, 1988, p. 151).

On voit donc que, si l'anorexie mentale est souvent considérée comme une maladie spécifiquement moderne, socialement caractérisée, on trouve pourtant à des époques et dans des contextes culturels et sociaux très différents des manifestations apparemment très proches. Ce qui change le plus, ce sont finalement les réponses au comportement anorexique. Le contexte social modifie profondément le sens attribué par les proches et les contemporains au phénomène et dans une certaine mesure le phénomène lui-même. Devant l'anorexie mystique, puis les jeûneuses germaniques du XVIe siècle, puis encore les *fasting girls* anglo-saxonnes des XVIIIe et surtout XIXe siècles, on voit à la fois les attitudes et les autorités compétentes changer. Les compétences : l'Église, puis les monarques séculiers et leurs envoyés les médecins. Les attitudes : la méfiance croissante de l'Église, qui se demande s'il faut considérer ces jeûneuses comme des saintes, des hérétiques ou des possédées; le scepticisme et le rationalisme médicaux, qui se mettent en devoir de démasquer la supercherie. Par la suite, les *fasting girls* sont d'extraction populaire : leur jeûne sera perçu comme miraculeux, il suscitera l'intérêt du public, inspirera des pèlerinages, un peu au même titre que les stigmatisées. La famille protège sa jeûneuse comme un don du ciel, l'exploite parfois commercialement et lutte contre le scepticisme des médecins. Les anorexiques de la fin du XIXe siècle, au contraire, appartiennent à la bourgeoisie. Leur famille, en particulier la mère, est profondément choquée par leur refus de nourriture et les médecins les voient comme des enfants tragiquement gâtées, victimes déjà d'une crise de la famille moderne. Les anorexiques de la période contemporaine, enfin, sont parfois présentées comme d'implacables révoltées sinon des héroïnes féministes en grève de la faim contre la société patriarcale (Orbach, 1978), des « indomptables » (Raimbault & Eliacheff, 1989), mais aussi comme de malheureuses victimes de l'idéologie moderne de la minceur et de la lipophobie (Chernin, 1985; Boskind-White, 1985, Brumberg, 1988; Seid, 1989).

De fait, aujourd'hui, la lipophobie et l'idéal social d'une minceur biologiquement inatteignable et intenable rappellent au moins sous un rapport la quête de la perfection médiévale. Ils transforment la recherche de la minceur en une quête quasi mystique de la perfection impossible, une sorte de poursuite asymptotique où la « ligne » idéale, parfois approchée, n'est jamais atteinte, reste encore et toujours à portée de main et hors de portée en même temps, à quelques « kilos en trop » de distance. Pour autant, peut-on conclure que l'idéal civilisationnel de minceur joue un rôle quelconque dans l'étiologie de l'anorexie mentale?

Certaines descriptions cliniques du XIXe siècle font déjà parfois état d'une crainte morbide de l'engraissement chez les anorexiques. L'une des patientes décrites par Charcot à la fin du siècle a un ruban rose serré autour de la taille, destiné à marquer la circonférence maximale qu'elle s'autorise (Habermas, 1989). Un peu plus tard, au début de ce siècle, Pierre Janet met l'accent sur « l'idée fixe d'obésité » chez les anorexiques. Ainsi les anorexiques ont déjà des objectifs de minceur extrême formulés en termes esthétiques à des époques où l'idéal de beauté féminine est beaucoup plus généreux qu'aujourd'hui (le « sablier »). Il paraît donc pour le moins difficile d'affirmer que la gloire de Twiggy est responsable d'une épidémie d'anorexie mentale dont l'existence, par ailleurs, est loin d'être établie.

Cependant la tyrannie de la minceur n'est pas sans effet, notamment au plan des réponses sociales et du sens de la maladie : les anorexiques peuvent sans doute trouver une insertion sociale dans certaines professions (danseuses, mannequins) et passer plus facilement inaperçues que dans une société où les femmes doivent être rondes. Elles peuvent même être enviées par les autres femmes : ne sont-elles pas les seules à atteindre, « tenir » et même dépasser l'impossible idéal? Dans un âge lipophobe, d'autre part, les anorexiques peuvent trouver aisément un discours de justification acceptable, avant du moins d'atteindre une émaciation trop extrême. On pourrait même imaginer qu'une telle situation pourrait éventuellement contribuer à retarder le diagnostic médical : les anorexiques peuvent se retrancher derrière de multiples justifications esthétiques, de mode et même de forme, dont leur entourage et leur famille peuvent éventuellement se satisfaire plus longtemps.

La modernité apparente de la boulimie

Si l'anorexie mentale semble traverser le temps, la situation de la boulimie en la matière est encore plus difficile à évaluer.

Comme nous l'avons vu, l'épidémiologie ne permet pas de se prononcer avec certitude sur la réalité de l'augmentation des cas de boulimie au cours des dernières années. Sur le plan historique, on ne dispose pas d'autant d'éléments qu'en ce qui concerne l'anorexie. Le cas de Friderada, rapporté par un moine du IXe siècle, est probablement le premier présentant ce que l'on verrait aujourd'hui comme des symptômes boulimiques : cette jeune fille présenta d'abord des « symptômes » hystériques, puis boulimiques, puis de type anorexique (Habermas, 1986). On dispose également de quelques autres observations au XVIIIe siècle en Angleterre et au XIXe en France (Stein & Laakso, 1988). Mais le psychiatre allemand Tilmann Habermas, passant en revue la littérature sur les accès boulimiques et les pratiques associées de vomissement volontaire et d'abus de laxatifs, conclut qu'elles ne semblent apparaître véritablement qu'à partir des années trente de ce siècle (Habermas, 1989).

En l'état actuel des connaissances, la question de la modernité ou de l'éternité de la boulimie relève de l'indécidable. On peut simplement conjecturer que, en effet, des manifestations ressemblant à ce que les médecins nomment ainsi aujourd'hui ont été relatées dans le passé. On peut également relever les caractéristiques spécifiques que revêt actuellement le « syndrome boulimique ». Tout d'abord, certaines observations indiquent que la boulimie s'appuie en grande partie sur une pratique sociale, qu'elle comporte un certain nombre de conduites qui font ou peuvent faire l'objet d'un apprentissage, d'une transmission, voire d'une forme de prosélytisme, dans les milieux féminins. Certaines de ces conduites peuvent en fait être assimilées à des techniques, et donc apprises et transmises socialement, comme celle du vomissement provoqué. Les études montrent que certains milieux sont particulièrement « à risque » : mannequins et comédiennes, danseuses, hôtesses de l'air, infirmières. Certaines enquêtes américaines concluent à une fréquence tout à fait considérable de cas de boulimie parmi les lycéennes ou les étudiantes (Halmi, 1981 ; Pope et al, 1984 ; van Thorre & Vogel, 1985). La boulimie présente d'autre part une particularité très spécifique : le secret et l'isolement, la honte dans lesquels se confinent les victimes. Le fait que les media traitent de plus en plus de la boulimie et rapportent la position médicale selon laquelle il s'agit d'une maladie joue un rôle décisif pour celle qui se découvre malade et bientôt éventuellement patiente. En outre, la rupture de cet isolement par l'établissement d'un contact avec d'autres boulimiques entraîne l'établissement de liens de sympathie, de connivence, qui peuvent peut-être conduire à la formation d'un sentiment de groupe, d'appartenance commune.

La *bulimia nervosa* se caractérise par un comportement connu sous son nom anglais de *binge and purge* (gavage-purge). A ces deux éléments, la clinique indique que, dans la plupart des cas, il faut en ajouter un troisième : la boulimie se déclenche pour la première fois à la suite d'un régime sévère et durable après lequel les patientes entrent dans le cycle infernal régime-gavage-vomissement (Johnson & Connors, 1987; Tuschl, 1990). En ce sens, la peur morbide de grossir, l'obsession d'un idéal corporel de minceur auquel on assimile l'épanouissement, la réussite, le bonheur, semblent tout à fait décisives, puisqu'elles sont le motif affirmé de la restriction alimentaire et que celle-ci, de l'avis de plus en plus général, joue un rôle déclencheur ou accélérateur.

Boulimie, minceur et gastro-anomie

Le désir d'atteindre cet objectif insaisissable, la minceur parfaite, constitue donc l'une des conditions nécessaires au déclenchement du processus. Nous avons vu plus haut quel sens la minceur revêtait en ce qui concerne le rapport de l'individu-femme à la société, à son rôle social. Pour que le modèle de la minceur puisse s'imposer au point d'influencer, de motiver, à l'exclusion de toute autre préoccupation, les comportements alimentaires individuels, il faut sans doute une condition supplémentaire, que n'aperçoivent pas les thèses qui renvoient les troubles du comportement alimentaire exclusivement aux modèles véhiculés par la culture de masse. Il faut sans doute que *l'encadrement social des conduites alimentaires soit affaibli*.

Nous avons déjà vu que, dans les pays les plus développés, urbanisés, dans certaines couches de la société, un processus d'individualisation des choix alimentaires se précise, tandis que les pressions et les normes s'exerçant traditionnellement sur les comportements individuels se sont atténuées ou même délitées et qu'une cacophonie de sollicitations contradictoires s'abat sur le mangeur. Ce phénomène de « gastro-anomie » semble précisément se manifester dans les milieux dits par les épidémiologistes « à risque », par exemple la population féminine des campus universitaires américains. Dans une culture globalement peu normative sur le plan des conduites alimentaires et où, de surcroît, les étudiants vivent loin du milieu familial et de ses régularités, de ses rituels alimentaires, soumis à l'influence exclusive de leurs pairs ou de leurs préférences personnelles, contraints exclusivement ou presque par les impératifs de temps, ils vivent superlativement la situation gastro-anomique. D'une part en effet, l'alimentation y tend de plus en plus à être une activité culturellement non différenciée, qui n'est incompatible avec pratiquement aucune autre activité (transports, travail, loisirs, etc.), qui n'exige pas nécessairement de contexte ritualisé, qui s'est « portabilisée », nomadisée au point que l'usage d'une métaphore s'est imposé pour la décrire : *grazing* (brouter, paître). D'autre part, l'alimentation quotidienne sur le campus est presque complètement individualisée, au sens où les choix sont effectués selon des critères purement personnels, quasi *ad libitum*. Les choix individuels ne sont guère contraints, ni par des prescriptions religieuses ou culturelles, ni par les horaires ou le contenu des repas traditionnels, ni par les rituels de table. La vie sociale collective n'est pas organisée autour de l'alimentation. On pourrait presque dire que le manger a cessé d'être une pratique socialisée : c'est le non-manger qui en tient lieu, en particulier dans la « subculture » féminine. Désormais, *si on ne mange pas ensemble, on jeûne ensemble.*

En fait, la seule pression normative, la seule structure collectivement et uniformément reconnue comme devant contraindre et réguler le comportement est désormais le modèle de la minceur et le repoussoir de la graisse. Cette opposition binaire graisse-minceur devient l'alpha et l'oméga du choix alimentaire. Elle seule s'impose de manière univoque pour structurer les représentations et surtout les choix alimentaires dans la cacophonie ambiante des discours sur l'alimentation. Le bon et le sain sont mesurés à la seule aune d'un critère ultime : fait ou ne fait pas grossir. A cette nouvelle morale correspond un nouveau modèle idéalisé, celui de la minceur, qui est en somme devenu la forme laïcisée de la sainteté de jadis.

Les « troubles du comportement alimentaire » de type boulimique revêtent donc une dimension d'anomie ou plutôt de gastro-anomie. Non que la désagrégation de l'encadrement social traditionnel des conduites alimentaires en soit la cause primaire et directe; mais des indices de plus en plus convergents permettent de penser que la boulimie peut dériver de certaines réponses biologiques à des situations de restriction alimentaire. Dans nos sociétés, de telles restrictions ne résultent pas de la pénurie, du manque alimentaire mais de privations auto-infligées. Ces privations ne résultent pas d'une sorte d'impérialisme de la culture, en particulier de la culture de masse, elles ne résultent pas d'un excès de normes (celles liées à l'image du corps), mais au contraire d'une crise, d'un vide ou, ce qui revient au même, d'une prolifération anomique liée elle-même à l'autonomisation, à l'individualisation extrême des conduites alimentaires. Le modèle de la minceur n'est pas tout-puissant, il n'est pas même une norme à proprement parler : seulement un objectif proposé par la culture, sans les moyens de l'atteindre, et même biologiquement inaccessible. Les régimes désordonnés qui préludent à la boulimie, la déclenchent ou scandent son déroulement peuvent être interprétés comme des soubresauts de l'individu seul devant la tâche de réguler son alimentation. Or cette tâche, au moins pour certains, est insoluble, et elle l'est *biologiquement* : l'organisme du mangeur, il faudrait dire ici de la mangeuse, a été forgé par l'évolution sous la pression sélective de la pénurie, non de l'abondance. Il « sait » mieux faire des réserves, économiser ses dépenses, compenser des déficits que régler restrictivement les « entrées ».

Saveur et savoir

Comment comprendre, nous demandions-nous au départ de ce parcours, la passion et l'obsession alimentaires contemporaines, l'inquiétude qui semble naître paradoxalement dans la sécurité et l'abondance?

Manger, c'est penser. Dans son rapport avec le monde, avec lui-même, avec les autres individus et la collectivité, nous avons vu que l'omnivore humain a constamment besoin de penser son alimentation, de la raisonner ou de la rationaliser. En examinant le rapport de l'homme à ses aliments, nous n'avons cessé de rencontrer des notions d'ordre et d'organisation, de cohérence, de régulation. Les raisons sont probablement biologiques, cognitives, sociales. Nous en avons privilégié notamment deux, qui imposent à l'homme de s'installer, pour manger, à l'intérieur d'une logique culinaire : le paradoxe lié à la condition d'omnivore et le principe d'incorporation, ce « biais » apparemment universel de la pensée humaine selon lequel ce que nous mangeons modifie et détermine notre être. Si l'alimentation humaine a besoin d'être structurée, elle est en même temps fondamentalement structurante : individuellement parce que, comme nous l'avons vu, elle socialise et acculture l'enfant; collectivement, parce qu'elle symbolise et traduit dans ses règles le triomphe de la culture contre la nature, de l'ordre social contre la sauvagerie. En outre, elle signifie et concrétise les hiérarchies sociales tout en permettant éventuellement aux individus de se déplacer en elles, au moins de manière imaginaire.

Or la situation moderne se caractérise de plus en plus par les manifestations de l'individualisme, de plus en plus par l'autonomie et l'anomie, et de moins en moins par l'hétéronomie (l'imposition au sujet de règles extérieures) qui, de toute éternité, semble-t-il, marquait le rapport du mangeur à l'alimentation. La modernité nous révèle comme en creux que les règles qui structurent l'alimentation et la cuisine ordonnent et contraignent aussi les comportements biologiques et les conduites individuelles. Dans le rapport traditionnel à l'alimentation, en effet, d'une part les règles religieuses imposent des périodes de jeûne, de restriction, des prohibitions. D'autre part, même et surtout lorsque les lendemains ne sont pas acquis ou lorsque l'abondance reste un privilège (ce qui a été le cas pendant l'essentiel de l'histoire de l'humanité), l'un des enjeux primordiaux que règlent à la fois la cuisine, les manières de table et l'hospitalité, c'est la distribution, la répartition des ressources disponibles et de la gratification : les lois de la cuisine et de la table concourent en général à assurer la satisfaction des besoins des personnes présentes, conformément à la hiérarchie et l'organisation sociales. C'est d'ailleurs l'une des raisons pour lesquelles l'alimentation est si étroitement, si indissolublement liée à des jugements moraux, comme nous l'avons vu à propos de la perception de l'obésité masculine ou de la saccharophobie. Ainsi, si manger c'est penser, le manger traditionnel est pré-pensé pour le mangeur.

Dans la situation moderne, l'enjeu n'est plus le partage des ressources. Le problème central est devenu celui de la régulation de l'appétit individuel devant des ressources quasi illimitées. Or biologiquement, comme nous l'avons vu, l'évolution n'a pas préparé nos organismes à l'abondance : elle a forgé au contraire des mécanismes de régulation biologique « prévoyants », économes, capables de préparer et de gérer des réserves mobilisables dans la pénurie. Ces mécanismes biologiques continuent de s'appliquer dans la situation contemporaine, comme si l'abondance n'était que transitoire, comme si la disette pouvait surgir à chaque instant. Dès lors, chez certains individus, le lit de l'embonpoint ou de l'obésité est fait : les précieuses réserves, qui seraient « brûlées » à la première période

« maigre », restent intactes et s'accumulent inéluctablement (Apfelbaum & Lepoutre, 1978).

L'inadéquation des régulations homéostatiques, qui fonctionnent sur des données fausses, comme si le point de réglage était fixé à un degré trop élevé, vient donc s'ajouter à la « gastro-anomie », à la crise des cadres culturels du comportement individuel. La régulation de la prise alimentaire, qu'impose la condition d'omnivore pensant, tend donc à devenir non seulement l'affaire d'une décision individuelle, mais encore d'une décision extrêmement délicate. Pour la prendre, il faut en effet s'appuyer sur des calculs savants, déterminer comment atteindre un objectif (le seul paramètre imposé, la minceur idéale, est comme on l'a vu biologiquement difficile sinon impossible à atteindre); il faut apprécier les moyens nutritionnels de l'obtenir, supputer, computer, calculer, bref : acquérir du savoir.

Or nous l'avons vu : par une quantité de traits, le rapport moderne à l'alimentation rend cette tâche délicate ou impossible, ce qui aggrave encore la tension. Non seulement, en effet, les conduites individuelles sont moins encadrées, mais encore la cacophonie diététique règne, avec la prolifération des discours sur la nutrition, des prescriptions, des mises en garde et des avertissements, des sollicitations alléchantes et des sectarismes divers. Il faut penser le manger pour soi-même. « Comment choisir ? » devient une question obsédante, envahissante, parfois insurmontable.

Il est tentant de voir dans les régimes d'aujourd'hui une forme laïcisée du jeûne et du carême d'autrefois. La minceur nous est apparue, à l'examen, comme une forme moderne de la sainteté que la restriction seule permet d'atteindre. Mais faute d'une Église unique pour édicter et imposer la règle, il existe de nos jours une infinité de voies.

Celle qui bénéficie de l'approbation implicite des instances politico-administratives, scientifiques et, en grande partie de l'opinion publique, est la rationalisation « scientifique » de l'alimentation, appuyée sur la nutrition et la diététique, garantie par l'État, contrôlée par les associations de consommateurs. L'espoir sur lequel elle repose est le progrès continu de la science, qui devrait permettre d'isoler les risques liés à notre alimentation, les besoins à satisfaire, les voies à suivre. La science, selon cette logique, devrait donc être capable de fournir à l'État, garant de l'intérêt général, les objectifs d'une politique de santé publique, qui s'appuierait probablement sur une information de la population concernant les risques associés à l'alimentation, les changements à apporter dans les habitudes alimentaires et sur une éducation nutritionnelle des enfants.

Cette conception en forme de rationalisation technocratique repose sur le postulat implicite que l'alimentation moderne pose de graves problèmes de santé publique : maladies cardio-vasculaires et cancers ainsi que certaines « carences » modernes (vitamines, oligo-éléments divers, etc.). Or l'idée même de maladie de civilisation, en matière alimentaire particulièrement, est chargée de projections moralisatrices et enjeu d'intérêts économiques considérables : le moins qu'on puisse dire, c'est qu'elle mérite d'être critiquée et relativisée. On oublie en effet quelquefois ceci : les maladies dites de civilisation doivent probablement moins au régime alimentaire ou aux mauvaises habitudes de toutes sortes qu'à l'allongement de la durée de vie. Les principales causes de mortalité dans le monde développé, les maladies cardio-vasculaires et le cancer, sont en grande partie la contrepartie de l'allongement de l'espérance de vie : leur fréquence est en effet étroitement corrélée avec l'âge : plus que l'alimentation, c'est le vieillissement qui serait donc nuisible à la santé... Quant aux carences diverses que l'on découvre tous les jours, certaines présentent une particularité remarquable : elles sont très répandues, parfois même majoritaires dans la population, et n'entraînent cependant que peu de troubles observables. On peut donc se poser la question de savoir si le problème ne réside pas davantage dans la définition des besoins nutritionnels que dans la santé réelle. L'une des principales autorités en matière de nutrition a soutenu qu'il n'existe pas de carence nutritionnelle sérieuse dans la population française, à l'exception sans doute de la carence en fer chez les femmes et que, d'une manière générale, il n'existe pas de preuve irréfutable de ce que les mesures de prévention diététique ont un effet positif réel en matière cardio-vasculaire (Apfelbaum, 1990). Cet auteur accorde en outre une grande importance à la variabilité génétique et propose de considérer les problèmes nutritionnels en termes individualisés : « *(...) la majeure partie d'entre nous pourrait se nourrir comme par le passé en conservant un excel-*

lent état de santé... et sans s'attendre à l'angoisse » (Apfelbaum, 1989).

Pendant des décennies, et de plus en plus, on a considéré que le principal risque de santé publique résidait dans les excès et les déséquilibres alimentaires. On peut aujourd'hui se demander au contraire si, dans un contexte « gastro-anomique », le risque lié aux régimes, sporadiques ou permanents, que s'impose une partie de la population, en particulier féminine, n'est pas au moins aussi important et si nous ne sommes pas plus menacés par les angoisses alimentaires qui nous rongent que par le contenu de nos assiettes.

Face à l'orthodoxie médico-technocratique, les mangeurs eux-mêmes ont recours à des solutions très variées. Pour certains, c'est le chemin de Damas diététique : le plus souvent à la suite d'une crise personnelle profonde (maladie surmontée, divorce, traumatisme, etc.), ils révolutionnent leur existence par l'alimentation. Ils vivent un véritable processus de conversion à une vérité alimentaire révélée, qu'il s'agisse de la vérité macrobiotique, végétarienne, instinctivore ou de l'une des multiples autres doctrines disponibles (Ossipow, 1986). D'autres préfèrent le bricolage syncrétique : ils se construisent leur propre théorie diététique à partir d'éléments glanés dans les media, dans les livres de régime et de cuisine, dans leur expérience individuelle et les opinions diverses recueillies ici et là.

Mais de plus en plus et avant tout, la régulation et la restriction sont à vendre. Le régime est un marché. Nulle part encore, il n'a la même ampleur qu'aux États-Unis : en 1989 dans ce pays, le marché des régimes, des produits et des services liés au régime, en hausse constante, était évalué à 33 milliards de dollars (plus de 180 milliards de francs) [1]. En France comme dans les autres pays européens, le marché des produits allégés a connu une croissance très rapide (cf. *supra*, chapitres 7-8). C'est donc en somme à l'industrie qu'est de plus en plus laissé le soin de satisfaire la demande de régulation ou de restriction croissante, en offrant soit des régimes amaigrissants, des cures et des programmes divers, des médicaments ou des paramédicaments, soit surtout, de plus en plus, des produits alimentaires dits « light » qui, non contents d'incorporer du service (facilité d'em-

---

1. « Diets Incorporated », *Newsweek*, 11 septembre 1989, p. 56.

ploi, gain de temps, préparation réduite), incorporent également de la restriction, du régime, pour ainsi dire dans la masse.

Le désir de régler le corps et l'âme en réglant sa vie quotidienne, d'exercer le meilleur gouvernement du corps possible est, comme on l'a vu, très ancien. La tentation de laisser à la science le soin de rationaliser et d'optimiser l'alimentation est un peu plus récente. Mais « l'alimentation scientifique », pas davantage que la science et la médecine, n'est nullement à l'abri des fantasmes, des idéologies, des mythes qui baignent le reste de la société. Le rêve prométhéen de construire les choix alimentaires à partir du savoir scientifique est périlleux ou problématique. Peut-être considérera-t-on un jour les discours sur l'alimentation contemporaine avec le même étonnement que nous éprouvons aujourd'hui devant les doctes propos de jadis sur la sexualité et les périls attribués au plaisir.

Mais des tendances nouvelles semblent se dessiner, dont il faut guetter le destin avec espoir. Les retrouvailles récentes du plaisir et de la nutrition, de l'hédonisme et du moralisme, de la grande cuisine et de la diététique annoncent peut-être que la « gastro-anomie » contemporaine, la crise du régime, la crise du mangeur ne font pas seulement le lit de toutes les rationalisations et de tous les délires, de tous les systèmes et de tous les désordres. La crise ouvre peut-être aussi une nouvelle ère, un nouvel ordre de liberté et de maturité alimentaires. Peut-être parviendrons-nous à vivre nos choix d'omnivores pensants sur un autre mode que celui de l'angoisse et de l'obsession. Peut-être parviendrons-nous à développer avec notre corps, nos sens, nos aliments un rapport autre que d'anxiété et de méfiance. Pour cela, il nous faudra probablement apprendre à nous mettre à l'écoute de nos sens pour redécouvrir à la fois nos aliments et notre corps. Il est peut-être significatif que « savoir », étymologiquement, dérive de « saveur »[1] : si savourer, c'est savoir, alors il est urgent d'accroître nos compétences dans ce domaine. Nous découvrirons ainsi à la fois ce que nous mangeons et ce que nous sommes.

---

1. « Avoir de la saveur, d'où avoir de la pénétration, puis comprendre », *Nouveau dictionnaire étymologique Larousse*.

Bibliographie

Ouvrages cités

Abel, M.H., 1899, « Sugar as Food », *Farmer's Bulletin* (93) [Également dans *British Food Journal*, London, 1899, i, 563].

Abrams, H.L.J., 1987, « The Preference for Animal Protein and Fat: A Cross-Cultural Survey », *Food and Evolution – Toward a Theory of Human Food Habits*, editors M. Harris & E.B. Ross. Philadelphia, Temple University Press.

Aimez, P. & Remy, B., 1979, « Image spéculaire et image du corps chez les sujets obèses », *Perspectives psychiatriques* V (74):393-400.

Aimez, P., 1983, « Violences alimentaires et psychométamorphoses du corps féminin », *Information sur les Sciences sociales* 22 (6):927-940.

Aimez, P. & Ravar, J., 1988, *Boulimiques – origines et traitements de la boulimie*, Paris, Ramsay.

Allain-Régniault, M., 1988, « L'ère des anti-cancérigènes », *Sciences & Avenir* 495 (mai):28-37.

Allison, T.M., 1908, « Sugar Headaches », *Brit. Med. J.*, London, i, 563.

Allon, N., 1973, « The Stigma of Overweight in Everyday Life », *Perspective*, editor G.A. Bray, 83-102, Washington, DC, US Government Printing Office.

Allport, G.W., 1955, *Becoming. Basic Considerations for a Psychology of Personality*, New Haven, Connecticut, Yale University Press.

Alquier, J. & Drouineau, A., 1905, *Glycogénie et alimentation rationnelle au sucre. Étude d'hygiène alimentaire sociale et de rationnement du bétail*, Paris, Berger-Levrault [2 vol.].

Anawalt, P.R., 1986, « Les sacrifices humains chez les Aztèques », *La Recherche* 17 (175):322-329.

Andry, N., 1723, *Traité des alimens de caresme...*, Paris, J.-B. Coignard.

Angyal, A., 1941, « Disgust and related aversions », *Journal of Abnormal Social Psychology* (36):393-412.

Anonyme, 1607, *Thrésor de Santé*, Lyon.

Anonyme, 1786, « Remarques diététiques sur l'usage du sucre », *Gazette de Santé* (23):89 sqq.

Anonyme, 1989, « Une toxicomanie ignorée – Les sucreries, la drogue dure des enfants », *La Vie Naturelle*, mars (37):45.

Anzieu, D., 1985, *Le Moi-peau*, Paris, Dunod.

Apfelbaum, M. & Lepoutre, R., 1978, *Les mangeurs inégaux*, Paris, Stock.

Apfelbaum, M., 1989, « La recherche face aux peurs du siècle », *Autrement* Nourritures (108):180-183.
Apfelbaum, M., 1990, « Cholestérol, c'est fou », Colloque international « cholestérol et prévention primaire », Paris, 24 février 1990.
Aristote, éd. 1967, *Rhétorique*, Paris, Les Belles Lettres.
Aron, J.-P., 1973, *Le Mangeur du XIXe siècle*, Paris, Robert Laffont.
Arrous, J., 1898, « Effets cardiovasculaires des injections intraveineuses de sucre », *Comptes rendus de la société de biologie* 11 (s,i):807.
Aymard, M., « Dietary Changes in Europe From 16th to 20th Century, With Particular Reference to France and Italy », Dactylographié, sans référence.
Aymard, M., 1975, « Pour l'histoire de l'alimentation : quelques remarques de méthode », *Annales* (2-3):431-444.
Bahuchet, S., 1984, « Notes sur le partage de la nourriture chez les pygmées Aka Lobaye, république Centrafricaine », Communication au Symposium « The Sharing of Food », Werner Reimers Stiftung, Bad Homburg, RFA, décembre 1984.
Bahuchet, S., 1985, *Les Pygmées Aka et la forêt centrafricaine*, Paris, SELAF.
Banner, L., 1983, *American Beauty: A Social History Through Two Centuries of the American Idea, Ideal, and Image of the Beautiful Woman*, New York, Knopf. [Cité dans Seid, 1989.]
Barois, A., 1981, « Morbidité par accidents chez l'enfant entre 0 et 15 ans à partir de 4 enquêtes différentes portant chacune sur une année », Table ronde sur les accidents chez l'enfant – *Journées parisiennes de pédiatrie*.
Barrau, J., 1974, « Écosystèmes, civilisations et sociétés humaines : le point de vue d'un naturaliste », *Information sur les sciences sociales* 14 (1):21-34.
Barrau, J., 1983, *Les hommes et leurs aliments. Esquisse d'une histoire écologique et ethnologique de l'alimentation*, Paris, Temps Actuels.
Baudelot, C., Establet R. & Lahlou, S., 1987, « Le suicide, un fait social », *Données sociales*, 456-461, Paris, INSEE.
Bavly, S., 1966, « Changes in Food Habits in Israel » *Journal of the American Dietetic Association* 48 (June):488-495.
BDG (Business Development Group), 1989, *Les fastfoudeurs se mettent à table – Les confidences des fastfoudeurs, version 1989*, Paris, VIIIe Salon International de la Restauration Rapide.
Beauchamp, G.K. & Maller O., 1977, « The Development of Flavor Preferences in Humans: a Review », *The Chemical Senses and Nutrition*, editors M.R. Hare & O. Maller, 291-311. New York, Academic Press.
Beauchamp, G.K., Maller, O. & Rogers, J.G. Jr., 1977, « Flavor Preferences in Cats (Felis Catus & Panthera sp.) », *J. of Comp. and Phys. Psychol.* 91 (5):1118-1127.
Beauchamp, G.K. & Moran, M., 1982, « Dietary experience and sweet taste preferences in human infants », *Appetite* (3):139-152.
Beaufort, A. & Poumeyrol, G., 1984, « La viande : aspects économiques », in *Les viandes – Hygiène – Technologie*, sous la direction de R. Rosset & P. Lameloise, 13-26. Informations techniques des services vétérinaires, 88-91, Paris, ministère de l'Agriculture.
Belasco, W.J., 1987, « Ethnic Fast Foods: The Corporate Melting Pot », *Food & Foodways* 2 (1):1-30.
Bell, R.M., 1985, *Holy Anorexia*, Chicago, University of Chicago Press.
Beller, A.S., 1977, *Fat and Thin: A Natural History of Obesity*, New York, McGraw Hill.
Bender, A.E., 1976, « Food Preferences of Males and Females », *Proc. Nutr. Soc.* (35):181-189.

Benoît, N., Morin, E. & Paillard, B., 1973, *La Femme Majeure – Nouvelle féminité, nouveau féminisme*, Paris, Club de l'Obs/Seuil.
Béraud, H., 1949, *Le martyre de l'obèse*, Paris, Albin Michel.
Best, E., 1942, *Forest Lore of the Maori*, Wellington, The Polynesian Society.
Biezunski, C., 1983, *Réflexions sur la rationalisation médicale de la saccharophobie*, Paris, CEDUS.
Birch, L.L., 1979, « Dimensions of Preschool Children's Food Preferences », *Journal of Nutrition Education* 11 (2):77-80.
Birch, L.L., 1980, « Effects of Peer Models' Food Choices and Eating Behaviors on Preschoolers' Food Preferences », *Child Development* (51):489-496.
Birch, L.L., 1988, « The Acquisition of Food Acceptance Patterns in Children », *Eating Habits*, editors R. Boakes, D. Popplewell & M. Burton, Chichester, England, Wiley.
Birch, L.L., Birch, D., Marlin, D.W., & Kramer, L., 1982, « Effects of Instrumental Consumption on Food Preferences », *Appetite* (3):125-134.
Birnbaum, P., 1979, *Le peuple et les gros : histoire d'un mythe*, Paris, Grasset.
Björntorp, P., 1985, « Adipose tissue in obesity (Willendorf lecture) », *Recent advances in obesity research IV*, editors J. Hirsch & T.B. Van Itallie, 163-170, London, John Libbey.
Blurton-Jones, N.G., 1987, « Tolerated Theft, Suggestions About the Ecology and Evolution of Sharing, Hoarding and Scrounging », *Social Science Information* 26 (1):31-54.
Bonnassie, P., 1989, « Consommation d'aliments immondes et cannibalisme de survie dans l'Occident du Haut Moyen Age », *Annales ESC* septembre-octobre (5):1035-1056.
Bonnet, J.-C., 1976, « Le réseau culinaire dans l'Encyclopédie » *Annales ESC* 31 (5):891-914.
Booth, D.A., 1982, « How Nutritional Effects of Foods Can Influence People's Dietary Choices », *The Psychobiology of Human Food Selection*, editor L.M. Barker, 67-84, Westport, Connecticut, Avi.
Booth, D.A., Mather, P. & Fuller, J., 1982, « Starch content of ordinary foods associatively conditions human appetite and satiation », *Appetite* (3):163-184.
Boskind-White, M., 1985, « Bulimarexia: A Sociocultural Perspective », *Theory and Treatment of Anorexia Nervosa and Bulimia*, ed. S.W. Emmett, New York, Brunner/Mazel.
Boubel, J., 1988, « Comportements : évolution lente et progressive », *LSA*, n° spécial SIAL (1133):80-86.
Bourdieu, P., 1979, *La Distinction – Critique sociale du jugement*, Paris, Éditions de Minuit.
Braudel, F., 1961, « Alimentation et catégories de l'histoire », *Annales ESC* (16):723-728.
Braudel, F., 1979, *Civilisation matérielle, économie et capitalisme*, Paris, Armand Colin. [Volume I : *les structures du quotidien.*]
Breckenridge, M.E., 1959, « Food Attitudes of Five to Twelve Year Old Children », *J. Am. Dietet. Assoc.* 35 (July):704-709.
Brillat-Savarin, A., 1841, *Physiologie du goût*, Paris, Charpentier.
Brumberg, J.J., 1988, *Fasting Girls: The Emergence of Anorexia Nervosa as a Modern Disease*, Cambridge, Harvard University Press.
Brusset, B., 1977, *L'assiette et le miroir*, Toulouse, Privat.
Bryan, M.S. & Lowenberg, M.E., 1958, « The Father's Influence on Young Children's Food Preferences », *J. Am. Dietet. Assoc.* 34 (January):30-35.

Bunge (von), 1901, « Der wachsende Zuckerkonsum und seine Gefahren », *Ztschr. f. Biol., München und Leipzig* n. F. (23):155-166.
Burolleau, S.L., 1815, *Dissertation sur l'emploi diététique et médical du sucre*, Faculté de médecine, Paris.
Burt, J.V. & Hertzler, A.A., 1978, « Parental Influence on the Child's Food Preferences », *J. Nutr. Educ.* 10 (3):127-128.
Bynum, C.W., 1987, *Holy Feast and Holy Fast – The Religious Significance of Food to Medieval Women*, Berkeley, University of California Press.
Cabanac, M., 1971, « Physiological Role of Pleasure », *Science* (173):1103-1107.
Cahnman, W.J., 1968, « The Stigma of Obesity », *Sociological Quarterly* 9 (3):283-299.
Calvo, M., 1982, « Migration et Alimentation », *Information sur les Sciences sociales* 21 (3):383-446.
Capretta, P.J., Petersik, J.T. & Steward, D.J., 1975, « Acceptance of Novel Flavors is Increased After Early Experience of Diverse Tastes », *Nature* (254):689-691.
Carton, P., 1923, *Les trois aliments meurtriers*, Paris, A. Maloine.
Cauvin, J., 1987, « L'apparition des premières divinités », *La Recherche* 18 (194):1472-1480.
Céard, J., 1982, « La diététique dans la médecine de la Renaissance » *in* Margolin, J.C. & Sauzet, R., *Pratiques et discours alimentaires à la Renaissance*, Actes du colloque de Tours, 1979, Maisonneuve & Larose, Paris.
CEDUS, novembre 1984, Le sucre : mémo statistique 1984, Paris, CEDUS.
Champouillon, 1863, « Mémoire sur quelques effets pouvant résulter de l'usage du sucre et des remèdes sucrés », *Gazette des Hôpitaux*, 599-600.
Chang, K.C., editor 1977, *Food in Chinese Culture*, New Haven, Connecticut, Yale University Press.
Chauveau, 1898, « Sur l'importance du sucre considéré comme aliment ; nouvelle démonstration de la supériorité de la valeur thermogène respective de ces deux aliments simples », *Comptes rendus de l'Académie des Sciences*, Paris (126):795-802.
Chernin, K., 1985, *The Hungry Self – Women, Eating & Identity*, New York, Harper & Row.
Chiva, M., 1985, *Le doux et l'amer*, Paris, PUF.
Chiva, M., 1987, « Implications of Sweetness in Upbringing and Education », *Sweetness*, editor J. Dobbing, 227-238, London, Springer.
Chombart de Lauwe, P.H., 1956, *La vie quotidienne dans les familles ouvrières*, Paris, CNRS.
Clastres, P., 1972, *Chronique des Indiens Guayaki*, Paris, Plon.
Claudian, J., 1968, *Propositions pour l'analyse du comportement alimentaire de l'homme*, Neuilly-sur-Seine, FIPAL (Fondation Internationale pour le Progrès de l'Alimentation).
Claudian, J., 1972, « L'alimentation », *La France et les Français*, 133-189. Encyclopédie de la Pléiade, Paris, Gallimard.
Cobbi, J., 1978, « Terminologie culinaire au Japon : des modes de préparation aux mets consommés », *Asemi*, Paris IX (3-4):257-271. [École des Hautes Études en Sciences sociales.]
Cobbi, J., 1984, « Tradition et adoptions : cuisines du Japon », *Les Amis de Sèvres* 2 (n° spécial « Cuisines et cultures »), 16-21.
Cobbi, J., 1989, « L'évolution du comportement alimentaire au Japon », *Économie rurale*, mars-avril (190).
Cocherel, A., 1912, *Les pansements sucrés en chirurgie*, Paris, Jouve.

COFREMCA, 1983, *Le changement des mœurs alimentaires en France*, Paris.
Cook, J., 1980 [1777-1784], *Relations de voyages autour du monde*, Paris, François Maspero/La Découverte.
Corbier, M., 1989, « The Ambiguous Status of Meat in Ancient Rome », *Food and Foodways* 3 (3):223-264.
Corvisier, A., 1964, *L'Armée française de la fin du XVIIe siècle au ministère de Choiseul: le soldat*, Paris, PUF.
Courson, J.-P., 1990, « L'hypermarché se rapproche, l'épicier quitte le village », *Données sociales*, 202-205, Paris, INSEE.
Crisp, A.H., Palmer, R.L. & Kalucy, R.S., 1976, « How Common is Anorexia Nervosa? A Prevalence Study », *British Journal of Psychiatry* (128):549-554.
Darwin, C., 1965, *The Expression of the Emotions in Man and Animals*, Chicago & London, University of Chicago Press [1872.]
Davidson, S., 1985, « Bearers or Burgers », *Time*, May (13):54.
Davis, C.M., 1928, « Self Selection of Diet by Newly Weaned Infants. An Experimental Study », *AM. J. Dis. Child*. 36 (4): 651-679.
Davis, C.M., 1939, « Results of the Self-Selection of Diets by Young Children », *Canadian Medical Association Journal* (september): 257-261.
Debry, G., 1985, « L'émergence des problèmes nutritionnels », *Revue Française du Marketing* 2 (102):9-22.
Debus, A.G., 1977, *The Chemical Philosophy – Paracelsian Science and Medicine in the Sixteenth and Seventeenth Centuries*, New York, Science History Publications – a division of Neale Watson Academic Publications. [2 vols.]
Decoene, C., 1988, « Consommation des ménages – La part des fruits et légumes », *Infos-CTIFL*, October (45):9-12.
Desor, J.A., Maller, O. & Andrews, K., 1975, « Ingestive Responses of Human Newborns to Salty, Sour and Bitter Stimuli », *J. Comp. Phys. Psychol*. 89 (8):976-970.
Desor, J.A., Maller, O. & Turner, R.E., 1973, « Taste in Acceptance of Sugars by Human Infants », *J. Compar. and Phys. Psychol*. 84 (3):496-501.
Detienne, M. & Vernant, J.-P., 1979, *La cuisine du sacrifice en pays grec*, Paris, Gallimard.
Dickens, J. & Chapell, B., 1977, « Food for Freud? A Study of the Sexual Polarisation of Food and Food Products », *Journal of the Market Research Society* 19 (2):76-92.
Donnat, O. & Cogneau, D., 1990, *Les pratiques culturelles des Français – 1973-1989*, Paris, La Découverte/La Documentation Française.
Douglas, M., 1966, *Purity and Danger. An Analysis of Concepts of Pollution and Taboo*, London, Routledge and Keagan Paul.
Douglas, M., 1972, « Deciphering a meal », *Daedalus* (101): 61-82.
Douglas, M., 1979, « Les structures du culinaire », *Communications* (31):145-170.
Douglas, M., 1981, *De la Souillure*, Paris, François Maspero.
Douglas, M. & Nicod, M., 1974, « Taking the Biscuit: The Structure of British Meals », *New Society* (30):744-747.
Drewnowski, A., Hopkins, S.A., & Kessler, R.C., 1988, « The Prevalence of Bulimia Nervosa in the US College Student Population », *American Journal of Public Health* 78 (10):1322-1325.
Dubost, F., 1984, *Côté jardins*, Paris, Scarabée et Cie.
Duchesne, J., 1606, *Le pourtraict de la santé...*, Paris, C. Morel.
Dufty, W., 1975, *Sugar Blues*, New York, Warner Books.
Duncker, K., 1938, « Experimental Modification of Children's Food Preferences Through Social Suggestion », *J. Abn. Soc. Psychol*. (33):489-507.

Dupin, H., 1981, *Apports nutritionnels conseillés pour la population française*, Paris, Lavoisier.

Durkheim, E., 1981 [1895], *Les règles de la méthode sociologique*, Paris, PUF.

Du Ruisseau, J.-P., 1973, *La mort lente par le sucre*, Montréal, Éd. du Jour.

Dutrône la Couture, J., 1790, *Précis sur la canne et sur les moyens d'en extraire le sel essentiel*, Paris, Duplain.

Dyer, A.R., Stamler, J., Berkson, D.M. & Lindberg, H.A., 1975, « Relationship of Relative Weight and Body Mass Index to 14 Year Mortality in Chicago People's Gas Company Study », *Journal of Chronic Diseases* (28):109-123.

Eibl-Eibesfeldt, I., 1984, Communication présentée au Symposium « The Sharing of Food », Werner Reimers Stiftung, Bad-Homburg, RFA.

Einstein, M. & Hornstein, I., 1970, « Food Preferences of College Students and Nutritional Implications », *J. Food Sci.* (35):429-436.

Elias, N., 1973, *La civilisation des mœurs*, Paris, Calmann-Lévy.

Escoffier, A., 1985, *Souvenirs inédits*, Marseille, Jeanne Laffitte.

Fallon, A.E. & Rozin, P., 1985, « Sex Differences in Perceptions of Desirable Body Shape », *Journal of Abnormal Psychology* 94 (1):102-105.

Fallon, A.E., Rozin, P. & Pliner, P., 1984, « The Child's Conception of Food – The Development of Food Rejections With Special Reference to Disgust and Contamination Sensitivity », *Child Development* (55):566-575.

Faurion, A., 1988, « Naissance et obsolescence du concept de quatre qualités en gustation », *JATBA* (XXXV): 22-40.

Fauvel, P., 1913, « Le sucre dans l'alimentation », *Archives médicales d'Angers* (août):6-13.

Febvre, L., 1938, « Répartition géographique des fonds de cuisine en France », in *Travaux du 1ᵉʳ Congrès international de folklore*, Tours.

Fine, P.A., « Modern eating patterns – The structure of reality », A paper presented at the symposium on « Eating patterns and their influence on purchasing behavior and nutrition » of the American Medical Association, November 1971.

Fischler, C., 1979, « Les pièges de la douceur », *Le Monde de l'Éducation* (février 1979) :11-15.

Fischler, C., 1979a, « Gastro-nomie et gastro-anomie : sagesse du corps et crise bioculturelle de l'alimentation moderne », *Communications* (31):189-210.

Fischler, C., 1979b, « Les Socrate de la Nouvelle Cuisine », *Le Monde Dimanche* (16 décembre):XVI.

Fischler, C., 1980, « Food Habits, Social Change, and the Nature/Culture Dilemma », *Social Science Information* 19 (6):937-953.

Fischler, C, 1983, « Le ketchup et la pilule – Nourritures futuristes et imaginaire contemporain », *Prospective et Santé*, Printemps (25):110-119.

Fischler, C., 1985, *La formation des goûts alimentaires chez l'enfant et l'adolescent – Rapport de recherche*, Paris, DGRST.

Fischler, C., 1986a, « Diététique savante et diététiques " spontanées " : La bonne nutrition enfantine selon des mères de famille française », *Culture Technique* (16):50-59.

Fischler, C., 1986b, « Learned versus " spontaneous " dietetics : French mothers' views of what children should eat », *Social Science Information* 25 (4):945-965.

Fischler, C., 1987, « Attitudes Towards Sugar and Sweetness in Historical and Social Perspective », *Sweetness*, editor J. Dobbing, 83-98, London, Springer.

Fischler, C., 1989, « Le dégoût : un phénomène bio-culturel », *Cahiers de Nutrition et de Diététique* XXIV (5):381-384.

Fischler, C. & Chiva, M., 1986, « Food likes, dislikes and some of their correlates in a sample of French children and young adults » in Diehl, J.M. & Leitzmann, C., Measurement and determinants of food habits and food preferences – Report of an EC Worshop, Giessen, West Germany, 1985, May 1-4.

Flandrin, J.-L., 1982, « Médecine et habitudes alimentaires anciennes » in Margolin, J.-C. & Sauzet, R., Pratiques et discours alimentaires à la Renaissance. Actes du colloque de Tours, 1979, Maisonneuve & Larose, Paris.

Flandrin, J.-L., 1983, « La diversité des goûts et des pratiques alimentaires en Europe du XVIe au XVIIIe siècle », Revue d'Histoire Moderne et Contemporaine XXX (janvier-mars):66-83.

Flandrin, J.-L., 1985, « New Foods and Vanishing Foods : A Study of French Cookbooks From the Fourteenth to the Eighteenth Century », A paper presented at the 6th International Conference on Innovations in Food Habits, Cracow, Poland, October 8-13, 1985.

Flandrin, J.-L., 1986, « Pour une histoire du goût », L'Histoire (85):12-19.

Flandrin, J.-L., 1987, « La distinction par le goût », Histoire de la vie privée, sous la direction de Ariès, P. & Duby, G., 267-309, Paris, Seuil.

Flandrin, J.-L., 1988, « Le sucre dans les livres de cuisine français, du XIVe au XVIIIe » JATBA (XXXV):215-232.

Flandrin, J.-L., 1989a, « Le goût a son histoire », Autrement Nourritures (109):56-65.

Flandrin, J.-L., 1989b, « Le lent cheminement de l'innovation alimentaire », Autrement Nourritures (109):68-74.

Foucault, M., 1984a, Histoire de la sexualité 2. L'usage des plaisirs, Paris, Gallimard.

Foucault, M., 1984b, Histoire de la sexualité 3. Le souci de soi, Paris, Gallimard.

François, A., 1990, « Motivations de l'alimentation : coût, agrément, santé » Deux siècles de progrès (1789-1989) pour l'agriculture et l'alimentation – Histoire et perspectives.

Frazer, J.G., 1981 [1911], Le Rameau d'Or, Paris, Robert Laffont. [Traduction de l'édition anglaise de 1911.]

Fricker, J., 1989, « Cholestérol : pour qui sonne le glas », La Recherche 20 (décembre):1544-1546.

Friedmann, D., 1987, Une histoire du blue-jean, Paris, Ramsay.

Frisch, R., 1978a, « Population, Food Intake, and Fertility », Science 199 (January 6):22-30.

Frisch, R., 1978b, « Menarche and Fatness : Reexamination of the Critical Body Composition Hypothesis », Science 200 (June 30):1506-1513.

Frisch, R., 1988, « La maigreur, une cause de stérilité féminine », Pour la Science (mai):22-30.

Fromantin, M., 1985, « L'éducation nutritionnelle lors du service national – Réalités et objectifs, Médecine et armées, 13(8): 809-816.

Galef, B.G.J., 1976, « Social transmission of acquired behavior : A discussion of tradition and social learning in vertebrates », Advances in the study of behavior, editors J.S. Rosenblatt, R.A. Hinde, E. Shaw & C. Beer. 77-100, New York, Academic Press.

Galef, B.G.J., 1988, « Social Factors in Diet Selection and Poison Avoidance by Norway Rats : A Brief Review », A paper presented at The International Conference on Appetite, Monell Chemical Senses Center, Philadelphia, 7-9 December 1988. [Abstracts in: Appetite, 1989, 12:69-80]

Garb, J.L. & Stunkard, A.J., 1974, « Taste Aversions in Man », Am. J. Psychiatry 131 (11):1204-1207.

Garcia, J., Ervin, F.R. & Koelling, R.A., 1966, « Learning With Prolonged Delay of Reinforcement », *Psychon. Sci* (5):121-122.
Gardeton, C., 1826, *Dictionnaire des aliments*, Paris, J.-J. Naudin.
Garencières (de), T., 1647, *Angliæ flagellum seu Tabes Anglica*, London, Whitaker. [Cité dans Moseley, 1800.]
Gargiulot, G., 1908, « Lo zucchero ad alte dosi nell'inerzia uterina delle partorienti », *Clin. ostet. Roma* (X):150-152.
Garine (de), I., 1978, « Population, Production, and Culture in the Plains Societies of Northern Cameroon and Tchad: The Anthropologist in Development Projects », *Current Anthropology* (19):42-65.
Garine (de), I., 1979, « Culture et nutrition », *Communications* (31):70-90.
Garine (de), I. & Harrison, G., editors, 1985, *Coping With Uncertainty in Food Supply*, London, Oxford University Press.
Garine (de), I., 1987, « Massa et Moussey : la question de l'embonpoint », *Autrement* (91):104-115.
Garner, D.M. & Garfinkel, P.E., 1980, « Socio-cultural Factors in the Development of Anorexia Nervosa », *Psychological Medicine* (10):647-656.
Garner, D.M., Garfinkel, P.E. & Olmsted, M., 1983, « An Overview of Sociocultural Factors in the Development of Anorexia Nervosa », *Anorexia Nervosa: Recent Developments*, editors P. Darby, P.E. Garfinkel, D.M. Garner & D. Coscina, 65-82, New York, Allan R. Liss.
Garner, D.M., Garfinkel, P.E., Schwartz, D. & Thompson, M., 1980, « Cultural Expectations of Thinness in Women », *Psychological Reports* (47):483-491.
Gault, H. & Millau, C., 1980, *Garçon, un brancard*, Paris, Grasset.
Gault, H., 1973, « Vive la nouvelle cuisine française – Voici ses dix commandements », *Le nouveau guide Gault-Millau* (54):66-69.
Girard, R., 1972, *La Violence et le sacré*, Paris, Grasset.
Glanville (de), B., 1518, *Le propriétaire des choses tres utiles et prouffitable aux Corps humains*, Paris, traduit par Jean Corbichon. [Cité par Patni, 1989.]
Glaude, M. & Singly (de), F., 1987, « Les jeux de rôles conjugaux », *Données sociales*, 516-522, Paris, INSEE.
Glinsmann, W.H., Irausquin, H. & Park, Y.K., 1986, « Evaluation of health aspects of sugars contained in carbohydrate sweeteners – Report from FDA's sugars task force », *Journal of Nutrition* 116 (11S):S1-S216.
Godelinais (de la), M.C. & Lemel, Y., 1990, « L'évolution du mode de vie », *Données sociales*, 182-190, Paris, INSEE.
Goffman, E., 1968, *Stigma. Notes on the Management of Spoiled Identity*, Harmondsworth, Middlesex, Penguin Books.
Gofton, L.R., 1986, « Social Change, Market Change: Drinking Men in North East England », *Food & Foodways* 1 (3):253-277.
Goodman, N., Richardson, S., Dornbusch, S. & Hastorf, A., 1963, « Variant Reactions to Physical Disability », *American Sociological Review* (28):429-435.
Goody, J., 1982, *Cooking, Cuisine and Class*, Cambridge, Cambridge University Press.
Gould, S.J. & Eldredge, N., 1977, « Punctuated Equilibria : the " Tempo " and " Mode " of Evolution », *Paleobiology* 3 (2):115-151.
Gould, S.J. & Lewontin, R.C., 1979, « The Spandrels of San Marco and the Panglossian Paradigm: a Critique of the Adaptationist Program », *Proceedings of the Royal Society of London* B (205):285-301.
Gould, S.J., 1982 (1980), « A Biological Homage to Mickey Mouse », *The Panda's Thumb*, 95-107, New York & London, W.W. Norton & Company.

Grandeau, L., 1902-1903, « La question sucrière en 1903 », *Annales de la société agronomique française et étrangère* 54-70.
Greene, L.S., Desor, J.A. & Maller, O., 1975, « Heredity and Experience: Their Relative Importance in the Development of Taste Preference in Man », *J. Comp. Physiol. Psychol.* 89 (3):279-284.
Greenhouse, S., 1988, « Building a Global Supermarket – Giant Mergers Said to Smooth the Way », *The New York Times* (Novembre 18):44.
Grignon, C., 1986, « Les modes gastronomiques à la française », *L'Histoire* (85):128-134.
Grignon, C., 1987, « L'évolution des habitudes alimentaires des Français », *Symposium « Agro-alimentaire »* – Compte rendu de la réunion organisée par la Fondation Universitaire des Sciences et Techniques du Vivant et l'INRA, Pensières-Veyrier-du-Lac, 20 novembre 1987.
Grignon, C. & Grignon, C., 1980, « Styles d'alimentation et goûts populaires », *Revue française de sociologie* (XXI):531-569.
Gringoire, T. & Saulnier, L., 1914, *Répertoire de la cuisine*, Paris, Dupont et Malgat.
Gruhier, F., David, C. & Bonnot, G., 11-17 octobre 1985, « Cancer et alimentation – Dossier spécial », *Le Nouvel Observateur* (1092):40-39.
Guillet, D., 1985, « La jeûneuse chrétienne; 1/généalogies de l'anorexie », *Revue Française de Psychiatrie* 3(4):7-10.
Haberman, C., 1985, « New Cachet for an Old Drink in Japan », *International Herald Tribune* (June 11):18.
Habermas, T., 1986, « Friderada: A Case of Miraculous Fasting », *International Journal of Eating Disorders* 5 (3):555-562.
Habermas, T., 1989, « The Psychiatric History of Anorexia Nervosa and Bulimia Nervosa, Weight Concerns and Bulimic Symptoms in Early Case Reports », *International Journal of Eating Disorders* 8 (3):259-273.
Haeusler, L., 1985, « Alimentation, aspirations des Français et réalités des comportements – L'enquête du CREDOC », *Économie & Consommation* (167):4-5.
Hall, I. & Hall, C., 1939, « A Study of Disliked and Unfamiliar Foods », *J. Am. Diet. Assoc.* (15):540-548.
Halmi, K.A., Falk, J.R. & Schwartz, E., 1981, « Binge-eating and Vomiting: a Survey of a College Population », *Psychological Medicine* (11):697-706.
Hardy, P. & Dantchev, N., 1989, « Épidémiologie des troubles des conduites alimentaires », *Confrontations Psychiatriques* 22 (31):133-164.
Harner, M., 1977, « The Ecological Basis for Aztec Sacrifice », *American Ethnologist* (4):117-135.
Harper, L.V. & Sanders, K.M., 1975, « The Effect of Adults' Eating on Young Children's Acceptance of Unfamiliar Foods », *Journal of Experimental Child Psychology* (20):215-225.
Harris, M., 1985, *Good to Eat. Riddles of Food and Culture*, New York, Simon & Schuster.
Hayden, B., 1981, « Subistence and Ecological Adaptations of Modern Hunter-Gatherers », *Omnivorous Primates: Gathering and Hunting in Human Evolution*, editors R.S.O. Harding & G. Teleki, 334-422, New York, Columbia University Press.
Hecquet, P., 1709, *Traité des dispenses du Carême...*, Paris, F. Fournier.
Hémardinquer, J.-J., 1973, *Pour une Histoire de l'Alimentation – Cahier spécial des Annales ESC*, Paris, Armand Colin.
Héran, F., 1987, « Les Relations de Voisinage », *Données Sociales 1987*, 326-337, Paris, INSEE.

Herpin, N., 1980, « Comportements alimentaires et contraintes sur les emplois du temps », *Revue Française de Sociologie* (XXI):599-628.
Herzlich C., 1984, « Médecine moderne et quête de sens », *Le sens du mal – Anthropologie, histoire, sociologie de la maladie*, sous la direction de M. Augé & C. Herzlich, Montreux, Éditions des archives contemporaines.
Hess, J. & Hess, K., 1977, *The Taste of America*, New York, Grossman.
Hyman, P. & Hyman, M., 1986, « Modèles culinaires et nouvelle cuisine française », *Culture Technique* (16):347-349.
Hyman, P. & Hyman, M., 1989, « La première Nouvelle Cuisine », *L'honnête volupté*, 73-74, Paris, Éditions Michel de Maule.
Hyman, P., 1989, « Picture Perfect », *World Gastronomy – Annual of the International Wine & Food Society* (14):128-131.
Imbert de Lonnes, 1786, « Observations sur les bons effets du sucre », *Gazette de santé* (41).
INSEE, 1989, « Activité soutenue dans le commerce en 1988 », *INSEE-Première*, février (7):1-4.
INSEE, 1990, *Données sociales*, Paris, INSEE.
Irlinger, P., Louveau C. & Métoudi, M., 1990, « L'activité physique, une manière de soigner l'apparence? », *Données sociales 1990*, 269-272, Paris, INSEE.
Itani, J., 1957, « On the Acquisition and Propagation of a New Food Habit in the Natural Group of Japanese Monkeys at Takasaki-Yama », *Primates* 1 (2):84-98.
Jacob, F., 1977, « Evolution and Tinkering », *Science* (196):1161-1166.
Jeammet, P., 1985, *L'anorexie mentale*, Paris, Monographies Doin.
Johnson, C.L. & Connors, M. E., 1987, *The Etiology and Treatment of Bulimia Nervosa*, New York, Basic Books.
Jones, D.J., Fox, M.M., Babigian, H.M. & Hutton, H.E., 1980, « Epidemiology of Anorexia Nervosa in Monroe County, New York, 1960-1976 », *Psychosomatic Medicine* 42 (6):551-558.
Kaplan, S.L., 1982, *Le complot de famine : histoire d'une rumeur au XVIIIe siècle*, Cahier des Annales, 39, Paris, Armand Colin.
Katona-Apte, J., 1975, « Dietary Aspects of Acculturation: Meals, Feasts, and Fasts in a Minority Community in South East Asia », *Gastronomy. The Anthropology of Food and Food Habits*, editor M.L. Arnott, 315-326, The Hague, Mouton.
Katz, S.H., 1979, « Un exemple d'évolution bioculturelle : la fève », *Communications* (31): 53-69.
Katz, S.H., 1982, « Food, Behavior and Biocultural Evolution », *The Psychobiology of Human Food Selection*, editor L.M. Barker, 171-188, Westport, Connecticut, Avi.
Kawai, M., 1965, « Newly Acquired Pre-Cultural Behavior of the Natural Troop of Japanese Monkeys on Koshima Islet », *Primates* 6 (1):1-30.
Kennedy, B.M., 1952, « Food Preferences of Pre-Army Age California Boys », *Food Technology* (March):93-97.
Keys, A. et al., 1980, *Seven Countries. A Multivariate Analysis of Death and Coronary Heart Disease*, Cambridge, MA, Harvard University Press.
Lakoff, G., 1987, *Women, Fire, and Dangerous Things. What Categories Reveal about the Mind*, Chicago, University of Chicago Press.
Lamb, M.W. & Ling B.C., 1946, « An Analysis of Food Consumption and Preferences of Nursery School Children », *Child Development* 17 (4):187-217.
Lambert, J.-L., 1987, *L'évolution des modèles de consommation alimentaire en France*, Paris, Lavoisier.
Langley-Danysz, P., 1983, « Cancer : les risques de l'alimentation », *La Recherche* 14 (150):1564-1573.

Laughlin, W.S., 1968, « Hunting: An Integrating Biobehavior System and Its Evolutionary Importance », *Man the Hunter*, editors R.B. Lee & I. De Vore, 304-320, Chicago, Aldine.
Laurioux, B., 1985, « Spices in the Medieval Diet: A New Approach », *Food & Foodways* 1 (1):43-75.
Leach, E., 1974, *Lévi-Strauss*, London, Fontana/Collins.
Le Breton, M., 1789, *Traité sur les propriétés et les effets du sucre...*, Paris, Royez.
Lee, R.B., 1968, « What Hunters Do for a Living, or How to Make Out on Scarce Resources », In *Man the Hunter*, editors R.B. Lee & I. De Vore, 30-48, Chicago, Aldine.
Lehrer, A., 1972, « Semantic Cuisine », *Journal of Linguistics* (5):39-56.
Le Magnen, J., 1977, « Sweet Preference and the Sensory Control of Caloric Intake », *Taste and Development: The Genesis of Sweet Preference*, editor J.M. Weiffenbach, 355-362, Washington, DC, US Government Printing Office.
Lemery, L., 1755, *Traité des aliments*, Paris, Durand.
Levenstein, H., 1980, « The New England Kitchen and the Origins of Modern American Eating Habits », *American Quarterly* 32 (4):369-386.
Levenstein, H., 1988, *Revolution at the Table. The Transformation of the American Diet*, New York, Oxford University Press.
Leverton, R.H., & Coggs M.C., 1951, « Food Choices of Nebraska Children », *Journal of Home Economics* 43 (3):176-178.
Lévi-Strauss, C., 1958, *Anthropologie structurale*, Paris, Plon.
Lévi-Strauss, C., 1962a, *La pensée sauvage*, Paris, Plon.
Lévi-Strauss, C., 1962b, *Le Totémisme aujourd'hui*, Paris, PUF.
Lévi-Strauss, C., 1965, *Le Cru et le Cuit. Mythologiques 1*, Paris, Plon.
Lévi-Strauss, C., 1968, *L'origine des manières de table. Mythologiques 3*, Paris, Plon.
Ley, P., 1980, « Psychological, social and cultural determinants of acceptable fatness », *Nutrition and Lifestyles*, editor M. Turner, 105-118, London, Applied Science Publishers.
L'Homme, Dr, 1899, « La valeur nutritive du sucre », *Le Bulletin médical* (29):23.
Lippman (von), E.O., 1980. *Geschichte des Zückers*, Leipzig.
Lloyd, T.C., 1981, « The Cincinatti Chili Culinary Complex », *Western Folklore* 40 (1):28-40.
Lombard, M.L., 1855, *Le Cuisinier et le Médecin*, Paris, Curmer. [Réimpression fac-similé. Marseille, Laffite Reprints, 1980.]
Lowie, R., 1942, « The Transitions of Civilizations in Primitive Society », *American Journal of Sociology* (47):527-543.
Lunel, B., 1864, *Guide pratique de l'épicerie ou dictionnaire des denrées indigènes et exotiques en usage dans l'économie domestique*, Paris, Hetzel.
Maddox, G.L., Back, K.W. & Liederman, V.R., 1968, « Overweight as Social Deviance and Disability », *J. Health Soc., Behav.* (9):287-298.
Mahias, M.-C., 1985, *Délivrance et convivialité*, Paris, Éditions de la Maison des Sciences de l'Homme.
Maino de Maineri : voir Thorndike, 1934.
Malassis, L., 1986, *Économie agro-alimentaire*, Paris, Éditions Cujas. [Tome III : l'économie mondiale.]
Maller, O. & Desor, J.A., 1974, « Effect of Taste on Ingestion by Human Newborns », *Fourth Symposium on Oral Sensation and Perception: Development in the Fetus and Infant*, editor J. Bosma, 279-291, Washington, US Government Printing Office.
Marinho, H., 1942, « Social Influence in the Formation of Enduring Preferences », *J. Abn Soc. Psychol.* (37):448-468.

Maris, F., 1933, « Farewell to Good Eating », *Town & Country* (April):232-236.
Marshall, L., 1961, « Sharing, Taking and Giving: Relief of social Tensions Among Kung Bushmen », *Africa* (31):231-249.
Massara, E.B., 1980, « Obesity and Cultural Weight Valuations: A Puerto-Rican Case », *Appetite* (10):291-298.
Masuoka, J., 1945, « Changing Food Habits of the Japanese in Hawaii », *American Sociological Review* (1):759-765.
Maurizio, A., 1932, *Histoire de l'alimentation végétale – depuis la préhistoire jusqu'à nos jours*, Paris, Payot.
Mauss, M., 1980 [1923], « Essai sur le don – Forme et raison de l'échange dans les sociétés archaïques », *Sociologie et anthropologie*, 144-273, Paris, PUF. [Première publication : *L'Année sociologique*, 1923-1924, t. I.]
Mayard, G., 1898, *Les sucres comme diurétiques*, Paris.
McCollum, E.V., 1957, *A History of Nutrition*, Boston, Houghton Mifflin.
McCracken, R.D., 1971, « Lactase Deficiency: An Example of Dietary Evolution », *Current Anthropology* (12):479-517.
Megan, G. & Bril, D., « A Fat Men's Club », *Strand Magazine* (15):524-528.
Meller, T., 1902, « Sugar as a cause of indigestion in infants », *J. Am. M. Ass.*, Chicago (39):386.
Mendras, H., 1984, *La fin des paysans*, Arles, Actes Sud, Hubert Nyssen.
Mennell, S., 1985, *All Manners of Food. Eating and Taste in England and France from the Middle Ages to the Present*, London, Basil Blackwell.
Mermet, G., 1985, *Francoscopie*, Paris, Larousse.
Metropolitan Life Foundation, 1983, « 1983 Metropolitan Height and Weight Tables », *Statistical Bulletin* 64 (1): 3-8.
Meyer, J., 1989, *Histoire du sucre*, Paris, Desjonquères.
Mintz, S.W., 1985, *Sweetness and Power – The Place of Sugar in Modern History*, New York, Viking.
Monteux (de), H., 1572, *Conservation de santé et prolongation de vie*, Paris, S. Calvarin.
Montignac, M., 1986, *Comment maigrir en faisant des repas d'affaires*, Paris, Artulen.
Moore, M.E., Stunkard, A.J. & Srole, L. 1962, « Obesity, Social Class, and Mental Illness », *Journal of the American Association* (181):962-966.
Moore, T.J., 1989, *Heart Failure*, New York, Random House.
Morin, E. & Piattelli-Palmarini, M., sous la direction de, 1974, *L'unité de l'Homme*, Paris, Seuil.
Morin, E., 1957, *Les Stars*, Paris, Seuil.
Morin, E., 1973, *Le paradigme perdu : la nature humaine*, Paris, Seuil.
Morin, E., 1975 [1962], *L'Esprit du Temps*, Paris, Grasset.
Moseley, B. 1800, *A treatise on sugar with miscellaneous medical observations*, London, G.G. & J. Robinson.
Nahoum, V., 1979, « La belle femme, ou le stade du miroir en histoire », *Communications* (31):22-32.
Niederer, A., 1985, « Recherches sur le comportement alimentaire des travailleurs immigrés italiens et turcs », *Recherches et travaux de l'institut d'ethnologie*, Université de Neuchâtel (6):109-119.
Oliver, D., 1955, *A Solomon Island Society; Kinship and Leadership among the Siuai of Bougainville*, Cambridge, Harvard University Press.
Oliver, M.-F., 1990, « Un urgent besoin d'étude – Stratégies sanitaires pour la prévention des cardiopathies coronariennes par la réduction du cholestérol. » Colloque international « Cholestérol et prévention primaire », Paris, 24 février 1990.
Oliver, T., 1986, *The Real Coke – The Real Story*, New York, Random House.

Orbach, S., 1978, *Fat is a Feminist Issue*, New York, Paddington Press.
Ortelius, A., 1581, *Théâtre de l'univers*, Anvers, C. Plantin. [Cité dans Braudel, 1979, p. 192.]
Ortner, S.B., 1973, « Sherpa Purity », *American Anthropologist* (75):49-63. [Cité dans Rozin & Fallon, 1987.]
Ossipow, L., 1986, « Manger autrement en suisse romande : l'exemple du végétarisme », *Schweizerischen Archiv für Volkskunde* 82(3/4):155-166.
Pallaud, B., 1982, « L'apprentissage par observation chez l'animal », *Journal de Psychologie* (3):299-326.
Paracelsus, 1894, *The Hermetical and alchemical writings*, Edited by A.E. Waite, London, Elliot. [2 vols.].
Paracelsus, 1941, *Four Treatises*, Edited by H.E. Sigerist, Baltimore, The Johns Hopkins Press.
Patni, R., 1989, *L'assaisonnement dans la cuisine française entre le XIVe et le XVIe siècle : une véritable diététique*, Thèse de Troisième Cycle, École des Hautes Études en Sciences sociales, Paris.
Pelchat, M.L. & Rozin, P., 1982, « The Special Role of Nausea in the Acquisition of Food Dislikes by Humans », *Appetite* (3):341-351.
Pelto, G.H. & Pelto P.J., 1983, « Diet and Delocalization: Dietary Changes Since 1750 », *Journal of Interdisciplinary History* XIV (2):507-528.
Pelto, G.H., 1987, « Social Class and Diet in Contemporary Mexico », *Food and Evolution – Toward a Theory of Human Food Habits*, editors M. Harris & E.B. Ross, 517-540, Philadelphia, Temple University Press.
Perrot, P., 1984, *Le travail des apparences, ou les transformations du corps féminin, XVIII-XIXe siècle*, Paris, Seuil.
Peryam, D.R., Polemis, B.W., Kamen J.M. & Eindhoven, J., 1960, *Food Preferences of Men in the US Armed Forces*, Chicago, Quartermaster Food & Container Inst. for the Armed Forces.
Phan, M.C. & Flandrin J.-L., 1984, « Les métamorphoses de la beauté féminine », *L'Histoire* (68):48-57.
Piattelli-Palmarini, M., 1987, « Evolution, Selection and Cognition: From " Learning " to Parameter-Fixation in Biology and in the Study of Mind », *Occasional Paper 35*, Cambridge, MA, MIT. Center for Cognitive Science.
Pilgrim, F.J., 1961, « What Foods Do People Accept or Reject? », *J. Am. Diet. Assoc.* 38 (May):439-443.
Pittenger, P.S., 1947, *Sugars and sugar derivatives in pharmacy*, New York, Sugar Research Foundation, Inc. [Scientific Report Series 5.]
Platine, B., 1539, *De l'honneste volupté*, Paris, F. Guilbert.
Pliner, P., 1982, « The Effect of Mere Exposure on Liking for Edible Substances » *Appetite* (3):283-290.
Pope, H.G., Hudson J.I. & Yurgelun-Todd D., 1984, « Anorexia nervosa and bulimia among 300 suburban women shoppers », *Am. J. Psychiatry* (141):292-294.
Porter, G.R., 1830, *The nature and properties of the sugar cane...*, London, Smith, Elder & Co.
Pouillon, J., 1972, « Manière de table, manières de lit, manière de langage », *Nouvelle Revue de Psychanalyse* (6):9-25.
Poulain, J.-P., 1985, *Anthroposociologie de la cuisine et des manières de table*. Thèse de doctorat, Université de Paris VII Jussieu – UER de sociologie fondamentale, Paris.
Provençal, C., 1849, « Du sucre comme antiaphrodisiaque », *Journal des connaissances médico-chirurgicales* (janvier-juin):59-60.

Quelus, D. (ou de Chelus), 1719, *Histoire naturelle du cacao et du sucre*, Paris, L. d'Houry.
Radcliffe-Brown, A.R., 1952, *Structure and Function in Primitive Society*, Glencoe, The Free Press.
Ragot, L., 1902, *Le sucre dans l'alimentation des fébricitants*, Lyon.
Raimbault, G. & Eliacheff, C., 1989, *Les indomptables – Figures de l'anorexie*, Paris, Odile Jacob.
Ramos Elorduy de Conconi, J., 1982, *Los insectos como fuente de proteinas en el futuro*, Mexico, Editorial Limusa.
Rappaport, R.A., 1984 [1967], *Pigs for the Ancestors*, New Haven, Yale University Press.
Ray, J., 1688, *Historia Plantarum*, London, H. Faithorne. [Cité dans Moseley, 1800.]
Read, P.P., 1974, *Les survivants*, Paris, Grasset.
Redon, O., 1981. « Un traité médical du XIIIe siècle », *Bulletino Senese di Storia Patria-Accademia Senese degli Intronati*, Siena (LXXXVIII):304-309.
Remy, B. & Chateauneuf, M., 1987, « Le concept de boulimie », *Actualités Psychiatriques* (9):63-72.
Richard, J.-L., 1987, « Les facteurs de risque coronarien – Le paradoxe français », *Arch. Mal. Cœur* 80 (avril):17-21.
Richards, A.I., 1948 [1932], *Hunger and Work in a Savage Tribe*, Glencoe, Illinois, The Free Press.
Richardson, S., Goodman, N., Hastorf, A., & Dornbusch, S., 1961, « Cultural uniformity and reaction to physical disability », *American Sociological Review* (26):241-247.
Richter, C.P., Holt, L., & Barelare, B., 1938, « Nutritional requirements for normal growth and reproduction in rats studied by the self-selection method », *American Journal of Physiology* (122):734-744.
Riesman, D., 1952, *The Lonely Crowd*, New Haven, Yale University Press.
Robbe, P., 1989, *Le chasseur Inuit et son milieu : stratégies individuelles et collectives des chasseurs d'Amassalik*, Thèse de Doctorat, Université de Paris VI, Paris.
Rozin, E. & Rozin P., 1981, « Culinary Themes and Variations », *Natural History* 90 (2).
Rozin, P., 1976, « The selection of foods by rats, humans, and other animals », *Advances in the study of behavior*, editors J.S. Rosenblatt, R.A. Hinde, E. Shaw & C. Beer, 21-76, New York, Academic Press.
Rozin, P., 1988, « Cultural Approaches to Human Food Preferences », *Nutritional Modulation of Neural Function*, 137-153, New York, Academic Press.
Rozin, P., 1988, « Social Learning About Food by Humans », *Social Learning – Psychological and Biological Perspectives*, editors T.R. Zentall & B.G.J. Galef, 165-187, Hillsdale, New Jersey, Lawrence Erlbaum Associates.
Rozin, P. & Fallon, A.E., 1980, « The Psychological Categorization of Foods and Non-Foods – A Preliminary Taxonomy of Food Rejections », *Appetite* (1):193-201.
Rozin, P. & Fallon, A.E., 1987, « A Perspective on Disgust », *Psychological Review* 94 (1):23-41.
Rozin, P. & Fallon, A.E., 1988, « Body Image, Attitudes to Weight and Misperceptions of Figure Preferences of the Opposite Sex: A Comparison of Men and Women in Two Generations », *Journal of Abnormal Psychology* 97 (3).
Rozin, P., Millman L., & Nemeroff, C., 1986, « Operation of the Laws of Sympathetic Magic in Disgust and Other Domains », *Journal of Personality and Social Psychology* 50 (4):703-712.

Rozin, P. & Schiller, D., 1980, « The Nature and Acquisition of a Preference for Chili Pepper by Humans », *Motivation and Emotion* 4 (1):77-101.
Rozin, P. & Vollmecke, T.A., 1986, « Food Likes and Dislikes », *Ann. Rev. Nutr.* (6):453-456.
Russell, G.F.M., 1979, « Bulimia nervosa : an ominous variant of anorexia nervosa », *Psychol. Med. (London)* (9):429-448.
Sabban, F., 1986, « Un savoir-faire oublié : le travail du lait en Chine ancienne », *Zinbun: Memoirs of the Research Institute for Humanistic Studies – Kyoto University* (21):31-65.
Sahlins, M.D., 1962, « Poor Man, Rich Man, Big-Man, Chief : Political Types in Melanesia and Polynesia », *Comparative Studies in Society and History* (5):285-303.
Salaman, R., 1985 [1949], *The History and Social Influence of the Potato*, Cambridge, Cambridge University Press.
Sanday, P.R., 1986, *Divine Hunger. Cannibalism as a Cultural System.* Cambridge, Cambridge University Press.
Scardigli, V., 1987, *L'Europe des modes de vie*, Paris, Éditions du CNRS.
Scheid, J., 1984, « La spartizione a Roma », *Studi storici* 34 (1-2):945-956.
Schnapper, D., 1971, *L'Italie rouge et noire*, Paris, Gallimard.
Schotte, D.E. & Stunkard, A.J., 1987, « Bulimia vs bulimic behaviors on a college campus », *JAMA* 258 (9):1213-1215.
Schwartz, H., 1986, *Never Satisfied. A Cultural History of Diets, Fantasies and Fat*, New York, The Free Press.
Seid, R.P., 1989, *Never too thin*, Prentice Hall, New York.
Shell, E.R., 1985, « Sweetness and Health », *The Atlantic Monthly* (August):14-20.
Sigerist, H.E., editor, 1941, *Four Treatises of Theophrastus von Hohenheim called Paracelsus*, Baltimore, The Johns Hopkins Press.
Silber, T.J., 1986, « Anorexia Nervosa in Blacks and Hispanics », *International Journal of Eating Disorders* 5 (1):121-128.
Silverstein, B., Peterson, B., & Perdue, L., 1986, « Some Correlates of the Thin Standard of Bodily Attractiveness for Women », *International Journal of Eating Disorders* 5 (5):895-905.
Simoons, F.J., 1981 [1961], *Eat Not This Flesh – Food Avoidances in the Old World*, Westport, Connecticut, Greenwood Press.
Slare, F., 1715, *A vindication of sugars against the charge of Dr Willis, other physicians and common prejudices*, London, T. Goodwin.
Smith, W.R., 1889, *The Religion of the Semites*, Edinburgh.
Sober, E., editor, 1984, *Conceptual Issues in Evolutionary Biology*, Cambridge, MA, Bradford Books/MIT Press.
SOFRES, 1972, « Quand les Français se mettent à table... », *Le Nouveau Guide Gault-Millau* 34 (février): 22-29. [Sondage effectué sur un échantillon national de 1 000 personnes.]
SOFRES, 1989, « Les Français face à leur assiette », *Le Figaro* (3 août):7. [Sondage effectué du 29 juin au 1er juillet 1989 sur un échantillon national de 1 000 personnes.]
Soler, J., 1973, « Sémiotique de la nourriture dans la Bible », *Annales ESC* (4):943-955.
Sorlie, P., Gordon, T., & Kannel, W.B., 1980, « Body Build and Mortality », *Journal of the American Medical Association* (243):1828-1831.
Soustelle, J., 1955, *La vie quotidienne des Aztèques au temps de la conquête espagnole*, Paris, Hachette.

Sperber, D., 1975, « Pourquoi les animaux parfaits, les hybrides et les monstres sont-ils bons à penser symboliquement ? » *L'Homme* XV (2):5-34.
Staffieri, J., 1967, « A Study of Social Stereotype of Body Image in Children », *Journal of Personality and Social Psychology* 7 (1):101-104.
Starenkyj, D., 1981, *Le mal du sucre*, Québec, Orion.
Stein, D.M. & Laakso, W., 1988, « Bulimia: a Historical Perspective », *International Journal of Eating Disorders* 7 (2):201-210.
Steiner, J.E., 1977, « Facial Expressions of the Neonate Infant Indicating the Hedonics of Food-Related Chemical Stimuli », *Taste and Development: The Genesis of Sweet Preference*, editor J.M. Weiffenbach, 173-188, Washington, DC, US Government Printing Office.
Stini, W.A., 1981, « Body Composition and Nutrient Reserves in Evolutionary Perspective », *Food, Nutrition and Evolution*, eds D.N. Walcher & N. Kretchmer, 107-120, New York, Masson Publishing USA.
Story, M. & Brown, J.E., 1987, « Do young children instinctively know what to eat ? The studies of Clara Davis revisited », *New England Journal of Medicine* (316):103-106.
Stouff, L., 1970, *Ravitaillement et alimentation en Provence aux XIVe et XVe siècles*, Paris, Mouton.
Stunkard, A., 1968, « Environment and Obesity: Recent Advances in Our Understanding of Regulation of Food Intake in Man », *Federation Proceedings* (27):1367-1373.
Sullerot, E., sous la direction de, 1978, *Le fait féminin*, Paris, France Loisirs.
Sylvander, B., 1988, *L'alimentation service : résultats d'enquêtes*, Toulouse, INRA – Économie et sociologie rurales.
Szmukler, G.I., 1983, « Weight and food preoccupation in a population of English schoolgirls », *Understanding Anorexia Nervosa and Bulimia. Fourth Ross Conference on Medical Research*, editor G.J. Bargman, Ohio, Ross Laboratories.
Tambiah, S.J., 1969, « Animals Are good to Think and Good to Prohibit », *Ethnology* 8 (4):423-459.
Thomas, J. & Szmukler, G.I., 1985, « Anorexia Nervosa in Patients of Afro-Caribbean Extraction », *British Journal of Psychiatry* (146):635-656.
Thompson, S., 1955, *Motif Index of Folk Literature*, Bloomington, Indiana University Press. [7 vols.]
Thorndike, L., 1934, « A Mediaeval Sauce Book », *Speculum* 9183-9190. [Maino de Maineri : *De Saporibus*.]
Tobias, A.L. & Gordon-Bograd, J., 1980, « Social Consequences of Obesity », *J. Am. Dietet. Assoc.* (76):338-342.
Todd, E., 1988, *La nouvelle France*, Paris, Seuil.
Toulouse, 1904, « De la suralimentation sucrée », *Bull. gén. de thérap.* (Paris) (118):64-76.
Toutain, J.-C., 1971, « La consommation alimentaire en France de 1789 à 1964 », *Économies et sociétés – Cahiers ISEA* 5 (11):1909-2049.
Trémolières, J. & Claudian, J., 1971, « La diététique des profondeurs (Essai historique) », *Rein et Foie, Maladies de la Nutrition* (XIII C):8-84.
Tuschl, R.J., 1990, « From Dietary Restraint to Binge Eating: Some Theoretical Considerations », *Appetite* 14 (2)?105-109.
Uziel, A., Smadja J.G., & Faurion, A., 1987, « Physiologie du goût », *Encyclopédie Médico-Chirurgicale* 20490 (C10):1-10.
Van Itallie, T.B. et Simopoulos, A.P., 1982, « Obésité : état ou maladie ? », *Médecine Digestive et Nutrition* (18):14-21.

Van Lawick-Goodall, J., 1971, *Les chimpanzés et moi*, Paris, Stock. [*In the Shadow of Man*, 1970.]
Van Riter, I, 1956, « Acceptance of 26 vegetables », *J. Home Econ.* (48):771-773.
Vance, T.F., 1932, « Food Selections of Nursery School Children », *Child Development* (3):169-175.
Van Thorre, M.D. & Vogel, F.X., 1985, « The Presence of Bulimia in High School Females », *Adolescence* XX (77):45-51.
Venner, T., 1620, *Via recta ad vitam longam, or a plaine philosophical discourse*, London. [Cité dans Mintz, 1985.]
Verdier, Y., 1966, « Repas bas-normands », *L'Homme* (VI):92-111.
Vialles, N., 1987, *Le sang et la chair – Les abattoirs des pays de l'Adour*, Paris, Maison des Sciences de l'Homme.
Vigarello, G., 1978, *Le corps redressé*, Paris, Delarge.
Vigarello, G., 1985, *Le propre et le sale – L'hygiène du corps depuis le Moyen Age*, Paris, Seuil.
Wallen, R., 1943, « Sex Differences in Food Aversions », *J. Appl. Psychol.* (27):288-298.
Weil, P., 1986, *Et moi émoi*, Paris, Les éditions d'organisation.
Wiegelmann, G., 1967, *Alltags – und Festspeisen. Wandel und gegenwärtige Stellung*, Marburg, Elwert Verlag.
Wiessner, P., 1984, Communication présentée au Symposium « The Sharing of Food », Werner Reimers Stiftung, Bad-Homburg, RFA, décembre 1984.
Williams, P., & King, M., 1987, « The " epidemic " of anorexia nervosa : another medical myth ? », *The Lancet* (January 24):205-207.
Willis, T., 1684, *Practice of physick... of the scurvy*, London, T. Dring, C. Harper, T. Leight. [Cité dans Moseley, 1800.]
Wilson, A., 1901, « Fat and Fat-Cures », *Longman's Magazine* (13):140-157.
Young, D., 1989, « Times Change and Bagels Change. So Lotsa Lox », *International Herald Tribune* (September 7):1.
Young, M.W., 1971, *Fighting with food. Leadership, values and social control in a Massim society*, Cambridge, Cambridge University Press.
Yudkin, J., 1972, *Sweet and Dangerous*, New York, Bantam Books.
Zajonc, R.B., 1968, « Attitudinal Effects of Mere Exposure », *J. Pers. Soc. Psychol.* (9):1-27.
Zazzo, R., 1984, *Le paradoxe des jumeaux*, Paris, Stock.
Zittoun, C. & Fischler, C., 1989, « Une pathologie de société ? », *Santé Mentale* décembre (103):29-33.

Ouvrages consultés

Anderson, E.N., 1984, « " Heating " and " Cooling " Foods Re-examined », *Social Science Information* 23 (4-5):755-773.
Andres, R., 1980, « Effect of Obesity on Total Mortality », *International Journal of Obesity* (4):381-386.
Augé, M., 1979, *Symbole, fonction, histoire – Les interrogations de l'anthropologie*, Paris, Hachette.
Augé, M. & Herzlich, C., sous la direction de, 1984, *Le Sens du mal – Anthropologie, histoire, sociologie de la maladie*, Montreux, Éditions des archives contemporaines.
Barker, L.M., ed. 1982, *The Psychobiology of Human Food Selection*, Westport, Connecticut, Avi.

Barthes, R., 1957, *Mythologies*, Paris, Seuil.
Barthes, R., 1961, « Pour une psychosociologie de l'alimentation », *Annales ESC* septembre-octobre (5):977-986.
Barthes, R., 1970, *L'empire des signes*, Paris, Skira.
Bartoshuk, L.M., 1978, « History of Taste Research » *Handbook of Perception*, eds E.C. Carterette & M.P. Friedman, 3-18, New York, Academic Press.
Basin, C. & Saltiel, H., 1981, « Épidémiologie de l'obésité » *Gazette médicale de France* 88 (25):3589-3591.
Baudrillard, J., 1983, *Les stratégies fatales*, Paris, Grasset.
Beal, V., 1957, « On the Acceptance of Solid Foods, and Other Food Patterns, of Infants and Children », *Pediatrics* (September):448-457.
Beauchamp, G.K., Cowart, B.J., & Moran, M., 1986, « Developmental Changes in Salt Acceptability in Human Infants », *Developmental Psychobiology* 19 (1):17-25.
Beauchamp, G.K., Bertino, M., & Engelman, K., 1983, « Modification of Salt Taste », *Annals of Internal Medicine* 98 (5):763-769.
Bender, A.E., 1976, « Food Preferences of Males and Females », *Proc. Nutr. Soc.* (35):181-189.
Bender, A.E., 1986, « Food and Nutrition – Principles of Nutrition and Some Current Controversies in Western Countries », *The Food Consumer*, eds C. Ritson, L.R. Gofton & J. MacKenzie, 37-58, Chichester, John Wiley & Sons.
Bergier, J.F., 1987, « Food Acceptance and Cultural Change : Some Historical Expe-riences », *Food Acceptance and Nutrition*, eds J. Solms, D.A. Booth, R.M. Pangborn & O. Raunhardt. 303-320, London, Academic Press.
Bhanji, S., & Newton, V.B., 1985, « Richard Morton's Account of " Nervous Consumption " », *International Journal of Eating Disorders* 4 (4):589-595.
Birch, L.L., 1980, « The Relationship Between Children's Food Preferences and Those of Their Parents », *Journal of Nutrition Education* 12 (1):14-18.
Blundell, J.E., 1979, « Hunger, Appetite and Satiety – Constructs in Search of Identities », *Nutrition and Lifestyles – Proceedings of the British Nutrition Foundation First Annual Conference*, editor M. Turner, 1979.
Bodson, L., sous la direction de, 1988, *L'animal dans l'alimentation humaine : les critères de choix – Actes du colloque international de Liège, novembre 1986*. [Second numéro spécial de la revue *Anthropozoologica*.]
Bonnet, J.-C., 1975, « Le système du repas et de la cuisine chez Rousseau » *Poétique* 6 (22):244-267.
Booth, D.A., 1989, « Protein-and Carbohydrate-Specific Cravings : Neuroscience and Sociology », In *Appetite – Proceedings of the International Conference on Appetite, Monell Chemical Senses Center, Philadelphia, 7-9 December 1988*, editor M.I. Friedman, New York, Marcel Dekker.
Bouchard, M.-F., Blot, B., et Porcher, L., 1978, *Apprendre à Manger*, Paris, ESF.
Boulet, D., Hyguet J.-Y., et Laporte, J.-P., 1981, « La consommation de vin en France – Enquête INRA-ONIVIT », Station d'économie et sociologie rurale de Montpellier.
Bruch, H., 1975, *Les yeux et le ventre*, Paris, Payot.
Burnett, J., 1966, *Plenty and Want: A Social History of Diet in England from 1815 to the Present*, London, Thomas Nelson.
Capatti, A., 1989, *Le goût du nouveau – Origines de la modernité alimentaire*, Paris, Albin Michel.
Chiva, M., 1979, « Comment la personne se forme en mangeant », *Communications* (31):107-118.
Claudian, J., 1966, « Éthologie du jeûne. Essai sur la signification du jeûne dans le

comportement et la pensée de l'homme », *Cahiers de Nutrition et de Diététique* I (4):51-67.
Claudian, J., 1982, « Quelques réflexions sur les inquiétudes alimentaires de notre temps », *Cahiers de Nutrition et de Diététique* 165-166.
Claudian, J. & Serville, Y., 1970, « Évolution récente des coutumes alimentaires en France », *Cah. Nut. Diét.* (V):41-53.
Claudian, J. & Serville, Y., 1973, « L'alimentation du Français vivant dans la cité industrielle moderne, II », *Cah. Nutr. Diét.* VIII (3):230-234.
Claudian, J., Serville, Y., & Trémolières F., 1969, « Enquête sur les facteurs de choix des aliments », *Bulletin de l'INSERM* 24 (5):1277-1390.
Combris, P., 1980, « Les grands traits de l'évolution de la consommation alimentaire en France (1956-1976) », *Académie d'agriculture de France* (12 novembre):1273-1284.
Cummings, R.O., 1941, *The American and His Food. A History of Food Habits in the United States*, Chicago, The University of Chicago Press.
Delaveau, P., 1987, *Les Épices – Histoire, description et usage des différents épices, aromates et condiments*, Paris, Albin Michel.
Delumeau, J. & Lequin, Y., 1987, *Les malheurs des temps. Histoire des fléaux et des calamités en France*, Paris, Larousse.
Demaret, A., 1977, « La valeur de survie de l'anorexie mentale. Approche d'inspiration éthologique », *Psychologie médicale* 9(11):2165-2169.
Domjan, M., 1977, « Attenuation and enhancement of neophobia for edible substances », *Learning mechanisms in food selection*, eds L.M. Barker, M.R. Best & M. Domjan, 151-180. Houston, Texas, Baylor University Press.
Douglas, M., editor, 1987, *Constructive Drinking – Perspectives on Drink from Anthropology*, Cambridge, Cambridge University Press.
Dousset, J.-C., 1985, *Histoire des médicaments des origines à nos jours*, Paris, Payot.
Drewnowski, A., 1987, « Fats and food acceptance: Sensory, hedonic, and attitudinal acceptance. » In *Food Acceptance and Nutrition*, eds J. Solms, D.A. Booth, R.M. Pangborn & O. Raunhardt, 189-204, London, Academic Press.
Drewnowski, A., 1989, « Sensory Preferences for Fat and Sugar in Adolescence and Adult Life », *Annals of the New York Academy of Sciences* 561 (June 30):243-250.
Drewnowski, A., Pierce, B., & Halmi, K.A., 1988, « Fat Aversion in Eating Disorders », *Appetite* (10):119-131.
Drewnowski, A., Yee, K.A., & Krahn D.D., 1988, « Bulimia in college women: incidence and recovery rates », *American Journal of Psychiatry* (145):753-755.
Dwyer, J.T., Feldman J.J., & Mayer, J., 1970, « The Social Psychology of Dieting », *Journal of Health and Social Behavior* (11):269-287.
Eastwood, M.A., & Passmore, R., 1983, « Nutrition: the Changing Scene – Dietary Fibre », *The Lancet* (23 July):202-206.
Emerson, R.L., 1982, *Fast Food – The Endless Shakeout*, New York, Cebhar-Friedman Books.
Erickson, R.P., & Covey, E., 1980, « On the Singularity of Taste Sensations: What is a Taste Primary? » *Physiology & Behavior* (25):527-533.
Fairburn, C.G., & Cooper, P.J., 1983, « The Epidemiology of Anorexia Nervosa: Two Community Studies », *International Journal of Eating Disorders* 2 (4):61-67.
Fairburn, C.G. & Cooper, P.J., 1982, « Self-Induced Vomiting and Bulimia Nervosa: An Undetected Problem », *British Medical Journal* (284):1153-1155.
Fallon, A.E., & Rozin, P., 1983, « The Psychological Bases of Food Rejections by Humans », *Ecology of Food and Nutrition* (13):15-26.

Farb, P. & Armelagos, G., 1980, *Consuming Passions - The Anthropology of Eating*, Boston, Houghton Mifflin.

Fields, G., 1985, *From Bonsai to Levi's - An Insider's Account of How the Japanese Live*, London & Sydney, Futura Publications.

Fomon, S.J., 1980, « Factors Influencing Food Consumption in the Human Infant », *International Journal of Obesity* (4):348-350.

Food Marketing Institute, 1985, *Trends - Consumer Attitudes & the Supermarket*, Washington, DC.

Forster, R., & Ranum, O., ed., 1979, *Food and Drink in History*, Baltimore.

Fredericks, C. & Goodman, H., 1969, *Low Blood Sugar and You*, New York, Constellation International.

Fricker, J., & Apfelbaum, M., 1989, « Le métabolisme de l'obésité », *La Recherche* 20(207):201-208.

Fujiwara, M., 1978, « Problem of Obesity in Japan », *Nutritional, Psychological and Social Aspects of Obesity*, ed J.C. Somogyi, 91-94, Bibliotheca Nutritio et Dieta, Basel, Karger.

GEFAB, 1988, *Thérapies des conduites boulimiques*, Paris, ICI-Pharma.

Gillet, P., 1985, *Par mets et par vins - Voyages et gastronomie en Europe (XVIe-XVIIIe siècles)*, Paris, Payot.

Giscard d'Estaing, H., 1985, « L'évolution des mœurs alimentaires des Français », *Revue Française du Marketing* 2(102):5-8.

Goldblatt, P.B., Moore M.E., & Stunkard, A.J., 1965, « Social Factors in Obesity », *Journal of the American Medical Association* 192 (12):97-102.

Goode, J., Theophano, J., & Curtis, K., 1984, « A Framework for the Analysis of Continuity and Change in Shared Sociocultural Rules for Food Use : The Italian-American Pattern », *Ethnic and Regional Foodways in the United States*, eds. L.K. Brown & K. Mussell, 66-68, Knoxville, Tenn., The University of Tennessee Press.

Gottschalk, A., 1948, *Histoire de l'Alimentation et de la Gastronomie depuis la Préhistoire jusqu'à nos jours*, Paris, Éditions Hippocrate. [2 vol.]

Grignon, Ch., 1989, « Les consommations alimentaires », *Le grand atlas de la France rurale*, INRA et SCEES, 320-321, Paris, Jean-Pierre de Monza.

Gruhier, F., 1988, *Les délices du futur*, Paris, Flammarion.

Guy-Grand, B., & Sitt, Y., 1975, « Alliesthésie olfacto-gustative et poids corporel », *Cah. Méd.* T1 (8):577-582.

Harper, A.E., 1978, « Dietary Goals - a Skeptical View », *American Journal of Clinical Nutrition* (31):310-321.

Harris, M., 1977, *Cannibals and Kings - The origins of cultures*, New York, Random House.

Harris, M. & Ross, E.B., eds., 1987, *Food and Evolution - Toward a Theory of Human Food Habits*, Philadelphia, Temple University Press.

Hayden, B., 1981, « Subistence and Ecological Adaptations of Modern Hunter-Gatherers », *Omnivorous Primates: Gathering and Hunting in Human Evolution*, editors R.S.O. Harding & G. Teleki, 334-422, New York, Columbia University Press.

Hegsted, D.M., 1978, « Dietary Goals: a Progressive View », *American Journal of Clinical Nutrition* (31):1504-1509.

Héraud, G., 1988, « Diététique et idéologies », *Semaine des Hôpitaux de Paris* 64 (5):350-356.

Herpin, N., 1988, « Le repas comme institution - Compte rendu d'une enquête exploratoire », *Revue française de sociologie* (XXIX):503-521.

Hersant, Y., 1987, « Le souffle vital et l'air nourricier », *Autrement* (septembre) : [Sur Marsile Ficin : *De Triplici Vita.*]
Herzlich, C., 1969, *Santé et maladie : analyse d'une représentation sociale*, Paris, Mouton.
Hladik, C.M., Robbe, B., & Pagézy, H., 1986, « Sensibilité gustative différentielle des populations pygmées et non pygmées de forêt dense, de Soudaniens et d'Eskimos, en rapport avec l'environnement biochimique », *Comptes rendus de l'Académie des Sciences de Paris*, t. 303 série III (11):453-458.
Hobhouse, H., 1985, *Seeds of Change. Five Plants That Transformed Mankind*, London, Sidgwick & Jackson.
Hollinger, M., & Roberts, L.J., 1929, « Overcoming Food Dislikes: a Study with Evaporated Milk », *Journal of Home Economics* (21):923-932.
Hoyena, K.B. & Hoyena, K.T., 1979, *The Question of Sex Differences*, New York, Little Brown & Co.
Hyman, P., 1986, « L'art d'accommoder les escargots », *L'Histoire* (85):40-44.
Iribarne (d'), P., Ho Tham Kcuie, F., Macé, Y. & Mirabel, A., 1972, *Les consommations alimentaires – Approche Psycho-socio-économique*, Paris, CEREBE.
Jefferson, S.C. & Erdman, A. M., 1970, « Taste Sensitivity and Food Aversions of Teenagers » *Journal of Home Economics* 62 (8):605-608.
Jerome, N.W., 1979, « Changing nutritional styles within the context of the modern family », *Family Health Care*, editors D.P. Hymovitch & M.U. Barnard, 194-203, New York, McGraw-Hill.
Johnston, J.P., 1977, *A Hundred Years Eating – Food, Drink and the Daily Diet in Britain Since the Late Nineteenth Century*, Montreal, McGill-Queens University Press.
Kahn, E.J.J., 1960, *The Big Drink – The Story of Coca Cola*. New York: Random House.
Kamen, J.M., Peryam, D.R., Peryam, D.B. & Kroll, B.J., 1967, *1963 Analysis of US Army Food Preference Survey Rep., No. 67*, Chicago: Quartermaster Corps, US Army.
Kaplan, S.L., 1986, *Le pain, le peuple et le Roi – La bataille du libéralisme sous Louis XV*, Paris, Perrin.
Khare, R.S., 1976, *The Hindu Hearth and Home*, Durham, NC, Carolina Academic Press.
Khare, R.S., & Rao, M.S.A., editors, 1986, *Food, Society and Culture*, Durham, North Carolina, Carolina Academic Press.
Konner, M., 1982, *The Tangled Wing*, New York, Holt, Rinehart & Winston.
Kristeva, J., 1980, *Pouvoirs de l'horreur – Essai sur l'abjection*, Paris, Seuil.
Laplantine, F., 1986, *Anthropologie de la maladie*, Paris, Payot.
Larmat, J., 1985, *Comment choisir une diététique ?*, Paris, Belin.
Laurioux, B., 1986, « Les premiers livres de cuisine », *L'Histoire* (85):51-57.
Laurioux, B., 1988, « Le lièvre lubrique et la bête sanglante. Réflexions sur quelques interdits alimentaires du Haut Moyen Age », *in* Bodson, L., *L'animal dans l'alimentation humaine : les critères de choix* – Actes du colloque international de Liège, novembre 1986.
Laurioux, B., 1989, *Le Moyen Age à table*, Paris, Adam Biro.
Le Guérer, A., 1988, *Les pouvoirs de l'odeur*, Paris, François Bourin.
Lewin, K., 1943, « Forces Behind Food Habits and Methods of Change », *Bulletin of the National Research Council* October (108):35-65.
Logue, A.W., 1986, *The Psychology of eating and drinking*, New York, W.H. Freeman.
Love, J.F., 1986, *McDonald's – Behind the arches*, New York, Bantam Books.

Lowenberg, M.E., 1948, « Food Preferences of Young Children », *J. Amer. Dietet. Assoc.* (24):430-435.

Luxenberg, S., 1985, *Roadside Empires – How the chains franchised America*, New York, Viking.

Malamoud, C., 1990, *Cuire le monde. Rite et pensée dans l'Inde ancienne*, Paris, La Découverte.

Mantegazza, P., 1886, *Physiologie du plaisir*, Paris, Reinwald.

Martin, P., 1985, « The Meaning of Weaning », *Animal Behaviour* 32 (4):1257-1258.

McGrew, W.C., 1983, « Animal Foods in the Diets of Wild Chimpanzees (Pan troglodytes): Why Cross-cultural Variation? », *J. Ethol.* (1):46-61.

McGrew, W.C., Tutin, C.E.G. & Baldwin, P.J., 1979, « Chimpanzees, Tools, and Termites: Cross-Cultural Comparisons of Senegal, Tanzania, and Rio Muni », *Man (N.S.)* (14):185-214.

McGrew, W.C. & Tutin, C.E.G., 1978. « Evidence for a Social Custom in Wild Chimpanzees? », *Man (N.S.)* (13):234-251.

Mead, M., 1943, « The Problem of Changing Food Habits », *National Research Council Bulletin* (108):20-31.

Mead, M., 1970, « The Changing Significance of Food » *American Scientist*, March (58):176-181.

Mechling, E.W. & Mechling, J., 1983, « Sweet Talk : The Moral Rhetoric of Sugar », *Central States Speech Journal* 34 (1):19-32.

Meiselman, H.L., 1977, « The Role of Sweetness in the Food Preference of Young Adults », *Taste and Development: The Genesis of Sweet Preference*, ed. J.M. Weiffenbach, 269-281, Maryland, US Department of Health Education and Welfare.

Meiselman, H.L., Waterman, D. & Symington, L.E., 1974, *Armed Forces Food Preferences*, Natick, Massachusetts, United States Army Natick Research and Development Command.

Merlin, A. & Beaujour, A.Y., 1978, *Les mangeurs du Rouergue*, Paris, Gembloux, Duculot.

Messer, E., 1984, « Anthropological Perspectives on Diet », *Annual Review of Anthropology* (13):205-249.

Metropolitan Life Insurance Company, 1960, *Overweight, Its Prevention and Significance. A Series of Articles Reprinted from Statistical Bulletin*.

Mossé, A., 1984, « Étude critique des régimes dans l'obésité », *Gazette Médicale* 91 (11):41-46.

Murcott, A., 1986, « You Are What You Eat – Anthropological Factors Influencing Food Choice », *The Food Consumer*, eds C. Ritson, L.R. Gofton & J. McKenzie, 107-126, Chichester, John Wiley & Sons.

Neirinck, E. & Poulain, J.-P., 1988, *Histoire de la cuisine et des cuisiniers*, Paris, Jacques Lanore.

Nishida, T., 1988, « Primate Gastronomy: Cultural Food Preferences in Non-human Primates », A paper presented at The International Conference on Appetite, Monell Chemical Senses Center, Philadelphia, 7-9 December 1988. [Abstract in: *Appetite*, 1989 (12):69-80.]

OFIVAL, 1988, *Évolution de la consommation des produits carnés en France de 1980 à 1987*, Paris, OFIVAL – Division industrie et commerce.

Péquignot, G., 1985, « Consommation alimentaire des Français. Tendances et risques d'après les données épidémiologiques disponibles », Paris, INSERM. [Dactylographié.]

Peryam, D.R., 1963, « The Acceptance of Novel Foods », *Food Technology* (17):33-39.

Phelps, J.K. & Nourse, A.E., 1986, *The Hidden Addiction and How to Get Free*, Boston, Little, Brown & Company.
Pilgrim, F.J., 1961, « What Foods Do People Accept or Reject? », *J. Am. Diet. Assoc.* (38):439-443.
Prättälä, R. & Keinonen, M., 1984, « The Use and the Attributions of Some Sweet Foods », *Appetite* (5):199-207.
Pumariega, A., Edwards, P. & Mitchell, C., 1984, « Anorexia Nervosa in Black Adolescents », *Journal of the American Academy of Child Psychiatry* 23 (1):111-114.
Pynson, P., 1987, *La France à table*, Paris, La Découverte.
Revel, J.-F., 1979, *Un festin en paroles*, Paris, Jean-Jacques Pauvert.
Richards, A.I., 1939, *Land, Labour and Diet in Northern Rhodesia*, London, Oxford University Press.
Rindos, D., 1984, *The Origins of Agriculture – An Evolutionary Perspective*, Orlando, Academic Press.
Riska, E., 1982, « Health Education and its Ideological Content », *Acta Soc Scand* 25 (suppl.):41-46.
Ritson, C., Gofton, L.R., & McKenzie, J., editors, 1986, *The Food Consumer*, New York, John Wiley & Sons.
Robertson, T.S., Zielinski, J. & Ward, S., 1984, *Consumer Behavior*, Glenview, Illinois, Scott, Foresman & Company.
Rolland, M.F., Chabert, C., & Serville, Y., 1977, « La consommation du pain et de ses substituts », *Ann. Nutr. Alim.* (31):105-118.
Rolland, M.F., Chabert, C. & Serville, Y., 1977, « Pourquoi la consommation de pain diminue-t-elle? », *Ann. Nutr. Alim.* (31):365-380.
Rolland-Cachera, M. & Bellisle, F., 1986, « No correlation between adiposity and food intake : why are working class children fatter? », *American Journal of Clinical Nutrition* (44):779-787.
Rolls, B.J., Rolls, E.J. & Rowe, E.A., 1982, « The Influence of Variety on Human Food Selection and Intake », *The Psychobiology of Human Food Selection*, ed. L.M. Barker. 101-122. Westport, Connecticut, Avi.
Rosenzweig, M. & Spruill, J., 1987, « Twenty Years After Twiggy : A Retrospective Investigation of Bulimic-Like Behaviors », *International Journal of Eating Disorders* 6 (1):59-65.
Ross, C.E. & Mirowsky, J., 1983, « Social Epidemiology of Overweight: A Substantive and Methodological Investigation », *Journal of Health and Social Behavior* (24):288-298.
Rossi, P.H. & Gottlieb, D., 1958, *Study of the Bases for Changing Food Attitudes. Part A: A Review of Researches on Food Habits*, Chicago, University of Chicago.
Rossi, P.H. & Gottlieb, D., 1959, *Study of the Bases for Changing Food Attitudes*, Chicago, University of Chicago.
Rotberg, R.I. & Rabb, T.K., editors, 1983, *Hunger and History – The Impact of Changing Food Production and Consumption Patterns on Society*, Cambridge, Cambridge University Press.
Rousiers (de), P., 1892, *La vie américaine*, Paris, Firmin-Didot.
Sahlins, M.D., 1976, *Culture and Practical Reason*, Chicago, University of Chicago Press.
Salonen, J.T., Puska, P., Kottke, T.E., Tuomilehto, J., & Nissinen, A., 1983, « Decline in mortality from coronary heart disease in Finland from 1969 to 1979 », *British Medical Journal* (286):1857-1860.
Saltiel, H., 1989, « Les modes dans le traitement de l'obésité », *Actes du colloque*

« Alimentation et psychologie II – Modes et déterminismes », éd. G. Héraud, 28-33, Paris, Fondation française pour la Nutrition.

Schachter, S., 1968, « Obesity and Eating. Internal and External Cues Differentially Affect the Eating Behavior of Obese and Normal Subjects », *Science* 23 Aug. (161):751-756.

Schachter, S., 1971, « Some Extraordinary Facts About Obese Humans and Rats », *American Psychologist*, 129-144.

Schachter, S. & Gross, L.P., 1968, « Manipulated Time and Eating Behavior », *J. Pers. Soc. Psychol.* (10):98-106.

Serres, M., 1985, *Les cinq sens*, Paris, Grasset.

Siegel, P.S., 1957, « The Repetitive Element in the Diet », *The American Journal of Clinical Nutrition* 5 (2):162-164.

Singly (de), F., 1987, *Fortune et infortune de la femme mariée : sociologie de la vie conjugale*, Paris, PUF.

Sjögren de Beauchaine, A., 1988, *The Bourgeoisie in the Dining-Room*, Stockholm, Institutet för Folklivforskning.

Sorokin, P.A., 1975, *Hunger as a Factor in Human Affairs*, Gainesville, Florida, University Presses of Florida.

Sperber, D., 1974, *Le symbolisme en général*, Paris, Hermann.

Sulkunen, P., *A la recherche de la modernité – Consommation et consommateurs d'alcool en France aujourd'hui – Le regard d'un étranger*, Helsinki, The Social Research Institute of Alcohol Studies – Alko.

Super, J.C., 1988, *Food, Conquest, and Colonization in Sixteenth-Century Spanish America*, Albuquerque, University of New Mexico Press.

Teuteberg, H.J. & Wiegelmann, G., 1986, *Unsere tägliche Kost – Geschichte und regionale Prägung*, Münster, F. Coppenrath Verlag.

Thomas, L.V., 1965, « Essai sur la conduite négro-africaine du repas (L'alimentation comme fait humain total) », *Bulletin de l'IFAN*, XXVII B (3-4):573-635.

Trillin, C., 1969, *American Fried – Adventures of a Happy Eater*, New York, Vintage Books.

Turner, B.S., 1982, « The Government of the Body: Medical Regimens and the Rationalization of the Diet », *The British Journal of Sociology* (2):254-269.

United States Senate Select Committee on Nutrition and Human Needs, 1977, *Dietary Goals for the United States*, Washington, DC, US Senate.

Wenkam, N.S. & Wolff, R.J., 1970, « A Half Century of Changing Food Habits Among Japanese in Hawaii », *Journal of the American Dietetic Association* (57):29-32.

Wheaton, B.K., 1983, *Savoring the Past*. Philadelphia: University of Pennsylvania Press. [1984. *L'office et la bouche*, Paris, Calmann-Lévy.]

Young, P.T., 1933, « Food Preferences and the Regulation of Eating », *Comparative Psychology* XV (1):167-176.

Zimmerman, F., 1982, *La jungle et le fumet des viandes*, Paris, Gallimard/Le Seuil.

Index

Aborigènes, 29.
Abrams, 29, 117.
accommodement, 209, 229, 230, 240, 249, 257, 259.
Aché, 42.
adolescence, 348, 364.
Afrique du Sud, 29.
Aga Khan, 338.
Agavé, 133.
Aimez, 323, 343, 357.
Alaska, 153.
alchimie, 275.
Aldebrandin de Sienne, 225.
Alexandre le Grand, 149.
Alexeiev, 327.
Algonquins, 92.
Allain-Régniault, 316.
allégés, 235.
Allemagne, 287, 288.
Allison, 288.
Allon, 327.
Allport, 124, 125.
Alquier, 286.
Amassalik, 138.
Amazone, 342.
American Council on Science and Health, 313.
Anawalt, 143.
Andaman, îles, 15.
Andes, 133.
Andrews, 93.
Andry, 280, 282, 284.
Angleterre, 30, 269, 270, 273, 274, 276, 279, 281, 283, 288, 367.
Angyal, 121.
anomie, 185, 205.
anorexie, 121, 298, 356, 357, 358, 359, 360, 361, 362, 364, 365, 366, 367.
Anti-Saccharite Society, 283.
Anzieu, 124.
Apfelbaum, 313, 314, 330.

Aphrodite, 343.
appellation, 249, 250, 251, 255, 256, 262, 263.
Aristote, 227.
Aron, 19, 163, 204, 229, 249, 259.
Arrous, 287.
Astérix, 336.
Astra-Calvé, 154.
Atrée, 133.
authenticité, 251.
Aymard, 119, 152.
Aztèques, 43, 141, 143.

bagel, 159, 162.
Bahloul, 157.
Bahuchet, 138, 139, 266.
Bakhtine, 61.
Banner, 343.
Banting, 302.
Barelare, 95.
Barois, 113.
Barrau, 151, 186.
Barrès, 332.
Barrier, 246.
Baudelot, 181.
Bavly, 102.·
Beauchamp, 93, 94, 100, 103, 266.
Beaufort, 198.
Beery, 335.
Belasco, 158, 215.
Bell, 361, 362.
Beller, 305, 342, 353, 354.
Bender, 111.
Benoît, 350.
Béraud, 324.
Bernard, 286, 288, 302.
Best, 300.
Biezunski, 290, 293.
big men, 52, 337.
Birch, 98, 99, 100, 101, 113.
Birmanie, 29.

Birnbaum, 332.
Björntorp, 309.
Blanc, 247.
Blurton-Jones, 137.
Bocuse, 230, 237, 238, 240, 241, 242, 246, 247, 249, 252, 257, 258, 259, 260, 261.
Bombay, 172, 173.
Bonnassie, 120, 122.
Bonnet, 228, 282, 283.
Booth, 105, 301.
Boskind-White, 365.
Boubel, 206.
boulimie, 298, 356, 357, 358, 360, 366, 367, 368, 370.
Bourdieu, 18, 19, 99, 169, 170, 301.
Boyer, 247.
Brando, 299, 335.
Braudel, 19, 147, 269.
Braun, 161.
Breckenridge, 106.
Brésil, 55, 189.
Bril, 324.
Brillat-Savarin, 302, 303.
Brown, 96.
Brumberg, 361, 362, 363, 364, 365.
Brusset, 329.
Bryan, 100.
BSN, 192.
Bunge, von, 288.
Burolleau, 228.
Burt, 100.
Bushman, 29, 35, 119, 121, 139, 142, 213.
Bynum, 362.

Cabanac, 70.
Cahnman, 327.
Calvo, 68, 102, 148, 149, 157.
Cambodge, 29.
Cameroun, 50.
Campbell, 189.
cannibalisme, 42, 43, 67, 123, 132, 133, 143, 144, 337.
Capretta, 113.
Carême, 229, 230, 240, 249, 250.
Carlos, 325.
Carton, 278, 288, 290.
Cassius, 300.
Catherine de Sienne, 361, 362.
Cauvin, 342.
Céard, 225, 226.
Cedus, 269.
Chamberlain, 93.
Champouillon, 284.
Chang, 35.
Chapel, 247, 254, 255.
Chappell, 36.
Chappot, 176.

chasseur-cueilleur, 9, 42.
chasseurs-collecteurs, 134, 135, 138, 142, 330.
Chateauneuf, 357.
Chauveau, 286, 288.
Chernin, 365.
chimpanzé, 118, 137.
Chine, 29, 54.
Chipley, 363.
Chirac, 322.
Chiva, 90, 93, 94, 106, 113.
cholestérol, 193, 194, 220, 304, 309, 311, 312, 313, 314, 315.
Chombart de Lauwe, 175.
Chomsky, 47.
Cidil, 153.
Cincinnati chili, 191, 192.
Clastres, 133, 300.
Claudian, 121, 197.
Clouston, 364.
Cobbi, 36, 153, 162.
Coca-Cola, 152, 159, 165, 211, 213, 214, 216.
Cocherel, 287.
coévolution, 53, 54.
Cofremca, 206.
Coggs, 106.
Cogneau, 219.
Colombie, 28.
Connors, 368.
Cook, 30, 169, 282.
Corbier, 142.
core food, 156.
Courson, 187.
CREDOC, 175.
Crisp, 359.
crudivorisme, 222.
Cullen, 282.
Curnonsky, 237.

dabbawallas, 172.
Dantchev, 359, 360.
Darwin, 74, 125.
Davidson, 173.
Davis, 95, 96, 97, 98, 112.
Debry, 292.
Debus, 275, 276.
Decoene, 201.
dégoût, 304.
Delessert, 283, 284.
Denis, 241.
Desor, 93, 265.
Detienne, 120, 141, 143.
Diafoirus, 227, 228, 235.
Dickens, 36.
diète, 10, 222, 224, 226, 293.
diététique, 14, 68, 150, 194, 195, 207, 220, 221, 222, 223, 224, 225, 226, 228, 229, 230, 231, 232, 233, 234, 235, 241, 290, 298, 315.

Dionysos, 133, 143.
Disney, 326.
Donnat, 219.
Douglas, 36, 43, 44, 46, 47, 49, 118.
Drewnowski, 360.
Drouineau, 286.
Dublin, 307, 308, 309.
Dubost, 208.
Duchesne, 272, 273, 274, 275, 276, 277, 278, 279.
Dufty, 273.
Dugléré, 240.
Dumaine, 237, 243, 252, 258.
Duncker, 101.
Dupin, 180.
Durand, 135.
Durkheim, 15, 136.
Dutot, 234.
Dutrône la Couture, 283.
Dyer, 310.

éducation nutritionnelle, 11.
Eibl-Eibesfeldt, 137.
Einstein, 105, 106.
Eipo, 137.
Eldredge, 57.
Eliacheff, 361, 365.
Elias, 129.
Encyclopédie, 227, 228, 282.
endo-cannibalisme, 132.
Engel, 199.
envies, 222.
Épicure, 142.
épidémiologie, 293, 311, 316, 358, 367.
Ervin, 64, 103.
Escoffier, 229, 238, 239, 245, 249, 250.
Eskimo, 29, 62, 153.
Establet, 181.
États-Unis, 86, 100, 105, 106, 126, 150, 158, 159, 171, 191, 192, 193, 194, 202, 215, 216, 220, 288, 292, 299, 309, 311, 314, 316, 319, 342, 343, 344, 347.
Éthiopie, 120.
Évian, 175.
exo-cannibalisme, 132, 144.

facteur de risque, 297, 306, 311.
Fagnen, 345.
Fallon, 67, 71, 74, 75, 76, 121, 125, 126, 303.
Falstaff, 323.
Fan, 35, 156.
Faugeron, 261.
Faurion, 90, 93.
Fauvel, 288.
favisme, 52.
Febvre, 18, 147, 153.
féminisation, 86.

féminisme, 346, 350.
féministe, 352.
féminité, 181, 347, 348, 350, 352, 353, 354, 355.
Fields, 335.
Findus, 190, 232.
Fine, 205.
Finlande, 83.
Fischler, 65, 78, 84, 97, 106, 112, 113, 121, 175, 176, 196, 205, 230, 241, 256, 258, 289, 290, 291, 292, 293, 361.
Flandrin, 19, 35, 80, 90, 153, 165, 166, 169, 170, 225, 226, 227, 269, 301, 329, 343.
flavor principle, 77, 78, 148.
Fonda, 347.
fonds de cuisine, 147, 148, 153, 155, 173.
Fonvielle, 29.
Foucault, 68, 223, 233, 234.
Fourie, 139.
Fourrier, 234.
Framingham, 310.
France, 33, 169, 212, 215, 287, 288, 344, 367.
François, 180, 186.
Frazer, 15, 66, 136.
Freud, 136, 235, 267.
Fricker, 311, 312, 313.
Friderada, 367.
Frisch, 353, 354.
Fromantin, 293.
fugu, 56.
Fuller, 105.
Furetière, 318.

Galef, 92, 96, 97.
Galien, 226.
Gallup, 182.
Garb, 65, 103.
Garcia, 64, 103.
Gardeton, 284.
Garencières, 273, 274, 276, 277, 282.
Gargiulot, 287.
Garine, de, 50, 300, 330.
Garner, 341, 344.
gastronomie, 10, 214, 219, 220, 221, 222, 227, 231, 239, 243.
Gault, 237, 239, 241, 244.
Gault-Millau, 234, 237, 238, 239, 240, 241, 242, 243, 259, 261, 262.
Gay, 278.
Gay-Lussac, 284.
Genèse, 44, 120.
Girard, 136, 141, 241.
Girardet, 260.
Glanville, de, 272.
Claude, 180.
Glinsmann, 291.
gloutonnerie, 328, 329, 331, 337, 353.

Goffman, 327, 335, 336.
Gofton, 85.
Gombe, 118.
Goodall, 118, 137.
Goodman, 326.
Goody, 15, 46.
Gordon, 310, 327.
Goths, 133.
Gould, 57, 326.
goût, 18, 19, 25, 26, 27, 33, 35, 42, 55, 61, 71, 77, 85, 89, 90, 91, 92, 93, 94, 98, 105, 109, 117, 124, 221, 224, 225, 226, 227, 230, 237, 240, 241, 242, 280, 304.
goût de liberté, 19.
goût de nécessité, 18, 19, 197.
goût enfantin, 109.
Grandeau, 286, 287.
Grande-Bretagne, 269.
Grèce, 120, 141, 143.
Greene, 93.
Greenhouse, 189, 190.
Grignon, 18, 197, 199, 206.
Gringoire & Saulnier, 250.
Groenland, 138.
Gruhier, 316.
Guayaki, 132, 300.
Guérard, 230, 237, 241, 254, 256, 260, 261, 264.
Guillet, 361.
Gull, 356, 364.

Haberman, 166.
Habermas, 366, 367.
Haeusler, 175, 176, 297.
Hall, 111.
Halmi, 360, 367.
Hardy, 335, 359, 360.
Harner, 43.
Harper, 100.
Harris, 30, 41, 42, 43, 48, 49, 115, 119, 132, 142.
Harrison, 330.
Hart, 271, 273.
Haut-Orénoque, 137.
Hawaii, 157, 159, 160, 164.
Hayden, 134.
Hébreux, 44.
Hecquet, 277, 279, 280.
Heinz, 188, 215.
Helmont, von, 276.
Hémardinquer, 300.
Henri IV, 276.
Héran, 183.
Herpin, 178.
Hertzler, 100.
Herzlich, 312, 318.
Hess, 205.

Hippocrate, 226.
Hobbes, 362.
Holt, 29, 30, 95.
Homberg, 342.
Home Economics, 150.
Homme (L'), 269, 278, 286.
Hornstein, 105, 106.
Hugo, 302.
Human Relations Area Files, 29, 300, 342.
humeurs, 225, 226, 228, 270, 275, 278.
Hyman, 238, 263.
hystérie, 363.

identité, 66, 67, 68, 69, 84, 86, 87, 149, 164, 210, 211, 214, 320, 327, 350, 355.
IFOP, 297.
Imbert de Lonnes, 282.
incorporation, principe d', 9, 61, 66, 67, 69, 70, 78, 79, 87, 123, 209, 222, 224, 317.
Inde, 35, 42, 68, 77, 119.
Indonésie, 29.
infarctus du myocarde, 311.
INRA, 154.
INSEE, 166, 177, 178, 187, 199, 200.
instinctothérapie, 222.
Inuit, 62, 138.
Irausquin, 291.
Irlinger, 176, 182, 297.
Ismaéliens nizarites, 338.
Itani, 55, 102.
Itys, 133.

Jacob, 57, 363.
Jaina, 119.
Janet, 366.
Japon, 29, 36, 101, 119, 157, 167.
Jaucourt, 228.
Jeammet, 357.
Job, 222.
Johnson, 368.
Jones, 358.
Juifs, 44.

Kalahari, 29, 35, 121, 137.
Kannel, 310.
Kaplan, 332.
Kashrut, 68.
Katona-Apte, 36.
Katz, 51, 52, 53.
Kawai, 55, 102.
Kellogg, 152, 194, 215, 315.
Kennedy, 111.
Keys, 310, 311.
King, 359.
Kiradjieff, 191.
Kir, 35.
Knych, 234.

Koelling, 64, 103.
koko yao, 132.
Koshima, 55, 168.
Kowalski, 220.
Kwakiutl, 333, 337.

Laakso, 367.
lactase, déficience en, 53, 54.
La Godelinais, de, 201.
Lahlou, 181.
Lakoff, 58.
Lamb, 106.
Lambert, 175, 178, 179, 180, 199, 201.
Lameloise, 254.
Langley-Danisz, 315.
La Reynière, 263.
Lasègue, 356, 364.
Laughlin, 118.
Laurel, 335.
Laurioux, 165, 269.
Leach, 46.
Le Baillif, 275.
Le Breton, 282, 283.
Lee, 119, 121, 122.
légume, 105, 106, 109, 111, 151, 241, 242, 251, 252, 255, 256, 262, 263.
légumes verts, 106.
Lehrer, 46.
Leitenstorfer, 287.
Lele, 118.
Le Magnen, 93.
Lemel, 201.
Lemery, 281.
Lepoutre, 330.
Lesieur, 154, 174, 232.
Levenstein, 14, 150, 193, 307, 319.
Leverton, 106.
Lévi-Strauss, 17, 31, 36, 41, 44, 45, 46, 47, 48, 58, 61, 72, 98, 131, 132, 135, 136, 139, 162.
Lévitique, 37, 44.
Ley, 299.
Liebig, 285, 286.
light, 375.
Ling, 106.
Lippman, von, 271.
livres de cuisine, 238, 269.
Lloyd, 191.
Loiseau, 234, 243, 262.
Lombard, 229.
Louveau, 297.
Lowenberg, 100.
Lowie, 50.
Lunel, 285, 286.
Lustucru, 227, 228, 230, 235.
lysine, 51.

macaque, 55, 101, 167, 168, 174.
McArthur, 354.
macrobiotique, 267.
Madagascar, 29.
Maddox, 322, 326, 327, 328.
màgeiros, 141.
Magendie, 284.
Mahias, 119.
maigreur, 299, 302, 305.
Maino de Maineri, 227.
maladie de civilisation, 312, 315.
Malaisie, 29.
Malassis, 178.
Malinowski, 16.
Maller, 93, 100, 103, 265, 266.
Manière, 241, 254, 256.
Maori, 300.
Marchés d'Intérêt National, 260.
Marguerite de Cortone, sainte, 362.
Marinho, 101.
Maris, 238.
Marshall, 142.
Massa, 50.
Massara, 303.
Massim, 337.
masturbation, 290.
Masuoka, 157.
Mather, 105.
Maurizio, 158.
Mauss, 136, 333, 334, 337, 338.
Mayard, 287.
McCollum, 284.
McCracken, 54.
McDonald's, 102, 168, 171, 214.
Megan, 324.
Mélanésie, 50.
Meller, 288.
Mendras, 177.
Mennell, 46, 227.
Mermet, 178, 182, 183.
Métoudi, 297.
Metropolitan Life, 307, 308, 309, 310, 312, 341.
Mexique, 29, 51.
Meyer, 266.
Michelin, 243, 244, 245, 246, 249, 250, 251, 256.
Mickey Mouse, 326.
Mignonac, 234.
Millau, 234, 237, 244, 259, 261.
Millman, 76.
minceur, 217, 232, 233, 298, 299, 339, 341, 342, 343, 354, 355, 358, 365, 366, 368, 369, 370.
Mintz, 266, 271, 273, 279.
Miss America, 344.
Miss France, 345.

moi-peau, 124, 126.
Monsanto, 315.
Monteux, 270.
Montignac, 231.
Moore, 311, 313, 314, 316, 363.
Moran, 94.
Morand, 332.
Morin, 19, 59, 118, 147, 178, 183, 190, 191, 324, 350, 351, 352.
Moseley, 274.
Mostel, 335.
Moussey, 50.
Moyen-Orient, 40, 41, 48, 269.
muscle, 304.

Nabisco, 215.
Nahoum, 343.
National Cholesterol Education Program, 312, 313.
National Institute of Heart, Lungs and Blood, 312.
naufragés des Andes, 133.
Nemeroff, 76.
néophilie, 63, 164, 173.
néophobie, 63, 72, 104, 112, 113, 114, 151, 164, 173.
Nescafé, 188.
Nestlé, 189, 190, 192.
New England Kitchen, 150.
New York Life, 306.
Nicod, 36.
Niederer, 161.
Nouvelle Cuisine, 166, 203, 230, 237, 238, 239, 243, 244, 249, 253, 254, 255, 258, 259, 260, 262, 263.
Nouvelle-Guinée-Papouasie, 29, 137.

Obélix, 336.
obésité, 179, 220, 288, 297, 299, 302, 303, 304, 305, 306, 307, 309, 310, 311, 312, 317, 327, 328, 330, 331, 332, 335, 342, 366.
ogre, 337.
Ojibwa, 135.
Oliver, 165, 212, 214, 234, 241, 313, 337.
omnivore, paradoxe de l', 61, 62, 63, 65, 87, 104, 114, 164, 173, 222, 223.
omophagie, 143.
optimisation, 57.
Orbach, 365.
Ortelius, 279.
Ortner, 127.
Ortola, 300.

Paillard, 350.
Pakistan, 338.
Pallaud, 55, 102.
Pangloss, 57.

Paracelse, 275, 276, 277.
Paraguay, 42, 132.
Park, 291.
Parmentier, 165.
partage, 115, 116, 136, 137, 138, 139, 140, 141, 142, 143, 322, 329, 331, 334, 339, 353.
Patni, 272.
Pays-Bas, 354.
Pelchat, 103.
Pelto, 158, 186.
Pemberton, 165, 213.
Penthée, 133.
Pepsi, 211, 212.
Pepsi-Cola, 212.
Perdue, 344.
Pérou, 132.
Perrot, 343.
Peryam, 105.
Petersik, 113.
Peterson, 344.
Phan, 343.
Philip Morris, 190.
Piattelli-Palmarini, 57, 59.
Pic, 254.
Pilgrim, 105.
Pittenger, 271.
plaisir, 9, 10, 220, 221, 222, 223, 225, 228, 229, 232, 233, 234, 235, 241, 264, 265, 266, 267, 278, 279, 281, 289, 290, 329.
Platine, 269, 270, 271.
Platon, 227.
plats-totem, 149.
Playboy, 344.
Pliner, 76, 104.
poids idéal, 307, 308, 310, 311.
Poilâne, 200.
Point, 237, 252, 258.
Poiret, 343.
Pope, 360, 367.
Popeye, 101.
Popper, 319, 320.
Porter, 284, 285.
Port-Royal, 279.
Portugal, 274.
potlatch, 333, 337.
Pouillon, 132.
Poujade, 332.
Poulain, 46, 250.
Poumeyrol, 198.
pouvoir, 337, 338, 339.
Procné, 133.
Procter & Gamble, 315.
Prométhée, 143.
Provençal, 287.
psychanalyse, 69, 235, 267.
Pygmées Aka, 138, 266.

Quelus, 272.

Radcliffe-Brown, 15, 40, 41, 48.
Ragot, 287.
Raimbault, 361, 365.
Rais, Gilles de, 337.
Ramos, 29, 30.
Rappaport, 51, 52.
Ravar, 357.
Ray, 274.
Raymond de Capoue, 361.
Read, 133.
Redon, 225.
réflexe gusto-facial, 94.
régime, 10, 12, 62, 98, 151, 176, 219, 220, 221, 222, 223, 224, 226, 228, 231, 232, 233, 234, 235, 244, 251, 293, 297, 298, 302, 312, 318, 335, 342, 347, 350, 357, 368, 370.
régionalisme, 250.
Remy, 323, 357.
restaurant, 160, 161, 162, 171, 173, 219, 238, 245, 250, 251, 261.
restaurant d'entreprise, 207.
Richard, 194.
Richards, 16, 17, 118.
Richardson, 326.
Richter, 95, 96.
Riesman, 183.
Robbe, 138.
Robert, 302.
Robuchon, 254, 256.
Rogers, 266.
Rousseau, 281.
Royer, 187.
Rozin, 62, 65, 67, 71, 74, 75, 76, 77, 91, 94, 100, 103, 110, 117, 121, 125, 126, 148, 303.
rumeur, 11.
Russell, 357.

Sabban, 54.
sagesse du corps, 221.
Sahlins, 337.
sainte Véronique, 362.
Saint-Pierre, de, 283.
Salaman, 151, 157.
Salerne, école de, 225.
San, 137.
Sanday, 67, 143.
Sanders, 100.
santé, 10, 221, 223, 224, 225, 228, 229, 232, 233, 234, 235, 238, 264, 267, 272, 286, 290, 293, 299, 307, 339.
santé publique, 267, 293, 297, 310, 311, 314, 316, 319.
sarcophagie, 128.
Scardigli, 180.
Scheid, 142.

Schiller, 94.
Schnapper, 161.
Schotte, 360.
Schwartz, 220, 302, 305, 307, 343.
Scotch, 169, 170.
Secodip, 153, 198.
Seid, 299, 305, 306, 307, 308, 309, 343, 344, 353, 365.
Semai, 119.
Senderens, 241, 254, 256, 259.
serendipity, 317.
service à la française, 163.
service à la russe, 163.
service à l'assiette, 260.
sexualité, 16, 131, 133, 224, 235, 266, 267, 346.
Shakespeare, 25, 133, 300, 321.
Sharanahua, 132.
Shell, 292.
Sigerist, 275, 277.
Silber, 360.
Silverstein, 344.
Simoons, 119, 120.
Simopoulos, 310.
Singly, de, 180.
Sirione, 342.
sitiophobie, 363.
Slare, 280, 281.
Smadja, 90, 93.
Smith, 15.
Sober, 57.
Socrate, 230.
SOFRES, 175, 176.
Soler, 44, 120.
Sorlie, 310.
Soustelle, 143.
Space-Dust, 209.
Sperber, 47.
Sri Lanka, 29, 131.
Staffieri, 326.
Stamler, 310.
Stapel, 322.
Starenkyj, 292.
Stein, 367.
Steiner, 93.
Steinitzer, 287.
Steward, 113.
stigmate social, 327.
Stini, 62, 354.
Story, 96.
Stouff, 151, 153.
Stunkard, 65, 103, 360.
Sulkunen, 83.
Sullerot, 353.
Sumo, 335.
Sylvander, 187.

Symonds, 306.
Szmukler, 359, 360.

Tabernaemontanus, 271.
tabou, 33, 40, 48, 127.
Tahiti, 30.
Taillevent, 247, 254.
Tambiah, 123, 131.
Tamora, 133.
Tanzanie, 118.
Taylor, 220, 234, 363.
Tchad, 50.
temps de cuisson, 238, 240.
Térée, 133.
Terre de Feu, 74.
Texas, 159.
Texcoco, 29.
Thaïlande, 29.
Thénard, 284.
Thomas, 360.
Thomas d'Aquin, 280.
Thompson, 330.
Thorndike, 227.
Thorre, 367.
Thyeste, 133.
Tissot, 290.
Tobias, 327.
Todd, 177, 178.
tortilla, 51.
Touareg, 334, 342.
Toulouse, 287.
Toupouri, 50.
Tournier, 115.
Toutain, 152, 198.
Trémolières, 121, 323.
triangle culinaire, 45, 46.
Trobriandais, 137.
Troisgros, 230, 237, 241, 252, 257.
t'sai, 35, 156.
Turner, 93, 265.
Tuschl, 368.
Twiggy, 366.

Ubu roi, 323.
Uemura, 234.
Unamuño, 149.
Unilever, 154, 192.

URSS, 80.
utopisme alimentaire, 318.
Uziel, 90, 93.

Vance, 106.
Van Itallie, 310.
Van Riter, 106.
vases communicants, 330, 331, 333.
Vautrin, 300, 301.
végétarien, 120.
végétarisme, 141, 267.
Venner, 270, 271.
Verdier, 203, 204.
Vernant, 120, 142.
vêtement, 345, 346, 348, 349.
Veyrat, 237.
Vialles, 128, 133, 134, 135, 136.
Vigarello, 19, 343.
Villejuif, 210.
Vogel, 367.
Vollmecke, 91, 94, 100.
Voltaire, 57.

Wallen, 106.
Wallon, 221.
Weil, 184.
Welles, 335.
Wiegelmann, 165.
Wiessner, 137.
Willendorf, Vénus de, 342.
William, 359.
Willis, 274, 276, 277, 278, 280, 281.
Wilson, 303.

Yalenang/In, 137.
Yanomami, 29, 137, 142.
Yoplait, 168.
yoruba, 131.
Young, 159, 337.
Yudkin, 193, 291.

Zajonc, 104.
Zaraï, 233, 234.
Zazzo, 103.
Zeus, 143.
Zimbabwé, 29.
Zittoun, 361.
zoophagie, 128, 134.

Table des matières

Remerciements 7

Mangeur éternel et mangeur moderne 9

Mangeur biologique et mangeur social 12
    Réduction et mutilation 13
    L'autonomie du social et l'autarcie des sciences humaines. 14
    De l'alimentation à la cuisine 17
    La question du changement 17
La grande muraille 19

Première partie
LE MANGEUR ÉTERNEL

1. L'immangeable, le comestible et l'ordre culinaire 25

L'immangeable et le comestible 25
L'ordre culinaire 32
    Les classifications culinaires 32
    Les règles culinaires 33

2. Adaptation ou arbitraire ? 39

Le pôle « fonctionnaliste »-adaptationniste 40
    Le « matérialisme culturel » 41
Le pôle structuraliste-culturaliste 43

Nature/Culture : un faux dilemme 48
    Arbitraire ou « sagesse » des cultures 49
    Cuisine et « nature humaine » 54
    La cuisine de Pangloss 57
    « Penser, ordonner, classer » 58

3. Les fonctions du culinaire 61

Le paradoxe de l'omnivore 62
Le principe d'incorporation 66
Les frontières du self et la nature du dégoût 70
    La dimension biologique du dégoût 70
    La dimension idéelle-cognitive du dégoût 72
Les fonctions anthropologiques du culinaire 76
Les fonctions sociales de l'aliment et de la cuisine 79
    Alimentation et imaginaire 79
    L'exemple de l'alcool 81
        Perspective macrosociale : intégration, désintégration, catharsis, 81. – Perspective microsociale : conformité/distinction, 84.

4. La formation du goût 89

Formation et transmission des goûts alimentaires 91
La transmission génétique 92
    Les « biais » gustatifs 92
    Sagesse du corps ? 95
La transmission culturelle ou la cuisine des mères 96
    L'effet-pochoir 97
    L'intériorisation des règles et des normes 98
...et l'influence des pairs 99
Mécanismes d'acquisition des goûts 103
    Expérience et familiarisation 104
    Les effets post-ingestifs 104
Les goûts alimentaires et leur évolution chez l'enfant et l'adolescent 105
Évolution avec l'âge 109
La différenciation sexuelle des goûts 110
La néophobie 112

5. La chair, le partage et l'ordre social 115

Viande adorée, viande abhorrée 117
Le mystère de l'animalité 122
Le soi, l'autre et les frontières du self 124
Les frontières de l'animalité et la désanimalisation de la viande. 126
Chair comestible et chair désirable 131
Partage et lien social 135
    Le partage : le point de vue éthologique 136
    Le partage chez les chasseurs-collecteurs 138
    Le partage sacrificiel 139
    L'ordre social 141
    Le cannibalisme ou la chair superlative 143

Deuxième partie

LE CHANGEMENT ET LE MANGEUR MODERNE

6. Les voies du changement 147

L'immuable et le changeant 147
Changements élémentaires 155
    Substitution « descendante » et substitution « ascendante ». 156
    Addition et adoption 158
Changements structurels 160
    Le transfert de structure 160
    Concentration, condensation 162
    Les « éléments structurants » et le changement 163
Tours et détours du changement 165
    Du médical à l'alimentaire 165
    Observation, imitation et diffusion 166
    Mimesis et/ou distinction 168
    L'événement 173

7. Le mangeur du XXe siècle 175

Les tendances « lourdes » 177
    La civilisation du bureau 177
    La « féminisation » de la société 180
    Individu et collectivité 182
    Autonomie et anomie 184

L'industrialisation de l'alimentation 185
    De la ferme à l'usine, de la cuisine à l'usine 185
    Le supermarché planétaire 187
    Le choc des géants 192
    Brouhaha diététique et cacophonie alimentaire 194
    La transmission du savoir culinaire 195
    L'évolution des consommations 197
    L'effet haut de gamme 199
    La compression du temps alimentaire 201
    La femme consommatrice 202
    Gastro-anomie et « déstructuration » 203
    Le consommateur pur 207
    Les Objets Comestibles Non Identifiés 209
    Troubles de l'identité 210
    McDonald's et Coca-Cola ou le mythe de l'américanisation 212

8. Cuisine et diététique ou le gouvernement du corps 219

Anciens régimes 221
    Le divorce de la cuisine et de la diététique 223
    Diafoirus contre Lustucru 225
Crise de régime, nouveau régime 229
    Prémices : le meurtre du Père Lustucru 229
Cuisine et régime 231
    Cuisine et diététique : vers les retrouvailles ? 232
    Vers un nouvel ordre alimentaire ? 234

9. Haute Cuisine et prêt-à-manger 237

    Les apôtres de la nouvelle cuisine 239
    La galaxie Michelin 243
De l'ancien au nouveau régime 244
    Automobile et art culinaire 244
    La trilogie crustacés-volaille-canard 246
    Les pivots de la paléo-cuisine : gratins et quenelles 247
    La truffe et le foie gras 248
Le nouveau régime 251
    Nouvelles tendances : légumes, poissons 251
    Ouvertures sur les ailleurs 253
    La cuisine des mots : d'une rhétorique à une poétique 254

« L'émancipation » du cuisinier	258
Haute Cuisine et prêt-à-manger	261
Du néo-classique au néo-baroque culinaire	262

10. La morale des aliments : l'exemple du sucre 265

Le sucre comme épice	268
Les vertus humorales du sucre	269
Naissance d'une saccharophobie	272
Le débat médical : la révolution paracelsienne et la « médecine chimique »	275
Le sucre est-il un aliment ? Le débat théologique	278
Le sucre est-il un aliment ? Le débat scientifique du XIXe siècle.	284
Le paradigme physiologique	285
Le discours médical, les media et le sucre aujourd'hui	289

Troisième partie
LE CORPS DU MANGEUR

11. La société lipophobe 297

Le gros et le gras	298
Le glas du gras : la montée de la lipophobie	304
De l'embonpoint au mal-en-point	306
La diabolisation du cholestérol	311
Réforme et utopisme alimentaires	318

12. L'obésité masculine ou le partage transgressé 321

Obèse bénin et obèse malin	322
La « gestion sociale » du gros corps	324
La graisse comme stigmate social	326
Le glouton et le gourmand	328
La « théorie » des vases communicants	330
Accaparement et vampirisme	331
L'Occident comme obèse planétaire	332
Réciprocité et redistribution	333
La compensation symbolique	334
L'économie du rejet et de l'intégration	335

Le refus de la transaction : le gros maudit 336
   Le poids du pouvoir 337
   La minceur comme valeur morale 338

13. Le corps féminin : de callipyge à Tanagra 341

L'idéal corporel : la minceur 343
   Le corps comme objet de la mode 345
   La « juvénilisation » 347
   La féminité, le corps, le sujet 350
   Identité féminine et fécondité 353
   La femme reproductrice et la femme productrice 354
De la féminité troublée aux troubles du comportement alimentaire 356
   De l'anorexie sacrée à l'anorexie hystérique 361
   La modernité apparente de la boulimie 366
   Boulimie, minceur et gastro-anomie 368

Saveur et savoir 371

Bibliographie : Ouvrages cités, 377. – Ouvrages consultés, 393.

Index 401

CET OUVRAGE
A ÉTÉ COMPOSÉ
ET ACHEVÉ D'IMPRIMER
PAR L'IMPRIMERIE FLOCH À MAYENNE
EN SEPTEMBRE 1990

N° d'impression : 29574.
Dépôt légal : septembre 1990.
Imprimé en France